本书撰写人员名单

主　　编：田毅鹏

副 主 编：刘　杰

撰写人员：刘鑫渝　刘　杰　张　帆　陈　鹏　高　旸
　　　　　苗延义　芦　恒　苏　博　田毅鹏

新时代中国县域脱贫攻坚案例研究丛书

图木舒克

兴边富民的兵团扶贫模式

全国扶贫宣传教育中心／组织编写

人民出版社

目　录

CONTENTS

第一章

第三师图木舒克市经济社会发展情况与贫困问题概述

第三师图木舒克市（以下简称“师市”）是位于中国14个集中连片特困地区南疆三地州的新疆生产建设兵团第三师，从西汉以后一直肩负着安边戍边、维护国家安全的历史使命，在共和国70年的风雨历程中依旧屯守垦耕，在国家边疆治理中扮演着重要角色。在历史长河中，图木舒克有过辉煌，也曾衰败。在新疆生产建设兵团（以下简称“兵团”）时期，兵团人以“敢叫日月换新天”的精神，在异常艰苦的条件下建设起图木舒克这座南疆工业新城，推动当地政治经济文化快速发展。因其自然条件、民族分布、历史渊源的诸多因素叠加共生，导致这一地域成为14个集中连片特困地区贫困发生率最高的区域。1978年以来，作为新疆维吾尔自治区组成部分的第三师在国家扶贫开发的六个进程中都综合用策，治贫治愚，攻艰克难。党的十八大以来，以习近平同志为核心的党中央高度重视扶贫开发工作，把脱贫攻坚摆在治国理政的突出位置，师市把握政策机遇，内生外助，东西协作，创新探索，兵地融合，四位一体，合力攻坚。本章简要回顾师市的历史发展脉络、扶贫开发的历史演进，探索贫困形成之根源。

一、屯戍安边：南疆边陲第三师图木舒克市的峥嵘岁月

图木舒克市与新疆生产建设兵团农业建设第三师“师市合一”。

新疆生产建设兵团第三师是20世纪60年代贯彻“备战备荒为人民”方针和开发南疆、建设“三线”于1966年1月正式成立的。2002年9月17日，中央为加强兵团在南疆屯垦戍边的力量，国函［2002］82号文件正式批复图木舒克设市。2004年，图木舒克市正式挂牌，实行自治区直辖、兵团管理、师市合一。第三师图木舒克市市辖区面积8118平方公里，在兵团排名第一，位于塔里木盆地西部，位于塔克拉玛干沙漠西缘的叶尔羌河、喀什噶尔河流域，西南部与吉尔吉斯坦、塔吉克斯坦、阿富汗、巴基斯坦、印度等国家接壤。图木舒克地处南疆要冲，属历代兵家必争之地，也是古代多民族变迁融合的兼容地，是东西方经济文化传播的交汇地，是历代王朝屯垦戍边的见证地。第三师图木舒克市辖有16个农牧团场176个农业连队、13个工交建商企业、34个行政事业单位，插花式地分布在喀什地区、克孜勒苏柯尔克孜自治州所辖的喀什、疏勒、岳普湖、麦盖提、巴楚、伽师、英吉沙、泽普、叶城、阿图什、乌恰、阿克陶县境内，第三师师部驻守图木舒克市，其中有11个少数民族聚居团场、2个边境团场，边境线总长156公里，有41个连队为集体所有制连队。垦区东临塔克拉玛干沙漠，西背帕米尔高原，南为喀拉昆仑山。地理坐标：北纬跨36°49′—40°56′，74°56′—79°35′。南北相距444公里，东西相距408公里。海拔高程在1075—4850米之间。土地面积801553.33公顷，其中平原面积688866.7公顷，占总面积的85.65%；山地面积115402.8公顷，占总面积14.35%。地处南疆三地州集中连片特困地区的第三师图木舒克市是兵团脱贫攻坚的主战场。第三师图木舒克市有2个深度贫困团场（兵团共有4个深度贫困团场），贫困人口占兵团全部贫困人口的三分之二以上，是打赢脱贫攻坚战必须要啃下的“硬骨头”。

第三师图木舒克市拥有1个国家级经济开发区（喀什经济开发区兵团分区）和2个工业园区（草湖工业园区、图木舒克工业园区）。第三师图木舒克市分为小海子、麦盖提、喀什3个垦区和叶城牧场、托云牧场2个牧区。师市是集“老、少、边、穷”于一体的集中连片特困地区：这里是中国人民解放军第一兵团第二军转业发展地，居住着以维吾尔族、汉族为主的23个民族25.56万人，在兵团14个师中排名第四，少数民族人口占总人口的56.4%，其中维吾尔族占总人口的54.9%；① 第三师图木舒克市距乌鲁木齐市960公里，是“党政军企一体化”特殊体制和“师市合一”特殊体制相叠加的组织。贫困人口基数大，贫困程度深、致贫成因复杂、脱贫难度大、贫困人口中少数民族占99.73%，是全国14个集中连片深度贫困地区中贫困发生率最高的片区。

（一）边塞要邑：古时的屯垦之地与戍边要冲

屯垦戍边是一种寓兵于农、兵农合一、以劳养武、劳武结合的军政制度和经济制度，自西汉募民垦耕起，历代王朝均把屯垦戍边作为军事、政治、经济上的重大战略措施。关于屯垦治理模式的沿革，《新疆的发展与进步》白皮书指出：中国从汉朝以来历代都把屯垦戍边作为国策用来开发边疆、巩固边防。同时，这项制度对国家的统一和边疆的巩固，以及新疆的开发与建设发挥了重要的作用。②

第三师图木舒克市地处新疆南疆克州、喀什地区、阿克苏地区的战略要冲地带。西汉时期图木舒克是西域三十六国尉头国所在地，归西域都护府管理，公元前59年，西汉政府把原驻轮台、渠犁的部分屯田部队，调遣到莎车国属地“北胥鞬”（今51团、50团一带）进行屯垦。《汉书·西域传》记载：“都护之起，自吉置矣。僮仆都尉由此罢，匈奴益弱，不得近西域。于是徙屯田于北胥鞬，披莎车之

① 第三师图木舒克市党委办公室提供。

② 参见国务院新闻办公室：《新疆的发展与进步》白皮书，人民出版社2009年版。

地。屯田校尉始属都护。”[①]《新疆简史》记载：“西域都护设置后，屯田的地域扩大到莎车分出来的北胥鞬。”张骞凿空西域后，图木舒克为丝绸之路重镇，东汉时为班超经营西域的根据地，公元80年东汉政府派徐干率“驰刑及义从”千人援助班超在疏勒屯田。公元107年6月，孝安帝放弃西域，“因罢都护，后西域绝无汉吏十余年”，疏勒等地包括图木舒克的屯田也因此而中断。[②] 三国时为魏辖地，公元5世纪时先后为北凉沮渠蒙逊和北魏辖地。

唐朝图木舒克归瑶池都督府和龟兹都督府管辖[③]，兴盛大乘佛教。时为军事和商贸的要塞，成为各民族征服、争夺与迁徙的重要场所。公元648年，唐军攻灭龟兹，统一南疆，迁安西都护府于龟兹，唐代图木舒克以东（今44团、50团、51团、52团等地区）属龟兹国。据史料记载，“岁调山东丁男为戍卒，缯帛为军资，有屯田以资糗粮，牧挽以挽军马。大军万人，小军千人，烽戍罗卒，万里相继”，[④] 疏勒开始屯田。图木舒克是疏勒屯田区域内重要的垦区，设为中央直接管辖的郁头洲。公元9世纪为喀拉汗王朝辖地；公元10世纪，喀喇汗王朝与于阗、高昌两大佛教政权在此发生过激烈的战争，图木舒克逐步信奉伊斯兰教，其他宗教衰落。同期，图木舒克的屯垦空前兴盛。公元13世纪为元朝和察合台汗国辖地；公元16世纪为叶尔羌汗国辖地；元朝在新疆的屯垦始于1278年，到1298年叛军占领南北疆、元朝军政官兵退出新疆而屯垦停滞。

新疆统一之初，虽土地广阔却无可守之民。因而，移民实边政策实施的成功与否，就成为清朝经营新疆成败的关键。清朝统一新疆

---

① 农三师门户网站：《图木舒克市历代屯垦》，2012-03-12 见 http://www.xjbtnss.gov.cn/ssgk/ssgk/201911/t20191107_3154.html。

② 农三师门户网站：《图木舒克市历代屯垦》，2012-03-12 见 http://www.xjbtnss.gov.cn/ssgk/ssgk/201911/t20191107_3154.html。

③ 巴楚一带设立蔚头洲（治所在今托库孜萨莱古城，51团境内）。

④ 农三师门户网站：《图木舒克市历代屯垦》，2012-03-12 见 http://www.xjbtnss.gov.cn/ssgk/ssgk/201911/t20191107_3154.html。

后，实行“官为资助”的办法资助内地贫民前往新疆屯种。由此引发了清代西北地区移民屯垦的高潮，大量移民的到来成为开发和巩固边疆的重要力量。① 清代新疆“官营”农业的兴盛，对清朝政府经营新疆具有重要意义，不仅保障了清朝对新疆的管辖和维护统一过程中的军需问题，而且是清代新疆农业开发的主要动力之一。② 乾嘉时期，新疆的农业开发重点集中在北疆，南疆地区实行民族隔离政策，不允许内地民众、商人等落户南疆。这种政策导致了南疆地区比较孤立的统治格局，加上扎萨克制、伯克制统治模式的腐朽，大大削弱了清朝在南疆的统治基础。③ 张格尔、玉素普作乱，导致新疆十余年动荡不止的一个重要原因是“重北轻南”的开发政策造成的。④ 自道光十一年起，清政府再次开始在天山南北大兴屯田，希望通过屯田达到稳定边疆、开发新疆的目的。1864 年反清起义，新疆政治经济陷入空前危机，国家安全面临严重威胁。光绪初年，新疆局势重新得到控制，南疆各城经济破坏更为严重，土地荒芜，水利失修，“百物昂贵，民人稀少。”⑤

图木舒克的屯垦历经两汉、魏、晋、南北朝、隋、唐、元、明、清，作为最早的屯垦开源地之一，可以清晰看出“凡王朝兴，图木舒克屯垦则兴，凡王朝衰。图木舒克屯垦衰”⑥。汉代，图木舒克是重要的北胥鞬屯垦区，唐代在此屯垦更是空前鼎盛，到了清代又开南疆民屯之先河。图木舒克曾经的繁荣已随尉头国、郁头州、唐王城、谒者馆、北胥鞬而成为历史。1845 年，林则徐从伊犁越天山，沿叶

---

① 参见刘壮壮：《清代农业开发研究》，西北农林科技大学博士学位论文，2016 年。
② 参见刘壮壮：《清代农业开发研究》，西北农林科技大学博士学位论文，2016 年。
③ 参见刘壮壮：《清代农业开发研究》，西北农林科技大学博士学位论文，2016 年。
④ 参见刘壮壮：《清代农业开发研究》，西北农林科技大学博士学位论文，2016 年。
⑤ ［清］刘锦堂：《刘襄勤公奏稿》卷 2，《新疆南路西四城兴修各工完竣并筹办应修各工折》，第 73 页，转引自刘壮壮：《清代农业开发研究》，西北农林科技大学博士学位论文，2016 年。
⑥ 图木舒克史志编纂委员会：《图木舒克市志》，生产建设兵团出版社 2013 年版，第 2 页。

尔羌古河道，在图木舒克“遇大风，歇三日”，“黄尘迷雾，几不见人”，“风力之狂，毡庐欲拔，殊难成寝”，“枯苇犹高於于人，沿途皆野兽出没之所”，“飞蚊、跳蚤异常”，可见其荒凉颓败。

1912 年 5 月，杨增新统治新疆后，内地协饷完全断绝，政府恢复屯垦，以筹措各种军政费用。巴楚县知事卢殿魁督令户民修渠开荒，大兴农事。1916 年，卢殿魁组织乡民在夏和尔村（今 50 团夏河营地区）开挖南北二渠，安置户民 210 户，垦荒 13084 亩。

1944 年 9 月至 1949 年 9 月，南疆阿克苏、喀什等地战事多发，农垦事业逐渐衰败。

（二）战天斗地：屯戍结合与劳武结合的兵团大生产运动

20 世纪的上半叶，新疆被西方探险家称为“中世纪”，社会形态落后，生产力低下。1949 年 11 月，在王震将军的率领下，中国人民解放军第一兵团第二军各师进驻喀什地区各县。1949 年 12 月 5 日，毛泽东发出了《关于 1950 年军队参加生产建设工作的指示》，随后，新疆军区发布了大生产的命令，规定“全体军人一律参加生产劳动”，“不得有任何人站在劳动生产战线之外”。驻喀什的各部队和国民党起义官兵在巴楚、疏勒、岳普湖、麦盖提等地的亘古荒原上，一手握枪，一手挥起坎土曼，挖渠引水，开荒造田，从将军到士兵，风餐露宿，挖穴而居，喝碱水，吞麦粒，全部投入战天斗地的大生产运动。屯垦戍边之初，筚路蓝缕，艰苦卓绝。1958 年至 1960 年，垦荒造田、大兴水利建设。生产运动不仅解决了自身的给养，还减轻了财政经济的困难和人民的负担。

1966 年，组建新疆生产建设兵团农业建设第三师（简称“农三师”）。自此，中国人民解放军第二军老战士、起义官兵、复员转业军人、京津沪浙等地的支边青年，在叶尔羌河畔，在麦盖提、巴楚渺无人烟的荒原上，开始了建设现代化农场的宏伟事业。图木舒克，1950 年是巴楚县六区中的第三区，下辖七个乡。1958 年，新疆维吾尔自治区农垦厅在图木舒克建立第一农场。1960 年设为巴楚农垦总场。1961 年，图木舒克被调整为巴楚县行政二区，1964 年调整为巴楚县图木舒克三公社。1965 年，自治区人民政府和喀什专署将图木舒克公社与自治区农垦厅图木舒克总场合并，成立农垦厅小海子垦区总场，下辖 10 个分场。1969 年，新疆维吾尔自治区农垦厅图木舒克总场及其分场、小海子水库及水库管理处等划归农三师管辖，原总场所属分场改为团级农场建制。① 从此，农三师成为兵团少数民族人口最多的农业师。

为了加快开发垦区的步伐，农三师从麦盖提垦区和喀什垦区各团场抽调部分干部、技术人才和机械设备，充实垦区各团场，他们住地窝子，啃干馍，喝碱水，在极其困苦的情况下，用小车推、抬把抬、铁锨砍土曼取土，开荒造田、兴修水利。1975 年，撤消兵团建制，农三师并入喀什地区，喀什地区成立农垦局，负责对各团场的管理。1982 年 4 月 1 日，恢复兵团建制。

（三）师市合一：兵团体制与市场体制碰撞后的整合与转型

兵团师市合一管理体制是因履行使命而存在的党政军企合一体制与适应市场化要求的城市体制有机结合的一种独特体制形式。是新疆生产建设兵团下辖的师与新疆直辖县级行政单位相结合的一种特殊管理体制。即师和市实行“一套人马，两块牌子”，市政府行政机构原则上与师的工作机关实行一个机构、两块牌子。1997 年，国家决定

---

① 中国人民解放军第一兵团党委对原图木舒克总场所属分场授予番号：44 团、49 团、50 团、51 团、52 团、53 团、水利工程团、小海子水管处、农三师第二修配厂。

在农三师图木舒克市垦区设立自治区直辖县级市——图木舒克市①，2002年，图木舒克设市②，2004年，正式挂牌。农三师和图木舒克市实行"师市合一"。

"师市合一"最初起源于"企市合一"。新中国成立后，国家在地理位置比较偏僻的深山老林和戈壁荒原等地区兴建了一批油田、矿山、林区、垦区等。由于这些地区地理位置偏远、经济发展水平有限，当地政府无力提供本地区的公共服务与社会管理。为了便于管理和发展，政府职能实行了就地转移，由当地发展壮大起来的石油、矿山、农垦企业自行承担。这些企业不仅承担经济发展的职能，而且兼备政府的某些公共职能。"企市合一"的城市便由此而生。③

"师市合一"体制是兵团组织在面临市场经济的挑战下通过自身调整与变革发展出的一种新模式。在计划经济时代发挥了体制优势的兵团在市场经济条件下表现出僵化与迟滞，这种党政军企合一的特殊政治体制在普遍遵循市场经济发展规律的大环境中步履维艰。面对外部环境的剧烈变化，兵团选择一些经济发展较快的垦区成立市，并与该垦区内已经初步具备一级政府行政框架的"师"进行合并，通过建立政府行政体制来发展和壮大兵团以解决兵团发展困境。

"师市合一"作为一级政治实体，具体由新疆生产建设兵团下辖的师和新疆维吾尔自治区直辖的隶属兵团的城市两部分构成。在"师市合一"政治体系中，"师"主要承载政治功能，体现的是兵团的根本性质。兵团作为国家治国安邦战略决策的产物，从建立之初，

---

① 1997年，中共中央下发《中共中央、国务院关于进一步加强新疆生产建设兵团工作的通知》（［1997］17号文件），决定在新疆生产建设兵团农三师设立图木舒克市。

② 2002年9月17日，国务院批准设立自治区县级直辖市图木舒克市（中发［2017］17号文），市辖农三师小海子垦区44团、49团、50团、51团、52团、53团等六个农牧团场和小海子水库管理处、农三师工程建设集团有限责任公司、永达水泥厂、农三师电力公司、农三师塑料厂等共19个企事业单位，市域总面积1901.033平方公里，辖区现有总人口12万。

③ 王娜娜：《兵团"师市合一"特殊行政管理体制的起源、功能、困境与优化》，《兵团党校学报》2016年第3期。

就肩负着促进新疆发展、维护国家安全和边疆稳定的重大使命。在新中国成立以来的屯垦戍边实践中，兵团履行着生产队、战斗队、工作队和宣传队的职责，充分发挥着建设大军、中流砥柱、铜墙铁壁的作用。兵团“兵团、师、团、连”四级领导管理体系中，“师”作为管理体系中的一级管理层发挥着重大作用。“市”主要承担经济发展功能。兵团虽然享有省级权限，在国民经济和社会发展方面实行计划单列，但财政税收却归新疆维吾尔自治区管辖。实行“师市合一”体制后，通过“市”所拥有的税收权和工商管理权来弥补“师”体制中的不足与缺陷，促进了所在地区的经济发展，改善民生，有效地实现了兵团特殊体制与市场经济体制的接轨。在“师市合一”政治体系中，“师”除政治功能之外，还承担着下辖农牧团场的经济社会发展等公共职能。“市”除承载本区域内的经济发展功能外，还担负着现代文明聚集、维稳戍边的使命。通过城镇化发展来改善兵团经济结构与新疆的人口结构，提升兵团的综合实力，从而实现维护祖国边疆统一安全的政治目的。

农三师的团场地处“风头水尾”的沙漠边缘，远离城市，造成团场的基础设施落后于时代发展。随着市场经济的发展，兵团依然延续的计划经济生产方式，导致经济结构不合理、产业层次低、市场发育不充分、公共服务和社会治理体系不健全、民主法治不适应等严重制约着农三师发展的问题。党中央审时度势，为加快实施“稳疆兴疆、富民固边”战略，促进兵地融合发展，丰富屯垦内涵、转变屯垦方式，从“屯垦戍边”向“建城戍边”转变，分阶段有步骤地推进团场管理体制改革，实现“政企分开、政社分开”管理体制，完善农三师城镇公共服务水平，增强屯垦戍边事业的凝聚力，健全和实现“政”的职能，确立“企”的市场主体地位，提高“兵”的意识和“军”的能力，充分释放党、政、军、企合一体制的特殊优势和巨大活力。

兵团开始全面融入新疆社会，农三师所属师、团场企事业单位嵌入喀什地区与克州县市行政区内，由兵团实行垂直管理。因其战略地位重要、团场集中连片、经济基础好、发展潜力大，2004 年，国家将图木舒克市设为新疆维吾尔自治区直辖县级市，形成一市十六镇城镇化体系。

（四）砥砺奋进：图木舒克市经济社会发展情况

1. 基本情况

1949 年，新疆和平解放时，当地经济以农牧业为主体的自然经济，生产力水平低下，生产方式落后，经济社会发展处于停滞状态，人民生活困苦不堪。中国人民解放军第一兵团在王震将军的号召下，不与民争利。水，自己找；地，自己开；树，自己种。部队无怨无悔，扑向荒原，与民无扰，广大官兵以地窝子为家，把“荒漠当床、沙丘作枕、蓝天为被”，修路架桥，植树造林，挖渠引水，粮食大部分实现自给，食油蔬菜全部自给。同时兴办工业、交通、建筑、商业企业和科技、教育、文化、卫生等事业单位，为新疆的经济发展作出了历史性贡献。农三师建立后，其使命是劳武结合、屯垦戍边。兵团由原军队自给性生产转为企事业化生产，并纳入国家计划。

1975 年，兵团建制被撤销，其屯垦戍边的作用有所削弱。1981 年，兵团建制恢复，此后的 30 多年里，农三师的国有农牧场进行了大包干责任制，兴办职工家庭农场、企业承包经营责任制，发展多种经济成分等方面的改革，兴办工业，建设城镇，屯垦戍边事业不断迈向新的阶段。70 多年来，农三师以屯垦戍边为使命，遵循不与民争利的原则，在戈壁沙漠和人烟稀少、环境恶劣的边境沿线，开荒造田，逐步建立起涵盖食品加工、轻工纺织、钢铁、建材、电力、化工、机械等门类的工业体系，教育、科技、文化、卫生等各项社会事业取得长足进步。

2. 开发与建设

图木舒克建市后，深化兵团改革，巩固中心团场改革成果；坚定不移落实“基本经营制度+其他配套制度+管理”体制机制；紧紧围绕农业结构调整和农业产业化，因地制宜推进新型工业化进程；重视民生，改善基层职工群众生产生活条件。自力更生发展红枣特色种植、甘草精深加工及新产品开发、喀什垦区肉羊高效养殖。农三师大力支持南疆少数民族聚居团场经济社会发展，取得显著成效。优势产业和特色经济社会发展取得新成就，以现代农业示范区创建为抓手，以“三大基地”建设为平台，按照“稳粮、优棉、精果、强畜”的方针进行农业结构调整，实现棉花全程机械化采收高产示范区 45 万亩、林果标准园 24.4 万亩，建设高标准农田 38 万亩，高新节水灌溉面积达 110 万亩，建设标准化养殖基地 15 个，成立专业合作社 69 家，农业产业化龙头企业 14 家。应对水资源制约不断加剧的严峻形势，加快推进特色林果产业发展，实现农业增效、团场增盈、职工增收。从昔日以开荒种地、发展农业为主，到城镇化、新型工业化、农业现代化同步推进。

第一次中央新疆工作座谈会后，中央推出支持兵团加快发展的重大战略部署，把发展经济与改善民生有机结合，开启对口援建扶贫模式。农三师充分利用国家扶持资金、兵团扶持资金和对口援建资金，集中建设少数民族聚居团场保障性住房，改造团场棚户区，完善团场小城镇及中心连队基础设施，改善少数民族聚居团场职工群众的生产生活条件。开展“百户扶贫解困工程”“党员结对子”“干部结对子”“会员结对子”“姐妹结对子”“民族团结结对子”等多元帮扶活动。开展产业援疆、企业援疆、行业援疆、文化援疆、教育援疆、人才援疆，援建内容包括安居工程、基础设施工程、公共服务工程、产业发展工程、人才支援工程、青少年交流工程、智力支持工程。

第二次中央新疆工作座谈会后，打赢脱贫攻坚战是兵团全面建成小康社会最艰巨的任务，事关各族职工群众福祉，事关兵团“稳定器、大熔炉、示范区”作用发挥，事关新疆社会稳定和长治久安总目标的实现。第三师图木舒克市“扭住根本、抓住关键”“以深化改革为强大动力”“将新型工业化作为推进兵团向南发展的主战略”，紧密结合实际，发展壮大特色产业，营造拴心留人环境，壮大人口规模，不断增强兵团在南疆的承载力、带动力和影响力；2017 年落实“十大惠民工程”，维护社会稳定、深化团场改革、统筹产业发展、壮大综合实力推进，产城融合，重点打造集纺纱、化纤、织布、印染、针织、家纺、成衣于一体的纺织服装全产业链；利用农业特色资源，延伸产业链，大力发展农副产品精深加工业。图木舒克工业园区中港电子科技有限公司、新疆白鹭纤维有限公司、前海棉纺织有限责任公司、新疆西域鸿路纺织科技股份有限公司、新疆叶河源果业股份有限公司、新疆天昆百果果业股份有限公司等企业充分发挥先进生产力和先进文化的示范作用，第三师图木舒克市的工业从最初的“一棵甘草”发展为棉纺业、农副产品及农业机械装备业、药材加工业、新型建材业、电力能源产业和旅游业六大产业齐头并进的“参天大树”。如新疆天昆百果果业股份有限公司是图木舒克市“农户+基地+公司+研发+市场”的农业产业化龙头企业，也是兵团唯一一家参与制定国家干制红枣标准的企业。依托区域交通枢纽、商贸物流中心建设成果，师市积极承接东部沿海电子产业转移，利用区位优势，抢滩周边国家电子产品市场，做大电子产业。

改革开放以来农三师大胆改革，治穷致富，“抓主体、两翼，一固定两落实”，发展自己、致富职工，通过财政转移支付形式，由“输血式”扶贫向减轻贫困户负担、扶持扶贫经济实体、加强基础设施建设等方面转变。

第一，综合实力不断提升。从 2012—2019 年师市共投入 1158.6 亿元，全力开展脱贫攻坚工作。2012 年，第三师图木舒克市总人口 21.49 万人，实现地区生产总值 59.71 亿元，人均生产总值 27904 元，产业结构为 50.8：21.1：28.1，固定资产投资 50.4 亿元；2014 年，投入各类资金 138.86 亿元，实现地区生产总值 90.08 亿元，人均生产总值 41012 元，以城镇化为载体、新型工业化为支撑、农业现代化为基础的新型发展格局基本形成。产业结构由 2010 年的 57∶16∶27 调整为 37.5∶36∶26.5；2015 年，实现地区生产总值 97.88 亿元，是 2010 年的 2.5 倍，年均增长 16.3%，比“十一五”高 4.6 个百分点，高于兵团平均水平，人均生产总值 43600 元，年均增长 18.3%。产业结构由 2010 年的 57∶16∶27 调整为 35∶38∶27，第二产业占比提高了 22 个百分点。全社会固定资产投资 5 年累计达 505 亿元，进出口总额 7.53 亿美元。城镇化率提高至 61.9%；2018 年，实现地区生产总值 128.83 亿元，是 2014 年的 143.02%，人均生产总值 44300 元，产业结构调整为 36.1∶35.1∶28.8。

表 1-1　2014—2018 年，第三师图木舒克市生产总值和产业增加值情况

（单位：亿元）

年份	生产总值	第一产业		第二产业		第三产业	
		增加值	同比增长	增加值	同比增长	增加值	同比增长
2014	90.08	33.80	8.3	32.41	34.7	23.87	9.0
2015	97.88	34.61	6.3	37.37	17.1	25.90	6.8
2016	108.14	38.86	8.2	41.68	12.1	27.60	5.7
2017	120.59	41.93	8.0	46.11	10.7	32.55	12.5
2018	128.83	46.54	5.9	45.16	−2.7	37.13	12.7

资料来源：第三师图木舒克市政府党委办公室提供。

由表 1-1 可知，第三师图木舒克市第一产业占据非常重要的地位，第二产业逐渐递减，第三产业 2017—2018 年增幅较大，反映出产业结构调整后出现的产值增加。

2012 年，第三师图木舒克市城镇居民人均可支配收入 18205 元，农牧工家庭人均纯收入 11247 元。2014 年，城镇居民人均可支配收入和连队常住居民人均纯收入分别达到 26612 元和 13505 元，社会保

障面基本覆盖，职工收入基本实现与经济同步增长，连队常住居民人均收入增长，基本达到兵团平均水平。2015 年，城镇常住居民人均可支配收入和连队常住居民人均可支配收入分别达到 30955 元和 14398 元，分别是 2010 年的 2.26 倍和 1.76 倍。城镇居民人均可支配收入和连队常住居民人均纯收入分别达到 35840 元（兵团 38842 元）和 18359 元（兵团 19445 元），基本达到兵团平均水平，分别是 2014 年的 145.96%和 135.94%。

表 1-2 2014—2018 年，第三师图木舒克市居民可支配收入情况

（单位：元）

年份	城镇可支配收入	城镇比上年增长	连队可支配收入	连队比上年增长
2014	26613	12.3	13505	14.9
2015	30955	16.3	14398	6.6
2016	33759	9.1	15534	7.9
2017	36412	7.9	17053	9.8
2018	35840	-1.6	18359	7.7

资料来源：第三师图木舒克市政府党委办公室提供。

由表 1-2 可知，第三师图木舒克市城镇可支配收入和连队可支配收入自 2014 年以来逐年增加，反映了师团与连队职工收入快速增长。

贫困团场职工收入快速增长。贫困团场连队常住居民人均可支配收入由 2010 年的 8219 元增加到 2015 年的 14398 元，年均增长 15.9%，比“十一五”年均增速高 3.2 个百分点，高出兵团平均水平 0.6 个百分点。2018 年，城镇常住居民人均可支配收入和连队常住居民人均可支配收入分别达到 35840 元和 18359 元。图木舒克市全体居民收入结构发生变化，经营性收入增加，工资性收入在减少，转移性收入和财产性收入在减少，连队职工的自我发展能力在逐步增强（见表 1-3）。

表 1-3　2014—2018 年图木舒克市全体居民收入结构情况

年份	经营性收入	工资性收入	转移性收入和财产性收入
2014	28.4	56.9	14.7
2015	26.8	59.1	14.1
2016	29.3	55.5	15.2
2017	32.7	52.5	14.8
2018	51.8	42.5	5.7

资料来源：第三师图木舒克市政府党委办公室提供。

经贸协作取得明显成果。2016 年以来实现外贸进出口总额 26.91 亿美元，年均增长 63.4%。经济协作与招商引资工作取得进展，5 年累计招商引资协议金额 253 亿元，合同金额 182 亿元，实际落地资金 147 亿元，招商引资项目 168 个，带动了第三师图木舒克市城镇经济的发展，经济活力进一步增强。兵地融合经济得到发展，第三师图木舒克市内外、企业间的经济技术合作不断加强。

第二，城镇化、工业化、农业现代化建设进展明显。在中央和新疆维吾尔自治区的统一领导和规划下，兵团以人口分布、土地利用空间为重点，统筹产业布局，按照“师市合一、团镇合一”的原则和师建城市、团场建镇的思路，大力推进城镇化进程。农三师自 2004 年图木舒克市挂牌开始，推进一市十六镇城镇化体系建设。重点建设 41 团草湖镇、45 团前海镇、莎车农场、伽师农场，初步形成以城市、垦区中心城镇、一般团场城镇、中心连队居住区的发展架构，建成与新疆城镇职能互补，具有兵团特色的城镇体系。第三师图木舒克市依托喀什自由贸易试验区创建，发挥城镇吸纳、辐射作用，促进人口、资金、资源聚集，发挥城镇对区域经济的支撑作用，以城镇化带动工业化，以工业化促进城镇化。依托草湖广东纺织服装产业园，推进城镇安居房、二甲医院、学校、幼儿园等配套设施建设，以产业化带动城镇化，推动产城融合，建设南疆工业新城。以图木舒克市的辐射带动培育区域中心，改善城镇人居和投资环境，有重点地发展各具特色的图木舒克建制镇。推进45团前海镇（包括42团、43团、45团、46团、48团、前进水管处五团一处）和莎车农场（包括东风农场、叶城二牧场）、伽师总场（包括红旗农场、托云牧场）建镇工作。新设建制镇的水、电、路、暖、气、污水及垃圾处理、防灾减灾等基础设施比较完备，科教文卫和社会福利设施基本满足群众要求。前海镇、莎车农场、伽师总场通过产城融合建设成为聚集产业人口、示范带动周边垦区及地方发展的先进生产力示范区、重要交通沿线反恐维稳的坚强堡垒和重要战略支点。红旗农场实施节水改造和盐碱地治理，东风农场建设为现代农业示范园。

新型工业化建设显著。师市按照“一区两园造平台，两个转换强支撑”的发展思路，产业协调相互联动、内力外力发展并重、资源节约生态保护、创新驱动发展、集中融合的发展原则，利用园区和援疆平台发展纺织服装、农副产品加工、油气化工、支农工业、建材矿业、生物制药业6大支柱产业，使其成为调节社会结构、转移就业、增强内生动力和造血功能，实现发展经济、增加就业和发展城镇化的平台。依托广东省对口支援和央企的力量，集聚产业、吸纳就业、完善配套，加强“一区两园”建设，重点培育45团前海镇工业园和莎车农场工业园。园区投资环境得到改善，产城融合、因地制宜、错位发展，能够积极承接发达地区产业转移，引导上下游产业聚集，园区产业集聚功能提高，人口规模增加，带动就业6万人次。喀什经济开发区兵团分区、图木舒克工业园区快速发展。

农业现代化建设推进明显。以提高质量和效益为中心，继续坚持调结构、转方式，发挥疆南牧业、叶河阳光、叶河源果业和天昆百果、银丰棉机等四大龙头企业带动作用，依托“一个平台（现代农业示范区）、三个载体（棉花全程机采高产示范区；林果标准精品园；设施农业、设施畜牧业）”，实现农业发展方式转变和结构优化，提升16个团场综合实力，全面推进农业现代化。

2012年以来，围绕兵团“三大基地”建设，以科技为引领推进现代农业示范区建设，全国节水灌溉示范、农业机械化示范、现代农业示范“三大基地”基本建成，农业科技进步贡献率、农业综合机械化率和高新节水灌溉率在南疆处于领先水平。招商引资项目500多个，到位资金200多亿元，形成纺织加工、食品加工、生物制药、机械制造、服务贸易、建材加工、电力能源产业体系，兵团草湖产业园棉纺锭规模达到200万锭。全市经济发展水平全面提高，带动就业和巩固脱贫成果，扶持生产提升自主脱贫能力，带动贫困户实现增收。

优化农业结构布局。按照“稳粮、优棉、精果、强畜、增蔬”方针，建设棉花全程机械化、标准（精品）园、现代畜牧业标准规模化养殖“三个示范区”，增强农业示范引领能力，提升农产品竞争力。

培育新型农业经营主体，加快农业集团化运作，发展农工专业合作经济组织；重点扶持四大龙头企业，壮大以牛羊为主的畜牧业龙头疆南牧业，完善畜牧业体制机制，建立健全畜牧业专业合作社、专业化公司职能，实行规范运作。以品种引进、繁育、种植、加工、销售全产业链为主的设施农业龙头企业叶河阳光股份有限公司，整合现有设施农业资源，积极发展城郊农业，建设温室大棚及其相关果蔬加工；以红枣加工为主的叶河源果业实现加工转化机械化；以棉花全程机械化为主的银丰棉机引领农机装备更新改造，农产品加工业发展水平全面提升，棉业、果蔬业、葡萄酒业、油脂加工、肉类加工、粮食加工、饲料加工、种子加工等农产品加工业龙头企业集群的现代农业产业体系正在形成。

第三，着力加强生态文明建设。第三师多数团场建在沙漠边缘和边境沿线，是抵御风沙袭击、保护新疆绿洲的第一道屏障。多年来，第三师把区域生态环境建设摆在突出位置，通过植树造林、兴修水利、防风固沙、排盐治碱、节水灌溉、高标准农田建设等工程，提高土地综合生产能力。推广应用多功能、智能化、经济型农业技术及装备设施，提高农业资源利用率和开发可持续性。

本着“以环境促经济、以经济保环境”的发展理念，以荒漠化治理和生态环境改善为重点，着眼于建设人与自然和谐相处的国家首批生态功能区试点示范区，将生态保护与转变经济发展方式、改善生产生活质量相结合，构筑生态安全屏障。推进生态功能区试点示范方案实施、加强生态文明建设、加大环境保护力度。根据《新疆生产建设兵团主体功能区规划》布局，师部城区、喀什经济开发区兵团分区为重点开发区域，41团、红旗农场为农产品主产区（限制开发区域），图木舒克市（含44、49、50、51、53团）、42团、45团、46团、48团、莎车农场、伽师总场、托云牧场、东风农场为重点生态功能区（限制开发区域），重点推进生态产品供给、发展壮大特色生态经济等。

第四，着力改善民生。“十三五”期间共投入城市建设资金112.28亿元，其中招商引资42.09亿元。第三师图木舒克市坚持以民生为先、就业为本、安居为要、富民为重，消除瓶颈制约，解决就业、教育文化、医疗卫生、社会保障等事关根本的民生问题，构建覆盖团场连队、辐射地方县乡、具有比较优势的基本公共服务体系。

实施教育惠民工程。实施义务教育中小学标准化建设，全面实施“全面改薄”工程、中小学信息化、教师周转房、少数民族区内初中班、高中班等建设任务，提升办学水平，实现义务教育基本均衡。利用国家教育的各项资助政策，使适龄青少年儿童全部入学。国家通用语言教学和学前教育全面实施。立足第三师图木舒克市产业发展需求，依托援疆优势，采用“校校联办”“工学结合”的办学模式发展职业教育。推进教育教学改革，依法治校，建设教师队伍，切实提高师资水平。兵地教育融合，加大招收地方少数民族学生力度。全面实施教育信息化工程，以教育信息化促进教育的现代化。

实施就业惠民。以就业为导向发展劳动密集型产业、服务业、中小微企业和非公有制企业。把产业带动就业尤其是增加少数民族群众就业作为发展的首要任务，建立健全与经济社会发展相适应的完善的就业服务体系。实施图木舒克市职业学校提升工程，谋划建设图木舒克市职业学院。以促进团场少数民族劳动力转移就业为重点，统筹做好大专院校毕业生、失业人员、团场富余劳动力等困难群体的就业帮扶工作，健全和完善就业帮扶政策，多渠道筹集就业资金。吸引老职工子女回师团就业，引进内地劳动密集型企业到师市落户，引导少数民族富余劳动力向非农产业和城镇转移就业。鼓励机关、企事业单位和基层社区开发公益性岗位，安置就业困难人员就业。落实就业扶持政策，鼓励有能力的失业人员自谋职业、自主创业。扩大劳动者职业培训覆盖面，提高劳动者就业创业能力。

建设先进文化示范区。以现代文化为引领，倡导进步、开放、包容、文明、科学的理念，深入开展宣传思想文化教育，加强意识形态领域反对民族分裂、维护民族团结教育。大力扶持文化产业，提高文化产业 GDP 比重。推进重点文化产业的发展和文化产业人才的培养，依托图木舒克市、41 团草湖镇以及 45 团的文化资源，打造具有影响力的文化产业示范园。进行文化阵地建设，培育和发展有规模有潜力的文化企业，广泛开展群众性文化体育活动、巡演活动，使文化产业成为新的经济增长点。扶持公益性文艺团体发展，实施文工团搬迁工程，传播先进文化，加强民族团结，开展兵地文化交流交融活动，发挥师市先进文化示范区作用。实施基础文化设施全覆盖工程，完善公共文化设施的管理和运行机制，提高使用率，做到建有所用、共建共享。建立健全师、团、连三级公共文化设施网络，重点建设图书馆、文化馆、博物馆、体育馆、广播电视等文化基础设施。

实施健康惠民，提高医疗卫生机构服务能力。改革医药卫生体制，完善卫生服务体系，提升医疗服务水平，公立医疗机构药品零差率销售。建设师、团、连（社区）三级医疗保健网，提升医疗服务保障能力。适度扩大团场城镇医疗卫生机构规模，健全医疗卫生服务体系，建设精神康复、传染病、职业病、妇幼保健等专科医疗服务。常见病、多发病的发病率降低，基本形成“小病不出团、康复在社区，大病合理转诊”的医疗服务格局，实现基本公共卫生服务人群全覆盖。保障和促进居民健康，居民人群预期寿命提高 0.5—1 岁，婴儿死亡率和孕产妇死亡率控制在 1%和 0.005%万以下。重大传染病的发生得到控制，传染病的发病率降低。卫生应急保障能力加强，应对突发事件的救护处置水平提高。人口和计划生育事业加强。人口规模扩大，人口结构优化，人口素质提高，人口有序流动和合理分布得到有效引导。

实施社保惠民。健全基本养老、医疗、失业、工伤保险等制度，巩固各类社会保险及救助覆盖面，低保对象保障水平提高，优抚救助力度加大，团场社会保障体系和兵地社会保险政策实现衔接。鼓励支持多元投资，养老机构建设力度加大，社会养老水平提升。

促进职工收入稳步增长。农业现代化发展提高了农业生产经营水平；产城融合促进了二三产业发展，拓宽了增收渠道；职工群众以劳动、资金、技术等要素参资入股企业，增加了财产性收入；职工群众积极参与“大众创业，万众创新”，促进职工充分就业，增加了工资性收入。积极开展职工群众技能和创业培训，鼓励自主创业；收入结构得以优化，经营性、财产性、工资性、转移性收入持续提高，最低工资标准提高，形成了促进职工多元增收节支长效机制。

城镇乡村公共服务明显改善。双语幼儿园、便民服务中心、卫生室实现全覆盖；在就业平台搭建方面，以双语培训、技能培训、创业培训、就业帮扶等为一体的就业服务体系不断完善，各族群众实现更充分的就业。

基础公共设施情况。城市建设管理水平明显提高，基础设施瓶颈制约基本消除，民生改善达到新水平。城市集中饮用水水源地水质达标率大于97%，绿化覆盖率达到 49%，人均公共绿地 16.1 平方米。污水处理率达到 95%以上，集中供热普及率达到 100%，城市生活垃圾无害化处理率达到 100%，燃气普及率达到 97%。

图木舒克市以东城区改造为主、中心城区功能提升为辅优化调整城市布局，城市骨架日渐扩大、中心城区的服务功能逐渐完善。城市供水、排水、污水处理、垃圾处理、人防、消防、电力通信、停车场等功能配套设施正在建设，教育、卫生、文化、就业和社会保障等公共服务设施体系正在完善。城市公共交通网络、城市交通与对外交通有效衔接。环网相联、快捷畅通的现代化立体交通正在建设。功能完善、安全高效的现代化基础设施体系正在构建，图木舒克市的交通枢纽中心地位和经济发展支撑能力，引导人口和产业向城市集聚，增强城市自我发展的基础和开放的潜力正在提升。

以兵团在南发展为机遇，实施“基础设施支撑工程”，与地方同步规划、同步建设、同步受益，加强能源、水利、交通、信息等基础设施建设，为经济社会发展提供有力保障。

第五，第三产业发展显著。师市围绕着城镇化、工业化，培育市场主体，改造提升传统服务业，发展新兴服务业，积极拓展社会服务业，重点发展商贸流通业，促进生产性服务业与制造业融合发展、生产性服务业与生活性服务业联动发展，实现服务业发展提速、比重提高、结构优化。第一，发展生产性服务业以满足工农业生产需求。利用国家推进南疆交通线建设和丝绸之路经济带南通道建设机遇建设便捷高效物流体系；以电子商务为纽带，以三运国际物流中心园区为重点，以图木舒克物流园区、41 团物流园区为两翼，以伊尔克什坦口岸、卡拉苏口岸、红其拉甫口岸建设综合仓储服务设施为支点，以应急储备物流为补充的“一区多园”物流体系和面向周边国家的出口基地正在建设。整合农产品物流配送资源，团场及连队“最后一公里”物流配送和物流配套设施、冷链物流体系正在建成，直销、配送、电子商务等新型农产品流通业态正在建成；以城镇、园区、重点口岸为节点，布局合理、便捷高效、具有较强竞争力的区域性现代物流体系正在打造。第二，围绕城镇化建设发展职业培训、餐饮、物业、养老、医疗等生活性服务业。商贸流通业方面，依托“万村千乡”“城镇商业便民服务”“百团万店”等市场工程建设，发展大型商超、特色街区、商业街、专业批发市场等商贸综合体，联动发展购物、餐饮、住宿等生活服务业。商业便民服务业方面，依托城镇化发展和社会服务体系建设，发展劳动就业、社会保险、医疗卫生、文化体育、物流配送等社区服务业，鼓励非公、民办发展养老健康服务业，满足老龄社会对养老健康服务的新需求。旅游业方面，以“中国军垦旅游”为主体品牌，促进兵地融合旅游开发。团场职工自主兴办或合作兴办旅游经济实体，多形式、多领域开展自主创业活动，提升职工财产性收入与劳务性收入的乡村旅游服务体系正在建成；金融等现代服务业方面，金融环境有效改善，中国人民银行、中国建设银行等金融机构，小贷公司、融资担保公司等非银行类金融机构相继入驻，融资渠道和规模进一步拓宽。通过“互联网+”工程，传统产业转型升级。传统商业模式改变，电子商务聚集发展，企业、商场、市场、社区、团场开展电子商务，信息消费、“智慧城镇”、“宽带城镇”、“数字团场”、信息网络中心的培育发展取得实质性进展。

回溯 60 的历史，第三师图木舒克市人可以自豪地说，无论是农业还是工业，第三师图木舒克市都无愧先进生产力的代表；无论是文化还是教育，无论是科研还是群众文化活动，第三师图木舒克市都发挥了示范区的作用。

二、风雨壮行：第三师图木舒克市脱贫攻坚的历史演进

农三师自 1966 年组建之日起，一代代军垦人在叶尔羌河两岸艰苦创业、奋力拼搏、战天斗地，挖渠修路，开荒造田，开辟了良田连绵、渠系纵横、林带成网、道路畅通的绿洲。生产建设兵团发展起了农业、畜牧业、工业、商业、交通业。国家十分重视对兵团农场的扶

贫，对新疆兵团补亏、扶贫大致可分为以下六个阶段。

（一）政府救济式扶贫阶段（1966—1977 年）

这一时期的兵团实行财政统收统支，利润上缴，亏损由国家补贴。当时全国扶贫工作的重点是通过国家财政补贴和实物救济结合的方式，解决大多数人的基本生存困境，保障贫困人口的最低生活标准。在国家的大力支持下，新疆主要采取政府临时救济和定期救济相结合的方式缓解农村居民的贫困问题。临时救济主要是根据季节时令对农牧区贫困人口进行生活救济。定期救济则是在一定的期限内对特别困难的人口，依据有关规定，由政府定期发放现金和实物补助，①扶贫呈现出计划经济的特征。

（二）体制改革推动扶贫阶段（1978—1985 年）

1978 年十一届三中全会审议通过的《中共中央关于加快农业发展若干问题的决定（草案）》首次提出我国存在大规模的贫困现象②，由此，中国的扶贫工作正式上升到国家层面。这一阶段，政府认识到，造成农村大面积贫困的原因是生产力低下，而体制落后是限制生产力的根本原因。为了从根本上解决广大农民的生存问题，中国对农村经济体制进行改革，通过解放生产力、发展生产来减缓贫困，重点关注“老、少、边、穷”地区的贫困问题。广大农村实行家庭联产承包责任制，农民自主经营，调动了农民生产的积极性，激发了农民的创造性，这也为广大农民脱贫致富寻找到了一条切实可行的途径。

---

① 王冰、余国新、苏武峥：《浅析南疆三地州扶贫开发历程》，《安徽农业科学》2019 年第 8 期。

② 范小建：《中国农村扶贫开发纲要（2011—2020 年）》，中国财政经济出版社 2012 年版，第 20—20 页。

同时，针对一些极端贫困地区，1980 年，中央财政设立“支援经济不发达地区发展资金”，支援经济不发达的革命老根据地、少数民族地区、边远地区以及穷困地区，这是中央财政设立的第一笔财政专项扶贫资金①，除了实施家庭联产承包责任制，中国政府在农村实行放宽农产品价格、发展乡镇企业、开放劳动力输出限制等多项经济改革举措，直接或间接地促进了农民增收。1984 年，发布《关于尽快改变贫困地区落后面貌的通知》，在全国范围内划定了 18 个贫困片区进行重点扶持，通过设立资源开发的建设项目解决区域性整体贫困问题，并开展“以工代赈”建设贫困地区基础设施。这种“项目式”扶贫方式，为后来实施大规模扶贫开发规划奠定了基础、积累了经验，其带来的实际效果也是明显的。②

1. 独立核算，自负盈亏，亏损不补。

1978 年底，国务院召开全国农垦工作会议，决定从 1979 年起国家对农垦企业实行财务大包干，即“独立核算，自负盈亏，亏损不补，有利润自己发展生产，资金不足可以贷款的财务包干办法”。③对亏损农场，国家根据各师（局）原来的亏损情况，拨给固定数额的补亏额。师（局）和农场实行包干，“节余留用，超亏不补”。政策执行自 1979 年到 1996 年（按原定政策规定到 1995 年结束），国家每年给兵团补亏 1.1 亿—1.4 亿元左右。④ 1980 年，农三师把国家拨款拿出来，组织富余劳动力，扩大生产，进行农田水利基本建设，改变生产条件，发展农牧业，迅速扭亏增盈。兵团把国家拨的补亏款在

① 中华人民共和国国务院新闻办公室：《财政支持农村扶贫主要包括两方面政策措施》，2011 - 12 - 06，见 http://www.scio.gov.cn/xwfbh/xwbfbh/wqfbh/2011/1206/zy/Document/1059429/1059429.htm。

② 黄国勤：《中国扶贫开发的历程、成就、问题及对策》，《中国井冈山干部学院学报》2018 年第 3 期。

③ 新疆生产建设兵团党委党史研究室：《新疆生产建设兵团改革开放四十周年大事记（1978—2018）》，新疆生产建设兵团出版社 2018 年版，第 4 页。

④ 张平等：《新疆兵团贫困农场脱贫开发建设的理论与实践对策》，《新疆财经》1996 年第 3 期。

每年计划会上下达给各师（局）各农场，并要求其在3—5年内扭亏增盈。兵团每年把补亏款一半用于补亏，一半集中用于农田基本建设和救济自然灾害等，均起到了一定的作用。[①]

2. 抓“主体、两翼”[②]，“一固定两落实”[③]，发展自己、致富职工。

1981年兵团恢复后，工作方针调整为“整顿边境、稳定腹心、重点南移”。[④] 全面部署兵团发展战略；推进经济体制改革，实行土地联产承包，兴办家庭农场，发展庭院经济，开展对外交流。[⑤] 1983年3月，兵团响应《关于贯彻全国农垦工作会议精神的通知》，解放思想，放宽政策，大胆改革，治穷致富，完善联产承包责任制，发展专业户、重点户，让所有企业扭亏为盈。自此，家庭联产承包责任制以空前规模在种植业中全面推行，实施承包到户，农林牧副相结合，农工商综合经营。把试办家庭农场，推行多种形式的家庭联产承包责任制作为兵团农牧团场治穷致富的路子。1983年，农三师农牧团场（除43团外）全面推行家庭联产承包责任制和大包干分配，甩掉了建师17年的亏损帽子，首次盈利163.9万元，粮食自给自足，结束了连年吃返销粮的局面，发生历史性转折。[⑥]

1984年，农三师响应中共中央《关于1984年农村工作的通知》文件精神，土地承包15年不变，办好家庭农场，发展家庭经济和创办开发性家庭农场这个“两翼”。1985年，王震就兵团工作指出：兵团农业潜力很大，要加快发展生产；办好家庭农场减轻职工负担；发

---

① 张平等：《新疆兵团贫困农场脱贫开发建设的理论与实践对策》，《新疆财经》1996年第3期。

② 指全面办好大田家庭农场的同时，大力发展庭院经济和开发性家庭农场。

③ 指固定家庭联包户和家庭农场的土地，落实宅基地、自用地和承包指标。

④ 新疆生产建设兵团党委党史研究室：《新疆生产建设兵团改革开放四十周年大事记（1978—2018）》，新疆生产建设兵团出版社2018年版，第8页。

⑤ 兵团精神课题研究组：《亘古荒原现生机》，《兵团日报（汉）》2017年6月8日。

⑥ 图木舒克师市史志编纂委员会：《农三师志》，新疆人民出版社2000年版，第27页。

展多种经营搞活经济；发展奶牛和兔子养殖业，提高南疆工人的工资，集资办兵团合作社。①

这时期的扶贫主要是由各师团的民政部门负责，扶贫对象主要是五保户，是“输血式”扶贫，主要是通过财政转移支付的形式实现的。各级政府直接将粮食、衣物、化肥等生产资料和生活资料发放到贫困农民手中，保障其基本的生产需要。这种救济分为两种形式：临时救济和定期救济。临时救济主要是对农牧区因季节性原因造成的贫困实施的生活救济，一般有春、夏荒救济和冬令救济；定期生活救济则是依据规定的标准，定期对救济对象发放现金和实物等生活补助，主要救济对象有五保户、家庭主要劳动力长期患病或痴呆傻盲和只能靠定期生活救济保障基本生活的贫困人口。②

这种区域整体救助方式，虽然在一定程度上改善了当时贫困群众的生活状况，稳定了社会秩序，但未对不同地区的贫困原因进行区分，在贫困区域范围较大且扶贫资源分散的情况下，这种单一的“输血式”实物救济不能达到治本的效果，扶贫效率不断降低。

（三）大规模开发式扶贫阶段（1986—1993年）

农村经济体制改革带来的扶贫红利减弱，“老、少、边、穷”地区发展缓慢，整体贫困现象未得到真正改善。伴随着体制改革推动扶贫工作不断深入，中国经济走上了快速发展的道路，农村的贫困状况大大改善。但是边远地区由于受到自然条件、发展能力等因素的限制，发展水平远远落后于内地，区域间的贫富差距进一步凸显，农村经济体制改革带动减贫的边际效益逐渐递减。在这种情况下，国务院成立了专门的扶贫机构，实施以县为单位的扶贫瞄准机制，加大财政

① 新疆生产建设兵团党委党史研究室：《新疆生产建设兵团改革开放四十周年大事记（1978—2018）》，新疆生产建设兵团出版社2018年版，第11页。

② 王宝珍：《新疆南疆三地州扶贫开发研究》，石河子大学硕士学位论文，2014年。

专项扶持力度，针对贫困地区进行大规模的开发式扶贫，进一步提升减贫成效，解决经济社会发展不平衡的问题。①

1. 国家的大规模扶贫工作。1986 年，国务院成立了专门的扶贫机构，每年安排专项资金，制定相关的扶贫政策，对传统的救济式扶贫进行了彻底改革，正式确定了开发式扶贫方针，将扶贫事业当做一项重要的工作来抓。② 自此以后，我国开始了有计划、有针对、有组织的开发式扶贫模式。1987 年，自治区扶贫开发工作领导小组正式成立。自治区以解决农村贫困人口温饱问题为目标、以改变贫困地区经济文化落后状态为重点的扶贫开发工作开始大规模展开。③

2. 兵团改变补亏资金使用方式。自 1987 年开始，兵团把国家拨的补亏款部分有偿使用，部分无偿使用，部分集中滚动使用。分为三大部分：一是每年拿出 4000 万元左右以贷款形式用于土地开发，7 年后开始还款，10 年还清；二是每年拿出 3000 万元左右作为兵团保险公司铺底资金，收取保险费滚动使用；三是每年拿出 4000 万元左右直接用于农场补亏。这一阶段，绝大部分农场的经济建设有所好转，增强了经济发展的后劲。

3. 团场扭亏减亏。1989 年至 1990 年农场亏损，亏损面占兵团农场的 39.4%，兵团决定从 1989 年起对 25 个亏损农场大户进行重点扭亏，每年拿出 1700 万元，3 年共拿出 5100 多万元，分 50、70、100 万元标准拨到农场，经过 3 年努力，亏损额降低。④ 1988 年，在农三师扶贫致富经验交流会上对扶贫先进集体与个人进行了表彰。⑤ 这时

① 向德平、华汛子：《改革开放四十年中国贫困治理的历程、经验与前瞻》，《新疆师范大学学报》2019 年第 2 期。

② 谢撼澜、谢卓芝：《中国特色扶贫开发道路研究》，《探索》2017 年第 5 期。

③ 王冰、余国新、苏武峥：《浅析南疆三地州扶贫开发历程》，《安徽农业科学》2019 年第 8 期。

④ 张平等：《新疆兵团贫困农场脱贫开发建设的理论与实践对策》，《新疆财经》1996 年第 3 期。

⑤ 农三师史志编纂委员会：《农三师志》，新疆人民出版社 2000 年版，第 44 页。

的扶贫呈现出非规模性。这一阶段的基本经验，一是加强了班子建设，完善了责任制；二是注重改变生产条件；三是依据科技扭亏、扶贫；四是调整产业结构；五是狠抓亏损大户；六是聘请了扭亏、扶贫跟踪员。

4. 兵团开发式扶贫。1991 年 6 月，兵团召开扶贫会议，成立兵团、师两级扶贫工作领导小组专司其责，下设扶贫开发办公室。[①] 1991 年，兵团全面开展扶贫开发工作，兵团有 42 个团场列入国家农垦扶持边境贫困团场序列。[②] 1992 年，兵团根据实际情况又从腹心师选定 20 个团场作为内部重点扶贫单位，兵团贫困团场数量确定为 62 个。各师（局）根据已确定的扶贫团场，组织人员逐个调查后拿出具体方案；要求贫困单位的脱贫工作从实际出发，避免盲目性，慎重选择经济效益高、翻身快的项目，因地制宜。[③] 同年 10 月，农业部农垦司副司长王保松、农垦司扶贫办孙克俭、徐岩、财政部综合计划司处长朱广伟等先后到农三师考察贫困农牧团场的扶贫开发和扭亏增盈情况[④]，政府开始将扶贫作为社会发展工程来推进，对贫困问题更加重视。1988 年至 1993 年，国家投入到新疆农村地区的扶贫资金在 1 亿元以下，1991 年达到 1.2 亿元，六年间年均投入金额 0.72 亿元。[⑤] 扶贫资金投入主要是解决贫困农牧民的温饱问题。扶贫资金主要用于减轻贫困户负担（减免农业税、购粮、公积金、公益金、欠款、水电费、草场管理费、牲畜防疫费、医疗费、学杂费）、扶持扶贫经济实体、基础设施建设等方面。扶贫资金分配上开始向喀什地区

---

① 新兵发［1991］91 号文，转引自陈甲武：《新疆生产建设兵团贫困团场扶贫开发问题研究》，华中农业大学硕士学位论文，2010 年。

② 张平等：《新疆兵团贫困农场脱贫开发建设的理论与实践对策》，《新疆财经》1996 年第 3 期。

③ 新疆生产建设兵团党委党史研究室：《新疆生产建设兵团改革开放四十周年大事记（1978—2018）》，新疆生产建设兵团出版社 2018 年版，第 39 页。

④ 农三师史志编纂委员会：《农三师志》，新疆人民出版社 2000 年版，第 51 页。

⑤ 陈甲武：《新疆生产建设兵团贫困团场扶贫开发问题研究》，华中农业大学硕士学位论文，2010 年。

等南疆地区倾斜。

根据农业部农垦局的要求，结合兵团扶贫开发的实际，“八五”期间出台《兵团扶贫开发项目管理办法》，进一步规范扶贫项目的选择、前期准备、评估论证、上报审批、建设实施、检查验收等各阶段的具体做法和要求，随后又相继制定了《扶贫开发项目跟踪检查实施细则》《兵团扶贫开发项目验收实施细则》，建立扶贫开发项目库制度、健全完善项目跟踪员制度。在规范资金和项目管理的同时，加强资金和项目的监督检查和验收工作，发现问题及时纠正和改进。1993 年初，连续出台了 8 个有关搞活团场经济、计划体制改革、科技体制改革、师局年度经济指标考核、农牧团场人事管理、全民所有制工交商建企业人事管理、重大科技成果及效益奖励、全民所有制工业企业转换经营机制等方面的决定、规定及实施办法，以推动兵团加大改革力度、加快经济发展，跟上全国改革发展的步伐。下半年，兵团又连续召开了农牧团场工作会议、扶贫工作会议、经济工作等会议，针对兵团改革与发展中存在的问题及原因，从宏观到微观，进一步制定了深化体制改革、加快经济发展、保护职工利益的若干政策和措施。

1991 年至 1994 年国家和兵团各方面支持贫困农场，国家扶贫的 42 个农场投入资金 3. 69 亿元，兵团扶贫的 20 个农场投入资金 0. 49 亿元。经过 3 年大规模的扶贫，62 个贫困农场的面貌发生了明显变化。① 一是基本生产条件得到改善。水利设施的改善和大面积低产田的改造，降低了地下水位，改良了盐碱土壤。一些农场通过开荒、收复弃耕地扩大了种植面积，增加了农产品产量。通过防渗、打井增强了抗旱能力。大批农机具的更新增强了耕作、收获能力，提高了机械化水平。二是农场经济状况好转。三是职工收入增加，生活条件改

① 王冰、余国新、苏武峥：《浅析南疆三地州扶贫开发历程》，《安徽农业科学》2019 年第 8 期。

善。1993 年 2 月，自治区召开加快南疆四地州经济发展座谈会，主要议题为扶贫资金和优惠政策等向南疆地区倾斜，这一政策倾斜延续至今。[①] 这一时期的经验与做法是：一是以改革促发展；二是调整产业结构，建立龙头企业；三是加大科技扶贫力度；四是强化项目和资金管理；五是加强领导班子建设。为尽快脱贫，兵团提出农场年度考核指标，同师（局）、农场分别签定脱贫责任书；1994 年兵团安排了 32 个部门、单位与 35 个贫困农场挂钩扶贫，每年定期召开 1—2 次挂钩扶贫会；根据各师（局）、农场的情况进行分类指导。

大规模开发式扶贫阶段扶贫工作特点：一是扶贫意识彻底转变，由“输血式”扶贫向“造血式”扶贫转变；二是农三师开始设立专门的扶贫机构，制定具有针对性的扶贫政策，将扶贫作为师局的社会发展工程来推进，贫困得到前所未有的关注和重视；三是扶贫机构重新审定贫困标准，使扶贫更具科学性、针对性。[②] 开发式模式提升了农三师的整体经济实力，兴建电力、公路等基础设施，突破以往单一采用实物救济的方式，开始注重“造血”式扶贫，增加就业机会，注重激发贫困群众内生动力，脱贫成效稳定。该扶贫模式的初衷是解决贫困群众温饱问题，但没有考虑贫困人口的特点，在制定政策的过程中也未将贫困人口的不同需求与师市整体发展联系起来，加之贫困人口实际情况复杂，减贫成效低于政府救济式扶贫开发阶段。[③]

（四）“八七”扶贫开发阶段（1994—2000 年）

20 世纪 90 年代，江泽民提出，加强贫困地区的治理，不仅是一

① 刘林、陈作成：《扶贫资金投入与减贫：来自新疆农村地区数据的分析》，《农业现代化研究》2016 年第 1 期。

② 于强红：《新疆南疆三地州多维贫困形成机制与精准扶贫研究》，石河子大学硕士学位论文，2018 年。

③ 段洪波、张洪硕：《改革开放 40 年扶贫开发历程与经验》，《河北大学学报》2019 年第 2 期。

个重大的经济问题，而且是一个重大的政治问题。国家已经把扶贫治理的重要性提到共产党执政理念的高度，在保障人民基本生存权和发展权的基础上实现各项权利。为进一步解决农村贫困问题，缩小地区差距，1994 年，国务院启动了“八七扶贫攻坚计划”，《国家“八七”扶贫攻坚计划（1994—2000 年）》作为扶贫开发工作历程中的第一个规范性文件，也是具有里程碑意义的纲领，对扶贫开发工作的目标、对象、措施、期限等做了明确部署，各地区也据此开展了有计划、有组织的扶贫开发工作。这一阶段，“中国重新调整了贫困县，积极开展行业扶贫，建立东西部扶贫协作机制，动员社会力量参与扶贫，采取多元化的帮扶措施，进一步完善了扶贫开发的方式与内容。”[①] 1998 年，兵团出台《关于进一步加快农牧团场改革与发展的意见》，进一步明确了完善“两费自理”（生活费、生产费自理）、“四到户”（承包、核算、分配、风险到户）“五统一”（统一种植计划、灌溉、机械作业、主要技术措施、主要产品销售）的承包管理方式；提出了加快推动“两费自理”和土地租赁经营的步伐，彻底改变“团场出钱，职工种地、放牧，负盈不负亏”传统经营模式的改革要求。农牧团场进一步放开了政策，多数团场企业取得法人地位，农业连队在一定程度上有了经营自主权，职工家庭和庭院经济得到进一步确认和发展。特别是 1993 年底召开兵团党委农牧团场工作会议和扶贫工作会议之后，改变了原来对承包职工的收入兑现方式，使农业职工从劳动者转变为有一定经营权的劳动者，一定程度上解决了部分职工负盈不负亏的问题，进一步调动了职工的生产积极性。[②]

1. 兵团扶贫工作力度加大。

1994 年，自治区按照国家扶贫开发总体战略和规划印发了《新

---

① 向德平、华汛子：《改革开放四十年中国贫困治理的历程、经验与前瞻》，《新疆师范大学学报》2019 年第 2 期。

② 胡兆璋：《改革开放 30 年：兵团农业、农牧团场的三次改革过程及五次科技飞跃》，《新疆农垦经济》2009 年第 2 期。

疆维吾尔自治区百万人温饱工程计划》，计划用7年时间（1994—2000年）基本解决全疆农牧区20万户、107万名贫困人口的温饱问题。1994年，国家加大了对边境贫困地区的投资力度，先后增加了支援不发达地区发展资金和以工代赈资金的投入量，新增了扶贫信贷资金。

1995年，兵团扶贫开发办公室从计财委中单列出来，设为兵团机关行政副师级机构。1999年1月，兵团农业综合开发办、以工代赈办、扶贫开发办、劳务安置办合署为兵团扶贫开发局。兵团农牧团场职工危房改造工作开始启动。[①] 师局级单位相应成立扶贫开发小组，扶贫工作力度加大。

2.“八七”扶贫攻坚的“农三师精神”。

1994年6月，兵团司令员金云辉视察农三师题词：“扎根南疆，再创新业，维护稳定，致富职工”。同年8月，师党委三届二次全委（扩大）会议正式提出第三师精神：“实事求是、艰苦创业、团结奋斗、发展自己、致富职工”。[②] 农三师在工作部署中贯穿这一精神。农三师根据兵团国民经济和社会发展总体部署，结合贫困团场实际情况，兵团制订的“八五”“九五”扶贫开发规划，总的指导思想和奋斗目标是在国家的扶持下，发扬自力更生、艰苦奋斗精神，走开发式扶贫的路子，努力改善生产、生活条件，实施科教扶贫，广泛动员全社会扶贫济困，使贫困团场尽快形成自我积累、自我发展和抵御自然灾害的能力，增加职工收入，不断提高职工生活水平。

1997年1月，师局级单位响应兵团号召，通过深化农牧团场改革来搞活团场经济，稳定和完善以职工家庭联产承包为主的各项经济责任制和统分统合的双层经营体制；继续抓大放小，集中力量搞好国

① 新疆生产建设兵团党委党史研究室：《新疆生产建设兵团改革开放四十周年大事记（1978—2018）》，新疆生产建设兵团出版社2018年版，第81页。

② 农三师市史志编纂委员会：《农三师志》，新疆人民出版2000年版，第57页。

有大中型骨干企业；深化流通体制改革，建立农垦市场体系。①

3. 扶贫团场挂钩结对。

为了动员全社会力量扶贫济困，从 1993 年开始在兵团、师两级机关和直属单位开展机关部门单位与贫困团场挂钩扶贫活动，兵团机关安排 35 个部门单位与 35 个贫困团场挂钩。到 1996 年扩大到 62 个部门单位与 62 个贫困团场挂钩扶贫，并明确挂钩扶贫工作的任务和要求，规定各部门单位要由处级以上领导干部带队到贫困团场蹲点帮扶，在调查研究的基础上，帮助贫困团场转变观念，深化改革，根据本部门单位的特点，为贫困团场提供信息、技术、物资、资金帮助和产前、产中、产后各项服务。同时规定不脱贫不撤点，不脱贫不脱钩。此项工作的开展有力地促进了贫困团场脱贫致富的进程。

4. 调整产业结构。

伴随国家“八七扶贫攻坚计划”的完成，兵团的绝对贫困人口数量有所下降，但由于大量农业人口转移、城镇经济转型引起的相对贫困人口却在逐步上升。这一阶段，兵团城乡贫困人口主要包括传统的城镇“三无”人员、乡村“五保户”以及人均收入低于城市最低生活保障线或乡村贫困线的贫困人口。发展服务业是培育市场、提高经济效益和生活质量、扩大就业的重要途径，对实施贫困救助有积极的作用。根据兵团党委“调高调优农业、做大做强工业、拓宽搞活服务业”的结构调整方针，农业、工业和服务业均蕴藏着巨大的发展潜力。兵团经济发展从倚重传统服务行业，如批发和零售业、住宿和餐饮业、交通运输业和部分社会服务业向现代服务业转变，以扩大劳务输出，多渠道增加城镇就业和转移农村剩余劳动力，增加贫困人员收入，提高贫困就业者的劳动技能，增强其就业适应能力。②

---

① 新疆生产建设兵团党委党史研究室：《新疆生产建设兵团改革开放四十周年大事记（1978—2018）》，新疆生产建设兵团出版社 2018 年版，第 70 页。

② 陈继萍、罗海霞：《论兵团反贫困中的服务业支持》，《新疆财经学院学报》2007 年第 2 期。

5. 东西协作扶贫。

进入20世纪90年代后，中国贫困形势最显著的变化是东部和西部经济发展的差距不断扩大，贫困人口越来越多地集中在中西部地区。发达地区对口支援贫困地区，是合理分配社会资源、解决贫困问题、维护社会稳定的重要措施，既为贫困地区带来资金、资源与技术，又建立了东西部地区的联系，促进区域间协调发展，东部地区在经济事务领域对西部的帮扶协作与合作带动。1998年，农三师43团与香港溢达集团合资组建的新疆丰达农业有限公司，新疆丰达公司总投资1458.3万元，注册资本600万元，其中43团出资360万元、港方出资240万美元，合资20年，在麦盖提垦区棉丰镇开荒2667公顷，进行长绒棉和粮食种植，年产粮食2720吨、长绒棉2200吨。这是当时兵团最大的农业开发项目。①

6. 教育扶贫

政府通过财政支持、产业发展、劳务输出、生态移民、政策保障等多元化的帮扶措施，改善贫困地区经济、文化、社会的落后状态。1995年，62个贫困农场投资1.28亿元。1998年6月，兵团启动国家贫困地区义务教育工程。1998年至2000年，国家安排兵团实施工程专项资金5000万元，兵团及各师（局）自筹配套资金8171万元。资金集中投入兵团42个国家级贫困团场和20个兵团级贫困团场用于改善94所小学、56所初中办学条件，进行师资培训。② 乌鲁木齐正大光明畜牧有限公司和图木舒克市签订创建“正大希望小学”协议书。正大公司投资50万元在农三师51团18连兴建1所“正大希望小学”，其中包括5.5万元的教学设备投资。③

---

① 新疆生产建设兵团党委党史研究室：《新疆生产建设兵团改革开放四十周年大事记（1978—2018）》，新疆生产建设兵团出版社2018年版，第77页。

② 新疆生产建设兵团党委党史研究室：《新疆生产建设兵团改革开放四十周年大事记（1978—2018）》，新疆生产建设兵团出版社2018年版，第78页。

③ 新疆生产建设兵团党委党史研究室：《新疆生产建设兵团改革开放四十周年大事记（1978—2018）》，新疆生产建设兵团出版社2018年版，第85页。

“八七”扶贫攻坚阶段在解决贫困群众温饱问题的基础上，促进了贫困地区经济发展。这一阶段，科学技术被广泛运用，农田产量进一步增加，巩固了大规模扶贫开发阶段的目标；贫困人口得到技能培训，增加了就业竞争力，缓解了贫困群众主要依靠第一产业脱贫的现象。同时，资源分配方式进一步优化，逐步从资金的平均分配转变为知识、技能、资金等多种资源的分配。①

“八七”扶贫攻坚阶段的主要特征：一是以开发式扶贫为主，把解决贫困群众温饱问题放在首位，致力于发展粮食生产；二是突出基础设施建设，改善贫困地区生产生活条件，对水利水电、交通、通信、电网改造、农业综合开发、卫生、教育等建设项目加大投入。其中，基础设施投入占到扶贫总投入的60%；三是扶贫开发到连入户，通过项目覆盖、优惠政策、科技培训和推广到户、扶贫资金到连入户等，使广大贫困户得到有效的扶持；四是实施集中式移民搬迁、插花式移民搬迁，以及结合牧民定居半定居实施移民搬迁项目；五是广泛发动全社会参与扶贫，实施定点帮扶、东西协作扶贫。

为确保扶贫开发计划的完成，除自下而上及时制定年度扶贫计划外，主要采取以下措施：一是解放思想，深化改革。贫困团场之所以贫穷落后，一个重要原因就是思想陈旧、观念落后。针对这种状况，按照兵团党委关于深化农牧团场改革的总体要求，结合地区、团场实际，开展解放思想、更新观念的大讨论，克服等靠要思想和小农经济思想，冲破计划经济体制的束缚，寻求、探索扶贫开发的新思路、新途径。二是明确主攻方向，突出建设重点。针对贫困团场农业生产基础设施差、农田基本建设薄弱这一现实，“八五”“九五”期间，集中财力、物力，改善农业基本生产条件，狠抓农田水利建设，大力改造中低产田，与此同时，兼顾团场工业和加工业的更新改造。三是建

① 段洪波、张洪硕：《改革开放40年扶贫开发历程与经验》，《河北大学学报》2019年第2期。

立脱贫目标责任制。“九五”初期，农三师在扶贫开发工作中引入竞争激励机制，建立脱贫目标责任制，明确规定各贫困团场脱贫的第一责任人为团长和政委。将农业部农垦局确定的各垦区脱贫指标，按年度分解量化，具体落实到各贫困团场，年终对完成或超额完成指标任务的团场给予表彰和适当奖励，对没有完成任务指标的团场给予批评和惩罚。脱贫责任制的实施调动了团场搞好扶贫开发的积极性，加快了团场脱贫致富的步伐。①

（五）全面扶贫开发阶段（2001—2010 年）

进入 21 世纪，中国的扶贫任务是尽快解决少数贫困人口的温饱问题，巩固前期扶贫开发的成果，缩小东西部的发展差距，为达到小康水平创造条件。2000 年 10 月，《中共中央关于制定国民经济和社会发展第十个五年计划的建议》把实施西部大开发作为一项战略任务。西部民族地区的发展成为党和国家的工作重心。在扶贫方面，2001 年国务院出台《2001—2010 年的中国农村扶贫开发纲要》，将扶贫工作的重点投向贫困人口集中的西部少数民族。这一时期，中国将中西部少数民族地区、革命老区、边疆地区和特困地区作为扶贫开发的重点，把残疾人纳入扶持范围，对民族地区实行特殊的优惠政策，并颁布了一系列配套政策措施，如“兴边富民”行动、扶持人口较少民族发展等，为民族地区的扶贫工作奠定了良好的基础。2005 年，国家将少数民族贫困村优先纳入整村推进的扶贫开发规划，② 将扶贫重心从县域转移到贫困村，开始近距离接触贫困群众，以贫困村为重点对象，聚焦于贫困村，囊括了绝大多数贫困人口，以贫困村发

① 陈甲武：《新疆生产建设兵团贫困团场扶贫开发问题研究》，华中农业大学硕士学位论文，2010 年。

② 黄健英：《当代中国少数民族地区经济发展史》，中央民族大学出版社 2016 年版，第 336 页。

展为基础带动贫困群众发展。2007 年，《少数民族事业“十一五”规划》提出全面实施农村最低生活保障制度，建立健全社会救助扶贫体系，保障少数民族贫困人口基本生活。民族地区的扶贫事业进入扶贫开发政策与最低生活保障制度相衔接的两轮驱动阶段。[①] 同时继续推行产业化扶贫、扶贫搬迁、以工代赈、对口支援等专项扶贫措施；增加投入资金，加大民族贫困地区的安居温饱工程。这一阶段民族地区的扶贫成效突出，民族地区经济持续增长，人们生活大幅提高。然而，由于致贫原因复杂，民族地区贫困人口的脆弱性高，脱贫难度和返贫率较为突出，民族地区贫困发生率仍然高于全国，且贫困人口占全国人口的比重呈现上升趋势。

“十一五”时期是兵团扶贫开发格局发生重大变化的时期。这期间，兵团扶贫开发实施了新的管理办法，进一步明确了贫困农场标准和财政扶贫资金投入重点，以及中央和兵团、财政部门的扶贫工作职责任务；扶贫投入实现大幅增长，中央财政扶贫资金由 1.79 亿元增加到 4.4 亿元。面对新的形势和任务，兵团和贫困团场深入贯彻落实科学发展观，坚持以人为本，以发展壮大农场经济、提高职工群众生活水平为目标，以实施人畜饮水、团场内道路、中低产田改造、技术推广等基础设施、生产发展两大类项目建设为抓手，开拓进取，奋力拼搏，扶贫开发工作取得成效。主要表现在以下方面。

1. 健全组织机构，完善帮扶措施，切实加强组织领导。

扶贫开发是解决团场间发展不平衡问题的重要途径，也是解决相对落后团场和弱势群体实际困难的有效手段。完善兵团扶贫开发工作“中央统筹、省负总责、团场落实”的管理体制。配备贫困团场领导班子建设特别是配置好“一把手”，选拔和推荐具有创新能力的干部到贫困农场去，不断优化班子结构，提高班子的创新能力、执政能力

---

① 黄承伟：《中国扶贫开发道路研究：评述与展望》，《中国农业大学学报》2016 年第 5 期。

和经营管理能力，确保扶贫开发工作取得应有成效。

积极建设团场帮扶中心（站），协调5个团场成立帮扶中心。制定了17项制度，归纳整理了各类帮扶工作的文件及资料，发放给各单位。2007年1月，图木舒克市工会成立了1个“农三师图木舒克市工会困难职工维权（帮扶）中心”，在41团、伽师总场等团场和企事业单位所在地成立了19个“困难职工维权服务站”，为困难职工办实事、办好事。

2. 调产业转结构，逐步形成主导产业，贫困团场产业支撑能力显著提升。

调整优化产业结构是加快贫困团场脱贫致富的强大动力。农三师图木舒克市和贫困团场在扶贫开发工作中，适应市场经济加快发展的形势要求，积极推进产业结构调整，逐步培育形成一批具有资源和地域特点的主导产业，农场发展后劲不断增强。2009年，农三师图木舒克市开始围绕着“减棉、增粮、增果、增畜”进行农业结构调整，以适应水资源制约不断加剧的严峻形势，加快推进特色林果产业发展，实现农业增效、团场增盈、职工增收的目标，重点发展红枣产业。2009年11月，农三师图木舒克市“甘草精深加工及新产品开发”和“喀什垦区肉羊高效养殖关键技术研究与示范”获得科技部“科技人员服务企业行动”立项支持，获得项目资金60万元。师市48团申报的“有机枣产业化关键技术集成与示范”项目被科学技术部纳入核定的189项科技富民强县专项行动计划项目，获得项目资金202万元。一些贫困团场以市场为导向，充分发挥团场资源等优势，培育优势主导产业，发展特色农业包括特色经济作物，如41团优质红富士苹果生产基地、三运国际物流园区、51团红枣套种棉花间作核桃立体农业示范园、新疆昆仑神农公司提取加工厂、前海棉纺织有限责任公司等，使之成为团场增效、职工增收的重要来源。

激发管理人员的生产经营积极性，不断提高农业的规模化、集约化、组织化水平。积极鼓励和引导职工群众发展非公有制经济，充分利用团场的各种资源和要素，培育龙头企业，着力发展农产品加工业，完善农产品储存、运输和市场体系，拓展农业产业链条，提高农产品附加值。创造条件吸引团场外部投资，大力发展二、三产业特别是农产品加工、储藏、运输业等产业，扩大团场就业，增加团场和职工收入。有的边境贫困团场积极开展边境小城镇综合开发和边民互市市场建设，吸引投资，增加就业加快发展，并在维护边疆稳定中发挥了重要作用。

3. 加快推进公益性基础设施建设，注重发展少数民族聚居团场社会事业。

公益性基础设施建设过去一直是扶贫开发的重点。通过公益性基础设施项目实施，许多贫困团场职工生活条件发生了根本性变化，基本实现了水到户、电到家、路相通，特别是地处边境和少数民族地区的团场，交通、饮水、住房、通电状况得到了明显改善。修建了一批团场图书室、生产队球场、安全校舍、医疗院所，有效改善了职工生活环境，提高了生活质量。

一是改善文化生活。通过“西新工程”、“广播电视村村通工程”使广播覆盖率达到100%，电视覆盖率达到90.3%。2011年，为少数民族职工赠送电视机7881台。不定期开展刀郎麦西来甫、叼羊、斗鸡等活动，传承民族文化。

二是推进少数民族教育。农三师图木舒克市少数民族中小学校21所，学生3.4万人，教师2453人。2005年，兵团海外联谊会在图木舒克市50团兴建海联小学。① 2006年，师市41169名义务教育阶段的中小学生学杂费开始全部免除，贫困家庭的学生享受免费教科书，享受寄宿生生活补贴。师市通过少数民族与汉族合校、少数民族与汉族混合编班、开办“双语”教育学前班、“双语”教师培训等方

① 新疆生产建设兵团党委党史研究室：《新疆生产建设兵团改革开放四十周年大事记（1978—2018）》，新疆生产建设兵团出版社2018年版，第134页。

式，提高“双语”教学质量，对辖区高中阶段少数民族学生实施入学补助，率先实施少数民族教育 12 年义务教育。投入 3722 万元建设 24 个标准化“双语”幼儿园，投资 6775 万元对中小学校舍进行安全加固。2006 年 11 月，师市 12 个农牧团场 39 所学校，投资 9055.73 万元、总面积 6 万余平方米的“国家贫困地区教育工程”通过国家专家组实地检查验收。2010 年 8 月，师市“金秋助学”帮扶小组深入红旗农场资助困难职工子女阿米娜·麦麦提力、古再努尔·安外尔两名大学生各 2000 元助学金。这两名困难学生分别以 575 分、438.5 分被东北石油大学和大连护理学院录取。

三是改善医疗卫生条件。少数民族聚居团场均建立了医院、妇幼保健所和卫生防疫疾病控制中心，连队建立了卫生所和疾控点，卫生诊疗能力明显增强。2009 年 1 月，师市医院被列为“微笑列车”唇腭裂修复慈善项目定点合作医院。师市医院承担师市和喀什地区 12 个县市的唇腭裂患者免费手术矫治任务，自 2001 年成立唇腭裂治疗组以来，为喀什地区贫困唇腭裂患者免费实施手术 832 例。

四是推进社会保障。2003 年，兵团以民为本，转变作风，推进兵团最低生活保障。① 师市集体所有制单位主要分布在 44 团、50 团、51 团、53 团和红旗农场，总人口约 8 万人，其中 95%以上是维吾尔族，从业农民约占 3.1 万人。2008 年底，师市团场集体所有制连队职工的社会保障问题没有得到完全解决，影响了其生产积极性。2010 年 6 月，国家在新疆率先扩大新型农村社会养老保险试点。② 2011 年，师市发放低保及临时救助金 5085 万元，惠及 13112 名少数民族群众。

五是推进住房保障。农三师图木舒克市 51 团少数民族人口占全

① 新疆生产建设兵团党委党史研究室：《新疆生产建设兵团改革开放四十周年大事记（1978—2018）》，新疆生产建设兵团出版社 2018 年版，第 115 页。

② 新疆生产建设兵团党委党史研究室：《新疆生产建设兵团改革开放四十周年大事记（1978—2018）》，新疆生产建设兵团出版社 2018 年版，第 206 页。

团总人口的94.95%。职工群众大多居住在二三十年前修建的土坯房里。“以前团场建设没有规划，东建一个，西建一个，2012年团部90%的单位和商铺开始搬迁。[①] 2010年8月，师市50团团部一条像样的道路都没有，到了晚上一片漆黑。办公都在低矮的平房里，虽然粉刷过，但依旧可见裂纹。晚上要出去办点事，得提上马灯。自2010年6月启动至2012年底，完成2000套安居住房及配套工程，以及城镇公共基础设施。铺了沥青路，立起了路灯，种了绿化生态树，也建起了给排水、供暖管网。[②] “十一五”期间，农三师图木舒克市城镇化建设取得飞速发展。5年中，累计完成固定资产投资达19.26亿元，完成绿化面积4万亩，绿化覆盖率达45.2%。师市15个团场完成了小城镇给排水、供热、道路等基础设施建设，初步形成以图木舒克市为中心、东西线垦区为两翼的城镇发展体系。[③] 在加快城镇化建设进程的同时，不断加快社区综合服务中心、站（点）建设，推进社区服务内容由单一型向多样型转变、由福利型向有偿服务型转变，将社区综合服务中心（站）的办公用房和公益性服务设施建设纳入城镇整体规划、土地利用规划，并与社区养老、卫生、警务、文化、体育、社会保障等服务设施统筹规划建设。[④]

六是生产条件不断改善，农业综合生产能力大幅提升。贫困团场山水田林路综合治理不断加强，农业生产条件不断改善，优良品种和先进技术推广应用范围不断扩大，农业抗御自然灾害的能力不断增强，主要农产品产量持续增加，农业综合生产能力明显提升。

4. 干部职工语技双培，素质不断提高，自我发展能力明显增强。

在开展扶贫开发过程中，农三师图木舒克市高度重视加强职工队

---

① 杨波：《惠民政策暖民心——聚焦图木舒克师市少数民族聚居团场》，《兵团建设》2012年第19期。

② 杨波：《惠民政策暖民心——聚焦图木舒克师市少数民族聚居团场》，《兵团建设》2012年第19期。

③ 奉正云：《图木舒克师市：专业化社区管理》，《兵团建设》2012年第18期。

④ 奉正云：《图木舒克师市：专业化社区管理》，《兵团建设》2012年第18期。

伍建设，采取多种措施提高贫困农场干部职工科学文化素质，为团场产业发展、脱贫致富提供有力的人才保障和强大的智力支撑。兵团通过开展农场领导干部管理能力培训以及从业青年职工农作物栽培、畜牧业养殖、设施农业技术等实用技能培训，培养了一批富有创新精神、懂技术、善经营、会管理的管理人才、技术骨干和脱贫致富带头人，推动了贫困农场干部职工思想的解放、观念的更新、素质的提高，增强了农场和职工依靠自身力量改变贫困落后面貌的能力。

干部培训。农三师图木舒克市利用400万元援疆资金对干部人才开展三大类、12个具体项目的培训，主要有党政领导干部、中青年干部、少数民族干部、妇女干部、社区干部、教育、医疗卫生、宣传、电力等人才培训项目组成，受益人达310人，主要依托东莞市学校和师市学校进行。对师市2456名少数民族干部，其中专业技术干部2160名进行培训，取得了积极成效。

劳动力培训。图木舒克市针对纺织、水泥、电力及其他产业的发展对劳动力的需求情况，投入援建资金300万元，利用本市职业技术学校及需求企业，使1000名少数民族农业富余劳动力通过培训实现转移就业，对568名少数民族进行转移就业培训。50团扩大唐王城地毯厂规模，建立妇女手工编织地毯培训基地，举办少数民族富余劳动力转移培训。44团是一个人多地少的团场，5000余名富余劳动力中，85%是少数民族职工群众。该团利用地处图木舒克市近郊的优势，从2012年开始，每年向图木舒克市输出劳动力1500人，通过3年努力使团场富余劳动力全部就业。举办各种实用技术培训班，建立信息库，成立富余劳动力转移输出协会；与图木舒克市劳动部门和用工单位建立劳动力转移输出工作机制；分批向图木舒克市大唐技校输送富余劳动力，让他们接受技能培训。53团少数民族职工群众占全团总人口的80%。该团不断加大少数民族职工技能培训力度，并实行“五帮政策，即在观念上帮教、生活上帮困、项目上帮扶、就业上帮扶、劳务上帮扶”的全方位帮扶机制。劳动者的就业能力和生产技能有了大幅提高。

5. 深化改革，自力更生，不断增强贫困团场发展的内在活力。

团场综合配套改革的一项重要任务便是转变农业经营管理方式，团场由经营者角色向服务者角色转变。而健全农业社会化服务体系是实现小农户和现代农业发展有机衔接的主要路径。[①] 农三师图木舒克市团场综合改革，减轻团场办社会负担。完善农业经营体制，稳定土地承包关系，规范“两田制”，探索模拟股份制、公司制等农业生产经营组织形式，调动职工、管理人员的生产经营积极性，不断提高农业的规模化、集约化、组织化水平。积极鼓励和引导职工群众发展非公有制经济，充分利用团场的各种资源和要素，增加团场职工收入来源。打破团场界限，加强场地合作，实现优势互补、资源共享，相互促进、共同发展。团场改革从实际出发科学研究、反复比较、稳步推进。兵团是服从和服务于国家核心利益的战略力量，不论怎么改革，都必须有利于兵团更好地发展，有利于兵团发挥更大的作用，特别是在保障国家粮食和主要农产品供给安全方面，关键时刻要“拉得出、冲得上、打得赢”，同时对周边农村更好地发挥示范带动、引领辐射作用。

2002 年 7 月，国务院批准图木舒克按照石河子模式建市。[②] 2002 年，农三师图木舒克市深化改革，团场改革突出土地长期固定，工交建商企业突出产权改革，结构调整突出抓龙头企业，新的经济增长需要抓建市工作，戍边抓稳定。[③] 2006 年 6 月，开始深化团场改革，推动团场生产力和社会事业发展，推进屯垦戍边新型团场建设，为全面

① 柳鸿：《团场综合配套改革背景下兵团农工合作社农业社会化服务需求分析》，《广西质量监督导报》2019 年第 10 期。

② 新疆生产建设兵团党委党史研究室：《新疆生产建设兵团改革开放四十周年大事记（1978—2018）》，新疆生产建设兵团出版社 2018 年版，第 109 页。

③ 新疆生产建设兵团党委党史研究室：《新疆生产建设兵团改革开放四十周年大事记（1978—2018）》，新疆生产建设兵团出版社 2018 年版，第 109 页。

建设小康社会和构建和谐社会奠定坚实的基础。[①] 2007 年，继续巩固中心团场改革成果，严防职工负担反弹；落实“基本经营制度+其他配套制度+管理”体制机制建设；围绕农业结构调整和农业产业化，因地制宜推进新型工业化进程；重视民生，改善基层职工群众生产生活条件。[②] 2008 年，兵团团场基本经营制度进一步落实，定额承包地和经营地管理进一步规范，职工定额承包地面积约占农作物播种总面积的 80%；产权制度改革进一步深化，棚圈、大棚、机电井、喷滴灌等凡是适于职工买断经营的设施，基本明晰产权、作价归户。

2001 年，兵团第五次代表大会提出“壮大兵团，致富职工群众”的工作目标，推动兵团经济发展和社会事业全面进步，开创新世纪兵团屯垦戍边事业新局面。[③] 2003 年 5 月，师机关开展扶贫献爱心活动，师机关及政法系统全体干部 685 人捐款 48058 元，购买 149 只生产母羊交给贫困职工喂养，以扶持民族团场的少数民族贫困职工增加收入，提高生活水平，逐步实现脱贫。2006 年，农三师图木舒克市落实党的十六届六中全会，着眼于促进农牧团场职工增收。2010 年 6 月，广东省东莞市市长考察 51 团 3 连中心连队建设规划，慰问 51 团 20 连贫困户并送去慰问金。6 月，自治区党委副书记、兵团政委车俊到龙头企业了解团场和企业生产经营状况的同时，询问少数民族集体所有制群众生产生活情况，慰问集训民兵，观看应急民兵连军事技能表演，慰问贫困群众。

6. 争取资金和项目管理相结合，建立扶贫资金多元化投入机制和增强资金使用效益。

资金投入是做好扶贫开发工作最重要的手段，也是贫困团场最强

① 新疆生产建设兵团党委党史研究室：《新疆生产建设兵团改革开放四十周年大事记（1978—2018）》，新疆生产建设兵团出版社 2018 年版，第 150 页。

② 新疆生产建设兵团党委党史研究室：《新疆生产建设兵团改革开放四十周年大事记（1978—2018）》，新疆生产建设兵团出版社 2018 年版，第 161 页。

③ 新疆生产建设兵团党委党史研究室：《新疆生产建设兵团改革开放四十周年大事记（1978—2018）》，新疆生产建设兵团出版社 2018 年版，第 102 页。

烈、最迫切的需要。对此，国家财政部、发改委等部门大力支持，扶贫资金规模不断扩大。农三师关注贫困农场的发展，考虑贫困团场的项目和资金需求，通过多种方式筹资支持贫困团场发展。贫困团场自身也不断改善投资环境，积极吸引各种社会资金参与建设和发展。通过各个方面的共同努力，逐步形成国家、地方、兵团和团场多方投入、协同推进扶贫开发的多元投入机制，保障贫困农场发展的资金投入。

加强协调，积极争取和确保各级财政对兵团扶贫开发投入逐年增加；争取国家对“三农”发展、基础设施和公益事业、民生改善等方面的投入更多地向贫困团场倾斜。2009 年，师市争取兵团工会拨付中央财政下发困难职工帮扶专项资金和行政配套启动资金，共计筹集资金 268 万元，帮扶困难职工 333 人。① 2010 年 9 月，师市 53 团计生协会按照“小额资助、直接到人、滚动运作、劳动脱贫”的救助模式，多渠道吸纳资金作为配套资金，扩大“幸福工程”救助项目，走“基地+农户”的救助管理模式路子，建立“幸福工程”养殖基地 7 个，救助贫困母亲 52 名，惠及人口 100 多人，救助资金 25 万元，脱贫率达到 100%。

发展种植业、林果业、养殖业等增强“造血功能”、科技含量高、投资少、见效快、易管理的项目。2006 年 11 月，农三师图木舒克市与中国大唐集团公司就资金支持、干部培训、合作和援助项目及扶贫帮困等多方面进行交流并达成共识。2008 年，师市把减轻职工负担纳入兵团改革、稳定、发展工作大局，深化改革，理顺关系，创新体制，坚持不懈把减轻职工负担推向深入，从根本上防止职工负担反弹，为兵团率先在西北地区实现小康社会目标提供有力保证。②

---

① 郭宏、冯丽娟、杨自华：《农三师工会认真做好困难职工帮扶工作》，《兵团工运》2009 年第 8 期。

② 新疆生产建设兵团党委党史研究室：《新疆生产建设兵团改革开放四十周年大事记（1978—2018）》，新疆生产建设兵团出版社 2018 年版，第 161 页。

2006年11月，出台《兵团“十一五”消除贫困规划》《兵团以工代赈实施细则》《兵团以工代赈项目统计制度》。2007年，根据国发32号文件，将兵团边境团场南疆困难团场全部纳入国家重点扶贫工作范围。“十二五”时期，41团、42团、45团、46团、48团5个团场实现2209人脱贫。

扶贫开发工作离不开国家资金投入，争取资金是十分必要和重要的，但更为重要的是用好资金、管好项目，确保扶贫资金发挥最大效益。中央财政扶贫投入发挥了十分重要的导向作用，调动了地方财政的积极参与，特别是通过扶贫项目的实施，很好地调动了贫困团场的积极性。不少贫困团场，以实施扶贫项目为契机，积极争取各级政府出台强农惠农和改善民生政策，把扶贫资金投入和其他资金投入结合起来，形成以中央财政扶贫资金为依托、整合各种渠道和多个部门项目资金共同推进贫困团场经济社会发展的良好格局。通过财政资金投入，以项目实施为载体，促进农场生产发展和基础设施建设，是兵团扶贫开发的基本方式和主要手段。切实管理好项目，严把立项关、项目实施关、竣工验收关、档案管理关，做到专人管理、专账核算，确保资金投入和项目建设取得实效。师市重新制定了帮扶审批表，为困难职工建立电子档案。档案管理上实施一户一档，动态管理，及时发现及时录入，有变化及时调整，有脱困及时撤档。① 完善扶贫项目评价监测体系建设，加强扶贫政策落实和项目建设情况检查，做好统计分析整理和信息发布工作。建立兵团扶贫项目库和扶贫工作联络员制度，提高扶贫工作效率。

在扶贫开发工作中，很多贫困团场都能够把争取资金和管好资金、项目很好地结合起来，注意扶贫项目的可行性研究和论证，严格执行国家扶贫项目管理有关规定，切实加强项目组织实施各个环节的

① 郭宏、冯丽娟、杨自华：《农三师工会认真做好困难职工帮扶工作》，《兵团工运》2009年第8期。

管理，确保项目建设进度和质量。有的团场还根据项目特点，高度重视项目建后维护和管理，努力使项目建成后能够长时间持续发挥效益。

7. 多元结对帮扶和多元援建：推进社会经济繁荣发展。

第一，多元结对帮扶：镇团结对、师市机关与团场结对帮扶。

结对帮扶扶贫是我国精准扶贫工作的重要工作形式，以政府为主导，充分动员社会力量对贫困地区及贫困人口进行帮扶，彰显制度优势。尤其是在我国少数民族地区，干部与贫困户进行结对帮扶，有效解决了当地人才供应不足的局面。显然，优化少数民族地区结对帮扶扶贫模式实践，是推进少数民族贫困地区脱贫攻坚进程的有效措施。[①] 农三师图木舒克市在“帮扶、解困、脱贫”工作中积极探索，充分发挥各职能部门的作用，积极开展“党员结对子”“干部结对子”“会员结对子”“姐妹结对子”“民族团结结对子”等帮扶活动，收到了较好的效果。农三师图木舒克市自 2006 年各级工会干部与 962 户贫困户结成对子，进行一对一的分类帮扶，经过 3 年的努力，880 户基本摆脱贫困，为师市经济社会发展营造了和谐稳定的社会环境。[②] 2010 年，工会结合师市实际，积极在师、团、连工会干部中开展“百户扶贫解困工程”。“百户扶贫解困工程”帮扶对象是中华全国总工会帮扶工作管理体系中已录入档案的师所属团场、企事业单位特困职工家庭。扶贫解困方式主要采取师、团（企事业单位）、连三级结对帮扶，副处级以上工会干部帮扶 2 户及 2 户以上家庭，科级工会干部及一般工会干部帮扶 1 户及 1 户以上家庭，“百户贫困解困工程”受益贫困户达 1000 户。在帮扶过程中，工会要求针对贫困户的不同困难程度、不同致贫原因、不同帮扶需求等情况，理清思路，科

---

① 姚雯茜：《少数民族地区“结对帮扶”扶贫模式研究》，湖南师范大学硕士学位论文，2019 年。

② 李倪豪雄、郭宏：《图木舒克市工会继续开展“百户扶贫解困工程”》，《兵团工运》2010 年第 8 期。

学规划，分步实施，深入困难职工家庭，送政策、送岗位、送资金、送项目、送技术、送生产资料等，帮助困难职工解决实际问题。

第二，多元援建，齐头并进。“对口支援”制度是一项有中国特色的区域合作与横向资源转移机制，其广泛地运用于治理边疆地区、民族地区、贫困地区、灾区重建和大型工程项目建设等，[①] 是“实力较强或经济发达的一方对实力较弱或经济不发达的一方，所实施的一种援助性政策行为。目前，大部分是由中央政府主导，以地方政府为主体的一种模式”[②]。2006 年 9 月，师市人民政府与深圳市国际商会、市贸促会在深圳市共同举办“图木舒克市招商项目推介会”。[③]

2010 年，李克强赴新疆考察，提出把发展经济与改善民生有机结合起来，促进新疆经济繁荣发展、民族团结、社会和谐稳定，对口支援新疆提上日程。[④] 同年，师市成立对口援疆工作领导小组，与广东省、东莞市加强沟通往来。广东、东莞政府考察团、广东省农业厅援疆先遣组先后到师市洽谈对接援助工作。《图木舒克市对口支援建设总体规划》形成了师市 1 个对口援建总体规划、4 个专项规划和多个对口援建专题规划的对口援疆规划体系。同年 8 月，师市在广州举办产业援疆、企业援疆项目推介会，共签约 8 个项目，总金额 18 亿元。[⑤] 11 月，东莞市出资 7300 万援建的图木舒克市城市及工业园区供电网工程开工。[⑥]

---

① 马宇飞：《建国 70 年：“对口支援”的实践、启示与展望——以“对口援疆”为例》，《辽宁省社会主义学院学报》2019 年第 2 期。

② 钟开斌：《对口支援灾区：起源与形成》，《经济社会体制比较》2011 年第 6 期。

③ 新疆生产建设兵团党委党史研究室：《新疆生产建设兵团改革开放四十周年大事记（1978—2018）》，新疆生产建设兵团出版社 2018 年版，第 154 页。

④ 新疆生产建设兵团党委党史研究室：《新疆生产建设兵团改革开放四十周年大事记（1978—2018）》，新疆生产建设兵团出版社 2018 年版，第 201 页。

⑤ 新疆生产建设兵团党委党史研究室：《新疆生产建设兵团改革开放四十周年大事记（1978—2018）》，新疆生产建设兵团出版社 2018 年版，第 229 页。

⑥ 新疆生产建设兵团党委党史研究室：《新疆生产建设兵团改革开放四十周年大事记（1978—2018）》，新疆生产建设兵团出版社 2018 年版，第 223 页。

2010年，农三师图木舒克市建立四项机制，落实支援省市对口覆盖到团场援助模式。师市援建试点建设50团小城镇项目、49团温室大棚项目、41团东江花园小区住房建设补助项目、培养师范生试点项目4个项目，总投资8343万元，申请援助资金3800万元。[①] 同年，图木舒克市的7个专项规划、41团、45团、50团、51团的城镇规划修编及控制详规有序展开。49团与东莞市联手打造了万亩蔬菜基地，投资1.95亿元，建设日光温室1500座，大棚3000座，完成50座温室、100座大棚。"1座温室+2座大棚，职工则可赚4—6万元，生态设施园艺基地项目的建设为该团1500多名待业青年从根本上解决就业。"[②] "万亩蔬菜基地项目投产后，为图木舒克市辖区团场、阿克苏、喀什地区及周边国家提供优质蔬菜、瓜果、苗木、花卉等，为稳定职工队伍、繁荣区域经济打下坚实基础。图木舒克市民告别冬春季高价买新鲜蔬菜的历史。[③]

2010年，东莞市对口支援师市，不仅是民生优先、人才战略、基础建设、新型工业化的提升，更是"输血"与"造血"的有机结合，是双方经济的合作与资源优势互补，有利于师市发展壮大、富民强师市，也同样有利于东莞市的发展壮大，实现双赢。农三师图木舒克市领导、师市机关、党员、致富能手与少数民族群众开展扶贫挂钩活动，不脱贫不脱钩。师市按照镇团结对方案，将援建工作向纵深推进。师市与东莞市共同确定《东莞市镇街与农三师图木舒克市农牧团场结对交流工作方案》，采取"一镇街结对一团场、分阶段轮换"的方式，推进东莞市镇街与师市所属农牧团场在经贸、产业、文教卫生、人才、技术、党建、思想观念、管理经验等方面的交流与合作，

① 田磊、刘玉红：《携手谋发展 盛世写华章——农三师图木舒克市2010年对口支援综述》，《兵团工运》2011年第3期。

② 田磊、刘玉红：《携手谋发展 盛世写华章——农三师图木舒克市2010年对口支援综述》，《兵团工运》2011年第3期。

③ 田磊、刘玉红：《携手谋发展 盛世写华章——农三师图木舒克市2010年对口支援综述》，《兵团工运》2011年第3期。

提升团场经济社会发展水平，增强可持续发展能力，促进双方合作共赢；在良好的对接氛围感染下，东莞市各镇行业协会、民营和外资企业纷纷行动起来，东莞市海外联谊会、凤岗嘉辉塑胶五金制品厂和东莞东坑商会分别向师市高级中学捐赠100万元；虎门镇商会、台商协会共同出资130万元援建51团虎门小学。常平镇捐赠200万元帮助53团建设水厂。全师各单位共接收广东省、东莞市、中山市等各行业实物及现金捐赠1000多万元，项目捐建350万元。

2010年以来的“对口援疆”，注重“‘输血’式援助与‘造血’式援助的紧密结合，即以资金援助为基础，项目援助为载体，干部援疆、人才援疆、科技援疆与产业援疆等多种形式齐头并进。农三师图木舒克市主要领导及分管领导先后带队参加全国各地的博览会、交易会，组织专门的招商考察活动，到对口援疆方进行招商引资活动。广东省及东莞市各部门、中山市也积极主动带企业家团队到师市考察，合作洽谈。产业援疆交流频繁，达成不少意向、协议，包括永林实业山羊奶养殖基地等重大项目。师市与广东省外经贸厅签订战略合作协议，通过建立双方合作机制，在加强对外经贸工作的支持和统筹安排、推进沿边地区对外开放、推进现代流通体系建设、推进对外贸易转型升级、推进产业招商引资、推进各类园区建设、培育高素质商务人才队伍等七方面开展对接、援建，加快师市外经贸事业实现跨越式发展。

通过新疆、兵团、师市各族职工群众的团结拼搏、辛勤耕耘，增强了图木舒克市的经济影响力、政治号召力、文化吸引力、社会公认力，使农三师图木舒克市成为具有履行中央赋予屯垦戍边重任的能力、潜力、实力的师市。

（六）全面建成小康社会的扶贫攻坚阶段（2011—2020年）

随着我国扶贫开发工作的扎实推进，贫困人口大幅减少，贫困程度有效改善。为促进贫困地区共同富裕，实现2020年全面建成小康社会奋斗目标。2011年，中共中央、国务院印发《中国农村扶贫开发纲要（2011—2020年)》(以下简称“《纲要》”)，将连片特困地区、重点县和贫困村，以及在扶贫标准以下具备劳动能力的农村人口作为扶贫工作的主要对象，将扶贫开发与社会保障有效衔接，坚持专项扶贫、行业扶贫、社会扶贫相结合。这代表了我国扶贫工作已经基本解决贫困人口的温饱问题，转入扶贫攻坚决战阶段。

2013年，习近平总书记提出精准扶贫战略，精准扶贫要解决好“扶持谁”“谁来扶”“怎么扶”“如何退”四个问题，落实“五个一批”，确保“六个精准”。2015年，中共中央、国务院颁布《中共中央国务院关于打赢脱贫攻坚战的决定》，强调要实施精准扶贫方略和广泛动员全社会力量。要求兵师团连一把手齐抓扶贫，政府、市场、社会等多元主体积极参与到贫困治理中，综合运用发展生产、易地搬迁、生态补偿、发展教育、社会保障等帮扶方式，确保建档立卡贫困户真脱贫、脱真贫。

党的十八大提出全面建成小康社会的伟大目标，这个目标的出发点和落脚点是提高人民的生活水平和质量。面对“低水平、不全面、发展不均衡”的小康，只有继续大力推进扶贫开发，尽快使贫困人口逐步过上小康生活从而达到“全面小康”。

第三师①图木舒克市地处南疆三地州集中连片特困地区，是兵团扶贫攻坚的主战场，是维护南疆社会稳定和反对“三股势力”的主战场。部分团场生存条件艰苦、生态环境脆弱，脱贫难度很大。历经多年扶贫开发，一些团场顺利脱贫，剩下的都是难啃的“硬骨头”。打赢脱贫攻坚战是兵团全面建成小康社会最艰巨的任务，事关各族职工群众福祉，事关兵团“稳定器、大熔炉、示范区”作用发挥，事

① 2012年12月，中央机构编制委员会办公室正式批准将“新疆生产建设兵团农业建设第三师”即“农三师”更名为“新疆生产建设兵团第三师”。

关新疆社会稳定和长治久安总目标的实现，第三师图木舒克市强力推进落实。

为了到2020年确保我国现行标准下农村贫困人口全部脱贫，贫困团场全部摘帽，解决区域性整体贫困，第三师图木舒克市深入了解贫困人口的致贫原因，了解贫困人口的个性需求，同时动员社会力量参与扶贫，注重扶贫的全员参与性。在精准扶贫开发阶段，扶贫工作取得巨大成就，贫困人口人均纯收入大幅提升，生活质量明显改善。

1. 充分发挥制度优势、政治优势。

完善扶贫工作机制，建立制度政策体系。自治区根据纲要，结合自身实际，制定了《新疆维吾尔自治区〈中国农村扶贫开发纲要（2011—2020年）〉实施办法》，成为今后一个时期扶贫开发工作的纲领性文件。[①] 自治区扶贫工作分为两个时期："十二五"时期（巩固成效），"十三五"时期（攻坚决胜）。"十二五"期间，巩固温饱成果，加快推进脱贫工作，为基本消除绝对贫困现象奠定坚实基础。"十三五"时期是新疆打牢社会稳定和长治久安坚实基础的关键时期，为打赢自治区脱贫攻坚战，全面建成小康社会，自治区在2017年发布了《新疆维吾尔自治区"十三五"脱贫攻坚规划》（以下简称"《规划》"）。[②]

2012年3月，兵团党委召开扶贫开发工作会议，4月和5月相继出台《关于加快少数民族聚居团场经济社会发展的实施意见》《贯彻落实〈中国农村扶贫开发纲要（2011—2020年）〉实施办法》。2012年11月，兵团出台《兵团贫困团场脱贫动态调整管理办法（试行）》《兵团实施社区扶贫工作方案》《新疆南疆三地州集

---

① 新疆维吾尔自治区人民政府办公厅：《新疆维吾尔自治区〈中国农村扶贫开发纲要（2011—2020年）〉实施办法》，2011年。

② 王冰、余国新、苏武峥：《浅析南疆三地州扶贫开发历程》，《安徽农业科学》2019年第8期。

中连片特困地区兵团片区区域发展与扶贫攻坚实施规划（2011—2020）》。①

按照《纲要》《规划》坚持中央统筹、自治区负总责、团场抓落实的管理体制，充分发挥贫困团场基层党组织的战斗堡垒作用，把扶贫开发与基层组织建设有机结合起来，坚持党的领导和政府主导，落实党政一把手政治责任。在全面建成小康社会的攻坚阶段，各级党委和政府层层落实脱贫攻坚责任，做到自治区兵师团连五级书记一起抓扶贫工作。同时，重视团连“两委”建设，向贫困连队派出第一书记和驻连工作队，将连队党组织建成精准扶贫的攻坚堡垒。制定《第三师图木舒克市党委关于打赢脱贫攻坚战巩固脱贫成果的实施方案》（师党发〔2018〕109 号）等各类文件 20 多个，印发《国家各部门支持深度贫困地区脱贫攻坚政策汇编》《自治区和兵团扶贫政策手册》《第三师图木舒克市脱贫攻坚工作应知应会》，落实、制定和完善金融政策、产业政策、就业政策、社保政策、教育政策、住房政策、土地政策等，形成脱贫攻坚政策体系。

2. 总揽全局，精心抓好脱贫攻坚顶层设计。

2016 年，师市正式成立扶贫开发领导小组，师市党委主要领导任组长，各级党政“一把手”担任第一责任人，形成师市（政府、人大、政协）、团场、连队三级责任制，师市党委与各团场、各部门签定责任书，层层压实责任。团场党政一把手承担第一责任人，亲自抓脱贫、具体抓脱贫，统筹做好进度安排、项目实施、资金使用、人员调配等工作，把每一项任务、每一项举措明确到具体部门和责任人，不折不扣落实到位。团场各部门划分清楚任务与责任，形成合力。团场纪委考核与督查，开展扶贫领域和作风问题专项整治，确保脱贫攻坚各项部署落地见效。

① 新疆生产建设兵团党委党史研究室：《新疆生产建设兵团改革开放四十周年大事记（1978—2018）》，新疆生产建设兵团出版社 2018 年版，第 258 页。

3. 构建“四位一体”大扶贫格局。

广泛动员社会各界参与扶贫开发，鼓励先富帮后富，实现共同富裕。《中共中央国务院关于打赢脱贫攻坚战的决定》强调：“健全东西部扶贫协作机制、健全定点扶贫机制、健全社会力量参与机制，构建专项扶贫、行业扶贫、社会扶贫、援疆扶贫互为补充的大扶贫格局。”在“四位一体”大扶贫格局下，政府、市场、社会等多元主体为贫困治理注入了多种资源，满足了贫困人口多元差异化的现实需求，实现了“资源”与“需求”的有效衔接，提升了扶贫工作的精准性和有效性。

4. 实行“区域+个体”双重扶贫瞄准机制。

将连片特困团场、贫困连队，以及在扶贫标准以下具备劳动能力的连队人口作为扶贫工作的主要对象。将建档立卡贫困人口作为扶贫开发的首要对象。“区域+个体”双重扶贫瞄准机制，既考虑到了致贫的地域性因素，又考虑到了致贫的个体因素；既有利于从整体上带动贫困团场经济社会发展，促进贫困团场整体脱贫，又真正做到了“精准扶贫、不落一人”，实现扶贫工作到村到户到人、因村因户因人施策。

5. 实施“七个一批”工程，五个加大力度。

围绕“两不愁三保障”的目标，运用产业扶贫、易地搬迁扶贫、科技扶贫、就业促进等措施，帮助贫困地区、贫困人口摆脱贫困。各级政府根据贫困团场和贫困人口的具体情况，实施“七个一批”工程：解决住房安全保障扶持一批；实施土地清理再分配扶持一批；转移就业扶持一批；易地扶贫搬迁扶持一批；产业发展带动一批；综合社会保障兜底扶持一批；健康扶贫力度防止因病致贫因病返贫脱贫一批。“七个一批”工程的实施体现了在扶贫开发中既注重通过产业发展促进贫困人口就业创业，又注重为特殊群体提供社会保障；既注重改善贫困人口生产生活条件，又注重保护贫困团场的生态环境；既注重提升贫困人口的经济收入，又注重提升贫困人口的人力资本和内生动力。在脱贫攻坚取得初步成效的时机，为进一步巩固脱贫成果，图木舒克市推进“五个加大力度”，补齐基本公共服务及基础设施短板：一是加大安全住房保障力度；二是加大教育扶贫力度；三是加大健康扶贫力度；四是加大连队整治力度；五是加大扶志扶智力度。

三、把脉开方：第三师图木舒克市贫困户致贫原因分析及其主要表现

习近平总书记指出：“精准扶贫，一定要精准施策。要坚持因人因地施策，因贫困原因施策，因贫困类型施策。俗话说，治病找病因。扶贫也要找‘贫根’。对不同原因、不同类型的贫困，采取不同的脱贫措施，对症下药，精准滴灌，靶向治疗。”① 第三师图木舒克市 15 个团场（不含 50 团）166 个连队 53369 户 183075 人口，48 个连队有贫困人口，贫困发生率超过 3%的连队有 27 个（44 团 11 个，51 团 16 个），其中贫困发生率超过 20%的连队有 4 个（44 团 6 连、13 连和 51 团 13 连、16 连），2016 年，第三师复核后建档立卡贫困人口为 5047 户 20259 人，占兵团 39. 3%；2017 年，师市贫困人口为 5099 户 20242 人，2017 年贫困发生率为 7. 88%，贫困人口占兵团贫困人口的 70. 44%。②

（一）治病找因，贫困人口致贫原因分析

2017 年度贫困人口数据摸底有贫困人口 5099 户 20242 人。从

① 习近平：《在部分省区市扶贫攻坚与“十三五”时期经济社会发展座谈会上的讲话（节选）》，2015 年 6 月 18 日。

② 第三师图木舒克市扶贫办：《2017 年第三师图木舒克市脱贫攻坚工作总结》。

2017年建档立卡贫困户贫困原因分析可知，“因土地、缺劳力、因病、缺技术、因残”是第三师图木舒克市贫困人口致贫的主要原因。缺土地、缺劳动力和因病因残，占总数的83.78%（其中缺土地919户，占比46.58%；因病因残致贫385户，占比19.51%；缺劳动力349户，占比17.69%，见图1-1，1-2，1-3），主要表现为无地或少地，缺少技术技能，患有一种或多种慢性病、精神疾病和残疾，无劳动能力，不能通过常规性的扶贫措施实现脱贫，需要创新帮扶方式和社会保障政策兜底实现脱贫。

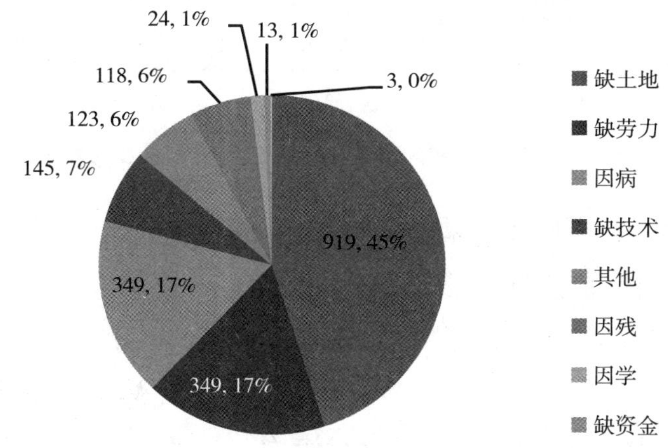

图1-1 2017年，第三师图木舒克市贫困人口致贫原因分析图

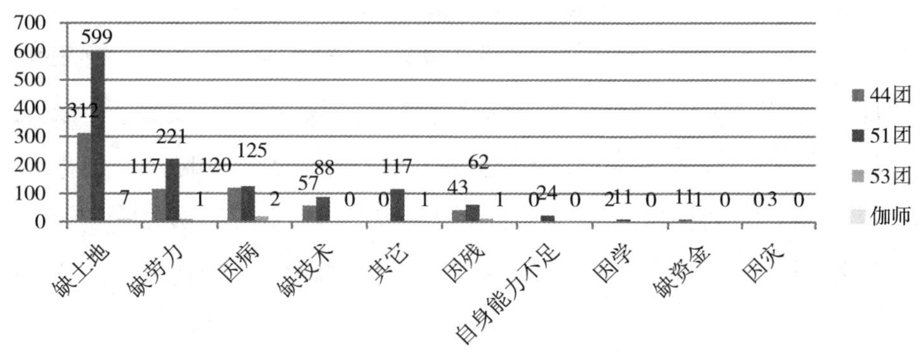

图1-2 2017年，第三师图木舒克市贫困人口致贫原因分析图

根据第三师图木舒克市扶贫办的资料分析，贫困户具体的致贫、

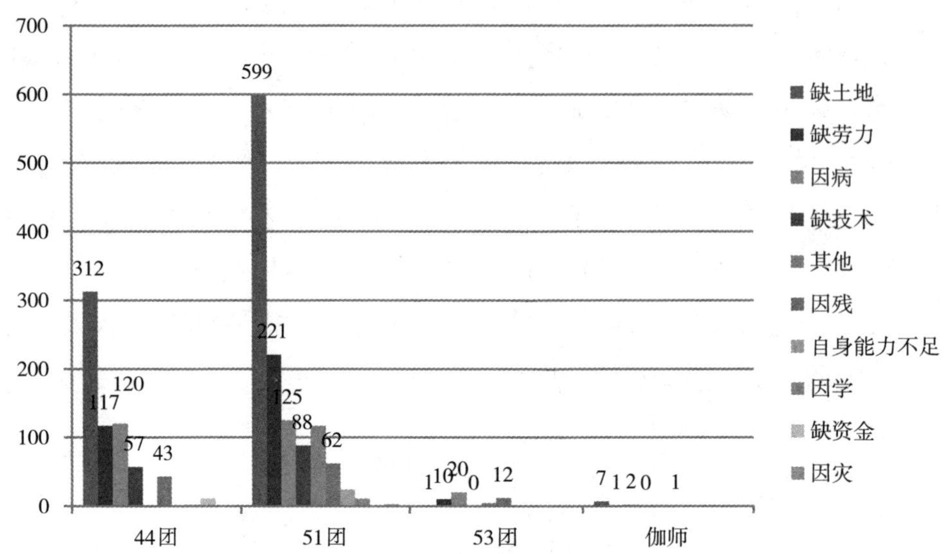

图 1-3　2017 年，第三师图木舒克市贫困团场贫困人口致贫原因统计图

返贫原因主要有以下六大原因及其主要表现。

1. 集体所有制连队人多地少。

第三师集体所有制总人口约 8 万余人，从业劳动力 3. 1 万人。集体所有制中，少数民族人口占 99. 68%，少数民族人口较集中的团场有 44 团、51 团、52 团、53 团、红旗农场。由于历史原因，这些团场属集体所有制单位，团场人多地少。“人均耕地面积 4. 26 亩，劳均承包土地 10. 63 亩，而其他团场农工劳均承包土地在 25 亩以上。”① 2004 年，51 团人均收入仅为 2838. 4 元，红旗农场人均收入为 2398. 8 元，而 48、49 团人均收入为 7000 元左右，收入差距较大。② 农三师集体所有制农工所耕种的土地大多是由团场投资开发的，土地的所有权很难界定。③ 全兵团人均耕地面积是 7 亩，农三师贫困团场 51 团人均耕地只有 2 亩。农三师自组建以来，对集体所有制连队基本实行

① 张建新：《农三师集体所有制经营探析》，《兵团党校学报》2005 年第 2 期。

② 张建新：《农三师集体所有制经营探析》，《兵团党校学报》2005 年第 2 期。

③ 张建新：《农三师集体所有制经营探析》，《兵团党校学报》2005 年第 2 期。

的是全民所有制连队的管理办法，与地方乡、村的管理有很大的不同，管理方式的差异，不利于调动集体所有制职工的生产积极性。① 集体所有制连队实行家庭联产承包责任制以来，农业生产长期靠团场垫支，15 年累计欠款挂帐超过 2 亿元。各团场推行“两费自理”，坚持“交钱种地”原则，通过“以丰补欠”，银行贷款等形式筹措生产资金。近年来，兵团、师两级党委高度重视集体经济的发展，但由于体制性障碍和自身实力不足，无法从根本上解决问题。

2018 年，第三师图木舒克市建档立卡贫困户 1973 户 8600 人。其中，贫困连队 27 个，深度贫困连队 15 个。在这 27 个贫困连队中，44 团有 11 个，51 团有 16 个。深度贫困连队 44 团 2 个，51 团 3 个。2018 年，建档立卡的贫困人口占整个兵团贫困人口的 70.44%。2018 年，建档立卡贫困人口 8600 人中，有 8258 人是集体所有制人口，占 96.02%。②

53 团 17 个农业连队，其中集体所有制连队 8 个。全团有维吾尔族、汉族、回族等 13 个民族，总户数 4935 户，总人口 20706 人，其中少数民族 3968 户 16031 人（集中于 8 个集体所有制连队），占 80.4%，少数民族人均占有耕地面积 1.99 亩。③

表 1-4　2017 年第三师图木舒克市未脱贫贫困人口集体所有制情况表

团场	总户数	贫困人口	集体所有制		全民所有制		贫困发生率%	占兵团%	占全师%
			人口	占比%	人口	占比%			
44 团	662	3029	2857	94.32	172	5.68	9.99	24.81	35.22
51 团	1251	5317	5227	98.31	90	1.69	10.84	43.55	61.83
53 团	48	196	174	88.78	22	11.22	0.87	1.61	2.28
伽师总场	12	58	0	0.00	58	100	0.41	0.48	0.67

① 张建新：《农三师集体所有制经营探析》，《兵团党校学报》2005 年第 2 期。

② 第三师图木舒克市扶贫办：《2018 年第三师图木舒克市脱贫攻坚工作总结》。

③ 张建新：《农三师集体所有制经营探析》，《兵团党校学报》2005 年第 2 期。

续表

团场	总户数	贫困人口	集体所有制		全民所有制		贫困发生率%	占兵团%	占全师%
			人口	占比%	人口	占比%			
合计	1973	8600	8258	96.02	342	3.98	7.88	70.44	100

注：根据第三师图木舒克市扶贫办档案资料整理而成。

由于自然条件恶劣，农民文化素质低，劳动技能差，产业结构单一，市场化程度低，管理体制不顺，劳动生产率相对较低，致使集体经济基础薄弱，发展缓慢。多年来累计亏损倒挂达2亿元，直接影响了农民收入和生活的改善，从而也引起了社会的不稳定。①

第三师图木舒克市集体所有制团场一团两制的体制形成于1969年。团场连队分为全民所有制和集体所有制，集体所有制职工和地方农民一样。1999年初，第三师图木舒克市党委出台了《图木舒克师市关于加快团场集体经济发展的暂行规定》，首次明确地把集体劳动者定义为农民。但是，第三师图木舒克市一直按照全民所有制团场的管理模式管理集体所有制团场。师市集体经济连队主要集中分布在小海子垦区的44团、50团、51团、52团、53团和红旗农场等6个团场。共有42个连队，总人口约1万余人，其中95%以上是维吾尔族人口。耕地面积33.1万亩，占全师耕地面积的30%，占这6个团场耕地面积的一半。第三师图木舒克市团场集体所有制人口约68220人，占少数民族总人口的70.25%。2006年，全师领取最低生活保障的有8868户15723人，占全师总人口的7.9%。②

集体所有制连队自从建立就没有与之相适应的管理体制。原地方集体所有制单位划归第三师图木舒克市后，就一直按全民所有制的经济管理模式进行管理，管理体制不顺。第三师图木舒克市虽然出台了

① 张丽华：《改变体制 致富农民——农三师集体所有制农业单位问题研究》，《兵团工运》2005年第10期。

② 吐尔洪江·麦明：《对农三师少数民族贫困团场扶贫开发问题的思考》，《兵团党校学报》2007年第2期。

介于全民和农村之间的管理办法，但因无政策依据，在实施过程中很难落实。①

兵师两级没有集体所有制经济管理机构，集体经济没有纳入师团决算，团场包揽集体经济连队的一切事务和开支，团场为农户垫支生产资料和生活资料费用，农民负盈不负亏，集体所有制连队吃团场的大锅饭。②

团场除了交纳各种税费以外，还承担社会的全部费用，除每年投入社会事业、修路、改造危旧房、改水、团场内水利设施等资金，还要向国家缴纳教育附加费、行政管理费用。这些本应由政府财政支付的资金，在团场全靠从各生产单位的税后利润中提取，给生产单位造成巨大负担，也使农民负担远远超过中央农村政策规定。③ 这些原因导致集体所有制连队团场与职工收入低，生活贫困。

2. 缺乏劳动力。

家庭成员年老或残疾、无劳动力的贫困人口较多。农村的社会保障尽管已经实现基本覆盖，但保障水平较低。集体所有制职工在养老、住房、医疗等社会保障待遇与全民所有制职工反差较大。一方面生活类支出较大；另一方面导致家庭收入来源极为有限，容易导致贫困和返贫。

3. 健康风险巨大，致贫返贫情况突出。

从世界范围看，重大疾病都是导致贫困的最主要原因之一。由于各种原因，农村医疗服务的可及性和获得性严重不足，农村居民普遍健康状况不佳。如果职工家庭中有长期生病或重大疾病患者，不仅不能通过劳动获得收入，而且医疗开支大且需要专人照护，有的甚至债

---

① 张丽华、王艳：《改变体制 致富农民——农三师集体所有制农业单位问题研究》，《兵团工运》2005 年第 10 期。

② 张丽华、王艳：《改变体制 致富农民——农三师集体所有制农业单位问题研究》，《兵团工运》2005 年第 10 期。

③ 张丽华、王艳：《改变体制 致富农民——图木舒克师市集体所有制农业单位问题研究》，《兵团工运》2005 年第 10 期。

台高筑而陷入贫困陷阱。从整体上看，第三师贫困团场人居环境较差，2009 年第三师水质检测时，氯化物、硫酸盐、溶解性总固体、硬度含量超标，后来略有下降。毒理指标分析主要是氟化物，最高含量达到了 4 毫克/升。当时饮用水以涝坝水为主，水源受到污染的几率高，未能严格消毒，细菌学分析超标①，农村卫生厕所未得到改善，地表水环境污染等较为严重。由于疾病或健康状况不佳使职工家庭收入减少或收入能力下降，从而陷入贫困。当家庭成员患病时，最直接的影响就是家庭的经济状况，表现为家庭支出增加收入减少。第三师职工家庭主要是农牧业收入，对劳动力的需求较大，但由于健康没有得到保障，劳动力减少导致家庭收入降低致贫。当家庭无力支付医疗费用，家庭生活得不到保障时，会影响家庭的各方面投资，不仅会减少家庭的食物营养支出，降低对其他家庭成员的健康投资，增加其健康的脆弱性；也会减少家庭其他成员的教育投资等，这样就严重影响家庭的长远发展能力，进而会产生恶性循环难以走出贫困的困境。

4. 劳动力文化素质低，导致技能缺乏。

2006 年，第三师少数民族比较集中的团场总人口有 8 万多人，从业劳动力 3.1 万人。据调查，在 3.1 万名从业劳动力中，具有初高中文化程度的有 6500 余人，占 21%；具有小学文化程度的有 2.1 万人，占 74%；文盲 1700 人，占 5.8%。② 2017 年，44 团、51 团两个团场贫困人口中初中以下文化程度占 90%以上，其中文盲占 5%。劳动力文化素质低既是贫困的原因，又是贫困的结果。这与贫困团场基础教育比较薄弱、职业技能教育严重不足、职工群众的教育意识和接受教育意识淡薄有关，致使贫困人口文化素质偏低、观念落后，发展家庭经营缺乏一定的计划、管理和技术能力，很难从事新的产业发

① 白润本、魏宏：《农三师生活饮用水水质普查结果分析评价》，《山西医药杂志》2009 年第 38 期。

② 杨明芳：《新疆生产兵团农工收入现状与对策研究》，新疆大学硕士学位论文，2006 年。

展，即使外出务工也缺乏市场适应性和竞争力，增收致富能力较弱。

5. 两种及两种以上贫困原因并存。

2017 年度数据摸底贫困人口 5099 户 20242 人，主要是住房不达标、征收社会抚养费、因病、因残等造成新增和返贫；师市贫困人口致贫原因依次是缺土地、缺劳动力、因病、缺技术、因残、缺学、缺资金、因灾及自身能力不足等（见表 1-5）。如 49 团 18 岁以下贫困人口占总贫困人口的 34.6%，18—50 岁贫困人口占总贫困人口的 51.85%，少数民族贫困人口占总贫困人口的 74.07%，汉族贫困人口占总贫困人口的 25.9%。由此可看见，少数民族贫困人口占绝大多数。50 岁以下贫困人口占总贫困人口的 86.51%，其中纳入低保的占 9.47%；总的低保人数占总贫困人口的 11.9%。① 部分贫困人口致贫原因在一种以上，还有少数民族、集体所有制、家庭人口多、劳动力少等多种特征，贫困程度深脱贫难度大，只能依托政府纳入低保来保障生活（见表 1-6）。由表 1-6 可知，49 团具有两种以上原因致贫的占 34%、三种致贫原因的占 6.5%。

表 1-5　48 团、53 团五连扶贫基本情况与致贫原因

团场	总户数	总人口数	贫困人口总户数	贫困总人口数	致贫原因											
					因病因残		缺土地		缺技术		缺劳力		缺资金		因学	
					户	人	户	人	户	人	户	人	户	人	户	人
48	2031	6564	69	246	8	—	—	—	34	—	12	—	5	—		
53	496	1972	53	221	2	5	8	30	29	123	7	22	7	41	—	—

根据王环、李学军：《兵团第三师“精准扶贫、精准脱贫”的调查与思考》，《兵团党校学报》2016 年第 6 期中数据整理而成。

① 王环、李学军：《兵团第三师“精准扶贫、精准脱贫”的调查与思考》，《兵团党校学报》2016 年第 6 期。

表 1-6　49 团贫困人口致贫原因及户数

一种原因致贫户数								两种原因致贫户数	三种原因致贫户数	合计
缺资金	因灾	因病	缺土地	缺技术	缺劳力	因学	合计			
15	1	29	16	18	22	9	110	62	12	184

注：主要致贫原因最多选 2—3 项：因病、因残、因学、因灾、缺土地、缺水、缺技术、缺劳力、缺资金、交通条件落后、自身发展动力不足、其他。

6. 增收渠道窄。居民收入增长渠道有限，职工持续增收长效机制尚未建立。2017 年，师市城镇常住居民人均可支配收入、连队常住居民人均可支配收入分别为 36412 元、17053 元，比兵团平均水平低 318 元、733 元。就业结构性矛盾突出，失业与用工难问题同时并存。一方面，工业园区、企业需要用工，而劳动力素质低、不能胜任工作；另一方面，贫困人口需要就业而少数民族聚居团场产业发展基础差，就近转移就业岗位少，就业难度大。职工增收渠道单一，经济收入较少。

7. 基础设施和社会事业欠账多。由于兵团担负屯垦戍边的历史使命，各农业师基本上处在新疆环境最艰苦、生态最脆弱、交通最不便的地方。公路网结构不完善，上等级的公路占总里程的比重较小，桥涵、排水等设施缺乏。团场果树仍采用漫灌方式灌溉，滴灌使用率低。各项涉农水利建设项目推进缓慢，维修管护责任落实不到位。防汛抗旱减灾体系不完善，突发性山洪灾害仍是防汛减灾的薄弱环节，处突能力不足。信息基础设施建设和信息技术应用的研发投入不足，支持“两化”融合发展的信息服务业和信息产业发展缓慢。且“互联网+”技术推广及应用还不够广泛，带动职工群众生产生活便利性的效应未充分发挥。经济结构不合理，产业层次不高，尤其是服务业发展滞后于城镇化发展步伐，产城融合度不高。基础设施建设滞后，水电路气配套率低于兵团平均水平 7%。生态环境脆弱，资源保障不足。底子薄，欠账多，公共服务保障能力不足。

表 1-7　2017 年，师市贫困连队基础设施状况表

团场	总人口	贫困连队（个）	贫困人口	不通广播电视连队（个）	无基地党组织阵地连队（个）	无文化室连队（个）	无卫生室连队（个）	无便民服务站连队（个）	无惠民超市连队（个）	无集体经济收入连队（个）
合计	116772	27	8600	27	2	26	5	27	23	25
44 团	30322	11	3029	11	0	10	3	11	11	9
51 团	49042	16	5317	16	2	16	2	16	12	16
53 团	23375	8	196	0	0	0	0	0	0	0
伽师总场	14033	2	58	0	0	0	0	0	0	0

注：根据图木舒克师市扶贫办档案资料整理而成。

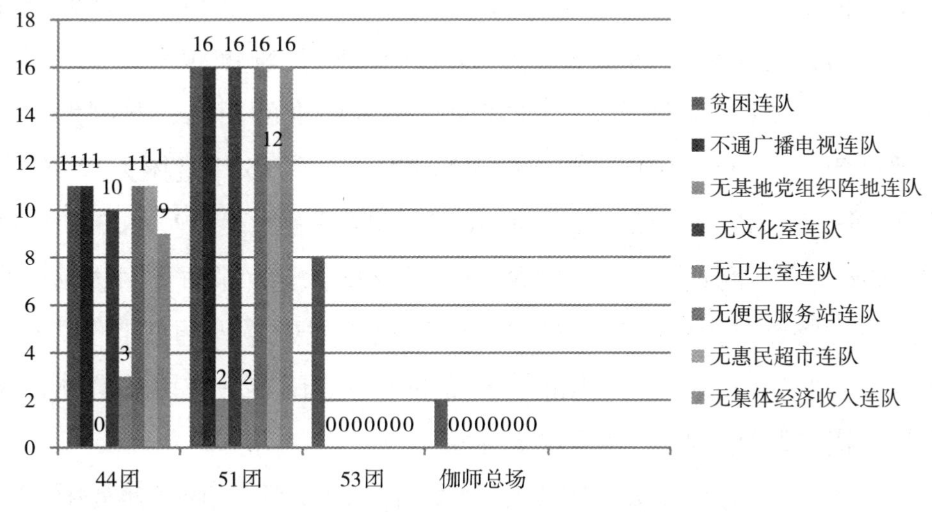

图 1-4　2017 年师市贫困连队基础设施状况图

由表 1-7，图 1-4 可知，44 团贫困连队 11 个，11 个都不通广播电视、无便民服务站、无惠民超市，10 个无文化室，9 个无集体经济收入；51 团 16 个贫困连队，全部不通广播电视、无文化室、无便民服务站、无集体经济收入，12 个无惠民超市，反映出第三师图木舒克市团场基础设施建设严重不达标。

8. 社会保障体系不完善。集体所有制职工在医疗、养老、住房、饮水、就业等问题上还存在诸多困难。新型社会化经营和服务程度不

高，规模小，参加保险人数很少，享受保险的更少。人口数量的快速增长也直接影响着集体所有制职工增收，制约着其尽快脱贫。农村尚未建立各种保障制度。团场的农民自我保障意识淡薄，对拿出一些钱用于今后养老没有足够的认识。团场的经济状况也难以负担农民保险费。集体所有制连队未建立医疗、养老保险制度。

（二）面广程度深，贫困人口贫困状况突出

1. 贫困面广。第三师图木舒克市位于南疆三地州集中连片深度贫困地区兵团片区。师市 15 个农牧团场全部为贫困团场，贫困面大。兵团集体所有制农牧工基本在三师，集体所有制的贫困人口就业择业观念落后，文化素质不高，职业技能少，脱贫难度很大；2017 年，师市 44 团、51 团被列为兵团国家深度贫困标准的团场，贫困发生率均超过 3%。师市 2010 年贫困人口 57490 人，2015 年贫困人口 10184 户 35399 人。2016 年师市贫困人口为 5047 户 20259 人，占兵团 39. 3%；2017 年师市贫困人口 5099 户 20242 人。① 深度贫困团场，具有区域性整体贫困的特征，是兵团脱贫攻坚战中最硬的“骨头”，须统筹整合脱贫攻坚资源，瞄准最困难的地方，瞄准最贫困的群体，解决最急需的问题，集中力量攻艰克难。

2. 贫困程度深。从贫困发生程度看，2017 年，师市有贫困人口 1973 户 8600 人，其中，两个贫困团场 44 团和 51 团有贫困人口 8346 人，分别占兵团贫困人口的 24. 81% 和 43. 55%，占师市贫困人口的 97. 05%（44 团占 35. 22%，51 团占 61. 83%）；53 团 48 户 196 人，贫困发生率 0. 87%；伽师总场 12 户 58 人，贫困发生率 0. 41%。师市贫困发生率为 3. 39%，占兵团 50. 8%。

2018 年，师市有贫困人口 1011 户 4334 人（其中 44 团贫困人口

① 第三师图木舒克市扶贫办：《2017 年第三师图木舒克市脱贫攻坚工作总结》。

有 272 户 1227 人，贫困发生率 4.05%，占兵团的 20%，占师市 28.31%；51 团有贫困人口 722 户 3044 人，贫困发生率 8.15%，占兵团 50.8%，占师市 70.24%）。师市贫困发生率为 1.85%，贫困人口占兵团贫困人口的 66.42%。

2010 年，兵团民族团场贫困发生率在 20%以上，其中南疆三地州的民族团场贫困发生率高达 31.6%①。同年，全国贫困发生率为 2.8%，民族团场贫困发生率是全国的 7 倍。从享受团场居民最低生活保障人数占总人口比例来看，2012 年，兵团团场为 4.84%，兵团民族团场为 7.6%，兵团民族团场贫困团场为 8.23%。② 从贫困发生率和居民领取最低生活保障率来看，民族团场贫困程度更深。

3. 增收难度大。如 44 团 4 连未脱贫家庭残疾人员占比高，11 户未脱贫中 8 户家中有残疾人员；二是贫困农户的文化水平低，缺乏专业技术，不能胜任技术岗位，只能从事低收入工作，导致人均收入低，增收难度大。

4. 脱贫难度大。2017 年，师市贫困人口 1973 户 8600 人，占兵团贫困人口的 70.44%；其中 1704 户贫困户（占 86.38%）的住房安全无保障，缺土地、因病致贫因残致贫比例高。受自然、生态等诸多因素的影响，第三师片区经济结构不合理，产业发展水平低，二、三产业发展缓慢，短时期内实现产业升级的难度较大；基础设施建设滞后，团场公共服务水平较低，特别是边境和少数民族聚居团场生产生活条件仍然较差；贫困面较广，师市 15 个农牧团场全部为贫困团场，集体所有制连队主要集中分布在小海子垦区 6 个团场 42 个连队，集体所有制人口约 68220 人，占少数民族总人口的 70.25%。集体所有制连队职工就业择业观念落后，文化素质不高，职业技能少，脱贫难度很大；产城融合发展较慢，农业现代化水平不高，城市及城镇的

---

① 《兵团贯彻落实〈中国农村扶贫开发纲要（2010—2020）〉实施办法》。

② 韦凤琴：《新形势下兵团少数民族聚居团场扶贫开发战略研究》，《新疆农垦经济》2014 年第 8 期。

二、三产业吸纳富余劳动力就业能力较弱；造血能力不足，稳定脱贫压力大。

（三）多维叠加，贫困人口贫困特征复杂

1. 贫困团场贫困人口的贫困特征。师市贫困人口具有“一高、两集中、三差”的特征。“一高”：贫困发生率高、贫困程度深，如师市有建档立卡贫困人口1973户8600人，贫困发生率7.88%，师市贫困人口占兵团贫困人口的70.44%，两个贫困团场44团和51团有贫困人口8346人，分别占兵团贫困人口的24.81%和43.55%。①

“两集中”：一是贫困人口主要集中在少数民族聚居团场的少数民族集体所有制连队。少数民族占99.73%，集体所有制占96.02%。二是集中在低学历群体。两个团场贫困人口中初中以下文化程度占90%以上，其中文盲占5%。

“三差”：一是团场发展能力差；二是贫困连队基础设施和基本公共服务差。三是居住条件差。在贫困人口中尚有1704户7513人住房安全不达标，占兵团的90.44%。

2. 贫困的叠加性分析。

第三师图木舒克市贫困叠加性表现为：体制性贫困、政策性贫困与自然性贫困叠加，物质性贫困与精神性贫困叠加等。

第一，体制性贫困、政策性贫困与自然性贫困叠加。

体制性贫困主要指旧的体制机制导致的社会贫困。从体制性贫困角度看，第三师图木舒克市不单是贫困人口问题，更是贫困经济体制问题。包括计划经济体制贫困和市场经济体制贫困。新疆生产建设兵团成立40余年，但其政治经济体制仍然很不规范。“是政府要纳税，是军队无军费，是农民入工会，是企业办社会”较为形象地反映了

① 第三师图木舒克市扶贫办：《2017年第三师图木舒克市脱贫攻坚工作总结》。

兵团体制上的矛盾。由于兵团农场集党、政、军于一身，既要负担团场管理费用和离退休费用，又要承担社政支出和民兵边防值勤费用，还要向国家纳税，农工负担很重。[①] 兵团边境农场的体制改革滞后，忽视了市场对资源配置的基础性作用，缺乏对市场前景进行科学的分析，盲目开荒，建工厂，搞边贸等。由于缺乏资金、技术和人才，产品科技含量低，导致市场竞争力弱，以致造成产品严重积压。

国家对贫困地区制定了很多扶贫政策，但往往由于兵团体制的特殊性原因造成政策不到位，给农场带来“难言的苦衷”。而且资金重点是搞农业基本建设，按扶贫条文规定，每一个项目农场要拿出 1∶1 的配套资金（贫困团场贷款项目的自有资金比例可降低 20%）。为了拿到项目，农场只好把有限的资金拿到农业配套上来，因此严重制约了贫困农场二、三产业的发展。而且，对边境贫困农场的扶贫政策中，给予性扶贫政策多而引导性扶贫政策少；加之个别领导过于注重短期性扶贫政策而不重视长期性扶贫政策的短期行为，使得扶贫政策的实施效果不佳和农场负债增加。

从政策导向来看，兵团的这种贫困具有典型的国家政策导向型贫困特征。在过去计划经济制度下，兵团农工的工资完全是在国家的计划内统一发放，加上艰苦边远地区补贴，相比全国平均收入水平较高，然而在向社会主义市场经济转变的过程中，国家对新疆兵团的投入和扶持力度极大减弱，区域条件差的客观事实使得边境团场难以适应市场经济浪潮的冲击，与内地的差距日益扩大。[②]

兵团一直以农业发展为主，潜意识里认为屯垦就是发展农业。这种传统观念导致边境农场在恶劣的自然环境、贫瘠的土地资源条件下孤注于发展种植业，越种越穷陷入贫困的恶性循环。很多可以改善边

① 陈甲武：《新疆生产建设兵团贫困团场扶贫开发问题研究》，华中农业大学硕士学位论文，2010 年。

② 陈甲武：《新疆生产建设兵团贫困团场扶贫开发问题研究》，华中农业大学硕士学位论文，2010 年。

境农场生活条件、经济状况的旅游资源等开发利用也因此受到经济基础和开发设施的局限，至今未被合理利用。由于历史和现实的局限性带来了认识和观念上的局限性，使人们对社会主义市场经济、对兵团性质和基本任务在社会主义市场经济条件下的变化，缺乏明确的、长远的、动态的认识和预测。①

从自然性贫困角度看，第三师图木舒克市属于自然性贫困。任何贫困都与一定的自然条件相关。兵团大部分农场建立在远离城镇、条件较差、交通不便的荒漠边缘，特别是边境团场多数生产和生活条件艰苦，有的并不具备生产条件，但为戍边需要，广大职工长期坚守，是以损失经济效益换取政治效益的，多年来一直种政治田、放主权牧。

第二，物质性贫困与精神性贫困叠加。从物质性贫困角度看，物质性贫困主要表现在：（1）基础设施落后；（2）资源开发落后；（3）社会保障落后；（4）生活清贫寒苦。缺粮、缺钱是贫困人口的最大问题。精神贫困包括进取意识、市场意识、风险观念、知识储备、能力培养、社会资本等诸多方面，具体表现在：（1）等、靠、要；（2）自甘落后；（3）宁可苦熬，不愿苦干；（4）听天由命，望穷兴叹，无所作为；（5）目光短浅，急功近利；（6）小富则安，小进则止。土生土长的精神性贫困已成为一种脱离束缚而存在的更加可悲的独立力量，反过来把人推向更加恶劣的物质贫困中，因而它比物质性贫困更为可怕。

第三，生态贫困与知识贫困叠加。从生态贫困角度看，南疆贫困团场处于沙漠边缘、风头水尾，部分团场处于沙漠腹地，虽然第三师一直致力于治理和改善区域内生态环境，但区域内水土流失、土壤盐渍化、草场退化、沙岸和乔木灌木林面积减少等情况依然比较严重，干旱、风沙等灾害性气候频繁发生，危及团场的生存和经济社会的稳定和发展。从知识贫困角度看，知识贫困是由知识缺乏引起的贫困。

① 李万明、张晓莉：《新疆兵团边境农场贫困的影响因素分析》，《西北农业学报》2005 年第 3 期。

知识贫乏既是贫困的原因，又是贫困的结果。贫困居民知识贫乏主要表现在：（1）自身环境知识贫乏；（2）市场经济知识贫乏；（3）非农谋生知识贫乏；（4）进取心与自信心知识贫乏。贫困居民知识贫乏带来的后果是：主要依靠劳动力资源和自然资源的占有和配置来发展经济；谋生技能单一；发展目标为单一的经济效益目标、近期目标和近期利益，缺乏可持续发展。

第四，结构性贫困、区域性贫困相叠加。从结构性贫困角度看，结构性贫困是指由二元经济所造成的贫困。第三师图木舒克市经济发展位于较低水平，经济欠发达，其“二元经济结构”特别明显。二元经济结构是以边际劳动生产率较高而劳动力相对紧缺因而个人收入较高的城镇经济为“一元”；以边际劳动生产率较低甚至为零而劳动力非常充裕因而个人收入很低的农村经济为“另一元”所构成的经济。① 传统体制下的城乡经济是相互封闭的。团场在一个自我封闭、自我循环的条件下发展，缺少与城镇的直接联系，由此造成团场极度贫困。随着市场经济的发展，由于生产要素严重流失，单纯经营农业而贫困非常严重。

从区域性贫困角度看，区域性贫困是由不同区域发展条件所造成的贫困。1986 年启动国家大规模减贫计划时，我国的贫困就突出表现在分布广泛又相对集中的态势，而区域性贫困则是我国贫困的最主要表现形式，是落后县域谋发展、农村人民谋生存的最大制约因素。2020 年，要实现“现行标准下农村贫困人口实现脱贫，贫困县全部摘帽，解决区域性整体贫困”、全面建成小康社会的目标，难点也就在集中连片特困地区，这些地区多是革命老区、民族地区、边疆地区，社会经济发展滞后，基础设施缺乏，公共服务不均衡，加之自身的生态环境脆弱，自然灾害频发，贫困发生率高，贫困程度深，人均

---

① 李玉田：《贫困的叠加性与反贫困——广西百色反贫困研究之二》，《广西右江民族师专学报》2002 年第 4 期。

可支配收入低，脱贫任务重。2011 年出台的《中国农村扶贫开发纲要（2011—2020 年）》明确指出，“六盘山区等 11 个区域的连片特困地区和已明确实施特殊政策的西藏、四省藏区、新疆南疆三地州是扶贫攻坚主战场”。2017 年，习近平总书记在深度贫困地区脱贫攻坚座谈会上再次强调我国贫困问题的区域性特征，尤其是以“三区三州”为代表的深度贫困地区。

区域性贫困概念是相对于个体性贫困概念而言的，个体性贫困是指在相同的制度环境中，在大约均质的空间区域中，某些个体由于身体素质较差、文化程度较低等自我发展能力受限所造成的一种贫困状态。个体性贫困的发生具有绝对性，与区域无必然联系，发达国家也有大量的个体贫困人口。从地点分布角度提出的区域性贫困，揭示了贫困发生与区域、个体之间的关系，对反贫困的战略选择具有现实意义。区域性贫困是指在不同的区域之间由于自然条件和社会发展差异，致使某些区域生活资源的供给相对贫乏、贫困人口相对集中，从而处于贫困状态。

区域的自然属性对贫困的作用机制，尤其是对中国这样疆土辽阔、区域差异显著的国家来说，更具有典型性和代表性。第三师团场根据国家的战略需要，90%以上集中在边境地区和少数民族聚居区，分布在高寒山区、干旱缺水区，环境条件恶劣，常常遭受低温、大风、冰雹、霜冻、沙尘暴等自然灾害的侵袭，这些地区远离政治经济文化中心，资源贫乏，环境恶劣，自然风险叠加，区位条件差。对于以农业经济为主要支柱的团场来说，受水土、气候等自然环境的制约尤为突出。事实上，这些地区的人口比其他地区的人口更容易陷入贫困。贫困地区和贫困人口的区域性分布与当地独特的自然环境条件密切相关，这种与独特地质地貌和严酷气候条件联系的区域性贫困状况无疑加重了贫困人口的贫困程度、加剧了扶贫工作的难度。自然灾害频发、生态脆弱区域往往与贫困地区存在空间叠加，致贫返贫陷入长期恶性循环且消除成本较大。

另外，第三师贫困叠加性还体现在民族贫困、边疆贫困相叠加上。

（四）老少边穷，贫困团场区域特征复杂

第三师图木舒克市地处新疆南疆克州、喀什地区、阿克苏地区的战略要冲地带。第三师图木舒克市是新疆集中连片特困地区一个集兵团地区、贫困地区、民族地区、边境地区、反分裂前沿斗争地区“五区”于一体的兵团单位，作为“三地三州”连片扶贫开发核心区，综合来看其区域性贫困的成因主要有以下几个方面。

1. 自然条件恶劣，农业生产具有脆弱性。

师市少数民族团场地处塔克拉玛干沙漠边缘，属于生态脆弱型集中连片贫困地区，自然条件恶劣，自然灾害发生率高，土地贫瘠、生态环境脆弱，不仅风沙大，而且极度缺乏水资源，交通不便，信息相对封闭。地处这种环境中的各团场人们赖以生存的生产和生活条件较差，加之农业生产的基本条件差，自然灾害严重，导致人们难以进行稳定的生产生活，继而造成其生产技术落后，生产力水平低，经济不发达，抵御自然灾害能力弱，往往丰年脱贫、灾年返贫。自然环境的差异，经济发展的落后，导致人才、资金向腹心地区和发达地区流动，使团场市场、交通、通信、人才、资金等社会经济发展环境落差大，团场基础设施发展缓慢，信息闭塞，造成这些地区缺乏与外界的交流，使其愈发封闭，对经济发展有极大的制约。

2. 基础设施建设滞后，抵御风险的能力差。

南疆贫困团场地处偏远、条件艰苦、资源匮乏，加之经济水平低、自筹能力差，造成交通、通讯条件落后，教育、电视卫生、文化、广播等基础设施条件仍然落后。由于基础设施落后，生产力水平低，团场经济脆弱，致使团场在遇到自然灾害或市场波动时，势必出现生产能力降低，财务大幅亏损，职工收入下滑的现象。与外界沟通

交流的机会少，造成信息闭塞和人口流动性低，制约着经济社会发展和人才交流。

3. 产业发展水平低，职工群众收入水平低。

南疆少数民族聚居团场产业结构较单一，贫困团场的第三产业大多增长缓慢，第二产业工业化水平低，不仅其规模和总量小，而且质量差。长期以来，贫困团场的经济结构仍保持第一产业为支柱产业的结构。农业基础设施落后、人均耕地少、富余劳动力多等现象。二是工业普遍存在企业规模小，设备较陈旧、技术较落后的现象，难以保证生产率的高速增长和生产出高技术、高水平、高质量、低成本的产品。三是服务业发展水平普遍偏低，发展缓慢，团场服务业占生产总值比重普遍低于20%。服务业从业人员数量、产值、规模、发展水平等各方面都与兵团平均水平相比有较大差距。四是产业结构不合理。师市产业结构不合理，没有形成科学有效的产业发展机制，第一产业比例很高，第二产业规模小，第三产业底子薄，产业带动就业能力弱，收入来源单一。非公有制经济发展缓慢，产业结构不合理，多种所有制经济形式带动团场经济发展的局面尚未形成。从 44 团、51 团、53 团、伽师总场的贫困现状分析，产业发展水平是决定是否贫困的主要原因，是巩固脱贫成效的关键因素。五是产业发展滞后，农业投入不足，技术落后。人均土地资源少、生产成本高、土地收益低。团场资金严重困难，资金来源有限，使得农业发展和职工增收受到很大制约。集体所有制职工生产资金自筹率在 40%左右，开耕时期，资金就很困难。银行提供的小额贷款数额较少，有很多职工存在耕种、灌水、管理、生活以及子女上学等方面急需资金时借高利贷；有的职工无力耕种，只能依靠救助维持生活。

4. 职工普遍受教育水平低，缺乏适应现代社会需求的劳动力技能。

职工多为小学和文盲文化水平，国语水平低，因贫困团场基础教育比较薄弱、职业技能教育严重不足、职工群众的教育意识和接受教育意识淡薄，劳动技能少；受计划经济的影响较深，吃“大锅饭”

的思想根深蒂固，“等、靠、要”的思想尤为突出，种地没有积极性和主动性，部分职工安贫守穷，满足现状；市场意识普遍不强、法制意识淡薄，不重视签订经济协议或合同，不履行合同职责，从而造成经济损失；种植方式上，以简单的再生产方式为主，科技意识淡薄，种植方式粗放，重视扩大规模，轻视降低成本，职工收入水平低；部分职工主观就业愿望不强，满足于自给自足的农业生产模式，参与产业分工的技术能力弱，不愿走出去或者走出去后竞争力较弱，多从事劳动强度较大和劳动报酬一般的工种，导致以维吾尔族为主的贫困人口就业率低，家庭收入低。

5. 以农业从业人员为主，经济结构具有极大的传统性。

贫困团场以农业为主，以种植业为主，第二产业尤其是工业基础薄弱，现有工业主要是小型农产品加工，对团场经济支撑和拉动较弱，因此，也制约了第三产业的发展。师市经济规模小，产业发展水平低，没有建立科学的就业机制，各城镇吸纳劳动力有限，少数民族团场从事农业生产的劳动力多，第一产业人口占 70%。还有相当部分农业富余劳动力不能适应工厂的技术要求和劳动纪律约束，出现了一方面有大批农业富余劳动力需要转移，另一方面企业招收不到符合工厂管理要求的员工的现象。

不少人认为“外出务工挣钱丢面子”，宁愿守着自家一亩三分地受穷，也不愿外出务工。少数民族妇女受“妇女不出远门”“女人的智慧抵不上男人的智慧”等思想所制约，少数民族团场劳动力特别是少数民族妇女劳动力转移难。

2013 年，第三师农业总人口 140688 人，占总人口比重约为 64.64%，农业人口比重较重，说明农业经济发展在第三师整体经济发展中具有重要作用。① 自 1982 年恢复建制以来，农工收入明显增

① 陈晨：《新疆兵团少数民族职工农业技术采用行为特征与影响因素研究——以第三师少数民族聚居团场为例》，塔里木大学，2016 年。

长，但近几年与新疆和全国的差距拉大。由于兵团体制特殊、地域宽广，各地的资源禀赋、地理位置、经济社会发展程度等条件不同，兵团内部农工的收入差距也较大。一些边境团场、少数民主团场农工收入较低。①

6. 人口自然增长率较高，与经济社会发展不相适应。

因宗教氛围、宗教势力的影响，《婚姻法》没有较好执行，维吾尔族职工离结婚都不去民政局办理手续，结婚只请宗教人士举行宗教仪式，离婚一纸休书婚姻就宣告结束。这导致维吾尔族初婚年龄低，结婚和离婚很随意很频繁，离婚率非常高。婚姻存续阶段不计划生育，每家孩子平均3个以上。计划生育长期疏忽管理，曾经有一段时期没有真正实行计划生育，少数民族团场人口自然增长率高，例如，51团为7.95‰，53团为6.4‰。② 2016年，自然增长率是9‰，新疆是11‰，图木舒克市超过20‰。家庭人口多，贫困团场的家庭收入来源单一，负担过重，仅能解决温饱问题，有的甚至解决不了温饱，陷入贫困的恶性循环中。

7. 传统文化思想的影响深刻。

民族传统文化有着许多应该继承和发展的积极因素，也有制约提高人口质量的消极因素。贫困地区社会成熟程度不高，职工的保守思想、家族思想比较严重。同时因民族风俗习惯、消费习惯等多种原因，资金积累较少，易出现因婚致贫、因婚返贫。在因病、因灾、因婚等传统致贫因素尚未消减的情况下，市场变化、工程移民、生态保护和资源开发等新的致贫因素又增加。在这些致贫因素共同影响下，有些民族团场几乎陷入“脱贫——返贫——再脱贫——再返贫”的恶性循环中。

8. 改革力度不够。一是基层少数民族干部思想解放不够，观念

① 杨明芳：《新疆生产兵团农工收入现状与对策研究》，新疆大学硕士学位论文，2006年。
② 第三师图木舒克发展改革委员会：《2017年第三师图木舒克市脱贫攻坚工作总结》。

转变不快。

面对新形势、新任务、高标准、严要求，由于一些少数民族干部理论水平不高，总体素质不高，在工作上，视野不开阔，思想观念不能适应形势发展的需要，对师团的改革发展稳定大局及其管理方式认识不到位。二是新疆生产建设兵团因其自身职能较复杂，体制建设有其局限性。即使在兵团大力实施体制改革过程中，由于边境团场的地理位置限制，市场对资源配置的基础性作用得不到充分利用，致使其改革推进困难。

9. 特殊贫困矛盾突出。

兵团民族团场的贫困问题还与其他社会问题交织在一起。兵团民族团场多处在边疆地区、边远地区，社情复杂，人才匮乏，基层组织软弱，维稳形势严峻，生态环境脆弱，公共服务欠缺，地方病困扰。因此影响民族团场贫困的因素除了一般的经济因素外，还有因其民族文化、宗教信仰、传统习俗等特殊因素造成的贫困。而民族团场的贫困问题又可能成为各种不稳定因素的诱发因素，激化社会矛盾，影响民族团结与社会和谐。特殊贫困矛盾突出，扶贫工作的难度大、成本高。①

① 韦凤琴：《新形势下兵团少数民族聚居团场扶贫开发战略研究》，《新疆农垦经济》2014年第8期。

第二章

第三师图木舒克市脱贫攻坚的兵团特色与巨大成效

第三师图木舒克市作为南疆四地州的重要棋眼，在新疆生产建设兵团的战略发展与深化改革中占据重要位置。第三师图木舒克市作为“党政军企合一”特殊体制和“师市合一”特殊体制的混合治理组织模式，承载着发展兵团与经营城市的多重治理功能，彰显着鲜明的兵团特色。这种兵团底色既有优长，也有短板。新时期，习近平对兵团“稳定器”“大熔炉”“示范区”的目标定位，第三师贫困发生机制的特殊性和复杂性，脱贫攻坚功能的综合性、脱贫攻坚依托体制的特殊性，深刻印证第三师脱贫攻坚的重要性、艰巨性、挑战性。第三师图木舒克市立足师市自身实际，探索出一条具有图木舒克特色的“兴边富民”的脱贫攻坚路径，并取得重大成效。本章从贫困发生机制的特殊性、复杂性，脱贫攻坚功能的综合性，脱贫攻坚所依托体制的特殊性来阐述第三师图木舒克脱贫攻坚的兵团特色及第三师精准施策，多措并举，综合发力，攻艰克难，利用政策合力创造性探索取得的令人瞩目的扶贫成效。

一、体制机制功能：第三师图木舒克市脱贫攻坚的兵团特色

（一）目标定位现实困境冲突调和，贫困发生机制复杂特殊

1. 贫困发生机制的复杂性

首先是地理位置和战略地位。新疆一盘棋，南疆是“棋眼”。南疆是新疆工作的重点和难点。稳住西北，才能经略东南。所以，作为西北的重中之重，重点是南疆三地州。第三师图木舒克市所辖 16 个团场、图木舒克市嵌入在喀什地区和克孜勒苏柯尔克孜州两个地区约 24 万平方公里的地域里（喀什地区约 16.2 万平方公里，克州约 7 万多平方公里），地处南疆要冲，是丝绸经济带的重要对外窗口，战略地位非常重要。新疆的南疆是国家反分裂、反暴力恐怖的前沿阵地，第三师在城镇化、工业化、现代化发展中，经济取得平稳健康发展，人口增多，社会稳定，从未发生过一起暴力恐怖事件，在平息暴乱中还起了关键性的作用。因此，习近平总书记对新形势下新疆生产建设兵团使命任务的新定位、新要求、新目标定位为“稳定器”“大熔炉”“示范区”，这是对兵团在新疆社会稳定、民族团结、经济社会发展功能的定位，也是兵团特殊组织具有的内在潜力和功能，更是兵团存在发展的战略价值。“稳定器”是兵团立身的基石，“大熔炉”“示范区”是“双轮”，是“两翼”，是发挥“稳定器”作用不可或缺的有效途径。

在新疆组建担负屯垦戍边使命的新疆生产建设兵团，是国家治国安邦的战略布局，是强化边疆治理的重要方略。习近平总书记在兵团考察时强调：“兵团的存在和发展绝非权宜之举，而是长远大计”，

“兵团要真正成为安边固疆的稳定器、凝聚各族群众的大熔炉、先进生产力和先进文化的示范区”，“新形势下，兵团工作只能加强不能削弱”。第二次中央新疆工作座谈会明确“新疆生产建设兵团要科学处理屯垦和维稳戍边、兵团和地方的关系，在事关根本、基础、长远的问题上发力”。

习近平总书记强调“使兵团真正成为安边固疆的稳定器”，是兵团肩负屯垦戍边职责的基本要求；兵团作为安边固疆的稳定器是由兵团的使命任务和性质决定的。在新疆民族工作内外环境发生很大变化，民族关系出现不少新情况新特点，对做好民族工作提出新要求的当前，要解决“最难”“最长远”问题，须立足“三个离不开”要求，夯实民族团结的发展进步基石。国家强调加强制度设计，实现机制化、程序化、规范化，使兵团成为“凝聚各族群众的大熔炉”，形成经济融合发展、文化交融共建、维稳责任共担、民族团结共创的局面。在经济发展融合上，加强重大生产布局、市场体系、基础设施、公共服务的统筹规划，实现资源共享、优势互补、共同繁荣，把兵团的发展成果更多地惠及兵地各族群众；在社会治理融合上，探索建立兵地科教文卫等公共资源联手服务机制，加强社会治理联动，形成治理对接，不留缝隙。在维护稳定上，使军、警、兵（兵团）、民（民兵）形成联防机制，共同构建兵地一体、上下联动、应对及时、处置有力的维稳反恐体系。

“兵团在新疆起到工作队、战斗队、生产队的作用，达到屯垦戍边、发展经济、确保边境安定和维护民族团结的主要作用。肩负屯垦戍边、保障国家安全、社会稳定和边疆繁荣的使命，因此，兵团在布局上多部署在战略要地。随着市场经济的冲击和经济体制的转变，兵团的体制和职能也需要相应的改革，但是劳武结合、屯垦戍边的任务是不变的。”①

① 马大正：《国家利益高于一切——新疆稳定问题的观察与思考》，新疆人民出版社 2003 年版，第 217 页。

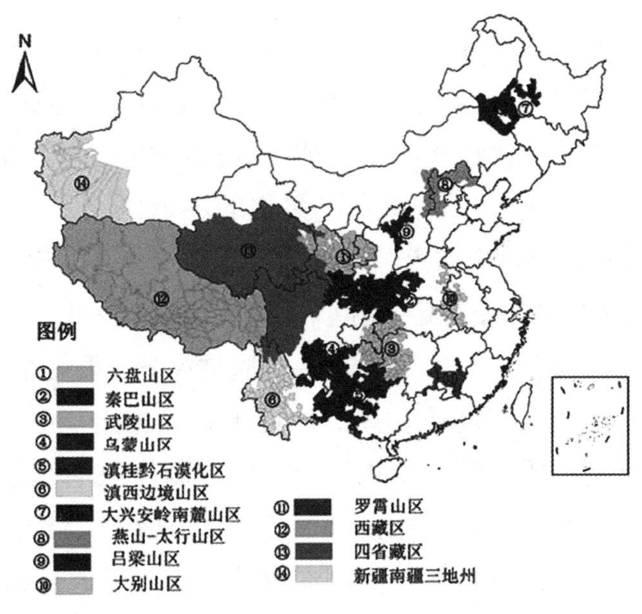

图 2-1 中国连片特困地区图

"稳定器"、"大熔炉"、"示范区"是兵团的三大功能，这是基于对国家安全战略以及新疆稳定形势的考虑，党中央为兵团在新时期实现科学发展、更好地履行职责使命做出的明确定位。2010 年，中央新疆工作座谈会议将城镇化建设、新型工业化建设、农业现代化建设（简称"三化"建设）作为兵团发展的主要方向，[①] 兵团的城镇化建设提高了兵团维稳戍边的能力，实现了从"屯垦戍边"向"建城戍边"的转变，使城市成为维稳戍边的新堡垒。新时期下，兵团要履行好中央赋予的各项职责和使命，就必须要转变屯垦戍边的方式，走兵团特色的城镇化发展道路。在兵团建设具有军垦文化特色的城市，不仅能吸纳和汇聚兵团人口，发挥城市效应，带动地区经济、文化、教育、科技等多项事业发展，更能维护边疆安全，发挥兵团维

① 滕婉蓉、闫卫华、郭超文：《兵团城市管理模式："师市合一"的特征及原因分析》，《兵团党校学报》2016 年第 1 期。

稳戍边的重要堡垒作用。①

兵团的四大作用实际上就是在三大功能的基础上做的一个延伸，即发挥兵团"调节社会结构、推动文化交流、促进区域协调、优化人口资源"的特殊作用，让兵团真正成为安边固疆的稳定器，凝聚各族群众的大熔炉，先进生产力和先进文化的示范区。习近平总书记说：兵团在屯垦戍边、促进新疆繁荣发展和长治久安方面发挥了不可替代的重要作用。从中央对兵团的定位和职责使命来看，反映了脱贫攻坚的战略意义和价值，体现着第三师图木舒克市脱贫攻坚的重要性和必要性。

其次连队集体所有性质。兵团团场土地基本上属于全民所有制，土地集体所有制在团场属于少数。全民所有制连队基本上按照兵团提出"土地承包经营、产权明晰到户、农资集中采购、产品订单收购"的团场基本经营制度进行统一生产经营管理。团场通过组织与协调连队的各项生产活动，落实团场的生产计划，调配土地、劳力与物资等生产要素，并对生产过程中的投入产出要素进行核算分配。连队在完成团场计划任务之余，根据连队生产要素自主决定产业结构的调整或进行其他生产经营活动。② 集体所有制连队实行土地承包经营，承包权 30 年不变，1998 年第二轮土地承包以后实行两费自理，集体所有制连队职工实行自主经营，自负盈亏。③ 集体所有制与全民所有制相比存在明显的劣势，一是户均耕地较少，土地少且较为分散，有的户人均 2 亩地，难以形成适度规模经营。二是社会保障能力较低。集体所有制职工虽然实现农村居民养老，但养老金较少，难以满足生活所需。三是不利于统一管理。

集体所有制连队职工身份属性特殊。职工与农民身份有差别。根

---

① 滕婉蓉、闫卫华、郭超文：《兵团城市管理模式："师市合一"的特征及原因分析》，《兵团党校学报》2016 年第 1 期。

② 杨福成：《兵团团场两种所有制运行机制比较分析——以第六师红旗农场和六运湖农场为例》，《新疆农垦经济》2017 年第 2 期。

③ 杨福成：《兵团团场两种所有制运行机制比较分析——以第六师红旗农场和六运湖农场为例》，《新疆农垦经济》2017 年第 2 期。

据《兵团连队职工管理办法（试行）》职工的定义，连队职工是指在兵团农牧团场居住，户籍在其所生活的师市或团场（镇），经过兵团农牧团场的人事、劳动部门办理了招收、录用、登记手续，或按国家政策规定从外单位调入、招录安置到兵团农牧团场一线，从事农业生产工作，团场为其分配了土地并签订了劳动合同和土地承包合同（在连队承包定额地或身份地），要履行民兵义务，依法参加社会保险并按时足额缴纳社会保险费的劳动者。因此，职工身份包含三个要素：一是户籍在生活的兵师团连；二是有连队承包定额地或身份地；三是要履行民兵义务，三者缺一不可。新疆生产建设兵团赋有屯垦戍边的特殊职责使命，作为兵团的特殊群体，连队的职工与地方上的普通农民截然不同。连队职工不仅要执行维稳戍边的使命，保护团场的安全，同时还要保障连队的生产安全；连队是兵团履行屯垦戍边使命的基础和载体，它具有发展经济、增强民族团结、保障社会稳定、巩固西北边防、维护祖国统一的作用。连队职工与当地农民不同，与其他行业的工人也不同。他们身份特殊，既是兵团经济社会稳定、发展的主力军，还彰显“兵”的属性，履行屯垦戍边的职责；土地作为生产要素，是农民生存和未来养老的保障。职工在种植土地中获得收益，但也因此获得了不同于农民的医疗、养老保障。

集体所有制连队贫困发生的普遍性。集体所有制连队职工相较于全民所有制连队职工份地 30 亩/人来说，户均耕地少且土地分散，无法实现规模化经营，家庭收入少；社会保障能力较低，居村养老，但养老金较少，难以满足生活所需；管理体制未理顺。长期以来“重工轻农、重城轻乡”的发展战略扩大了工农、城乡之间的差距；城乡分割的户籍制度使职工的自身素质很难提高。在这样的制度背景下，农业的弱质性进一步加强，职工收入增长和自身素质提高受到极大制约，因而导致了贫困的普遍发生①。

---

① 姜玉姿：《试析我国贫困群体的成因及脱贫途径》，《理论探讨》2005 年第 4 期。

第三师面临的扶贫任务艰巨，其中一个重要的原因在于致贫因素复杂，既有自然环境条件差、经济社会基础薄弱等直接性原因，也有经济结构单一、区域发展不平衡等结构性原因。特别是兵团的贫困团场主要分布在南疆区域和边境区域，普遍面临着各种致贫因素集中存在的问题。

贫困人口特殊，扶贫难度较大。兵团针对职工群众特别是少数民族职工群众的贫困问题，先后实施了“兴边富民行动”、“促进团场职工多元增收工程”和“少数民族扶贫帮困工程”。通过这些专项行动的实施，大批的贫困人口摆脱了贫困，但是还有部分职工群众仍未摆脱贫困。其原因一方面在于因病、因残致贫人口较多，这部分贫困人口不仅不能通过劳动获得收入，而且治疗费用负担沉重，自身无精力也无能力摆脱贫困；另一方面在于多数贫困人口文化水平较低，或文盲或半文盲，摆脱贫困缺思路、缺技术、缺管理能力，思维方式和行为方式还停留在“输血扶贫”上，“等、靠、要”思想较重等等。这些问题的存在，对精准扶贫工作是一种挑战。

第三是自然条件恶劣。第三师图木舒克市和兵团其他各师一样，所处的位置，所管辖的区域都是在风头水尾，过去兵团组建的时候，本着不与当地民众发生争执的做法，风头水尾就是当地环境最恶劣的地方，去那些没有老百姓驻扎的地方，这些地方多是盐碱地、戈壁滩、沙漠，在与天斗与地斗的豪迈垦荒努力中，一块块土地整理出来。图木舒克和周边地区，在塔克拉玛干沙漠的边缘，风水弥漫，以往风沙天气一年在一百天左右，2018 年有 74 天，2019 年下降到五十天以内。

第三师图木舒克市位于边境地区，居民最低生活保障人数占总人口的 8.53%（2014 年），贫困人口比较多。贫困团场耕地资源条件与兵团平均水平相比，差距很大，反映了资源条件对贫困团场经济发展的制约。由于地处偏远，交通、通讯、城乡公共设施等基础设施都很薄弱，生产经营状况不佳，处于巨额亏损状态，这极大的影响了贫困团场人口的生活条件的改善，生活条件与兵团平均水平差距甚远。

从贫困发生率来看，第三师图木舒克市在全国 14 个集中连片深度贫困区中贫困发生率居首位。① 兵团 2016 年建档立卡复核后贫困人口为 17208 户 51519 人，其中第三师贫困人口为 5047 户 20259 人，占兵团 39.3%；截至 2017 年底，第三师图木舒克市有贫困人口 1973 户 8600 人，占兵团贫困人口的 70.44%。

第三师图木舒克市 16 个贫困团场最具有代表性，是典型的建场荒僻、土地贫瘠、气候恶劣、生态恶化、灾害频多、资源贫乏的不适应人类居住的地方，形成了生态环境差—贫困—生存的恶性循环环境。② 2002 年，由于地震，托云牧场搬场，伽师等少数民族较多的团场造成经济损失就达 2 亿多元。由于在一个不适应人类生存的环境中强制性生存下去，必然存在贫困—脱贫—返贫的恶性循环。③ 解决南疆三地州的贫困问题，对于新疆发展经济、巩固边疆稳定以及实现小康社会总体目标有着至关重要的作用。

2. 贫困发生机制的特殊性：民族性

喀什地区少数民族人口占当地人口的 96.12%，克孜勒苏自治州则占 93.22%。其中，南疆三地州的维吾尔族人口则占全疆维吾尔族总人口的 58.84%，长期以来，喀什地区维吾尔族人口占总人口的 90%以上。④ 因此，南疆三地州既是贫困高发地区，又是少数民族聚集地区。

① 王宝珍：《新疆南疆三地州扶贫开发研究》，硕士学位论文，石河子大学经济与管理学院，2014 年，第 16 页。

② 陈甲武：《新疆生产建设兵团贫困团场扶贫开发问题研究》，硕士学位论文，华中农业大学土地管理学院，2010 年，第 26 页。

③ 防鸣、韩爱华、卢静：《南疆三地州扶贫开发的主要经验》，《新疆大学学报》2006 年第 3 期。

④ 王宝珍：《新疆南疆三地州扶贫开发研究》，硕士学位论文，石河子大学经济与管理学院，2014 年，第 16 页。

第三师图木舒克市地处南疆三地州集中连片深度贫困地区，是兵团 8 个师里民族团场最多、占比最高（35%）、少数民族人口最多的一个师，贫困人口中少数民族人口占比高达 99.73%（2017 年 12 月 30 日的数据）。2010 年兵团民族团场贫困发生率在 20%以上，其中南疆三地州的民族团场贫困发生率高达 31.6%。2014 年师市 16 个团场中有 13 个是民族团场，占兵团民族团场的 35%，这 13 个民族团场都是贫困团场，占兵团民族贫困团场的 43%（占比最高）。

表 2-1 兵团民族团场贫困团场分布情况表

区域	民族团场		民族贫困团场		备注
	数量	占比	数量	占比	
第二师	1	3%	1	3%	
第三师	13	35%	13	43%	集中连片贫困区
第四师	6	16%	6	20%	
第六师	5	14%	2	7%	
第九师	1	3%	1	3%	
第十二师	4	11%	1	3%	
第十三师	4	11%	3	10%	
第十四师	3	8%	3	10%	集中连片贫困区
总计	37	100%	30	100%	

根据韦凤琴：《新形势下兵团少数民族聚居团场扶贫开发战略研究》，《新疆农垦经济》2014 年第 8 期的数据表整理而成。

第三师 2013 年末，5 个重点扶持少数民族聚居团场总人口 13.16 万人，其中少数民族人口 9.19 万人，占师市总人口的 47.33%。2016 年贫困人口中少数民族贫困人口居多；

2017 年贫困发生率均超过 3%的 44 团、51 团被列为兵团国家深度贫困团场，44 团维吾尔族人口占 95%，51 团维吾尔族占 98%。2019 年建档立卡贫困户，1973 户 8600 人，汉族 23 人，占 0.27%，维吾尔族贫困人口 8577 人，占 99.73%。此外，53 团、伽师总场的少数民族占比均在93%以上。

图木舒克市总人口20万人，少数民族人口10.13万人，其中维吾尔族人口9.48万人。其中51团总人口约5万人，维吾尔族人口占98%，44团约2—3万人，维吾尔族人口占95%。①

由于少数民族的语言文化、宗教信仰和风俗习惯的不同，造成系统教育不能顺利对接，小部分少数民族的思想极端。受宗教思想、极端思想影响，长时段《婚姻法》和计划生育政策没有很好落实，导致民族团场人口自然增长超过20‰，家庭人口数量多，人均收入较低，生活质量较差。

民族贫困团场贫困人口96.02%是集体所有制职工，缺少土地。集体所有制连队集中的44团、50团、51团、53团4个团场，总人口约8万余人，其中95%以上是维吾尔为主的少数民族。民族贫困团场地处南疆边境地区，民族贫困团场贫困人口受“三股势力”影响较深，这些贫困因素相叠加，社情民情较为复杂，加重了第三师图木舒克市脱贫攻坚的复杂性。

表2-2 2017年师市未脱贫贫困人口民族构成情况表

团场	总户数	贫困人口	汉族		少数民族		贫困发生率%	占兵团%	占全师%
			人口	占比%	人口	占比%			
44团	662	3029	9	0.03	3020	99.70	9.99	24.81	35.22
51团	1251	5317	4	0.08	5313	99.92	10.84	43.55	61.83
53团	48	196	6	3.06	190	96.94	0.87	1.61	2.28
伽师总场	12	58	4	6.90	54	93.10	0.41	0.48	0.67
合计	1973	8600	23	0.27	8577	99.73	7.88	70.44	100

注：根据图木舒克师市扶贫办档案资料整理而成。

① 王环、李学军：《兵团第三师“精准扶贫、精准脱贫”的调查与思考》，《兵团党校学报》2016年第6期。

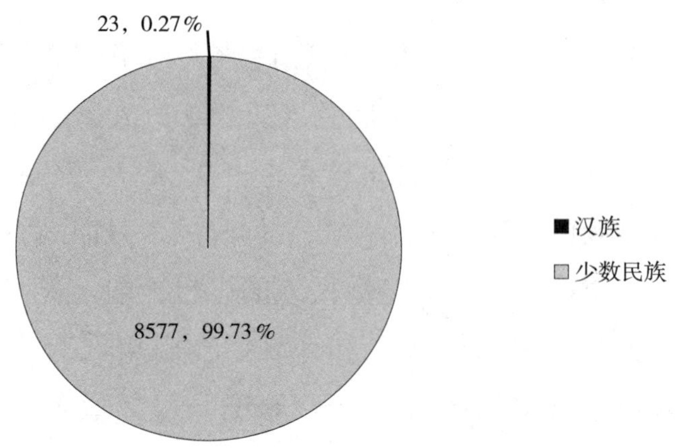

图 2-2　2017 年师市未脱贫贫困人口民族构成图

（二）稳定器大熔炉示范区，国家预期脱贫攻坚功能综合化

第三师图木舒克市的脱贫攻坚呈现功能的综合性，表现在集维稳戍边、促进民族团结、脱贫攻坚为一体。兵团作为一个特殊的社会政治组织，不仅有经济发展的职能，有屯垦戍边的职能，还有社会管理的职能。师市作为稳定新疆、发展新疆的重要力量，丝绸之路经济带的核心区，拥有卓越的地缘、资源、文化优势，是当今世界发展最具潜力区域的重要力量，对内承担着屯垦戍边、发展经济、团结民族的职责，对外负有传播中华民族文化、和平合作、丝绸之路经济带核心地区建设的职能，是增加民族间的交流交往，增强中华民族凝聚力和向心力，促进民族团结不可或缺的力量。

新疆生产建设兵团既是中央直属单位，又是新疆维吾尔自治区重要的组成部分，这种例外是中国和世界独有。新疆生产建设兵团对所辖垦区行使一定的行政、司法管理职能，以整体向国家和自治区负责，执行屯垦戍边使命特殊的政治、经济、军事、社会组织。兵团担负着四个方面的任务，一是开发建设边疆，促进新疆经济发展和社会全面进步；二是增强民族团结，促进各民族共同繁荣；三是维护新疆稳定，捍卫祖国统一；四是巩固边防。兵团在促进新疆经济社会发展、增强民族团结、保持社会稳定和巩固边防方面发挥了特殊重要作用①。

1. 第三师图木舒克市履行屯垦戍边的功能。从西汉的屯田到现代的屯垦理论，从周恩来发挥“生产队、工作队、战斗队”② 的任务到邓小平提出的“兵团是稳定新疆的核心，是新疆经济建设、民族团结、安定团结、巩固边防的重要力量”；从江泽民总书记关于新疆是“生产建设、安定团结、民族团结、稳定新疆、巩固边防的模范”到胡锦涛总书记的更好地发挥建设大军、中流砥柱、铜墙铁壁“三大作用”的提法，再到习近平总书记的“安边固疆的稳定器、凝聚各族群众的大熔炉、先进生产力和先进文化的示范区”③，都表明兵团承担的正社会功能是屯垦戍边。新疆工作会议后，国务院新闻办发布的《新疆生产建设兵团的历史与发展》白皮书指出，推进兵团从“屯垦戍边”向“建城戍边”转变，不断丰富屯垦戍边内涵、转变屯垦方式，推动形成以城镇化为载体、新型工业化为支撑、农业现代化为基础的发展格局，加快推进城镇化建设，增强屯垦戍边事业凝聚力，改善提升职工居住条件，转变职工群众生产生活方式，聚集现代文明，解决过去多年存在的团场留不住人、职工队伍不稳定、基层连队“空壳化”等问题，都强调了兵团的安边固疆、促进民族团结。④师市 16 个团里有两个团场是边境团场，一个是托云牧场，距离边境线只有 14 公里；第二个边境团场是叶城二牧场，其中 3 连和印度和

① 潘新刚：《兵团经济转型与经济和谐发展研究》，乌鲁木齐新疆兵团经济研究所，2009。

② 周恩来在 1965 年 7 月 6 日自治区党政军干部会上的讲话“生产年代团既是生产队，又是工作队，又是战斗队”。

③ 柴菁铭：《论新疆生产建设兵团在维护新疆稳定中的作用》，《福建党史月刊》2013 年第 14 期。

④ 王红雁：《兵团农业职工队伍稳定性影响因素新究》，硕士学位论文，塔里木农业大学，2016 年，第 15 页。

巴基斯坦的克什米尔地区接壤。两个边境团场在屯垦戍边长期发挥作用。兵团创建之初寓兵于农，面对残匪烧杀抢掠、破坏交通、袭击部队、围攻城镇，必须有应对突发事件的能力，这一功能保持到现在。从西汉屯垦开始到新中国，绵延不断，屯垦戍边与新疆治乱之关系、国家实力与战略重心所在以及屯垦的经济社会绩效与屯垦力量的强弱的变化启示，国家必须不断加强对屯垦的支持，壮大兵团事业，以保障边疆稳定与繁荣。

2. 第三师图木舒克市是兵团反恐维稳的前沿阵地。兵团的政治功能包括三个方面：维持政治稳定反对民族分裂；促进民族交流与团结；有效管理一个特殊大型组织集团的生存与发展。根据阿尔蒙德、雷格斯、米歇尔等的研究，政治结构与功能的关系主要有：政治功能可以变化、政治结构总是存在；同一种结构可以履行不同的功能；特定的功能需要特定的组织结构；政治组织的结构与功能应当协调适应。发展中的兵团由于国内政治环境发展的因素，尽管屯垦戍边的使命没有改变，但其重心毋庸置疑发生了变化。第三师图木舒克市生活着23个民族，维吾尔族最多，大多信仰伊斯兰教。新疆的宗教问题主要体现为非法宗教活动。宗教问题常被用来制造民族问题。防止伊斯兰教被分裂势力利用是新疆宗教工作的重要内容。伊斯兰教具有双重功能，既能起到德育美育、社会整合、族群认同、行为规范、心理慰藉、社会交往的积极作用，也起到唯心主义传统固化、社会裂变、族际排斥、情感煽动、跨国扩张渗透的消极功能。① 由于信仰问题上，部分信众认知偏差，被分裂势力利用产生严重的危害后果。由于特殊的民族宗教形势而对维持政治社会稳定带来严重压力，国家和自治区对新疆稳定高度关注。② 1962年伊塔事件、1990年阿克陶巴仁乡事件等维护新疆稳定团结的关键时刻，兵团都发挥了重大作用。新

① 谢贵平：《试论新疆伊斯兰教的双重功能与和谐社会的构建》，《塔里木大学学报》2008年第3期。

② 包雅钧：《新疆生产建设兵团体制研究》，中央编译出版社2010年电子版。

疆是周边邻国最多的省区，师市与 5 个国家相邻。地缘政治背景下的第三师图木舒克市处于国际反恐斗争的前沿地带，综合来看，中国在新疆周边区域存在重大的国家战略利益，不仅是局部的维护周边区域的稳定，而且事关整个国家的安全。政治性对抗和意识形态领域内的斗争自新疆和平解放以来从未停止。新疆是民族、宗教、地理都很特殊的地方，三股势力容易在此兴风作浪。政府需要下真功夫改善治理机制，提高治理水平。新疆的稳定与发展对党的执政能力提出了挑战。因此，新疆必须加大对敌对分子的打击力度。兵团以及建立的军事力量，包括基层民兵、武警与预备役部队，对新疆“三股势力”起到了政治震慑作用。分裂分子把兵团视为进行分裂活动的最大障碍，这从侧面说明了兵团对于反对民族分裂的重大意义。此外，兵团的力量还广泛参与到维系新疆地区其他一般性社会治安等事务中，发挥着维稳的作用。

3. 民族团结是新疆各族人民的生命线，是新疆经济社会稳定的基本保证。兵团促进民族交流与团结是通过其日常各项工作来体现的，如尊重民族风俗、贯彻宗教政策、促进经济社会文化的发展、对少数民族干部的培养。新疆历史的实践经验表明，民族团结，则经济发展，社会昌盛；民族分裂，则经济萧条，社会动荡，各族人民饱受分裂之苦。兵团是生产建设、安定团结、民族团结与稳定新疆与巩固新疆的重要力量。60 年来，兵团从未发生过一起暴力恐怖事件，也从未发生重大伤害民族关系的事件，在维护民族团结，揭露并坚决打击反分裂分子的活动，防止各种极端宗教思想的蔓延和传播上起着中流砥柱的作用，有效地维护了新疆社会的发展和长治久安。第三师各民族根植于图木舒克这片土地上，共处一个地理环境，共同构成了一个“时空坐落”空间，形成了一个“具体而微型”的“地域型社会”。多年来，第三师创新民族团结先进集体和个人表彰活动的方式，积极举办各项有利于民族团结的活动，如“民族团结一家亲”、“民族团结杯”等征文比赛，讲民族团结故事；通过城镇化、工业化和农业现代化建设，在援疆单位和图木舒克市自身努力下，调整产业结构，注重二三产发展，鼓励少数民族聚居团场的少数民族人口从传统的农牧业向家庭手工业、工厂转变，积极组织培训基本职业技能。少数民族聚居团场如50团、51团、53团越来越多的农民、牧民开始到图木舒克的纺织厂、药厂和国营企业就业，完成由农民向产业工人的转变，提高了收入。通过结对帮扶[①]活动促进民族团结。在长期的接触与交往中，师市社会结构层面的民族互融建立起来，朋友关系网络和邻里关系网络相交叉，在历史岁月的共同见证下，维汉联系日趋紧密，他们积极学习汉文，客观的增进了彼此间的交流。通过团、连两级党建联创活动，定目标，找差距，整顿帮助，促提升。通过党员"树旗帜"，干部"做表率"等活动促进民族交往交流交融，取得良好效果。在"双泛思潮"渗透，"三股势力"兴风作浪，"民族"、"宗教"被不法分子利用，作为破坏、攻击新疆民族关系"手段"，不时制造暴力恐怖事件，严重影响人民的生命财产安全，离间维汉民族关系时，师市自建立以来未发生过一起暴力恐怖事件。构建平安和谐团场是师市社会繁荣稳定和长治久安的坚强保障，也是"稳边、兴边、富边、固边"的直接要求。师市通过"四抓四看"[②]、将"文化戍边"融入到"屯垦戍边"推进维汉民族文化交融和增强兵团精神凝聚力。在经济发展不平衡、收入差距拉大；境内敌对分子与国际恐怖主义活动猖獗时期，农业社会向工业社会转型，各种社会思潮冲击兵团文化的背景下，兵团精神的主导性地位受到挤压并边缘化，持

---

① 结对子是指个人对个人或者集体对集体的一种相互帮扶，先进帮后进，富裕帮落后，最终实现共同进步、共同富裕的一种活动。

② "四抓四看"教育是指一抓制度政策，一看各项惠民措施是否贯穿国家大政方针，是否落到实处；二抓领导治理能力建设，二看各级领导干部是否结合实际，促进本地经济社会的发展并解决当地实际问题；三抓纪律建设，三看各级党组织和领导干部是否廉政治理本地，是否做到中央和地方的统一；四抓基层组织建设，三看核查基层党组织的凝聚力、战斗力是否增强，是否联系群众，坚持以"群众本位"的一种教育活动，囊括宏观的中央政策方针与微观基层组织实践。

续弱化，地缘性辐射能力降低，不利于维汉民族关系的长久发展。在社会管理上①、居住格局、互动交融上着力加强，推进社会有效治理。民族团结促进各民族共同繁荣。在援疆力量和团场自身努力的基础上，实现团连互助，优先发展落后的少数民族团场。加强民族社会的政治整合、遏制宗教极端思想、提升兵团精神、兵地互学共建优势互补，共同创建新疆经济的健康稳定发展和长治久安。增强屯垦实力，稳疆与兴疆相结合，以履行好兵团长期承载的重要历史使命，符合党和国家寄予兵团的殷切期待。

4. 脱贫攻坚是兵团履行历史使命和改善社会管理的物质基础。

经过多年来的开发建设，兵团虽然已建成为一个以现代化大农业和工业为主导，农林牧副渔并举，工交商建服综合经营，科教文卫体全面发展的独立特殊组织。但同全国各省区一样，消除和缓解贫困问题，仍然是兵团经济社会发展过程中必须面对的重要问题。新形势下促使贫困团场经济发展，从根本上解决动力性和持续性问题，减少贫困发生并巩固已取得的扶贫成果，就必须举全社会之力，做好兵团的扶贫开发工作，推动兵团经济社社会健康持续发展。

新时期做好少数民族贫困团场脱贫攻坚工作有几方面的助益：有助于团场全面、协调、可持续发展。增强团场自我发展能力，是解决团场经济社会发展非均衡性问题的关键环节，对促进团场经济社会全面、协调、可持续发展具有现实的意义；有助于团场民族团结和社会稳定。历史证明，一个地区的贫穷，往往成为一个国家、一个地区政治动荡和社会不稳定的根源，如果不逐渐消灭贫穷，一个国家就难以长期保持社会稳定，没有稳定，根本就谈不上经济和社会的发展。经济发展，社会进步，各民族共同富裕，就会大大增强中华民族的凝聚

---

① 在反对分裂上采用“主动出击、露头就打、先发制敌”的方针，集中力量严厉打击民族分裂主义的骨干分子、宗教极端势力为首分子和暴力恐怖犯罪分子。社会治安上坚持专门工作与群众路线相结合、政治犯罪与综合治理相结合、打击处理与加强教育相结合、转向治理与加强基层党组织相结合。

力，有助于团场边防的巩固。团场首要的政治功能就是巩固边防、保卫国家安全。团场经济是边防巩固和边疆安全的必然要求。少数民族聚居团场经济社会发展水平长期落后，很容易被别有用心的人利用，形成不稳定隐患，导致人心不稳，继而影响屯垦戍边政治任务的实现，进而影响到新疆社会政治大局的稳定，甚至影响到边防巩固、领土安全和国家统一；有助于推进屯垦戍边的文化认同，增强兵团的凝聚力和向心力。兵团由不同籍贯，不同文化背景的人们组成，在近60年屯垦戍边的共同奋斗中，各族职工对屯垦事业、对兵团形成了强烈的认同和归属感，逐渐形成了以“兵团精神”为核心的屯垦戍边文化认同。这种文化认同是激励师团连各族职工屯垦戍边的精神支撑。通过脱贫攻坚改善少数民族职工生产生活条件，可以振奋精神，增强兵团人的责任意识，增强他们对兵团的凝聚力和向心力。

消除贫困，保持稳定是保证兵团团场社会和谐的重要前提。如果贫困现象不消除，贫富差距不缩小，区域之间发展不平衡，构建和谐少数民族聚居团场就无从谈起。如果扶贫开发各项措施不力，扶贫工作不当，就会激化社会矛盾。因此，少数民族聚居团场脱贫攻坚作为缩小发展差距的重大抉择，可以达到解民忧、纾民困、惠民生，促进社会和谐稳定。①

习近平总书记说，兵团在屯垦戍边、促进新疆繁荣发展和长治久安方面发挥了不可替代的重要作用。一方面，戍边首先要实边，只有做好屯垦的工作，才能为戍边打好基础。只有兵团经济好了，才能为履行职能奠定坚实的物质基础，也才能为新疆的改革发展稳定作更大贡献。另一方面，屯垦必须戍边，兵团“兵”的属性是第一位的。屯垦是基础，戍边是目的。经济发展不会自动带来国家安全，也不等于国防自然强大。戍边是有价值的，兵团在搞好屯垦的同时，也在创

① 姜涛、殷小波：《兵团少数民族聚居团场扶贫开发意义、任务与对策》，《兵团党校学报》2014年第2期。

造特殊价值，就是国家安全。脱贫攻坚，壮大兵团综合实力，是提高维稳戍边能力的基础，是守边、安边、兴边的基础。

兵团脱贫攻坚对于落实维护社会稳定和长治久安总目标、发挥兵团维稳戍边作用、促进兵地融合和民族团结、兵团发展壮大、提高兵团干部职工和群众生活水平，推进兵团改革深化，师市向南发展和城镇现代化、乡村振兴的前提与基础。脱贫攻坚是一项系统工程，因地制宜，从实际出发，从针对性和精确性着眼，革除不利于发展的消极因素和过时的工作方法，让创新、变革在发展中起到先锋作用，开创师市脱贫攻坚新局面。

（三）“党政军企合一”融合“师市合一”，脱贫攻坚依托体制殊相共生

1. 兵团“党政军企合一”特殊体制。

兵团实行“党政军企合一”的特殊管理体制。第一，各级党组织是兵团各项事业发展的领导核心；第二，兵团设立的各级行政机关及政法机关，按照法律法规自行管理内部的行政及司法事务，承担各项行政职责；第三，兵团虽然脱离了国防部队序列，但仍是一个“准军事实体”，设有相应的军事及武装机关，沿袭军队建制和军队职务称谓，是一支“不穿军装、不拿军饷、永不换防、永不转业”的以民兵为主的武装力量；第四，兵团集农业、工业、商业、建筑等于一体，是承担经济建设职责的国有大型企业。因此，兵团是“党政军企”四套领导机构与四项职能合为一体的特殊组织。① 党政军企合一的特殊体制，是中央对兵团履行特殊使命的制度性安排，也是兵团履行好特殊使命的制度保证。党政军企合一的体制机制，强化了中

① 杜伟：《政策执行视角下新疆兵团精准脱贫路径研究》，硕士学位论文，华中师范大学政治与国际关系学院，2017 年，第 12 页。

国共产党的核心领导地位，转变了“政”的职能，彰显了“军”的属性，确立了“企”的市场主体地位；具体而言，就是在体制框架下，党委总揽全局、协调各方推动行政依法履行职责，强化军事维稳戍边能力，确立企业市场主体地位，提高了社会治理水平，建立既能充分发挥市场配置资源的决定性作用，又能充分发挥兵团组织化程度高、集团化突出特点，权责明确、有机统一、集中高效、运转顺畅、相互促进、充满生机和活力的体制机制。

2. 第三师图木舒克市“师市合一”特殊体制。

与我国其他城市不同，兵团城市均采取“师市合一”的独特管理模式，即“师”与“市”实行“一个机构、两块牌子”。这一独特模式在中国具有唯一性，是兵团为满足屯垦戍边、建城戍边需要而进行的城市管理制度。①

“师市合一”将一般意义上的政府体制构建于兵团这一特殊的组织体制之上。②“师市合一”是集成兵团特殊组织与地方政府优势的治理方式，兼具维稳适应性与市场应对性的混合治理机制，承载发展兵团与经营城市的多重治理功能。实行“师市合一”管理体制的兵团城市，主要职能是促进经济和社会发展。“市”一级的政府在履行其财政税收、社会经济管理、科教文卫事业等政府职能的同时，“师”作为兵团体制中的一个重要层级在“市”发展的同时，也得到全面发展。“师”与“市”结成稳定的利益共同体，相互激发和促进，“师”为“市”的发展提供人力、土地、行动力等方面的保证，“市”为“师”的发展提供财政、税收、文化等方面的优质资源。城市加速发展的同时，兵团所在师的整体实力也同步得到发展，增强了维稳戍边能力。通过多重治理功能，使得城市组织功能得到充分发

---

① 滕婉蓉、闫卫华、郭超文：《兵团城市管理模式：“师市合一”的特征及原因分析》，《兵团党校学报》2016 年第 1 期。

② 顾光海：《新疆兵团“师市合一”城镇化发展道路探析》，《新疆大学学报》2010 年第 4 期。

挥，保障城市的自身发展和边疆维稳戍边需要的满足。[①]“师市合一”的城市管理模式、特征及其原因与兵团特殊体制分不开，与兵团屯垦戍边使命分不开，与兵地共建融合分不开，与嵌入式社会建设的探索分不开。[②] 可以说，“师市合一”的城市管理模式是一种促进兵团经济社会发展、推进兵团与地方融合、构建嵌入式社会结构、发挥新时期维稳戍边坚实堡垒的特殊体制。

第三师图木舒克市是兵团“党政军企合一”特殊体制与“师市合一”特殊体制相融合的一种特殊治疆管理模式。这种治理模式下精准脱贫政策的执行必须首先立足于“党政军企合一”和师市合一的特殊体制。精准脱贫政策在这种特殊体制内执行，有利于集中兵团各方面的资源、力量和优势保障政策的有效实施，构建起以党委为领导、以政府为主导、以军事为后盾、以企业为保障的特殊脱贫体制。兵团脱贫政策的执行主体是“党政军企”四套班子与四项职能合一的特殊组织，既要承担发展社会生产的经济职责，又要履行保障和改善民生的社会职责，还要肩负起维稳戍边的历史职责。这种特殊的体制有利于兵团从“党政军企”各领域为脱贫政策的实施创造有利的条件；兵团兼具“党政军企”各项管理职责以及面临兵团改革、企业改革任务，使脱贫攻坚任务完成相对困难。

3. “机遇与挑战并存”的现实条件

兵团在地理、历史、人文和社会等方面的特殊性，决定了兵团的贫困问题与地方单位及内陆地区相比具有特殊性。兵团成立以来，党和政府一直将扶贫开发作为兵团建设发展的重要工作。1991 年，国务院专题会议将兵团的扶贫工作纳入国家扶贫开发计划，将兵团 42 个贫困农场列入国家“八五”期间重点扶贫序列。之后兵团根据农

① 滕婉蓉、闫卫华、郭超文：《兵团城市管理模式：“师市合一”的特征及原因分析》，《兵团党校学报》2016 年第 1 期。

② 婉蓉、闫卫华、郭超文：《兵团城市管理模式：“师市合一”的特征及原因分析》，《兵团党校学报》2016 年第 1 期。

牧团场的发展实际，除了国家重点扶持的 42 个贫困团场外又确立了 20 个团场作为内部重点扶贫团场。兵团纳入重点扶持序列的贫困团场达到 62 个，贫困团场总人口 43.6 万人，职工 15.9 万人。[①] 兵团的扶贫开发工作进入有计划、大规模重点建设时期。2016 年 3 月 1 日，为贯彻落实党中央、国务院和新疆维吾尔自治区党委、政府的文件精神，兵团党委、兵团出台关于打赢脱贫攻坚战的实施意见，指出“兵团 76 个贫困团场建档立卡贫困户 2.72 万户、贫困人口 8.11 万人，30 个贫困团场（有 6 个进入或托管团场并入计算）未摘帽，第三师有 13 个团场”[②]。在扶贫开发工作中，兵团的扶贫脱贫面临机遇与挑战并存的复杂局面。

第一，精准脱贫的基础优势。自 1991 年国家有计划、大规模开展扶贫开发以来，兵团的扶贫开发工作取得了显著成就。特别是兵团连续实施“兴边富民行动”、“少数民族扶贫帮困工程”和“促进团场职工多元增收工程”等扶贫工程，逐渐形成专项扶贫、行业扶贫、社会扶贫、援疆扶贫等多方力量和多种举措有机结合、互为支撑的“四位一体”大扶贫格局，初步建立了扶贫开发工作机制、联户结对帮扶机制和贫困团场退出机制，为兵团如期完成脱贫攻坚的目标任务打下了坚实的基础。首先，兵团在扶贫开发中连续开展了多项重点扶贫工程。2009 年起，兵团在 58 个边境团场全面开展了“兴边富民行动”，实施团场安居工程和游牧民定居工程。2012 年起，兵团针对少数民族聚居团场实施了集中帮扶工程，重点扶持 19 个少数民族聚居团场发展。2013 年起，兵团实施“促进团场职工多元增收工程”，通过示范项目建设带动职工加大自营经济投资力度，促进职工多元增收。其次，兵团在扶贫开发中逐渐形成了“四位一体”大扶贫模式。

---

① 刘向松：《履行好“稳定器”“大熔炉”“示范区”的功能》，《当代兵团》2014 年第 12 期。

② 刘向松：《履行好“稳定器”“大熔炉”“示范区”的功能》，《当代兵团》2014 年第 12 期。

我国在长期的扶贫开发中逐渐探索出了具有中国特色的扶贫格局。新疆在坚持专项扶贫、行业扶贫、社会扶贫相结合的同时，还注重"援疆扶贫"，形成"四位一体"的扶贫格局，开展扶贫项目 197 个，惠及 60 个贫困团场；结合"访民情、惠民生、聚民心"活动完善住连入户扶贫帮困机制，初步形成了专项扶贫、行业扶贫、社会扶贫和援疆扶贫"四位一体"的大扶贫格局。

再次，兵团在扶贫开发中初步建立了各项扶贫体制机制。扶贫开发体制机制是保障各项扶贫政策、措施、资金和项目等得以执行和落实的重要载体。兵团在长期扶贫开发中逐步确立了扶贫工作机制、联户结对帮扶机制和贫困团场退出机制、脱贫政策的体制和机制保障。

第三师图木舒克市创新精准扶贫工作机制，抓好精准识别、建档立卡关键环节，做实做细精准扶贫台账，查清贫困状况，分析贫困成因，摸清脱贫需求，明确帮扶主体，开展定期核查，实施动态管理；深化联户结对帮扶机制，在师市领导、师市机关各部门和团、连领导干部中带头开展"民族团结一家亲"活动和"一对一"扶贫帮困工作，结合"访民情、惠民生、聚民心"活动，分期分批组织党员干部深入贫困连队和地方重点村队，协助基层贯彻落实各项强农惠农富农政策措施，积极参与扶贫帮困各项工作；健全贫困团场退出机制，建立贫困户脱贫认定机制，鼓励和引导贫困团场和贫困职工迎难而上、攻坚克难，主动作为、摆脱贫困。

师市拥有诸多机遇和有利因素。一是政策支持机遇。党中央对兵团南疆发展高度重视，以习近平同志为核心的党中央从国家层面进行顶层设计，对南疆在民生改善、基础设施、产业发展、资源利用、人才交流等方面给予特殊支持和倾斜。中央对自治区政策兵团适用，对南疆的政策师市适用"两个适用"原则，以及丝绸之路经济带核心区建设、中巴经济走廊、精准扶贫、西部大开发、兵团在南疆发展、兵团支持少数民族聚居团场发展、对口援疆等一系列政策措施，师市成为政策高地，为促进各项能力建设，提高保障能力提供了稳固的政策支持。二是平台支撑机遇。党中央、自治区和兵团党委高度重视南疆师团工作，党中央高瞻远瞩提出加强南疆兵团建设的重大战略任务，并采取特殊措施支持南疆发展；自治区党委和相关部门多次进行专题研究，为兵团南疆师团发展出台了一系列支持措施；兵团党委动员上下举全力集全智谋南疆发展，加强兵团在南疆发展。师市面临大发展的良机。有国家级经济技术开发区——喀什经济开发区兵团分区，有兵团级工业园区——图木舒克市工业园区，有广东省全力精心打造援助——兵团草湖200万锭广东纺织服装产业园，随着“一区两园”基础设施不断完善，承载能力不断提高，为产业发展、集聚提供了建设平台。三是区域发展机遇。地处扶贫攻坚主战场，国家持续加大扶贫攻坚力度，产业发展、生产要素等将向贫困地区转移。地处我国向西开放的最前沿，喀什积极创建中国国际喀什合作区、自由贸易试验区，作为喀什、克州地区的重要组成部分，可以共享喀什、克州独特的资源优势、区位优势、政策优势。围绕丝绸之路经济带核心区的结合点、增长极和区域中心发展战略，为师市提高对外开放水平，加强与周边国家合作，开拓两个市场，利用两种资源，拓展发展空间，为全面建成小康社会创造有利条件。兵团党委高度重视脱贫攻坚工作，全力落实推进脱贫攻坚部署要求，并把南疆贫困团场脱贫工作作为重中之重、难中之难，在资金、项目等方面给予倾斜。四是对口支援机遇。第一轮援疆的效应和成果逐渐释放，随着新一轮对口援疆工作的深入实施，产业、就业、干部、人才、教育、科技等领域支持的力度进一步加大，广东省对口支援师市（2016—2020年）总体规划，从工作机制、模式和援疆深度、广度方面支援互动，渗透覆盖，为师市的发展和稳定，更好地履职，提供了前所未有的历史性机遇。五是基础提升机遇。2016年以来，在兵团党委和广东省的大力支持下，一批重大产业项目相继建设投产，全面深化改革红利不断释放，少数民族聚居团场建设和扶贫开发加快推进，发展环境日益改善。师市经济社会发展总体平稳，综合实力显著提升，发展前景广阔，为抢抓机遇、乘势而上、经济社会持续健康发展积累了雄厚的基础。六是兵地融合机遇。师市与喀什地区建立了长期友好友谊和兵地党政联席会议、社会稳定协调、兵地“结对子”共建共享机制，在“资源共享、经济共融、优势互补、经验互学、干部互挂、部门对接、文化交融、稳定共保”等方面取得了一整套成功经验，形成了兵地共荣双赢的发展局面，使兵地融合发展有了扎实的环境基础。“十三五”时期，“四覆盖、四促进”活动不断深入推进，兵地关系提升和全方位融合共建，为实现师市与喀什地区兵地团结、军民团结和各民族大团结、大融合、大发展开创了良好局面。七是历史性机遇。丝绸之路经济带核心区建设为师市全方位对外开放提供了难得的历史性机遇，能进一步深度拓展国内外发展空间；援疆省（市）的持续重点投入，为师市打赢脱贫攻坚战提供了有力支撑。八是兵团内部支持。兵团内部垦区间相互扶持、优势互补，全社会高度关注扶贫、参与扶贫济困、助推扶贫攻坚的氛围日益浓厚。

第二，精准脱贫的困难挑战。

从外部环境看，存在着不确定性和多种风险。世界经济复苏仍不稳固，更高标准的贸易规则竞争与非理性贸易保护主义加剧交织并存；新常态下我国经济下行压力增大，师市传统产业优势减弱，新旧动力转换和发展方式转变难度加大，在推动区域性整体脱贫上，面临巨大挑战。新疆严峻的维稳形势使内地企业投资信心不足，招商引资企业入驻率降低，不仅波及多个产业的健康持续发展，而且影响人口的长期择业定居，对处于维稳前沿的师市推进城镇化发展、加快人口集聚和产业提升带来严峻挑战。

世界形势纷繁复杂，国际竞争日趋激烈，国际分工格局加快调整，围绕全球利益格局的战略博弈更加复杂。全球需求增长和贸易增长乏力，围绕市场、科技、资源、人才的竞争更趋白热化，新一轮科技革命和产业发展蓄势待发。地缘政治和非传统安全因素增多，周边中亚西亚等国也动荡不安，全球化面临新的挑战。绿色发展成为国际潮流和各国经济、科技竞争新领域。

从内部环境看，突破瓶颈补短板的压力增强。贫困团场基础设施、公共服务、科教文卫发展质量和水平亟待提升；资源禀赋较差，人均占有资源少，农业持续增收有限，二三产业发展较为困难，职工持续多元增收难度加大；脱贫任务重，师市是兵团脱贫攻坚的主战场；少数民族比例高，贫困程度深、致贫原因复杂，返贫压力大，主观能动性不足；集体所有制成分多，基础设施和社会事业欠账多、社会保障体系不完善；各类扶贫开发政策和资金支持较为分散，难以统筹综合使用而形成强大合力；扶贫政策缺少延续性，一些项目后期实施中师团配套资金压力较大。贫困人口和贫困团场的致贫因素具有特殊性，同时受到过去扶贫开发工作中存在不足的影响和制约。兵团创新脱贫路径，需要立足这些困难和挑战，也只有克服了这些问题和挑战，才能实现脱贫攻坚的目标，维护社会稳定和长治久安，全面建成小康社会。

首先，致贫因素复杂，返贫压力较大。我国经济进入增速转挡、结构优化和动力转换“三期叠加”新常态，经济由高速增长转入中高速增长，生产能力、生产要素、市场竞争、环境约束、风险积累、调控方式等与过去有许多不同，发展新问题新挑战持续显现，各种矛盾和问题相互交织，外部需求不振，国内消费升级，产业结构调整加速，生态环境约束加剧，经济运行中的潜在风险加大，影响稳定的社会问题明显增多，不平衡、不协调、不可持续问题依然突出，转型升级势在必行。

其次，内部环境复杂。近年来，新疆尤其是南疆周边地区的形势日趋复杂，反恐维稳形势呈现常态化，处于暴力恐怖活动活跃期、反分裂斗争激烈期、干预治疗阵痛期“三期”叠加，已经成为影响新疆、师市改革发展稳定大局的直接现实危害，兵团作为维护南疆社会稳定和实现长治久安的重要力量，履行特殊使命任务进入繁重期。

维护南疆稳定，是第三师图木舒克市义不容辞的职责和使命，要履行维护社会稳定和长治久安的历史使命，切实发挥中央赋予的新的历史时期稳定器、大熔炉、示范区“三大作用”，必须以经济实力作为基础。但从师市总体发展态势看，目前，发展中还存在一些困难和挑战：一是维稳任务重，处理突发事件的能力有待加强。二是精准脱贫精准扶贫任务重，贫困人口多，贫困程度深，致贫类型多。三是内生动力不足，基础薄弱，经济结构不合理，产业层次不高，尤其是服务业发展滞后于城镇化发展步伐，产城融合度不高。四是基础设施建设滞后，水电气基础设施配套率低于兵团平均水平的7个百分点；生态环境脆弱，资源保障不足。五是民生改善任务依然繁重，底子薄，欠账多，公共服务保障能力不足。六是干部职工队伍不稳，干部人才和职工队伍的结构、总量、素质还不能适应形势和使命的需要。

4. 精准脱贫基础三统一的必要性。

第一，坚持脱贫路径的普遍性与特殊性相统一。

图木舒克市在贯彻执行中央提出的“五个一批”的脱贫路径，发挥地方的政治优势和制度优势，在坚持中央关于脱贫攻坚指导思想的基础上，探索符合地方发展实际的脱贫路径，实现扶贫开发与地方经济社会发展相互促进。图木舒克市根据自身实际结合了中央“五个一批”与新疆“七个一批”脱贫路径，制定自己的实施方案。贫困问题对兵团来讲，不仅是一个社会民生问题，更是一个事关国家边境地区繁荣稳定的政治问题。兵团在长期的扶贫开发历程中，取得了显著成效，为国家边境地区稳定和边防安全稳固作出了巨大贡献。新时期，脱贫攻坚是兵团转型发展的重要契机，也是更好地履行“稳定器、大熔炉、示范区”职责使命的重要内容。“精准扶贫作为一个新的扶贫开发战略，其理论内核也应在扶贫开发的实践进程中不断完善。”① 兵团在探索精准脱贫路径的实践中，充分发挥兵团的政治优

① 莫光辉、陈正文、王友俊：《新发展理念视域下的精准扶贫路径》，《中国国情国力》2016年第4期。

势、组织优势和制度优势，坚持了脱贫路径的普遍性与特殊性相统一。脱贫路径的有效性取决于扶贫措施与致贫原因的契合度，对其症下对药方能药到病除。因此，脱贫路径的选择须以贫困人口的致贫原因为基础。从致贫原因的普遍性来看，基本包括因病因残因灾致贫、因缺技术缺资金缺土地致贫、因缺乏劳动力致贫和因自身发展动力不足致贫等，其中自身发展能力和动力及生产生活资料的拥有状况是脱贫路径选择的重要考量因素，而不同地区致贫原因的特殊性则体现在各因素的组合程度，进而构成脱贫路径的特殊性。

第一，图木舒克市在构建兵团特色城镇体系、推进兵团向南发展、推进乡村振兴战略、推进师市现代化建设等方面具有自身优势。第二，图木舒克市是维护稳定、巩固边防的师级组织，承担着维稳戍边的职责使命，在解决劳动力就业方面需要从增加本地就业岗位出发，需要增加劳动密集型产业，实现人口聚集向南发展。第三，图木舒克市不断深化改革，积极推行“师市合一”模式，加快兵地融合发展，不仅承担了更多政府的公共服务职责，而且还为职工群众就业创业、致富增收提供了更多的机遇，同时也对提高职工群众整体文化水平和维稳戍边综合实力等，提出了更高的要求，为此必须把加快教育事业发展作为重中之重。第四，图木舒克市从贫困人口中少数民族人口比重大这一现实出发，进一步完善教育扶贫政策，阻断贫困代际传递。第五，师市经济社会发展基础条件差，在民生改善、公共服务、社会保障、住房保障、文化教育、健康卫生等方面是短板，制约着师市少数民族经济发展，严重影响少数民族脱贫工作。因此，要加大公共建设资金投入，确保所有贫困人口享受社会保障、安全住房、健康服务，贫困家庭子女享受免费教育和相关补助。通过学政策、扩产业、促就业、保脱贫、强教育、增收入、重健康、助养老、大巩固等措施，通过就业惠民、教育惠民、医疗惠民、社保惠民、产业惠民、安居惠民、暖心惠民、文化惠民、兴边惠民、安全惠民“十大惠民工程”补齐民生短板。加大文化兴师战略，创建国家公共文化示范区建设。实现改善民生、惠及民生、凝聚人心、社会稳定的目标，实现全面建成小康社会目标，推进师市乡村振兴战略实施。脱贫工作是一项复杂的系统工程，治理贫困在坚持脱贫路径的普遍性与特殊性相统一的基础上，还需要建立健全各项脱贫条件，即实现脱贫路径与扶贫工作机制相统一，从而保障脱贫路径的成效。

第二，精准脱贫的条件：坚持脱贫路径与扶贫工作机制相统一。

精准扶贫、精准脱贫的基本要求和主要途径是“六个精准”“七个一批”。“六个精准”是扶贫攻坚的工作机制，“七个一批”是扶贫攻坚的具体实现路径，二者是方法与手段的关系。精准脱贫的条件在于“七个一批”的脱贫路径和“六个精准”的扶贫工作机制相统一，即扶贫脱贫的方法与手段相统一。贫困问题不仅是一个经济问题，更是一个社会问题，而贫困治理则是一个复杂的系统性工程。脱贫路径的有效实施离不开各项扶贫工作机制的密切配合，特别是由国家主导的脱贫攻坚战，更是在高效的扶贫工作机制中得以完成。新时期的扶贫开发工作较过去而言具有更高的要求和标准。只有坚持“扶贫对象、扶贫项目、扶贫资金、扶贫措施、扶贫人员和扶贫成效”等精准的工作机制，才能实现“七个一批”扶贫路径的脱贫功能，真正变“大水漫灌”为“精准滴灌”，变“造血”为“输血”，切实解决好“扶持谁”、“谁来扶”、“怎么扶”和“如何退”等一系列问题。图木舒克市为实现2020年与全国同步打赢脱贫攻坚战，稳定实现贫困人口“两不愁三保障”，师市建档立卡贫困人口全部脱贫，全面巩固脱贫攻坚成果，各团场基础设施建设全面夯实，基本公共服务、科教文卫发展质量与师市发展水平同步提升，连续实施了“兴边富民行动”、“少数民族扶贫帮困工程”和“促进团场职工多元增收工程”等扶贫工程，在扶贫脱贫方面积累了宝贵的经验，逐渐形成了“七支一扶”扶贫格局，各项扶贫体制机制不断健全。特别是在精准识别贫困人口和精准把握致贫原因的基础上，图木舒克市采取“分类施策”“一户一策”的方式，找准扶贫路径，通过对口援疆脱贫一批、发展特色产业脱贫一批、拓展就业空间脱贫一批、加快教育事业发展脱贫一批、健全社会保障兜底一批，易地搬迁与生态保障脱贫一批，确保精准脱贫的目标任务圆满完成。同时，图木舒克市通过深化帮扶机制、健全支撑体系和加强基础设施建设，完善扶贫脱贫的配套措施，保障脱贫路径的绩效。积极推进产城融合，发展城镇产业；加强城镇基础设施建设，加快交通、物流、能源、水务、金融、信息、安全等城镇公共设施建设，提高城镇化发展水平；相较于传统的扶贫工作，脱贫攻坚的精准性要求需要对贫困团场和贫困人口进行动态的管理，通过脱贫工作成效考核办法对扶贫开发工作进行及时督促考核，对如期完成脱贫任务的团场和人口按照程序标准及时退出，对部分新出现的贫困人口及时纳入脱贫工作范围，从而实现对精准脱贫工作的动态管理。

第三，精准脱贫的关键：坚持能力脱贫、权利脱贫、制度脱贫相统一。

贯彻执行精准脱贫政策，探索实施精准脱贫路径，保障贫困地区、贫困家庭和贫困人口实现脱贫，突破“脱贫又返贫”的恶性循环困境，从根本上讲，其着力点在于构建能力脱贫、权利脱贫和制度脱贫的三维实现机制。“从贫困的表象来看，物质资源的匮乏是大多数贫困者的实际生活状况。但从更深层次的角度分析，贫困者的贫困实质是缺乏获取物质资源的能力以及获取这种能力的权利。”① 贫困本质上是自身可行能力的缺失。权利的被剥夺和自身可行能力的缺失在一定程度上是相关社会制度的不完善造成的。精准脱贫最大的特点在于不仅仅局限于增加贫困人口的收入，更强调消除贫困的动力，提升贫困人口的自我发展能力。国家即便承担着摆脱贫困的职责，但仅依靠国家政策和外在扶持，不注重贫困人口自身可行能力的鼓励和激

---

① 虞崇胜、唐斌、余扬：《能力、权利、制度：精准脱贫战略的三维实现机制》，《理论探讨》2016 年第 2 期。

发，很难彻底走出贫困。因此，精准脱贫首要的脱贫机制便是提升贫困人口的自身可行能力和自我发展能力。而可行能力的提升需要保障贫困人口平等享受教育、医疗、培训等社会资源的权利。因为可行能力的贫困归根结底是社会权利的贫困。也就是说，精准脱贫中的能力脱贫是一个权利脱贫的过程。而无论是能力脱贫还是权利脱贫，都需要相应的社会制度保障来实现。也只有通过完善的社会制度才能实现能力脱贫和权利脱贫。可见，能力脱贫、权利脱贫和制度脱贫彼此间互动配合。精准脱贫的关键在于坚持能力脱贫、权利脱贫和制度脱贫相统一。

图木舒克市在实施产业脱贫过程中，充分发挥当地产业优势，注重发展特色产业，激活区域经济内生动力，从根本上为脱贫攻坚创造雄厚的经济基础。在发展当地特色产业基础上，图木舒克市还不断拓展本地就业空间，提升本地企业吸纳贫困劳动力的能力。同时还从加快教育事业发展入手，提升贫困劳动力的自我发展能力。而加强基础教育建设，乃至普及高中教育、完善职业教育、加强技术培训，既是提升贫困人口自身能力的需要，也是贫困人口依法享有的权利。因病致贫、因残致贫、因教育缺失致贫的贫困者不在少数。“可以肯定的是，这些贫困者拥有享受教育医疗等公共服务的权利，但发展的不均使他们没有享受到本应拥有的一些权利，进而导致可行能力低下，其最终结果就是进入贫困乃至无法脱贫。”① 为此，师市在扶贫脱贫工作中，着重完善各项社会保障制度，提高公共服务供给能力和水平，使职工群众能够享受到各项权利，在此基础上进一步提升自身脱贫能力，从而保障扶贫脱贫的效率和质量。加强城镇文化建设，发展兵团文化，提高城镇文化发展能力和市民文化水平，构建文化安全体系；加强对中华文化的教育和认同，以城镇作为中华文化传播的载体，通

① 虞崇胜、唐斌、余扬：《能力、权利、制度：精准脱贫战略的三维实现机制》，《理论探讨》2016 年第 2 期。

过城镇更好地传播现代中华文化。

二、内生外助多维联动：第三师图木舒克市脱贫攻坚成绩斐然

“十二五”时期是师市脱贫攻坚力度最大、脱贫基础最为扎实、扶贫开发工作取得突出成就的时期。“十二五”以来，师市党委按照党中央、国务院、自治区和兵团党委打赢脱贫攻坚战的总体部署、聚焦脱贫攻坚总体任务，按照“区域发展带动扶贫开发，扶贫开发促进区域发展”的基本思路，围绕“一收入、两不愁、三保障”三大基本目标，着力实施“六个精准”“七个一批”“五个加大力度”“五通七有”四大基本方略、着力推进“扶志扶智扶贫工程、教育扶贫工程、产业扶贫工程、生态扶贫工程、健康扶贫工程、社会保障扶贫工程、就业扶贫工程、援疆扶贫工程、社会扶贫工程、住房安全保障工程、连队整治扶贫工程”，着力解决师市脱贫攻坚、经济社会发展、改善民生、社会稳定等工作，全力推动贫困人口脱贫，不断创新精准扶贫工作机制，以提高造血能力和可持续发展能力为抓手，上下联动，综合施策，扶贫开发工作取得显著成绩。

师市贫困人口从2012年的19632户57490人减少到2019年1011户4334人，8年减少贫困18621户53156人，贫困发生率由2012年的27.9%下降到2018年的1.85%，2019年全部实现减贫。经过以扶贫开发为抓手的发展，师市经济社会事业取得了很大成就，综合实力显著增强，经济结构不断优化，职工生活水平不断提高，经济建设成绩斐然，在科学发展的道路上迈出坚实步伐。

（一）以“三化”建设为抓手，脱贫攻坚彻底改变团场经济社会发展面貌

“十二五”期间，贫困团场GDP年均增长14.9%，比“十一五”年均增速高6.2个百分点，是“十五”末的2倍；人均GDP年均增长13%，比“十一五”年均增速高7个百分点，是“十一五”末的2倍，高于兵团平均水平0.3个百分点。

2016年以来，师市共投入贫困团场扶贫资金5亿元，增减挂政策资金约30亿元，其他各行各业资金投入都向44团、51团倾斜，贫困团场发展活力和动力明显增强，基础设施和公共服务设施条件明显改善，贫困连队治理水平和管理能力明显提升，贫困连队党组织凝聚力和战斗力也明显增强。贫困团场对周边地方县（市）贫困村的带动能力、融合发展能力、维稳戍边能力不断增强。继续保持经济平稳增长、民生改善、社会进步的良好态势。

“城镇化、工业化、农业现代化”促进了团场的基础设施建设、基本公共服务、基层社会治理。

农业发展为农村减贫提供了重要基础。改革开放以来，我国农业发展取得举世瞩目的成就，传统农业地区种养业实现突破，极大地改变了农村贫困人口的生存状态。工业化和城镇化成为农村减贫的重要推动力量。20世纪90年代以来，工业化和城镇化加速推进，农村人口大量向工业和城镇转移，非农产业收入成为农村居民主要收入来源。师市通过“城镇化、工业化、农业现代化”建设实现一二三产融合发展，推动产城融合、乡城融合，脱贫攻坚取得明显进展。

城镇化快速推进。城镇化为工业化和农业现代化提供需求、空间和环境，是现代化的必由之路。城镇在推动经济增长、社会发展、民生改善、民族团结、环境优化等诸多方面，发挥了巨大的牵引和助推作用。以促进人的城镇化为核心，加强基础设施建设、基本公共服

务、基层社会治理，强化人口、土地、环境、产业、服务等要素支撑，推进产城融合、园城融合、乡城融合、文城融合。2004 年，图木舒克市挂牌建市，形成一市十六镇城镇化体系。2015 年，城镇化率由 2010 年的 28%提高至 62%，比“十一五”时期提高了 34 个百分点。2014 年，41 团草湖镇挂牌。2018 年，图木舒克市带动贫困户就业 6 万人次。

“十三五”时期，师市走以人为本、提升质量的内涵式新型城镇化发展道路，完善“团镇合一”管理体制，把城市城镇建设成为经济发展增长极。以加强图木舒克市建设为重点，扩建薄弱团场为补充，着力构建“一市九镇”城镇体系。形成了以图木舒克市为核心，以 41 团草湖镇、45 团前海镇、莎车农场、伽师总场和 44 团、49 团、50 团、51 团、53 团为支点的维稳戍边战略需要的城镇格局，实现师域与市域管辖范围和职能的统一。

第三师 50 团以前是一个落后团场，在东莞市的对口支援下，以城镇化建设为重点，把项目援建与改善民生、维护稳定有机结合，投入援疆资金 1 亿多元，完成了安居房工程以及老街区改造、夏河社区建设、夏河商贸一条街建设、公共浴室建设等城镇建设项目。小城镇建设步伐的加快，为 50 团第三产业发展带来了前所未有的机遇。批发零售、服装和餐饮业不断壮大，旅游业、演艺、家电、花卉业也发展起来。2017 年，50 团有商铺 483 家，比援建前新增商户 100 户。数据显示，东莞援建后的 50 团，第一、二、三产业所占比重为 35：21：44，第三产业产值首次高于第一、二产业产值。“一市九镇”成为集聚人口产业、示范现代文明、促进民族团结、维稳安边的重要载体平台。城镇公共服务设施进一步完善，水电气暖等基础设施进一步健全，城镇服务功能明显提升，成为宜居宜业宜游兵团特色城镇。

新型工业化发展迅速。“七个一批”当中，产业扶贫是实现贫困人口稳定脱贫的根本之策。产业是以市场为导向，打通贫困地区贫困人口与市场之间联系的重要手段。产业扶贫是实现贫困人口脱贫、增强贫困地区发展能力的首要路径或根本之策。产业以工业化方式来组织，工业化是产业化发展的结果。贫困地区延伸产业的功能，对接贫困地区职工与生产、技术与市场。师市组建了电力集团、前昆集团、叶河阳光农业公司、疆南牧业公司、前海纺织公司，电源电力、棉纺织、支农工业、新型建材、生物制药、农副产品加工六大支柱产业规模逐渐壮大，产业聚集、带动和辐射作用明显增强，工业对经济发展的贡献率逐年提高，工业占地区生产总值比重较 2010 年提高 12 个百分点。

农业现代化成效显著。农业现代化是实现广大贫困乡镇和农村脱贫致富的重要手段。2012 年以来，以科技为引领推进现代农业示范区建设，全国节水灌溉示范、农业机械化示范、现代农业示范“三大基地”基本建成，农业科技进步贡献率、农业综合机械化率和高新节水灌溉率在南疆处于领先水平。师市经济发展水平全面提高，带动就业和巩固脱贫成果，发展生产提升自主脱贫能力，带动贫困户实现增收。

基本公共服务保障水平明显提升。把保障和改善民生放在突出位置，在解决上学、看病、住房、就业、增收、社会保障上持续发力，2016 年以来，民生投入超过 100 亿元，增进了职工群众福祉，实现发展成果更多更公平惠及职工群众，团场实现脱贫。一是教育保障水平改善明显，二是医疗保障水平明显提高，三是综合社会保障水平得到提升。精准扶贫政策与最低生活保障制度实现了有效衔接。

兵团改革取得实质进展。图木舒克市政府及部门完成了“三定”机构改革方案；推进了事业单位分类改革，《师、市、团场事业单位分类方案》得到兵团批复，成立了师行政（审批）服务中心和公共资源交易中心；41 团和 48 团完成政企、政资、政社、政事“四分开”改革。

实现“五通七有”，补齐基础设施短板。随着扶贫项目的竣工投产，扩大了农业生产规模，使农牧业生产基础设施大大改善，特别是农田水利设施逐步配套完善，增强了边境贫困农场抗灾能力，提高了农场的生产水平，主要农产品产量大幅度增加。边境贫困农场随着基础设施、生产和生活条件的逐步改善，贫困状况得到了进一步改善，提高了贫困农场的发展能力，保证了边疆的稳定。

“十二五”期间固定资产投资快速增长，全社会累计完成投资505亿元，是“十一五”期间的6.9倍，年均增长47.2%。一批水利、交通、农电网、能源、城镇基础设施项目开工建设，发展后劲增强。

2019年，师市投资26.89亿元建设44团、51团连队，新建平房8200多套，实现住房安全保障和公共服务与民生短板补齐。贫困连队实现“五通七有”，有坚强的基层党组织阵地、集体经济收入、幼儿园（中心幼儿园）、文化活动中心、卫生室、便民服务中心、惠民超市，27个连队基层阵地、文化阵地、基础设施、公共服务设施、人居环境等明显改善，贫困户于2019年11月全部搬进新房。

（二）以综合施治为契机，脱贫攻坚提升贫困户和贫困连队的综合发展能力

兵团扶贫开发在国家的支持下，在自治区党委和兵团党委的正确领导下，经过贫困团场干部、职工的不懈努力，取得显著成效。

1. 提升贫困连队发展能力与减贫。

打赢脱贫攻坚战，是全面建成小康社会的标志性指标和底线目标。贫困连队无疑是贫困治理的基本单元，实现所有贫困连队高质量脱贫出列是打赢脱贫攻坚战的题中之义。新时期，围绕着践行精准扶贫、精准脱贫基本方略，国家贫困治理的政策体系做出相应调整，其中贫困连队的精准扶贫精准脱贫建立了更为细致的操作化指标。贫困连队退出以贫困发生率为主要衡量标准，统筹考虑连队内基础设施、基本公共服务、产业发展、集体经济收入等综合因素。

新时期贫困村退出标准的变化，不仅体现了对贫困村补齐基础设施、基本公共服务、基本产业的要求，更着眼于基层治理体系和治理能力的改善和提升，从而真正做到内生动力成长，实现稳定脱贫的目标。贫困连队脱贫摘帽，关键在于连队“造血”能力的培育，只有改善连队基础设施，方能给贫困连队带来可持续发展，让贫困连队丰富的资源转化成发展优势，激发贫困连队发展的内生动力。

2. 完善贫困连队基础设施建设，夯实少数民族聚居团场发展基础。

基础设施建设是贫困地区脱贫攻坚的基础，基础设施建设既是贫困连队发展的原因，又是其发展的结果，两者相互促进。首先，基础设施是基本民生保障；其次，基础设施是发展产业的先决条件。近年来，第三师加强贫困团场贫困连队基础设施建设，基本实现了通电、通路、通电视；医院、学校等硬件也实现升级换代，一些连队有了幼儿园，群众生活面貌有了较大改善。产业是脱贫致富的基石，基础设施是产业发展的重要基础。

中共中央、国务院《关于打赢脱贫攻坚战三年行动的指导意见》指出，三地三州贫困地区基础设施和公共服务落后，是制约贫困地区发展的重要因素。所以，第三师主要通过水利、交通、电力、通信、住房、改厕、村容改造、教育、医疗、公共文化服务等方面的改善，整合资金、统一规划、统筹实施连队土地综合整治和高标准农田建设等，推动连队发展能力不断提升。

中共中央、国务院《关于打赢脱贫攻坚战三年行动的指导意见》中指出，保障深度贫困地区产业发展、基础设施建设、易地扶贫搬迁、民生发展等用地，对土地利用规划计划指标不足部分由中央协调所在省份解决。深度贫困地区开展城乡建设用地增减挂钩可不受指标规模限制，建立深度贫困地区城乡建设用地增减挂钩节余指标跨省域调剂使用机制。44 团、51 团根据政策结合连队居住区整治工作，确保贫困户“两不愁三保障”和连队“五通七有”要求落到实处。对

15个集体所有制连队9264户群众进行居住区整治工程，连队居住区建设6544户，楼房安置3758户（楼房2484户，其中贫困户603户）。

“十三五”期间提升团连公路升级改造工程300公里，保障路网密度和通畅率；完善水利设施配套工程，干渠道防渗、支渠配套，配套完善桥、涵、路、闸建设；土地治理结合连队功能转型，小块地连片实施高标准农田改造建设，土地治理规模达32万亩，新增土地约10.3万亩，投资金额12亿元；创建现代农业示范区19万亩，实施节水灌溉、林路渠配套建设；团场农网改造升级，提升农网供电能力和供电质量，提升团场电力服务水平；电商发展，实施电商扶贫工程，支持电商开拓业务，打造特色优势农产品、特色商品、网上销售平台，培训电商人才，实施“互联网+”便民服务，信息进团入连，提升互联网金融服务水平；统筹团场中心连队保障房建设，把建档立卡贫困户放在优先位置，切实保障贫困户基本住房安全；加大团连农田林路建设和综合治理，开发旅游就业增收项目，扎实推进中心连队建设，加快改善团场职工群众生产、生活条件。

建设初期，图木舒克市到处都是戈壁滩，人们住的是地窝子，如今良田遍地、高楼林立。如今，一户一院式新房已是图木舒克市喀什、麦盖提、小海子三大垦区各团场的“标配”。2019年，师市依托国家惠民政策，投资26.89亿元在44团、51团26个集体所有制连队开展土地和居住区综合整治工作，为群众建设宜居宜业、功能完善的新家园。1.49万户各族群众将告别老旧土坯房，搬迁到公共服务设施、基础配套设施齐全的19个新建居住区，入住一户一院式新房。

3. 增强贫困连队发展能力的具体实践。

第一，加强基础设施建设，提高村级公共服务水平。师市响应兵团党委提出的“举全兵团之力发展少数民族聚居团场”的号召，充分发挥主体作用，综合施策推进少数民族聚居团场经济社会发展。2012年以来，用于5个少数民族聚居团场城镇基础设施建设资金超过10亿元，2011年—2015年新建保障性住房37551户。5个少数民族聚居团场实现生产总值125亿元，年均增长21%，少数民族聚居团场步入发展快车道，实现了从单一农业生产向“三化”同步、三产协调发展转变，从传统的农村生活方式向现代城镇文明生活方式转变。

2019年，为确保27个贫困连队全部退出，贫困发生率降至3%以下，加快“五通七有”建设，将连队土地和居住区综合整治工作列为防范化解重大风险、精准脱贫、污染防治三大攻坚战的“首场战役”，师市各行业主管部门按照“民为主、连引导、团服务、师实施、兵团统筹”的工作机制，44团、51团26个集体所有制连队开展拆旧拆危安置、抗震住房新建、公共基础设施建设、公共设施改善、土地整理复垦等工作。综合整治项目总投资26.89亿元（其中增减挂钩资金24.7亿元，中央专项资金2.19亿元）。44团、51团连队新建平房8204套，每户增加土地3—5亩，贫困户住上了安全住房。公共服务设施、基础配套设施按照“五通七有”标准保障到位。全面改善了连队居住环境，打通了贫困户的“最后一公里”。

贫困人口生产生活条件切实改善。一是人居环境得到改善。兵团着力保障贫困户住房安全，对居住在抗震不达标的危旧住房的贫困户家庭，采取购买保障性住房补贴、租赁住房补贴、实施危房改造等多种方式改善其居住条件。

第二，强化基层党建，推动团场连队治理能力提升。脱贫攻坚是全面实现小康的最大政治任务，基层党组织引领贫困村发展是扶贫开发的重要举措。为提高政治占位，坚持师团连三级书记一起抓，师市各级党政“一把手”是第一责任人，形成师市（政府、人大、政协）、团场、连队三级责任制，师市党委与各团场、各部门签定责任书，层层压实责任，全面落到实处。团场成立由团长、政委任组长、副组长由各分管领导担任，机关各部门主要领导为成员的脱贫攻坚工作领导小组，负责全团脱贫攻坚工作的组织、实施、协调、监督、落实等相关工作。团直单位、连队、社区、学校建立相应机构，落实专职领导。团脱贫攻坚工作领导小组指导各单位干部和群众按要求实施项目、发展产业。各涉农部门对农民进行实用技术的培训和指导，提高群众应用科学技术的能力，增强农民群众整体素质。围绕农业主导产业，为贫困户提供新技术、新品种，提供市场信息、农业信息和项目信息，促使更多贫困户走向产业致富道路。各职能部门加强行业扶贫，统筹使用各种资源。

按照兵团、师、团党委要求，以连队党支部为核心进行基层组织配套建设，发挥党支部的核心作用，选派思想好、作风正、能力强，愿意为群众服务的优秀年轻干部、退伍军人、大学毕业生到基层工作。发挥“访惠聚”工作组的优势，主动积极配合连队党支部驻连入户，问政于民，问需于民，听民声、解民意，想路子、买房子、挣票子，解决贫困人员最直接最现实的问题，以实际行动和优秀的业绩获得群众认可，打造一支“永不走的工作队”。

2016 年以来，建立师市、团、连队三级脱贫攻坚工作机制，按照自治区、师市制定各类文件 50 多个，落实、制定和完善金融政策、产业政策、就业政策、社保政策、教育政策、住房政策、土地政策等，形成了脱贫攻坚政策体系。扶贫工作专班、贫困村结对帮扶、团场连队集体经济产业技术指导实现全覆盖。组织党员致富能手牵头发展连队集体经济，注重把党组织建在贫困连队扶贫一线，提升贫困连队党建活力。这样强大组织力量的投入，确保了贫困连队党建引领村集体经济发展目标的实现。

第三，团场制定精准扶贫、稳定增收“五步走”策略。团场创新精准扶贫“四清五抓四见效”工作法，探索形成了稳定增收“五步走”策略，即转移就业谋在前、产业发展唱主角、生态护林补短板、社会保障兜好底、抓好党建促脱贫。一是转移就业谋在前。抓政策匹配、教育培训、管理服务、激励奖励，推动贫困户就业向二三产业转移。前海棉纺织有限责任公司、广东东莞绿洲鞋业、东纯兴纺织有限责任公司等 8 个二产企业，以及库杜斯餐饮公司、华瑞超市等 3 个三产企业，成功转移就业 629 人，稳定率 86%，平均工资 1800 元/月。二是产业发展唱主角。坚持“扎根农村大地办产业”的理念，全面盘活闲置厂房店铺用于产业扶贫开发，红柳签厂、防冻阀生产厂、生活用纸加工厂、缝纫合作社、纯净水厂、桐灵制衣厂等开办运营，提供贫困户就业岗位。鼓励贫困户自主创业，小饭店、打馕店等微创项目 139 人。三是生态护林补短板。对年龄较大、丧失部分劳动能力的残疾人和大病、慢性病患者，以及因照顾老人等难以转移就业的贫困户，以纳入护林员和保洁员等公益性岗位方式提供工作岗位，每人每月 1500 元。四是社会保障兜好底。针对特殊情况致贫的贫困户，统筹用好 8 项扶贫政策和社会救助、最低保障等民生政策兜底。五是抓好党建促脱贫。利用夜校讲堂、国语课堂向贫困户讲解以习近平同志为核心的党中央对贫困群众的关怀和各类优惠政策。

第四，依托对口援建单位，推动团场连队产业发展。依托援疆项目，着力解决团场“水、电、路、气、房”五大问题；通过援疆人才的“传、帮、带”作用，引进团场急需的教育、科技、文化、医疗、卫生、城市规划、信息化和工业化等方面的人才，加强团场人才队伍建设；落实民生工程，依托援疆单位的资源优势，转移团场贫困人口就业稳定增收；通过招商引资，投资劳动密集型工业、支农产业、农产品深加工、企业来团投资，以产业带动就业，增强“对口援疆”持续发挥外部支持作用。

第五，各部门协力帮扶提升连队减贫能力。对建档立卡贫困户扶贫整连推进，2016—2020 年，团场所有干部进行“两联一包”挂钩帮扶模式，机关各部门、团直单位、中小学、医院、防疫站、社区除负责本单位扶贫帮扶挂钩责任外，其余干部到各脱贫任务重的农业连队进行扶贫挂钩帮扶，直至贫困户全部脱贫。

第六，通过现代农业生产发展和科技成果转化应用带动贫困人口脱贫。运用现代农业发展优势，以集约化、规模化、高效化、专业化为支撑，以科技推广应用为重点，促进农业生产高效发展，通过开展科技帮扶、科技推广应用行动，解决贫困人口中缺技术支撑问题，以推广技术成果、提升贫困人口技术掌握能力为重点，强化农业、林果业、畜牧业、设施农业等行业科技培训和成果推广示范，带动 894 户 3034 人脱贫；在棉花种植中，推广应用新品种、高产栽培、实行机采棉种植模式、节水滴灌、配方施肥等技术提高棉花品质和产量，每亩增加效益 300—350 元，充分利用机采棉宽行优势，套种小茴香，亩产到 30 公斤，每亩增加效益 250—300 元，以机采棉采摘的技术应用节本增效 300—400 元；扩大粮食作物种植面积，实行节水滴灌每亩增收 80—100 公斤，增效 200 至 240 元，每亩节约水成本 20 元；林果业推广有机种植，提升果品品质，强化果树各关键环节的技术应用到位率，提高果品产量；畜牧业推广现代养殖技术应用，有效减少羊羔死亡，提高繁殖成活率，降低养殖成本，每只效益增加 20—25 元；设施农业推广新技术应用，种植反季节产品，提升市场竞争力，每个温棚可增加收入 800—1200 元；饲草种植新品种，提高产量和品质，每亩增加 200—300 元。通过科技普及应用，有效推动农业扶贫更高质量，更有效率。

4. 脱贫攻坚使贫困团场高标准脱贫出列，贫困发生率大幅下降。

第一，贫困团场高标准脱贫摘帽。2011 年至 2015 年，41 团、42 团、45 团、46 团、48 团等 5 个贫困团场实现摘帽，摘帽比例为 33%，超额完成“27%的贫困团场摘帽”减贫任务。

表 2-3　2014 年—2018 年第三师图木舒克市出列贫困团场

年份	出列贫困团场	脱贫人数
2014	41 团，45 团，48 团	
2015	42 团，46 团	22091
2016	49 团，53 团，叶城二牧场、托云牧场	12000
2017	50 团，伽师总场、红旗农场	12000

续表

年份	出列贫困团场	脱贫人数
2018	54团、东风农场	11399
2019	44团、51团	0

资料来源：根据第三师图木舒克市扶贫办材料整理而成。

2016年至2019年，44团、49团、50团、51团、53团、伽师总场、红旗农场、莎车农场、叶城二牧场、托云牧场11个团场摘帽，其中2016年，49团、53团、托云牧场、叶城牧场4个团场脱贫摘帽；2017年伽师总场、红旗农场2个团场脱贫脱帽；2018年54团、东风农场2个团场脱贫脱帽。2019年44团、51团2个团场脱贫脱帽。

2019年，师市各级围绕新疆工作总目标，全力聚焦44团、51团脱贫工作，凝心聚力，精准施策，实施“四大方略”“十大工程”，完成了1011户4334人减贫，27个贫困连队全部退出，44团、51团如期摘帽，贫困发生率降至1%以下。实施精准脱贫，高质量完成脱贫攻坚任务。

第二，贫困人口减贫规模大，贫困发生率降幅大。

2012年，师市贫困户数19632户57490人，贫困发生率27.9%。

2010年至2015年，累计脱贫22091人，贫困人口由2010年的57490人减少到2015年的35399人，减幅38.43%。超额完成“21%的贫困人口”减贫任务。贫困发生率从27.9%降低到15.8%。

2018年，师市总人口25.56万人，占兵团310.56万人的8.23%，其中少数民族人口14.41万人，占兵团少数民族人口47.62万人的30.26%。2018年，师市贫困户数1973户8600人，贫困发生率3.39%，相对2012年减少贫困户11032户贫困人口减少48890人。

2019年，师市有贫困人口1011户4334人，贫困发生率为1.85%，占兵团总数的66.42%。2019年，10184户35399人全部脱贫，贫困发生率降至1%以下。

2014 年以来，第三师图木舒克市贫困发生率大幅下降，从 2014 年的 27.9%下降至 2018 年的 1.85%（见表 2-5）。

表 2-5　2014 年至 2018 年第三师图木舒克市贫困发生率

年份	贫困户数	贫困人数	贫困发生率（%）
2014	19632	57490	27.9
2015	10184	35399	15.97
2016	2871	10700	4.55
2017	1973	8600	3.39
2018	1011	4334	1.85

资料来源：第三师图木舒克市扶贫办资料

表 2-4　第三师图木舒克市 2014 年至 2019 年减贫情况统计表

年度	建档立卡贫困人口数		贫困发生率%	兵团贫困人口	占兵团贫困人口的%	贫困人口脱贫数		贫困团场退出情况
	户	人数				户	人数	
2014	19632	57490	27.9			2775	10545	41，45，48 团
2015	10184	35399	15.97	81100	43.65			42，46 团
2016	2871	10700	4.55	50700	21.1			49，53，叶城二牧场、托云牧场
2017	1973	8600	3.39	27000	70.44	1973	8600	50 团，伽师总场、红旗农场
2018	1011	4334	1.85	6018	70.02	1004	4270	54 团、东风农场
2019	1011	4334	1 以下	6018	70.02	1011	4334	44 团、51 团

注：根据图木舒克师市扶贫办档案资料整理而成。

由表 2-5 可知，第三师图木舒克市贫困人口每年脱贫数量、每年的贫困发生率逐年大幅减少，从数据看贫困人口在兵团贫困人口中的占比情况、每年摘帽的贫困团场，第三师图木舒克市的贫困团场、贫困人口减贫规模较大，扶贫成效显著。

（三）以团场改革促发展，脱贫攻坚助力兵团基层治理体系创新

1. 连队治理能力得到提高。脱贫攻坚是全面实现小康的最大政治任务，基层党组织引领贫困村发展是扶贫开发的重要举措。作为兵团的基层组织，连队是推动改革的关键。改变连队干部的性质，提高干部的服务意识，由直接管理模式转变为当前的服务模式。

2. 团场管理体制改革。从适应社会主义市场经济体制发展的需要和在新时期发展壮大兵团、实现可持续发展、更好地履行屯垦戍边历史使命的战略高度出发，将部分团场机关进行合并，组建一批中心团场，进而实现人、财、物等资源的优化配置；二是进一步推进团场机关职能的转变，进而增强团场机关的整体功能；三是进一步规范了团场机关的机构、编制、人员、车辆、经费的管理，进而降低管理成本，减轻职工负担，稳定了职工队伍。

3. 脱贫攻坚的综合社会效应开始显现。自 2013 年精准扶贫政策开始实施以来，兵团、师、团、连各级干部深入贫困户家中开展帮扶，促进了干群关系融洽，促进了社会和谐，巩固了党的群众基础和执政基础，贫困职工群众对扶贫成效满意度较高。

4. 制度机制建设的完善。加强党对脱贫攻坚工作的全面领导，建立了各负其责、各司其职的责任体系，精准识别、精准脱贫的工作体系，上下联动、统一协调的政策体系，保障资金、强化人力的投入体系，因地制宜、到人到户的帮扶体系，广泛参与、合力攻坚的社会动员体系，多渠道、全方位的监督体系和最严格的考核评估体系，为高质量完成脱贫攻坚任务打下坚实的基础。

5. 公共服务水平和能力的提高。做好就业工作。因为第三师贫困人口的结构和特殊的地理位置，师富余劳动力向外转移难度很大，向区外转移少之甚少。第三师经过调查研究，联同多个部门确定了以

紧盯“一个目标”，推动“四个转变”，实现“三个提高”为第三师发展劳务经济的基本思路，即把促进贫困职工增收作为发展劳务经济的根本目标，把推动劳务输出由体力型向技能型转变，由临时短期型向长期稳定型转变，由分散自发为主向有组织输出为主转变，由促进职工群众增收向推进工业化、城镇化进程转变。一是结合师市实际，注重实用技能培训。通过摸底调查，有针对性地开设国家通用语言、纺织、木工、砌筑工、缝纫、厨师、家电维修、电工、焊工、畜牧养殖、红枣葡萄种植技术和家禽饲养、高级农艺工等培训。针对少数民族劳动者实际需求，广泛收集少数民族特色培训项目，结合少数民族就业特点，着力开展特色种养、特色园艺、民族餐饮、手工编织和民族装饰装修等实用技能培训。二是围绕岗位需求，扎实做好就业再就业培训。通过保安、保绿、保洁等社区就业岗位培训，提高自主创业人员的创业能力，推动了就业和自主创业。三是依托地缘优势，转移富余劳动力。第三师贫困人口多、程度深、范围广、基础条件差，大部分贫困人口对于技术要求高的工种干不了，对收入低、体力型的工种又不愿干。特别是少数民族聚居团场的贫困人口，乡土情结重，不愿离家离团，“有事无人干”“有人无事干”的现象在第三师长期存在。图木舒克市发挥地缘优势和富余劳动力密集优势，多渠道、多层次、多形式地积极引导和组织富余劳动力走出家门、走出团场转移就业，加快贫困职工群众脱贫致富步伐。一是依托图木舒克市工业园区、建筑企业及公益性岗位，积极主动对接联系，及时输出富余劳动力。二是与图木舒克市及辖区团场的建筑工程企业签订用工协议，优先使用团场少数民族富余劳动力。三是依托农贸市场、建材批发市场、民族商业街、住宅小区及商铺，引导富余劳动力发展商服业，跳出“农门”致富。

6. 维稳能力明显提高。积极落实党中央、自治区、兵团党委维护稳定的决策部署和各项措施，开展民族团结、反对民族分裂、打击“三股势力”和去极端化工作，及时化解人民内部矛盾和社会热点难点问题，较好地保持了师市内部的高度团结统一。维稳基础设施建设加强，干警配齐配强，有效发挥了师市民兵突击和震慑作用，师市民兵“军警兵民”四位一体的戍边维稳体系更加巩固，确保了社会大局稳定。

（四）以多元举措绘蓝图，脱贫攻坚形成可持续发展的图木舒克经验

1. 发挥政治优势，落实责任是贫困连队实现脱贫摘帽的组织保障。

兵团坚持党对脱贫攻坚的领导，各级严格执行脱贫攻坚一把手负责制，兵师团连四级书记一起抓，充分发挥好连队基层党组织在脱贫攻坚中的战斗堡垒作用。同时，针对兵团扶贫机构人少力量弱的现实，师市专设扶贫办，下设 9 个专项工作组，并充实工作人员，为打赢脱贫攻坚战奠定坚实的组织基础。

扶贫工作保障有力，基础扎实巩固。落实主体责任，实施政委和师长双组长制，各团党委与师党委签订脱贫攻坚责任书，团党政主要领导与各分管领导、科室、相关责任单位签订责任书，形成“人人有责任、层层抓落实”的责任机制。统一按照“两公示一公告”工作要求和“民主评议、核实认可、公示核查、公告销号”的程序，依规对贫困人口开展贫困建档立卡和退出工作。在摸清贫困人口底数的基础上，根据致贫原因和发展需求，推动扶贫开发思路和机制不断创新，全社会合力推进脱贫攻坚，精准施策。

扶贫开发思路和机制不断创新，全社会合力推进脱贫攻坚的氛围日益浓厚。集中力量抓贫困人口的观念转变，引导贫困群众崇尚科学，远离极端，激发脱贫的主动性，增强内在发展动力。鼓励和支持团场探索资产收益扶贫，将精准扶贫资金折股量化到合作社带动贫困户增收。积极调动社会力量、援疆力量和“访惠聚”工作队力量，

争取资金、项目支持；认真对接落实3个兵团领导、4个兵团机关部门、8家兵团国有企业、3个兄弟师、1所大学、师市机关、企事业单位结对帮扶贫困团场工作。

2. 形成“1+N”政策体系是贫困连队实现脱贫摘帽的政策保障。

以《兵团党委兵团贯彻落实〈中共中央国务院关于打赢脱贫攻坚战的决定〉的意见》为统领，先后出台了《关于完善兵团贫困团场退出机制的实施办法》《兵团各师党政扶贫开发工作成效考核办法》《兵团最低生活保障制度与扶贫开发政策有效衔接的实施方案》《兵团贯彻落实〈关于实施健康扶贫工程的指导意见〉的实施方案》《兵团贫困地区儿童发展规划（2016—2020）》《兵团党委兵团关于贯彻落实习近平总书记重要讲话精神加快推进深度贫困团场脱贫攻坚的实施意见》等系列文件，通过打好组合拳，发挥政策叠加效应；通过考核评估和督促检查，促进各项扶贫政策有效落实，确保脱贫人口真正实现“两不愁、三保障”。

3. 摸清贫困底数是贫困连队精准帮扶的依据。

习近平总书记指出：“扶贫开发推进到今天这样的程度，贵在精准，重在精准，成败之举在于精准。搞大水漫灌、走马观花、大而化之、手榴弹炸跳蚤不行。”师市共有16个团场，从2012年至2017年，41团、42团、45团、48团、49团、50团、伽师总场、托云牧场、叶城二牧场、东风农场摘帽。2018年，54团、红旗农场摘帽。2019年，44团、51团摘帽。2018年，兵团对2017年建档立卡分贫困户信息进行全面复核，制定了《兵团扶贫对象建档立卡信息数据复核的工作方案》，按照“一评议、两公示、一公告、一比对”工作程序，以连队为单位，以户为基础，对贫困人口进行精准识别，全面摸清了贫困底数，实现了“连有表、团有档、师有卷、兵团有库”，为脱真贫、真脱贫奠定了扎实的基础。在精准识别的基础上，兵团以“七个一批”为路径，通过因户因人分类施策，进一步提高了扶贫攻坚的精准度。2019年，参照自治区标准，组织44团、51团的60多名扶贫干部到泽普县进行学习，然后在44团、51团建立2个连队示范点，由师市扶贫办进行评估，然后在全团进行推广，按照示范点模板操作。师市扶贫办为了保证资料精准度，开展了建档立卡、扶贫政策宣传、回头看三项工作，对27个连队的建档立卡工作进行3次检查，同时对已经脱贫摘帽团场进行1次检查，提高了识别的精准度。

4. 充足投入、合力脱贫攻坚是完善基础设施建设、保障公共服务的重要基础。

通过整合四方面的资金，加大对脱贫攻坚的投入。一是专项加大投入。从2012年至2019年师市共投入1158.6亿元，其中2018年至2019年中央财政投资4.58亿元，其中住房安全保障7101万元、连队整治2621.75万元、三新工程1686.4万元、转移就业1701.7万元、生态补偿1390.8万元、基础设施5239.18万元、社会保障2144.2万元、产业扶贫2.39亿元。8年共投入资金1158.6亿元，其中第一产业投入资金417亿元、第二产业投入资金405.5亿元、第三产业投入资金336.1亿元。

二是金融扶贫加大投入。2016年、2017年，兵团通过金融扶贫平台向贫困户发放扶贫贷。

三是援疆资金加大投入扶贫领域力度。2012年以来，通过"广东援疆资金+项目+技术+人才"模式，争取各类援疆资金50多亿元，项目343个。

四是积极争取社会扶贫投入。兵团"访惠聚资金+项目+技术+人才"模式投入人力2400多人次，资金1.27亿元；兵团企业帮扶、兵团武警帮扶投入200多人次，投入资金2031多万元；"支部+党员+群众+贫困户"的联系帮扶投入人力10万多人次；"民族团结一家亲"活动投入3.8万人次，投入资金5900万元，通过送医、送药、送农资、送农药、送技术、送文化、送学习、争项目、筹资金等全面帮扶，各类帮扶共投入资金102.5亿元，投入人力15万人次开展帮扶工作，惠及贫困人口19632户57490人，惠及群众20多万人次；

新疆农垦科学院的“技术+人才”扶贫、石河子大学“教育+技术+人才”扶贫、兵团科技局的“技术+人才+产业”扶贫，兵团教育局的“国语+技术+师资+培训”扶贫；2019年，东莞市、佛山市、中山市共10个村（社区）对师市9个连队开展团镇结对对口帮扶等。

5. 改善连队环境、构建连队平台是贫困连队提升自我发展能力的关键环节。

连续实行团级领导、团直单位结对帮扶制度，重点结对帮扶团场城镇和中心连队从项目、资金、物资、技术和信息等方面给予支持。通过实施易地搬迁，推进团场城镇和中心连队脱贫。对贫困户通过实施整连推进、结合连队功能转型，进行中心连队建设，配套水、电、路、卫生室、文体活动室、绿化美化等基础设施建设，改善群众生活条件、提升人居环境水平。通过中心连队项目建设，促使全团贫困户住有所居、安居乐业，进一步完善搬迁后续扶持政策，使搬迁劳动对象有业可就，稳定脱贫，做到搬得进，稳得住，住得起。

6. 整合资源，集中力量，多措并举，是贫困连队精准脱贫取得成效的关键。

第一，师市：统筹资源，保障发展环境。

2018年至2019年中央财政投资4.58亿元，其中住房安全保障7101万元、连队整治2621.75万元、基础设施5239.18万元。援疆项目147个，累计投资47.14亿元，其中援建资金23.48亿元，80%的援疆资金用于改善民生，全力支持图木舒克市和农牧团场小城镇基础设施、安居住房建设。2019年，援疆资金投入住房安全保障3306万元；教育方面针对因家庭困难致子女难以完成学业的贫困户，支持其完成从学前到大学的教育，从根本上斩断“穷”根，防止贫困代际传递。免除贫困家庭高中生学费并给予每位学生每年2000元的生活补助费（2016年至2017年）；对贫困家庭中高职在校生，除享受国家职业教育资助政策外，通过实施“雨露计划”等培训项目，每位学生一次性给予2000—4000元扶贫助学补助。

第二，团场：因地制宜，搭建发展平台。

师市各团场承上启下，根据自身实际，瞄准发展特色，为贫困连队发展经济、实现稳步脱贫搭建发展平台。一是搭建资源平台。团场一级设立发展“资金池”，整合各类发展资源，重点扶持贫困连队发展。用好贷款优惠政策，为贫困连队获取发展融资提供渠道，为贫困连队脱贫提供资源保障。二是搭建服务平台。从团场层面保障贫困连队发展工作机制落实，依据本团场产业发展特色，加强贫困连队发展队伍建设，选拔发展能人引领带动连队又好又快发展。通过帮助贫困连队分析发展滞后原因、制定连队发展计划、落实发展措施、履行帮扶职责，充分利用团场统筹发展资源，帮助贫困连队发展。三是搭建项目平台。在团场一级编制发展规划，建立项目库，按照年度调整，让贫困连队发展项目来源充足且有保障。四是发挥集中力量办大事的社会制度优势。统筹规划，强化措施，分布实施，以扶贫脱贫工作为重点，落实“到连到户到人”的常抓机制。团场党委、团场主要领导负总责，机关各部门做好上下衔接，团直单位各连队承担主体责任，党政一把手是第一责任人，各部门各单位要按职履责，各级“扶贫攻坚机构”充分发挥职能作用，“挂钩科室”和“访惠聚”工作组坚持所在单位不脱贫不脱钩。五是针对特殊贫困群体，团场兜底脱贫。对贫困老年人，按规定发放基本养老金和高龄生活补贴；对生活困难残疾人，发放残疾人专项补贴；对因病丧失劳动能力的贫困人口和“两癌”妇女，用好新合疗等医保政策，符合条件的优先纳入大病医疗保障范围予以救助；对符合条件的“五保户”、孤寡老人等贫困群众，全部纳入团场最低生活保障和“五保”供养范围。六是团场设立脱贫攻坚贷款担保基金。拿出200万元，对需要扩大经营规模的贫困人口，由财务科和银行联手协作发放适度规模贷款，满足贫困人口创新经营资金需求。七是绿化管护、环卫保洁等连队公益岗位优先安置。既让贫困户获得劳动报酬、增加收入，又能促进团场城镇和中心连队长效管护机制的建立。通过团场发展生态林业的有关政策，实施防护林保护、退耕还林、防沙治沙、湿地保护与恢复等项目。发展生态防护林，实行种植、管护、收益改革，完善生态林业经营机制，以原团场管护转向贫困人员承包管护获得收益。新植生态防护林以团场种植、管护、收益转向贫困人员承包种植，产权归己，收益分成（林木产品贫困人员占80%，团场占20%），以推动贫困人员有效聚集发展要素和加快林业生态资源利用为重点，提升贫困人员参与林业生态建设和产业发展的深度和广度，着力提升贫困人员发展质量，提高贫困人口参与度和受益效能，增强林业扶贫工作的动力和活力，提升林业扶贫能力和水平。八是劳务输出稳脱贫。针对有劳动能力但无土地无固定收入的贫困人口，充分发挥团场劳务输出办公室和劳动力管理站作用，积极组织劳务创收，推动劳动力转移就业。定期组织外地企业到团场举行招聘会，实施“春风行动”，力促更多贫困户外出打工，增加工资性收入。九是搭帮联营带脱贫。针对有经营意愿但经营能力弱的贫困户，发挥种植养殖大户、龙头企业、家庭农场、专业合作社的辐射带动作用，以合作、联营、入股等多种方式，实现搭帮互助，增加贫困户经营性收入。吸收贫困户加入其经营组织体系的企业、合作社等，优先推荐申报扶持项目资金。十是土地增减挂钩与团场综合改革相结合。贫困村在公共基础设施和公共服务供给投入上缺少来源，因而可能陷入进一步贫困的恶性循环。图木舒克市以土地增减挂钩与团场综合改革为契机，整合各方面资源，有效加大农村公共产品供给，发展脱贫产业，使贫困村拥有可持续发展能力，未来可凭借自身发展摘掉“贫困帽”，同步奔小康。

第三，连队：量体裁衣，自寻“造血”项目。

不同团场贫困连队的发展基础和自然条件各异，宜在不同连队实施不同的发展方式。其一，产业扶持脱贫。针对有劳动和经营能力但无产业途径的贫困户，通过产业扶持开发、低收入户产业扶持、产业化扶贫等项目，鼓励发展红枣种植、香梨种植、苗木花卉种植、农产品加工、地毯编织、畜牧业养殖家禽、林下土鸡养殖等特色产业，引导开办小商店、农家乐，发展休闲观光农业和商贸物流产业，有效促进产业发展，增加经营性收入。其二，增设公益岗位脱贫。针对有部分劳动能力但缺少土地的贫困户，通过团场连队设立的保洁员、协管员等公益性岗位，企业开发的爱心工作岗位，吸纳和安置就业，增加工资性收入。土地流转促脱贫。针对丧失劳动力经营不了、土地产出效率低、人多地少的贫困户，由团场引导，连队落实，将其承包地优先流转给有经营能力的农户、合作社、家庭农场、种养殖大户，或到能够提供岗位的经营组织去就业，增加财产性和工资性收入。其三，技能提升脱贫。针对有劳动能力但缺少职业技术技能的贫困人口，通过整合培训资源，进行技术技能培训，提高贫困人口经营和就业本领，增加其经营性和工资性收入。其四，商贸创业脱贫。针对有一定文化、富有创业愿望的贫困人口，通过商贸经营培训，鼓励和扶持其开办商贸服务食品店、开办电子商务新型产业、参与物流配送等，实现创业就业，增加收入。其五，金融服务脱贫。针对有劳动经营能力但缺少资金的贫困人口，协调金融机构按照基准利率，提供 5 万元以下、3 年内免担保和免抵押小额贷款，扶贫资金全额贴息，以及通过小额贷款贴息、运行互助资金、小额贷款等项目，帮助贫困人员发展小微企业、商贸、餐饮、民族手工业等特色经营产业。

7. 土地清理再分配，是南疆四地州脱贫攻坚创新。

喀什地区将把依法依规清理回收的 280 多万亩土地作为扶贫攻坚重要资源，统一规划管理，将承包和经营收益重点用于贫困人口，同时兼顾其他困难群体就业扶持、公益性岗位开发、畜牧良种繁育、科技服务队聘用、庭院经济补助、特殊困难群体救助等方面，为贫困群体提供稳定收益来源。将通过引导贫困户参与土地经营和管理，提高他们的积极性和主动性，多劳多得，让贫困群众靠自己的努力改变命运。

8. 实施七个一批、五个加大力度。

通过产业发展和就业转移扶贫发展一批，通过师市向汉族团场转移搬迁安置一批，通过生态补偿救助一批，通过教育医疗救助扶持一批，通过社保托底一批，实现贫困人口精准脱贫。紧紧抓住转方式，强化造血功能，加大专项投入，整合力量，按照脱贫的要求逐连逐户量身定制帮扶措施，明确帮扶责任人、帮扶任务、帮扶标准、帮扶措施和时间节点，做到号准病脉、开好处方、抓出良药，提高帮扶工作的针对性和时效性。

加大安全住房保障力度，安全住房保障2043户（44团、51团、53团、伽师总场4个团场楼房1383套，平房620套），完成率100%；加大教育扶贫力度，义务教育保障扶贫1988人，实现义务教育比率达100%，扶贫面达100%，完成率100%；加大健康扶贫力度，继续实施全民健康体检和健康扶贫“三个一批”行动，完成健康扶贫帮扶9685人次，基本医疗保障4340人，完成率100%；加大连队整治力度，投资32.45亿元，通过土地整治增加耕地近2万亩，贫困户户均增加5亩。加大扶志扶智力度，全面覆盖、全民推进、持续进行，覆盖率100%。

9. 关注可持续发展，促进脱贫长效机制形成。

第三师图木舒克市在着力解决好贫困人口现实问题的同时，还高度关注团场的可持续发展和贫困人口的可持续增收问题。通过积极进行结构调整、促进产业发展和内涵式城镇发展，大力发展教育事业、加强医疗卫生和住房保障建设，在事关长远、根本问题上不断用力。积极支持新型经营主体发展，带动贫困人口增收。2014年以来，按照“扶贫有责、务工增收”原则，一些团场如53团与创业园20多家中小企业达成共识，帮助职工就业，解决务工增收问题；团场连续3年投资1500万元建设连队功能转型羊圈287座；根据出台的《2016年团场社会企业精准扶贫办法》，以“资金带动产业，以产业促进就业”，利用扶贫资金600万元和助残资金60万元带动230户1011人次，社会企业带动258户1049人次，贫困户参与新型经营主体率为111.4%。关注可持续发展，既保证阶段性扶贫工作目标和年度任务的完成，解决贫困户家庭眼前面临的困难，同时又考虑到未来的可持续发展，在长远增收上想办法。

10. 加强交流交往交融，开展兵地结对互助。

2012 年，自治区人民政府与兵团开始共商兵地融合发展。在政策上，规定边疆共守、资源共享、优势互补、共同繁荣。顾全大局、尊重历史、互谅互让、协商解决、经济互融、经验互学、干部互挂、文明互建。2014 年，兵地一体共同维护社会稳定和长治久安，加强交流交往交融，开展结对互助。2016 年，实现兵地公共资源、服务资源、产业资源共享，辐射带动相邻乡镇发展，引导地方贫困群众到师市就学、就医、居住、创业、就业，实现稳定脱贫。2017 年以来，实现兵地公共资源、服务资源共享。

11. 加大脱贫宣传力度，营造浓厚舆论氛围。

通过多种形式多种手段进行宣传教育，突出中华文化引领，突出社会主义核心价值观教育，突出民族融合民族团结，发挥“三大功能”和“四大作用”，为师市社会稳定和长治久安提供了强有力的智力支持、舆论保障和思想基础。

第三章

践行兴边富民战略：第三师图木舒克市脱贫攻坚的决策部署

党的十八大以来，以习近平同志为核心的党中央高度重视扶贫开发。以习近平总书记关于扶贫工作重要论述为指引，中共中央、国务院陆续颁布了一系列纲领性文件，对脱贫攻坚总体思路、目标任务、实现路径进行决策部署，制定实施了一系列超常规政策措施，形成广泛的政策合力，共同构筑起“精准扶贫精准脱贫”的“四梁八柱”，为各地结合实际推进脱贫攻坚提供了有效支撑。第三师图木舒克市在脱贫攻坚过程中，坚持以习近平总书记关于扶贫工作重要论述为根本遵循，以中共中央、国务院颁布的关于脱贫攻坚的决策部署、“精准扶贫精准脱贫”的“四梁八柱”为政策蓝图，紧紧围绕“六个精准”、“五个一批”和“四个问题”的部署，在中央和新疆生产建设兵团关于脱贫攻坚的顶层设计框架内，积极探索符合师市实际的脱贫攻坚政策体系与保障体系。第三师图木舒克市作为南疆四地州的重要棋眼，在新疆生产建设兵团的战略发展与深化改革中占据重要位置，也有着源于历史原因和现实困境的贫困团场和贫困连队。基于此，第三师图木舒克市立足自身状况，探索出一条具有自身特色的“兴边富民”的脱贫攻坚道路，并取得重大成效。这些成效的取得，与第三师图木舒克市以兵团深化改革切入脱贫攻坚、以脱贫攻坚统揽经济社会发展、以中央脱贫攻坚决策部署为遵循的责任体系的顶层设计密切关联。本章通过对第三师图木舒克市在脱贫攻坚过程中形成的顶层设计、政策体系和保障体系的分析，深层次揭示第三师图木舒克市的脱贫摘帽对于新疆生产建设兵团的脱贫攻坚事业的借鉴意义。

一、第三师图木舒克市脱贫攻坚的顶层设计

（一）切入兵团深化改革，明确师市脱贫攻坚目标任务

党的十八大以来，习近平总书记亲临新疆和兵团考察调研，主持召开第二次中央新疆工作座谈会，部署指导兵团深化改革工作，参加十二届全国人大五次会议新疆代表团审议，发表一系列重要讲话，明确社会稳定和长治久安是新疆工作的总目标，要求兵团履行好安边固疆的稳定器、凝聚各族群众的大熔炉、先进生产力和先进文化的示范区“三大功能”，发挥好调节社会结构、推动文化交流、促进区域协调、优化人口资源“四大作用”。《中共中央国务院关于新疆生产建设兵团深化改革的若干意见》（中发〔2017〕3号）对兵团深化改革和发挥特殊作用做出管方向、管根本、管长远的顶层设计，明确了兵团深化改革的总体思路、基本原则和重点任务。

2015年11月，习近平总书记在中央扶贫工作会议上指出：“脱贫攻坚任务重的地区党委和政府要把脱贫攻坚作为‘十三五’期间头等大事和第一民生工程来抓，坚持以脱贫攻坚统揽经济社会发展全局。”第三师图木舒克市在推进脱贫攻坚的过程中，深刻认识到脱贫攻坚与兵团改革是师市同一时期同时面临的两大战略性任务。脱贫攻坚是“十三五”期间的“头等大事和第一民生工程”，是师市经济社会发展的历史性机遇，兵团深化改革是师市经济社会发展的契机和切入点，两者是一个有机统一体，以兵团深化改革切入脱贫攻坚，在遵照落实以习近平同志为核心的党中央关于脱贫攻坚相关决策部署的前提下，深刻把握党中央关于兵团深化改革的重要部署，深入学习习近平总书记关于兵团深化改革的重要讲话精神，深入学习中发

〔2017〕3 号文件精神，把 3 号文件的科学内涵、精神实质、核心要义领会透，强化党的核心领导地位，健全和转变“政”的职能，彰显“军”的属性，确立“企”的市场主体地位，统筹兼顾、突出重点，积极主动完成好师市脱贫攻坚与深化改革的目标任务。

首先，提高政治站位，树牢“四个意识”。

打赢脱贫攻坚战是中央既定的战略部署，是补齐全面建成小康社会突出短板的关键之举。“中央统筹、省负总责、市县抓落实”是脱贫攻坚体制层面的结构性安排。具体表现为党中央、国务院主要负责统筹制定扶贫开发大政方针，出台重大政策举措，规划重大工程项目。省（自治区、直辖市）党委和政府对扶贫开发工作负总责，抓好目标确定、项目下达、资金投放、组织动员、监督考核等工作。市（地）党委和政府要做好上下衔接、域内协调、督促检查工作，把精力集中在贫困县如期摘帽上。县级党委和政府承担主体责任，书记和县长是第一责任人，做好进度安排、项目落地、资金使用、人力调配、推进实施等工作。在兵团层面，师市一级是统筹各类资源、推进脱贫攻坚工作有序开展的“一线战场”。师市坚持以脱贫攻坚统揽经济社会发展全局，坚持以脱贫攻坚统揽兵团深化改革，体现在师市一级党委政府把脱贫攻坚作为“头等大事”和“第一民生工程”来抓，将制度优势充分体现出来，最大限度地聚合各种资源，把分散的项目、资金、人力向脱贫攻坚聚焦，更好地运用政府、市场和社会三种力量、三种机制，形成强大合力，从而为赢得脱贫攻坚战提供制度上、组织上、资源上的保障。

师市在推进脱贫攻坚的过程中，始终把提高政治站位、树立“四个意识”放在首位，2018 年，师市颁发《第三师第三师图木舒克市打赢脱贫攻坚战三年行动方案（2018—2020 年）》（师党发〔2018〕43 号）、《第三师第三师图木舒克市党委关于打赢脱贫攻坚战巩固脱贫成果的实施方案》等系列文件，这些文件深入贯彻习近平新时代中国特色社会主义思想和党的十九大精神，贯彻落实习近平总书记关于脱贫攻坚重要指示精神，贯彻落实《中共中央国务院关于打赢脱贫攻坚战三年行动的指导意见》（中发〔2018〕16号），紧紧围绕社会稳定和长治久安总目标，贯彻落实《兵团党委 兵团关于打赢兵团脱贫攻坚战巩固脱贫成果实施方案》，充分体现了“市县抓落实”的脱贫攻坚体制。

第三师图木舒克市的44团、51团，不仅贫困发生率高、贫困程度深，而且经济社会发展严重滞后、致贫因素复杂，扶贫成本高、脱贫难度大。师市市委市政府认为打赢师市脱贫攻坚战是贯彻落实党的十九大精神的实际行动，是同以习近平同志为核心的党中央保持高度一致的具体体现，是贯彻落实党中央治疆方略和兵团定位要求的重要举措，是维护社会稳定和实现长治久安总目标的具体行动，是决胜全面建成小康社会的必然要求。要求师市各级、各部门、各单位必须清醒把握打赢脱贫攻坚战面临的困难和挑战，提高政治站位，树牢“四个意识”，坚定坚决把思想和行动统一到以习近平同志为核心的党中央的决策部署上来，统一到党的十九大精神上来，统一到习近平总书记关于脱贫攻坚的重要讲话和重要指示精神上来，切实增强责任感、使命感、紧迫感，凝心聚力，真抓实干，埋头苦干，攻坚克难，扎扎实实把师市脱贫攻坚战推向前进，确保到2019年贫困团场全部摘帽、贫困人口全部稳定脱贫，和全国各族人民一道全面进入小康社会。

其次，深化兵团改革，助力脱贫攻坚。

2017年6月，师市党委召开七届五次全委（扩大）会议，会议的主要任务是，进一步深入贯彻落实兵团第七次党代会精神，围绕学习贯彻习近平总书记系列重要讲话精神和治国理政新理念新思想新战略，贯彻落实以习近平同志为核心的党中央治疆方略和对兵团的定位要求，聚焦社会稳定和长治久安总目标，动员师市各级党组织、全体党员干部和广大职工群众把思想和认识统一到兵团第七次党代会精神上来，进一步明确贯彻落实党代会精神的工作方向、目标任务和思路措施，凝心聚力、真抓实干，推动兵团第七次党代会精神在师市落地生根。

习近平总书记指出，“坚持全面深化改革”，“坚决破除一切不合时宜的思想观念和体制机制弊端”。第三师图木舒克市深入贯彻落实习近平总书记重要讲话和中发〔2017〕3号文件精神，按照兵团党委的统一部署，紧紧扭住改革的关键环节，集中精力打好团场综合配套改革和国资国企改革两大攻坚战。一要全面落实团场综合配套改革的各项任务，切实抓好“四清、四分、三实名、一民主”工作，着力破解重点难点问题，调整好各种利益关系，明确改革任务、时间节点、责任单位和责任人。二要切实解放思想、更新观念，打破束缚国资国企改革的条条框框，以管资本为主推进职能转变，推进所有权与经营权分离，使国有企业真正成为独立市场主体。三要通过不断健全完善“政”的职能，推进财政体制改革和税收体制改革，把师市建设成为职责定位更加明晰、体制机制更加健康、作用发挥更加有力的坚强力量。

兵团党委常委、副司令员、第三师图木舒克市党委书记、政委鲁旭平同志指出，要突出重点任务，坚决打好团场综合配套改革攻坚战，坚决打好国资国企改革攻坚战，积极推进其他方面改革，不断开创深化改革新局面。要坚持以人民为中心，落实惠民工程，精准发力、坚决打赢脱贫攻坚战，发展社会事业，完善保障体系，以生态卫士为己任，开创改善民生新局面。以此为背景，2018年，师市颁发《第三师图木舒克市打赢脱贫攻坚战三年行动方案（2018—2020年）》（师党发〔2018〕43号）中明确提出第三师图木舒克市脱贫攻坚要“以深度贫困团场脱贫攻坚为重点，以扶贫领域作风建设为保障，从全面推进帮扶向更加注重贫困团场、深度贫困连队攻坚转变，从减贫进度向更加注重脱贫质量转变，从实现脱贫目标向更加注重增强贫困群众获得感转变，从开发式扶贫为主向开发式保障扶贫转变。抓住兵团深化改革和向南发展有利时机，实施乡村振兴战略，以解决突出制约问题为重点，以重大扶贫工程和到户到人帮扶措施为抓手，以抓党建促脱贫攻坚为组织保证，强化支撑保障体系，加大政策支持力度，集中力量攻坚，万众一心克难，攻克深度贫困堡垒，着力解决深度贫困问题，确保师市44团、51团、54团、红旗农场如期摘帽，确保师市1973户8600名贫困人口如期脱贫”。

（二）统揽经济社会发展，强化师市脱贫攻坚战略布局

首先，做实“四大措施”。

第三师图木舒克市在推进脱贫攻坚的过程中，始终坚持以脱贫攻坚统揽经济社会发展全局，始终把脱贫攻坚与深化改革紧密结合。通过推进全面深化改革，进一步释放体制优势和发展活力，助力脱贫攻坚。这些措施主要包括向南发展、团场综合改革、国企改革与财政体制改革。

第一，积极推进向南发展战略，壮大综合实力。习近平总书记指出，“加强南疆兵团建设既是当务之急，也是战略之举”，兵团要“增强使命意识，把南疆兵团建设作为重点，完善战略布局，统筹好垦区产业布局、人口分布、城镇化格局，增强师团综合实力”。第三师图木舒克市地处南疆腹地，问题集中、困难突出，底子薄、欠账多，因此，始终把发展作为第一要务，强化“棋眼”意识，发挥主体作用，不折不扣落实《兵团向南发展规划纲要》，切实贯彻新发展理念，着力构建以新型工业化为主导的产业发展格局，努力实现更高质量、更有效率、更加公平、更可持续的发展。2017年以来，师市在推进向南发展战略上，主要从五个方面入手：一是着力提升第一产业，按照农业供给侧结构性改革的总体要求，建立健全绿色农业产业体系、生产体系、经营体系，推动农业提质增效。二是重点强攻第二产业，以推进供给侧结构性改革为主线，把新型工业化作为经济发展主战略，坚持“发展为上、投资为本、工业为先、招商为要”，把精

力向工业集中、资源向工业汇集、政策向工业倾斜、人才向工业流动，用发展新空间培育发展新动力，用发展新动力拓展发展新空间，通过招商引资加快项目建设，实现师市工业快速发展。三是大力发展第三产业，坚持提升传统服务业和培育新兴服务业并举，坚持满足需求和引导消费并重，推动生产性服务业向专业化和高端化拓展，生活性服务业向精细化和高品质提升，努力构建结构优化、服务优质、布局合理、融合共享的现代服务业体系。四是加快城镇化建设，科学制定城镇规划体系，转变“城镇化就是盖楼”的旧有思维模式，以“因地制宜、宜居宜业、低成本、易维护”为标准，提升城镇化建设质量和水平。五是抓好固定资产投资和招商引资工作，抓好项目的储备实施和推进工作，发挥好“一市一区两园”优势，提升园区承载能力和服务水平，眼睛盯住内地，创新招商方式，拓宽招商领域，规避招商风险，优化服务环境，切实用招商引资第一要事保障发展第一要务。

第二，全面推进团场综合配套改革。按照“四清、四分、三实名、一民主”的改革思路，分类施策、分步实施、分层推进。一是全面精准摸清常住人口和户籍人口、从业人员和职工人数，农用地和建设用地，政府性资产和生产性资产，政府性债务和生产经营性债务情况，切实做到“四清”。二是有序推进35个集体所有制连队开展各民族混居、优化人口结构、脱贫攻坚工作，进一步推动各民族交往交流交融，确保“迁得出、稳得住、能致富”。三是选好“两委”班子，规范“两委”成员工作报酬制度。合理确定职工定额身份地面积并及时确权颁证。坚决取消“五统一”做法，破除一切束缚团场连队职工手脚的不合理限制和歧视。积极发展农业信贷担保和小额贷款。建立健全土地承包经营权流转机制，土地承包费用于农牧业一线职工社会保险缴费。四是推动政企分开，取消团场企业法人资格，取消对团场利润指标的考核，推进团场行政与企业经营彻底脱钩。团场不再直接经营管理权属企业，不再直接出资新办竞争类国有企业，推进企业市场化经营。五是统筹团场城镇公共事业和公共服务发展，团场学校、公立医院实行师办师管，团场各类幼儿园实行属地化管理，实现医护人员、师资力量交流共享。“三供一业”与团场行政管理脱钩，实行社会化管理和服务。六是优化团场机构设置，推进相关事业单位整合。积极承接行政职能和行政执法权，提高依法行政的能力和水平。七是严格落实定编定员定岗，对团场财政供养人员、身份地职工、基干民兵、边境团场护边员实行实名制管理，财政供养人员只减不增。八是采取多种途径，逐步分流安置富余人员。

第三，稳步推进国资国企改革。以提高国有资本配置效率和增强国有企业活力为核心，以深化供给侧结构性改革为主线，以实施“四个一批”和发展混合所有制经济为主攻方向，以企业整合重组为手段，做强做优师市国有企业。一是切实做到政企分开，取消企业行政级别，减少行政干预和企业依赖，探索市场化选人用人机制，形成管理人员能上能下、薪酬能升能降，员工能进能出的机制。二是通过关闭停产一批长期亏损、扭亏无望的企业，转让退出一批资产低效无效、缺乏市场竞争力的企业，整合组建一批同质资源企业，培育壮大一批在南疆有竞争力、有影响力、有知名品牌的特色优势产业集团，用3—5年培育2—3家上市企业。三是积极推进股权多元化，加快推进国有企业股份制改造，放宽非公有制资本投资领域，分类推进混合所有制改革。统筹推进供给侧结构性改革，引导企业策划和实施一批经营性项目，加速盘活存量、转型升级，确保国有资产保值增值。四是依法健全完善法人治理结构，规范公司股东会、董事会、经营层、监事会，逐步落实董事会、经营层选人用人权，加快推进市场化选聘工作。五是健全以管资本为主的监管体制，适时组建师市国有资本投资、运营公司，优化完善国资监管体制。有序规范国有资本收益的收取，逐步建立覆盖师市全部国有企业、分级管理的国有资本经营预算管理制度。六是加强国有企业党组织建设，充分发挥党组织在公司治理结构中的领导核心和政治核心作用。

第四，扎实推进财政体制改革。按照兵团财政管理体制改革实施方案，建立健全完善师市现代财政管理制度，充分发挥财政在经济发展和社会稳定中职能作用，推进财政事权和支出责任划分改革。41团、44团、45团、51团、53团实行财政管理体制，其他团场作为师预算单位管理。强化预算的约束力，加大预算执行力度，尤其是项目资金，确保财政资金尽快发挥最大的经济效益和社会效益。严格控制一般性支出，严格压缩“三公经费”支出，确保只降不增。坚持以公开为原则、不公开为例外，加大财政信息公开力度。全面实行财政供养人员实名制管理。加强对师、团场财政、企业财务基础规范工作的指导检查，努力提升财政管理水平。

同时，第三师图木舒克市积极推进其他方面的配套改革。在全面贯彻落实中发〔2017〕3号、新党发〔2017〕12号和新兵党发〔2017〕36号、39号文件精神的同时，逐步理顺师市合一体制，加快推进供给侧结构性改革、投融资体制改革、“放管服”改革、社会领域改革、民主法制和社会治理体制改革、党的建设制度改革、监察体制改革等等，切实增强改革的系统性、整体性、协同性，促进各项改革举措在政策取向上相互配合、在实施过程中相互促进、在改革成效上相得益彰，朝着全面深化改革总目标聚焦发力。

其次，建立“九大专项行动组”。

习近平总书记在部分省区市扶贫攻坚与“十三五”时期经济社会发展座谈会上指出，“要切实落实领导责任。责任重于泰山，各级党委和政府一定要不辱使命。”师市认真学习领会习近平总书记讲话精神，全面落实国家和新建生产建设兵团的决策部署，贯彻落实《中共中央、国务院关于打赢脱贫攻坚战三年行动的指导意见》（中发〔2018〕16号）文件精神，贯彻落实《兵团党委、兵团关于打赢兵团脱贫攻坚战三年行动实施方案》，根据《第三师图木舒克市党委关于打赢脱贫攻坚战巩固脱贫成果的实施方案》总体部署，积极探索精准扶贫脱贫中的领导体制机制，制定《第三师图木舒克市脱贫攻坚专项行动方案》，成立师市脱贫攻坚专项行动组，确保脱贫攻坚统筹安排。

第一，转移就业扶贫专项行动组，重点任务包括：政府购买服务解决就业促增收。对建档立卡贫困户，通过政府购买服务形式解决贫困人口就业。一是生态护林员解决贫困人口就业；二是增加保洁、保安、环卫工人等公益性岗位解决贫困人口就业。转移就业促增收。按照师市贫困人口劳动力转移就业实施方案：一是园区企业解决就业；二是利用卫星工厂解决贫困人口就业；三是向乌鲁木齐市及疆内其他地区转移就业；四是向内地援疆省市转移就业，一户一人就业。年度拟摘帽贫困团场、连队"零就业"贫困家庭至少有 1 名劳动力稳定就业，确保一户一人就业。

第二，产业扶贫专项行动组。重点任务包括：1. 优化种植业结构实现增收。稳定粮食种植面积，确保粮食安全，压减次宜棉区和低产棉区棉花种植面积，开展低产田改造，大力发展特色种植，推动设施农业建设，发展农村合作社，引进农产品加工企业，引进推广各类新型农机具，优化提高农机装备水平。2. 林果业提质增效实现增收。完成贫困户现有林果低产低效园改造，修建保鲜库，解决好林果业产品保鲜增值和销售难的问题。开展林果提质增效工程。3. 发展畜牧业实现增收。引进企业、合作社新建、改扩建养殖功能区，支持各类企业兴办养殖合作社。对有劳动能力的贫困户，通过良繁中心和养殖合作社的产前、产中、产后服务，可自行养殖增加收入。4. 对没有劳动能力的贫困户，由养殖合作社带动，贫困户以畜禽入股分红的模式，年收益不低于 15%。5. 大力发展庭院经济。按照建设"美丽庭院"模式，发展"一个大拱棚（一畦菜）、一片园（几棵果树）、一架葡萄"，增加经济收入，改善人居环境。6. 加快实施电商精准扶贫工程。实现贫困团场较为完善的电商扶贫全覆盖，实现贫困连队电商网点全覆盖。7. 完善物流建设和开拓农产品市场。推动流通标准化和连锁经营、物流配送、电子商务等现代流通方式的发展、组织实施连队现代流通网络工程。开拓农产品市场，建设贫困户农产品直销店，完善产销体系建设，确保贫困户特色农产品有销路。8. 加大科技扶贫力度。以“抓重点、补短板、强弱项”为主要方向，加大科技供给和支撑，大力增强贫困户依靠科技脱贫的积极性和主动性，大力提高贫困户的科学素质和生产技能。9. 加大援疆扶贫力度。把支持脱贫攻坚作为对口援疆的核心工作，制定援疆脱贫攻坚行动计划，大力实施基础设施、教育、医疗卫生、发展产业、促进就业等脱贫行动，聚焦贫困人口，使援疆工作方向更加精准、成效更加明显。

第三，土地整治扶贫专项行动组。重点任务是土地整治脱贫。按照土地整治脱贫一批的要求，通过连队整治、居住区土地复垦、高标准农田建设等措施，增加贫困人口耕地供给，同时通过提质增效提高亩均效益。

第四，社会保障专项行动组。重点任务包括：将所有符合条件、无法依靠产业扶持和就业帮扶脱贫的建档立卡贫困人口全部纳入城镇居民最低生活保障范围，执行现行最低生活保障政策，实现低保政策与扶贫政策“两线合一”；对多种脱贫措施仍达不到脱贫标准的，通过最低生活保障兜底脱贫专项资金予以托底，确保如期脱贫，长期受益，年最低生活保障水平不低于现行脱贫标准；按照“两不愁”“三保障”的要求，对丧失劳动能力的鳏寡孤独及残疾人员实施政策性保障兜底；低保和建档立卡贫困家庭中重度残疾人医疗救助率达到100%；对建档立卡贫困户中“三类人员”家庭困境儿童纳入扶贫专项资金生活补助范围。

第五，公共设施建设、住房安全保障专项行动组（“五通七有”专项行动组）。重点任务包括：加大基础设施建设力度。实现通水、通电、通路、通广播电视、通信网络全覆盖；加大公共服务设施建设力度。实现贫困连队有基层党组织阵地、稳定的集体经济收入、幼儿园、文化活动中心、便民服务中心、卫生室、惠民超市；住房保障安全。按照加大住房保障力度要求，将改善贫困家庭住房和乡村振兴战略、连队居住区整合相结合，通过新建连队抗震安居房、利用团场存量房等方式，解决和改善师市 713 户 2995 名贫困家庭住房安全不达标问题。

第六，教育保障专项行动组。重点任务包括：实行免费教育政策。1. 全面落实 15 年免费教育，保障建档立卡贫困家庭子女接受教育。2. 提高入学率。落实“控辍保学”和“巩固控流”机制，严格控制辍学率，提升巩固率。3. 实行资助政策全覆盖。设立教育资助专项资金，确保建档立卡贫困家庭子女资助政策全覆盖。对疆内大专以上贫困学生给予每生每年 3000 元资助。利用援疆资金，对疆外大专以上贫困学生给予每生每年 6000 元资助。4. 实行关爱教育。加强对困境儿童集中抚养、心理咨询、心理辅导和寄宿制教育工作。5. 加大职业教育助学补助。为就读图市职业技术学校的贫困家庭学生开辟招生绿色通道，安排贫困专项招生计划，优先落实“三免一补”助学政策，优先推荐就业，实现国家助学金全覆盖。6. 实行职业就业培训。实施职业教育富民增收计划及异地培养计划，保障贫困团场未升学就业初高中毕业生，接受良好的职业教育，提升学生就业创业能力，带动家庭脱贫。

第七，健康保障专项行动组。重点任务包括：1. 调整医疗报销比例。进一步降低贫困人口医疗费用个人自付比例。落实贫困人员大病保险起付标准降至 60%，对原大病保险支付比例提高 5% 的范围由特困家庭参保人员扩大至贫困家庭参保人员，对二级以上（含二级）医疗机构住院报销比例提高 5%。2. 加大医疗统筹。统筹基本医疗、大病保险、医疗救助、商业健康保险等保障措施，实行联动报销。3. 实现贫困人口大病救助全覆盖，全面兜底全覆盖，确保健康扶贫落实到人、精准到病。4. 实施健康扶贫。继续实施全民健康体检和健康扶贫“三个一批”行动，确保贫困人口每年体检率达到 100%。加强传染病、地方病、慢性病防治工作，加大疾病与残疾预防控制和健康促进力度。5. 提供基本康复服务。加大残疾人康复中心建设和设施配套力度，为贫困残疾人提供基本康复服务。6. 做好贫困妇女“两癌”救助。组织贫困妇女“两癌”筛查，积极争取项目资金支持，加大贫困妇女“两癌”救助覆盖率。7. 倡导优生优育，利用基层计划生育服务力量，加强出生缺陷综合防治宣传教育。8. 改善家庭卫生条件。加快生活污水和垃圾处理，每户贫困家庭（住平房）建设1座卫生厕所、1个渗坑，引导贫困户养成良好的家庭、个人卫生习惯。

第八，扶志扶智专项行动组。重点任务包括：开展扶志扶智教育。大力宣传脱贫攻坚目标、现行扶贫标准和政策举措，让贫困群众知晓政策、更好地参与政策落实并获得帮扶；创办脱贫攻坚“农民夜校”，加强思想、文化、道德、法律、感恩教育，弘扬自尊自爱自强精神，防止政策养懒汉，助长不劳而获和“等靠要”等不良习气。在贫困团场学校开展好习惯、好行为养成教育，带动学生家长共同转变观念习惯；加强技能培训教育；提升乡风文明水平；加强法制和道德建设。

第九，组织保障专项行动组。重点任务包括：1. 压实责任。抓党建促脱贫，压实帮扶干部责任。配强贫困连队“第一书记”，强化“两委”建设，充分发挥“访惠聚”工作的帮扶作用，落实基层党组织负责人抓党建促脱贫攻坚的责任，提升精准脱贫实效；落实定点挂钩帮扶责任，加强扶贫队伍建设，压实干部帮扶责任，明确帮扶任务，营造良好氛围。2. 加强执纪。对扶贫工作中出现的侵占群众利益、虚报冒领、优亲厚友、挤占挪用截留扶贫资金等违纪违法行为，发现一起，查处一起，从重从严，决不手软；对脱贫攻坚中出现的重大问题实行“一案双查”。3. 加强管理。做好事前预防，规范扶贫资金的管理和审计，严格按照扶贫资金管理办法的相关要求，对扶贫资金实行定期审计检查，发现问题及时纠正和整改，对涉嫌违纪违法的，移送纪检监察或司法机关，追究相关人员责任。4. 督查考核。健全督导考核制度，以明察暗访等方式，对团、连和行业部门持续开展督查检查，及时发现问题、处理问题。5. 强化落实。督促师市贫困团场落实脱贫攻坚工作领导小组研究决定的重大事项，检查各专项组具体工作开展情况，定期向师市扶贫开发领导小组汇报。

（三）遵循中央决策部署，构建师市脱贫攻坚责任体系

2015年6月，习近平总书记要求要强化扶贫开发工作领导责任制，把中央统筹、省负总责、市（地）县抓落实的管理体制落到实处。2015年11月，《中共中央、国务院关于打赢脱贫攻坚战的决定》要求“强化脱贫攻坚领导责任制”。2016年10月，中共中央办公厅、国务院办公厅印发《脱贫攻坚责任制实施办法》。按照“中央统筹、省负总责、市县抓落实”体制机制，出台脱贫攻坚责任制实施办法，构建各负其责、合力攻坚的责任体系，明确中央国家机关76个有关部门任务分工。2015年中央扶贫开发工作会议以来，各地党政主要负责同志担任扶贫开发领导小组组长，中西部22个省份党委和政府向中央签订责任书，立下军令状。省、市、县、乡、村层层签订脱贫攻坚责任书，压实责任、传导动力，将中央的决策部署与地方的工作落实有效衔接，保障了脱贫攻坚决策部署在不同层级、不同环节的充分联动。按照习近平总书记的要求，各省自上而下形成了“五级书记一起抓扶贫”的领导责任体制，脱贫攻坚任务重的省份，将打赢脱贫攻坚战作为“第一民生工程”和“头等大事”来抓，以脱贫攻坚统揽经济社会发展全局，各级党委作为脱贫攻坚的第一责任主体，为赢得脱贫攻坚战的胜利奠定了政治基础和组织基础。

师市以中央关于脱贫攻坚的决策部署为遵循，构建起师市特色的脱贫攻坚责任体系。师市于2016年正式成立扶贫开发领导小组，师市党委主要领导任组长，师市各级党政“一把手”是第一责任人，形成师市（政府、人大、政协）、团场、连队三级责任制，师市党委与各团场、各部门签定责任书，层层压实责任。

2016年，印发《第三师图木舒克市党委关于打赢脱贫攻坚战的

实施意见》，下发《关于加强师市领导、师机关各部门基层工作联系点的通知》，编制《第三师图木舒克市脱贫攻坚特色产业带动专项行动实施方案》等“十大专项行动”，进行总体部署。通过《第三师图木舒克市党委关于打赢脱贫攻坚战的实施意见》《关于成立兵地融合发展、促进民族团结“十大行动计划”工作领导小组的请示》《师市贯彻落实自治区、兵团民族团结进步年动员大会重大举措责任分解方案》，促进团场职工多元增收2016—2018年提升行动计划，开通扶贫办“小康三师”微信公众号。

2017年，审定印发《第三师图木舒克市脱贫攻坚督查巡查工作办法》（师党办发〔2017〕61号）、《第三师图木舒克市团场党政扶贫开发工作成效考核办法》（师党办发〔2017〕62号）、《第三师图木舒克市对口支援喀什地区脱贫攻坚工作方案》（师党办发〔2017〕63号）、《关于调整第三师图木舒克市扶贫开发领导小组组成人员的通知》（师党办发〔2017〕87号）、《第三师图木舒克市贯彻落实习近平总书记重要讲话精神加快推进深度贫困团场脱贫攻坚的实施意见》（师党办发〔2017〕95号）等。作为全国深度贫困地区，师市调整团场摘帽计划，将贫困人口最多、脱贫难度最大的51团和44团调整到2020年摘帽，并起草集中支持、加快实现这两个团场脱贫摘帽、贫困人口脱贫的实施方案。

团场党政一把手承担第一责任人，亲自抓脱贫、具体抓脱贫，统筹做好进度安排、项目实施、资金使用、人员调配等工作，把每一项任务、每一项举措明确到具体部门和责任人，不折不扣落实到位。团场各部门划分清楚任务与责任，形成合力。团场纪委考核与督查，开展扶贫领域和作风问题专项整治，确保脱贫攻坚各项部署落地。

师市扶贫工作人员由2016年的6人增加到2018年，13人，增加4个副主任，设立44团、51团扶贫专职副主任，各连队设立扶贫工作站。每年举办扶贫工作人员培训班，培训工作人员，上门指导建档立卡、精准识别、产业规划等，把连队干部培养和业务指导结合起来，全面提高工作质量。

2018 年，师市建立党政主要领导双组长制，党委总揽全局，抓好脱贫攻坚顶层设计。制定脱贫攻坚战专项行动计划，明确脱贫攻坚战时间表和路线图，坚持挂图作战，为打赢脱贫攻坚战提供坚强政策保障。从各部门抽调优秀干部加强师市扶贫办统筹协调能力，稳定团场扶贫办人员，成立 27 个贫困连队扶贫工作站，每个工作站确保 3—5 名工作人员，贫困连队加配 1—2 名周转编制，充实连队工作力量。核拨各级扶贫工作经费 533 万元，做到“要钱给钱要人给人”各项保障政策到位。

2019 年，进一步落实脱贫领导责任制，通过领导小组会议、誓师大会、现场会、书记座谈会、团场调度会推进工作，与各部门签订责任书，不断明确责任扎实推进工作。2019 年，扶贫办项目组和督查组入住 44 团、51 团，全面跟进指导脱贫攻坚工作。抓党建促脱贫，夯实基层基础。一是配强贫困连队第一书记，二是强化“两委”建设，三是抓实整顿提高，四是深化拓展“访惠聚”工作。整合连队工作力量，推进基层党组织标准化建设，切实提高基层党组织的凝聚力、吸引力和战斗力。切实压紧压实基层党组织负责人抓党建促脱贫攻坚的责任，提升精准脱贫实效。从严监督执纪，提供坚强纪律作风保证。坚决把全面从严治党作为脱贫攻坚的根本保障，扎实推进扶贫领域腐败和作风问题专项治理，强化问责意识，强化作风建设，层层传导压力，从严监督执纪问责，为师市打赢脱贫攻坚战提供坚强纪律和作风保证。

二、第三师图木舒克市脱贫攻坚的政策体系

2015 年，全国吹响脱贫攻坚战的号角，精准扶贫步入深化发展

时期。2015 年 6 月，习近平总书记在贵州召开部分省区市党委主要负责同志座谈会上提出扶贫开发工作的“六个精准要求”，即“扶贫开发贵在精准，重在精准，成败之举在于精准。各地都要在扶持对象精准、项目安排精准、资金使用精准、措施到户精准、因村派人（第一书记）精准、脱贫成效精准上想办法、出实招、见真效。要坚持因人因地施策，因贫困原因施策，因贫困类型施策，区别不同情况，做到对症下药、精准滴灌、靶向治疗，不搞大水漫灌、走马观花、大而化之”①。2015 年 11 月，中央召开扶贫工作会议。习近平总书记在会上强调：“要坚持精准扶贫、精准脱贫，重在提高脱贫攻坚成效。关键是要找准路子、构建好的体制机制，在精准施策上出实招、在精准推进上下实功夫、在精准落地上见实效。要解决好“扶持谁”的问题，确保把真正的贫困人口弄清楚，把贫困人口、贫困程度、致贫原因等搞清楚，以便做到因户施策、因人施策。要解决好“谁来扶的问题”，加快形成中央统筹、省（自治区、直辖市）负总责、市（地）县抓落实的扶贫开发工作机制，做到分工明确、责任清晰、任务到人、考核到位。要解决“怎么扶”的问题，按照贫困地区和贫困人口的具体情况，实施“五个一批”工程。一是发展生产脱贫一批，引导和支持所有有劳动能力的人依靠自身的双手开创美好明天，立足当地资源，实现就地脱贫。二是易地搬迁脱贫一批，贫困人口很难实现就地脱贫的要实施易地扶贫搬迁，按规划、分年度、有计划组织实施，确保搬得出、稳得住、能致富。三是生态补偿脱贫一批，加大贫困地区生态保护修复力度，增加重点生态功能区转移支付，扩大政策实施范围，让有劳动能力的贫困人口就地转成护林员等生态保护人员。四是发展教育脱贫一批，治贫先治愚，扶贫先扶智，国家教育经费要继续向贫困地区倾斜、向基层教育倾斜、向职业教育倾斜，帮助贫困地区改善办学条件，对农村贫困家庭幼儿特别是留守

① 习近平：《习近平论扶贫工作——十八大以来重要论述摘编》，《党建》2015 第 12 期。

儿童给予关爱。五是社会保障兜底一批，对贫困人口中完全或部分丧失劳动能力的人，由社会保障来兜底，统筹协调农村扶贫标准和农村低保标准，加大其他形式的社会救助力度。要加强医疗保险和医疗救助，新型农村合作医疗和大病保险政策要对贫困人口倾斜。要高度重视革命老区脱贫攻坚工作。① 至此，精准扶贫精准脱贫的核心内容“六个精准”、“解决好‘四个’问题”和推进实施“五个一批”脱贫路径业已形成，成为全国各地精准扶贫政策体系设计的重要依据。

师市围绕“六个精准”、“解决好‘四个’问题”、推进实施“五个一批”，结合师市的兵团特色，出台一系列文件，共同构筑起师市脱贫攻坚政策体系。2016 年以来，师市建立师市、团场、连队三级脱贫攻坚工作机制，制定《第三师图木舒克市党委关于打赢脱贫攻坚战巩固脱贫成果的实施方案》（师党发〔2018〕109 号）等各类文件 20 多个，印发《国家各部门支持深度贫困地区脱贫攻坚政策汇编》《自治区和兵团扶贫政策手册》《第三师图木舒克市脱贫攻坚工作应知应会》2000 多本，落实、制定和完善金融政策、产业政策、就业政策、社保政策、教育政策、住房政策、土地政策等，形成脱贫攻坚政策体系。

（一）精准识别与动态调整，着力解决“扶持谁”的问题

建档立卡是精准扶贫、精准脱贫的基础性工作，是打赢脱贫攻坚战的基础。以建档立卡为基础的精准识别是脱贫攻坚这项系统性工程的首要环节，为扶贫决策和减贫行动提供了有力信息支撑。精准识别包括指标分配和贫困人口识别两个部分。在指标分配上，由国家统计

① 《扶持谁？谁来扶？怎么扶？习近平答中国扶贫关键三问》，中国新闻网，2015 年 11 月 29 日，http://www.chinanews.com/gn/2015/11-29/7646305.shtml。

部门通过抽样测算出全国贫困人口总规模，再根据各省（自治区、直辖市）的贫困发生率等因素将贫困人口指标分配到省（自治区、直辖市），省（自治区、直辖市）依规分解到市县，乡村两级的贫困人口指标分解因缺乏统计部门数据支撑，采取贫困人口指标分解的指标数据依据包括下一级（乡、村）行政中心到上级地区行政中心距离、乡（村）地势类型、基础设施状况、公共服务水平、农民人均纯收入、上年度贫困发生率和农村居民年末户籍人口数等指标数据。贫困人口指标分解到村后，采取自下而上的贫困人口识别过程，实施“一公告、两公示”的识别程序。由农户自愿提出贫困户申请，行政村或村民小组召开村民代表大会进行民主评议，形成初选名单，并由村委会和驻村工作队核实后进行第一次公示，经公示无异议后报乡镇人民政府审核，乡镇人民政府对各村上报的初选名单审核确定全乡（镇）贫困户名单，在各行政村进行第二次公示，经公示无异议后报县扶贫办复审，复审结束后在各行政村公告，公告结束后通过录入全国扶贫信息系统汇总形成贫困人口名单。扶贫对象精准管理主要通过建档立卡工作来完成。贫困对象识别出来后，就贫困对象的基本情况、发展需求等进行摸底调查，收集信息。信息收集完毕后，将信息建档立卡，并录入全国扶贫开发信息管理系统，同时对建档立卡扶贫对象进行有进有出的动态管理。扶贫对象建档立卡工作包括扶贫对象信息采集与录入、扶贫对象动态管理等。

师市根据国务院扶贫办关于建档立卡和精准识别的相关文件精神，根据兵团《关于印发兵团 2017 年度扶贫对象建档立卡工作方案的通知》（兵扶领发〔2018〕5 号），颁发《第三师图木舒克市扶贫对象建档立卡工作方案》，要求各团场对所有符合现行国家及自治区扶贫标准的贫困人口进行重新识别，按照“一申请、一评议、两公示、一比对、一公示”等识别程序核查核实后，全部纳入建档立卡管理，做到“应纳尽纳、应扶尽扶”。具体标准为：2017 年度人均纯收入低于 3130 元，或人均纯收入高于 3130 元，但不符合“两不愁，三保障，一接近”要求且人均纯收入低于 4750 元的贫困人口。贫困发生率高于 3%的连队认定为贫困连队，有贫困人口但贫困发生率低于 3%的连队为非贫困连队。

同时，师市组织开展建档立卡的宣传动员工作。组织召开建档立卡动员会，并通过公告栏公告、发放宣传手册、媒体宣传等方式宣传贫困户识别标准、程序和贫困户享受的扶持政策等，提高建档立卡工作的知晓率。各团场根据实际专门成立建档立卡工作组，要求工作组人员一旦确定不能随意调换；由团场纪委监委牵头成立建档立卡工作督查组，对建档立卡工作中存在的腐败和作风问题加强查处力度。

在上述政策的引领下，师市紧紧围绕“扶持谁”的问题，坚持精准识别，做实建档立卡，搞清楚师市贫困底数，夯实打赢脱贫攻坚战的基础。摸清致贫原因、贫困人口分布情况，做到有的放矢。经过摸排，确定主要致贫因素是缺土地、缺劳动力和因病因残，这些因素致贫户数占总数的 83. 78%（其中缺土地 919 户，占比 46. 58%；因病因残致贫 385 户，占比 19. 51%；缺劳动力 349 户，占比 17. 69%）。在 2016 年建档立卡基础上，师市率先启动 2016 年建档立卡数据库更新工作，对 16 个农牧团场连队所有居民进行了全面筛查，认真执行贫困户申请、入户调查、签字确认、连团评议、公告公示等流程，做到程序到位、标准严格、公开透明、群众认可。根据统计，师市建档立卡贫困户共有 10184 户 35399 人，贫困发生率为 15. 8%。经过审核确认，2015—2016 年，师市共计 7502 户 25491 人实现脱贫。2016 年，师市未脱贫建档立卡贫困户 2871 户 10700 人，其中含新增识别认定的贫困户 385 户 1359 人，贫困发生率由 15. 8%降为 4. 55%。建档立卡做到一户一本台账、一户一个脱贫计划、一户一套帮扶措施，做到因户施策、因人施策，倒排工期，不落一人。

在完成建档立卡工作的基础上，师市扶贫办于 2016 年 2 月开展建档立卡“回头看”工作，于 2016 年 8 月再次组织“回头看”工作，并深入分析数据，及时反馈。2016 年 9 月中旬，师市率先在兵团启动2016年建档立卡数据库清洗更新工作，对16个农牧团场连队所有居民进行了全面筛查，认真执行贫困户申请、入户调查、签字确认、连团评议、公告公示等流程，做到程序到位、标准严格、公开透明、群众认可。

2017年建档立卡工作结合师市“三个专项行动”成果，清退错评人员、纳入漏评人员，规范户籍信息，核实基础信息。经统计，2017年师市建档立卡脱贫1425户6001人，未脱贫建档立卡贫困户5099户20242人。

2018年，围绕“扶持谁”的问题，坚持精准识别，摸清贫困底数，统一标准，按照“户有卡、连有表、团有册、师有卷”的四级建档原则，对脱贫攻坚各类档案进行规范管理。建设扶贫信息化大数据平台，实现信息资源整合，以建档立卡实现对扶贫对象的精准化识别，打造精准到人到户、精准帮扶的坚实工作基础。

2019年，参照自治区标准，组织44团、51团的60多名扶贫干部到泽普县进行学习，然后在44团、51团建立2个连队示范点，由师市扶贫办进行评估，然后在全团进行推广，按照示范点模板操作。为了保证资料精准度，对27个连队的建档立卡工作进行多次检查，同时对已经脱贫摘帽团场进行检查，提高识别的精准度。

（二）访惠聚与结对帮扶，着力解决“谁来扶”的问题

精准帮扶是在精准识别的基础上，深入分析致贫原因，落实帮扶责任人，优化整合扶贫资源，逐村逐户制定帮扶计划，集中力量予以扶持。按照“中央统筹、省负总责、市县抓落实”工作推进机制，实行脱贫攻坚一把手负责制，省市县乡村五级书记一起抓扶贫。出台《脱贫攻坚政策责任制实施办法》，对中央、省级、市县、东西扶贫协作和对口支援单位、定点扶贫单位、军队和武警部队等脱贫攻坚责任进行了明确规定，构建各负其责、合力攻坚的精准帮扶责任体系。

驻村帮扶是精准扶贫精准脱贫的一项重要制度创新，充分体现了我国扶贫工作的制度优势。以“因村派人精准”为导向的驻村帮扶主要作用在于着力解决“谁来扶”的问题。师市在推进脱贫攻坚的过程中，将“访惠聚”工作与脱贫攻坚的驻村帮扶工作紧密结合起来。深化拓展“访惠聚”工作。充分发挥“访惠聚”各派出单位和驻连工作队的组织、人才、技术优势，大力宣传中央和各级党委扶贫开发、强农惠农富农政策，深入推动政策落实。把争取人心和凝聚人心做为根本要求，把脱贫攻坚作为保障和改善民生的重要任务，采取超常规措施，拿出过硬办法，凝聚各方面力量，协助加快脱贫致富步伐，改善贫困团场和连队生产生活条件，实现所驻连队贫困户人均可支配收入增长幅度高于兵团平均水平，逐步解决师市区域性整体贫困问题。带领派驻连队开展贫困户识别和建档立卡工作，帮助领导班子制定和实施脱贫计划；组织落实扶贫项目，参与整合涉农资金，积极引导社会资金，促进贫困户脱贫致富；帮助选准发展路子，培育职工（群众）合作社，增强“造血”功能，改善贫困团场和连队生产生活条件，发展连队经济、增加职工收入，拓宽职工群众多元增收渠道。“访惠聚”工作队每名成员要带头联系 1 户以上贫困户，每年公开承诺办理实事好事 2 件以上，并接受群众监督。充分发挥“第一书记”推动作用。连队“第一书记”要紧紧围绕精准扶贫开展工作，结合深化“访惠聚”驻连工作，认真履行维护社会稳定、建强基层组织、推动精准脱贫、为民办事服务等主要职责。要求“第一书记”认真做好建档立卡贫困户的精准识别和退出工作，并带头联系 2 户以上贫困户，每年公开承诺办理实事好事 3 件以上，并接受群众监督。指导制定发展规划，帮助发展产业，监督好扶贫项目资金的使用。从 2017 年起师市财政统筹安排好“第一书记”每年 2 万元的工作经费，派出单位认真落实“第一书记”生活补助等措施，充分发挥职能优势、资源优势，与“第一书记”责任捆绑、项目捆绑、资金捆绑，进一步加大支持保障力度。团场党委相关部门要严格按照“第一书记”的工作职责和工作任务，切实抓好对“第一书记”的日常联系和管理考核工作。

2018年，师市制定出结对帮扶推进精准脱贫的办法：各帮扶干部深入到结对贫困户家中开展帮扶，重点做好“四送一做”。一是送温暖。本着尽力而为、量力而行的原则，积极帮助贫困户解决生产、生活中的实际困难；二是送政策。结合贫困户的生产、生活和思想实际，积极宣传党的惠民政策和师市党委的系列重大决策部署，宣传经济发展的先进典型和致富经验，帮助贫困户解放思想，更新观念，开阔眼界，拓宽致富思路；三是送技术。根据贫困户的实际情况，对有条件外出务工的贫困户，组织参与各类技能培训。对从事种植养殖的，要引导和帮助帮扶对象掌握1—2门实用技术；四是送文明。提升贫困户文明素质和文明习惯，弘扬尊老爱幼、互助互爱的社会新风尚。提倡说文明话，做文明事，助推文明脱贫。规定兵团帮扶干部2个月入户1次；师市帮扶干部2个月入户1次；团场帮扶干部半个月入户1次；连队帮扶干部1周入户1次。

在上述结对帮扶的基础上，兵团地区为了更好地落实精准扶贫政策，构建了专项扶贫、行业扶贫、社会扶贫和援疆扶贫“四位一体”的结对帮扶体系，构成融合了兵团体制特点的“兵团大扶贫格局”。师市在兵团大扶贫格局的构建和运作当中的创新和亮点突出，自2010年起，广东省开始对口支援师市，9年间，双方联合进行了兵团扶贫机制、兵团扶贫措施等多方面的创新，尤其在兵团推进新型城镇化改革之后，援疆工作队和师市的联结更加紧密，合作范围更为广泛。由此体现出兵地粤联动提升扶贫格局的整体性；“地方示范嵌入型援疆扶贫”推动基层社区治理；“访惠聚工作队”助力兵团扶贫人才培养等兵团大扶贫格局的创新性特点和机制。师市协调推进社会、专项、行业、援疆“四位一体”大扶贫格局，整合并用好精准脱贫、向南发展、对口援疆、以工代赈等各方面资金，实现多方力量、多种举措有机结合和互为支撑。落实兵团、师市、团、连、广东援建市结对帮扶全覆盖，确保每个团场、连队都有上级部门和援疆省市定点联系和结对帮扶，每个贫困户都有一个以上的挂钩帮扶责任人，不脱贫不脱钩不撤队伍。

（三）“七个一批”与“五个加大力度”，着力解决“怎么扶”的问题

在通过建档立卡解决了“扶持谁”的问题、通过驻村帮扶解决了“谁来扶”的问题之后，精准扶贫的核心问题就转入到“怎么扶”的问题，其政策依托是“五个一批”的分类施策体系。

师市在落实中央决策部署的前提下，结合自身特点，为解决“怎么扶”的问题，在精准施策上下功夫，着力推进“七个一批”，做到因地制宜、一户一策、精准到人。

解决住房安全保障扶持一批。集中住房、连队基础设施和公共服务设施，实行差别化安全住房保障措施，保障贫困人口住房安全。

实施土地清理再分配扶持一批。推进连队居住区复垦和连队高标准农田建设，增加贫困家庭耕地面积，提高贫困人口种植收入。

转移就业扶持一批。2016 年，出台《兵团特困人员救助供养实施办法》。对破产、关闭和特困企业下岗职工、城镇失业人员以及团场贫困职工等特殊困难群体，在生活、就业、就医、子女就学、冬季取暖等方面遇到的特殊困难进行解决。困难群体就业、再就业问题作为扶贫帮困的首要任务，真正让那些有工作能力的人能够自食其力。按照自治区、兵团的有关文件，享受失业保险金和失业两年以上未就业的人员（含两年以上未就业的大中专毕业生、城镇退役义务兵、转业士官）享受下岗职工再就业的各项优惠政策。已享受“低保”的人员再就业的，也可享受下岗职工再就业优惠政策。实施“一家一”就业工程。党政机关以及事业单位处级以上领导干部和企业经营管理人员对就业困难家庭实行“一家一”帮扶，帮助下岗职工、

失业人员及困难家庭转变择业观念，鼓励和帮助他们多渠道就业，大力提倡并帮助他们通过自谋职业、到非公有制经济组织就业、组织劳务输出等多种途径实现就业。一家全部下岗或没有一人就业的，力争一家至少一人实现就业和再就业。加强劳动力市场建设，完善就业服务体系，广泛开展再就业援助行动。通过上门指导、贴近服务、专项扶持、持续社会保险等援助措施，积极为下岗职工、失业人员和其他兵团劳动力就业和再就业提供机会。规范各类企业包括非公有制经济组织的用工行为，凡需用工的单位，招用当地具备条件的人员上岗就业原则上不能低于用工总量的40%。优先帮助国有停产、破产企业的劳动模范实现转岗再就业，无法实现再就业的，可享受企业停产破产前的工资待遇，企业无力支付的，从扶贫帮困资金中补助解决。设立就业资金，对困难群体人员实行小额短期贷款担保和贷款贴息等办法，帮助其实现就业、再就业。有市政管理职能的师，采取政府购买保洁、保绿、保安、保养等公益性岗位，对特殊困难群体实行托底安置，帮助其实现就业和再就业。2017年，制定《兵团关于向社会力量购买服务的实施意见》，落实就业创业。

易地扶贫搬迁扶持一批。采取以跨团场为主、团场内部为辅的双向调整安置形式优先安置贫困家庭人口，落实搬迁优惠政策，带动搬迁贫困人口脱贫。

产业发展带动一批。师市积极培育新型经营主体，带动贫困户和贫困人口发展。师市财政下拨扶贫资金2140万元用于扶持农业专业合作社发展和培育新型经营主体。师农业局、劳动局、国资公司、团场担保贴息鼓励贫困户发展养殖业，进行能繁母畜补贴，畜牧业呈现蓬勃发展态势，存栏量持续增长。

综合社会保障兜底扶持一批。确保低保政策和扶贫政策有效衔接，综合使用低保、社会救助和医疗保障等各类政策，通过社会保障兜底脱贫。

加大健康扶贫力度防止因病致贫因病返贫脱贫一批。全面落实医保政策，确保参保率达到100%，实现贫困人口看得起病、看得好病。

在脱贫攻坚取得初步成效的时机，为进一步巩固脱贫成果，师市推进“五个加大力度”，补齐基本公共服务及基础设施短板。

一是加大安全住房保障力度。将改善贫困人员住房和乡村振兴战略、连队居住区整合相结合，通过增减挂政策在原址新建连队抗震安居房、盘活团场闲置存量房等方式，满足安全住房要求。

二是加大教育扶贫力度。坚持优先发展教育事业，全面实施15年免费教育，确保“两免一补”全覆盖；保障“两后生”接受良好的职业教育，实现考入师市职校具有中等职业学校全日制学历的一、二年级在校学生全覆盖，一律免收学费、住宿费、教材费，不断提高职业教育学生的国语水平。加强贫困团场学校硬件建设，加强教师队伍建设，优化教师结构，提升国语教育水平。完善控辍保学工作机制，保障贫困团场学生接受公平有质量的教育，贫困家庭学生有学上、上得起学、不辍学。

三是加大健康扶贫力度。继续实施全民健康体检和健康扶贫“三个一批”行动，确保师市8600名贫困人口每年体检率达到100%。进一步降低贫困人口医疗费用个人自付比例。落实贫困人口大病保险起付标准降至60%，对原大病保险支付比例提高5%的范围由特困家庭参保人员扩大至贫困人口，对二级以上（含二级）医疗机构住院报销比例提高5%。加强传染病、地方病、慢性病防治工作，加大疾病与残疾预防控制和健康促进力度。统筹基本医疗、大病保险、医疗救助、商业健康保险等保障措施，实行联动报销，实现贫困人口大病救助全覆盖，重病兜底保障全覆盖，慢性病签约服务全覆盖。加强基层医疗基础设施建设，实现连连有卫生室。确保健康扶贫落实到人、精准到病。

四是加大连队整治力度。通过实施连队整治，按照“产业兴旺、生态宜居、乡风文明、治理有效、生活富裕”的总体要求，推进美丽小康连队建设。按照缺什么补什么的原则，着力改善贫困连队基础设施建设，提升基本公共卫生服务水平，实现贫困连队“五通七有”。利用44团、51团贫困连队整治契机，引导公共资源向贫困连队延伸，补齐连队基础设施、基本公共服务和民生短板。大力推进贫困连队人居环境整治，加快贫困连队节水改造、小型农田水利工程建设，提高农业水资源利用效率。

五是加大扶志扶智力度。加强教育引导，开展扶志扶智教育活动，创办脱贫攻坚“农民夜校”“讲习所”等，加强思想、文化、道德、法律、感恩教育，弘扬自尊、自爱、自强精神，防止政策养懒汉、助长不劳而获和“等靠要”等不良习气。鼓励贫困连队总结推广脱贫典型，宣传表彰自强不息、自力更生脱贫致富的先进事迹和先进典型，用身边人、身边事示范带动贫困群众。加大以工代赈实施力度，动员更多贫困群众投工投劳。积极推进移风易俗，在贫困连队开展“新生活、新气象、新秩序”活动，对贫困户改水、改厕、改变生活方式给予适当补助。坚持自治、法治、德治相结合，教育引导贫困群众弘扬传统美德、树立文明新风。加强对高额彩礼、薄养厚葬、子女不赡养老人等问题的专项治理。深入推进文化扶贫工作，提升贫困群众的公共文化服务获得感。

在这“五个加大力度”的政策中，均详细安排了主体单位和配合单位，明确了责任主体，有力解决了脱贫攻坚“怎么扶”的问题。

（四）考核评估与后续帮扶，着力解决“如何退”的问题

贫困退出是脱贫攻坚成效的重要体现。实施最严格的考核评估体系，着力解决“如何退”的问题是脱贫攻坚政策体系最重要的组成部分。《关于打赢脱贫攻坚战的决定》要求，建立贫困户脱贫认定机制，制定严格、规范透明的国家贫困县退出标准、程序、核查办法。2016年，中共中央办公厅、国务院办公厅印发《关于建立贫困退出

机制的意见》，对贫困人口、贫困村、贫困县的退出标准和程序以及工作要求做了详细规定。

根据兵团脱贫攻坚部署安排，兵团整体在2019年要实现贫困团场脱贫摘帽。根据中共中央办公厅、国务院办公厅《关于建立贫困退出机制的意见》（以下简称《意见》）、国务院扶贫办《贫困县退出专项评估检查实施办法（试行）》（以下简称《办法》）和《兵团党委、兵团打赢脱贫攻坚战巩固脱贫攻坚成果实施方案》，兵团扶贫办为扎实做好2019年贫困团场退出工作，制定了贫困团场退出工作考核评估工作方案。师市的退出工作按照该方案进行。

根据《意见》和《办法》，贫困团场退出主要考核评估综合贫困发生率，参考脱贫人口错退率、贫困人口漏评率和群众认可度三项指标，检查脱贫攻坚部署、重大政策措施落实、基础设施和公共服务改善，后续帮扶计划及巩固提升工作安排等情况。综合贫困发生率是退出考核评估的主要指标，指建档立卡未脱贫人口、错退人口、漏评人口三项之和，占申请退出贫困团场的连队户籍人口的比重。连队综合贫困发生率高于3%或仍有贫困连队未退出的，团场不得摘帽。此外还有脱贫人口错退率、贫困人口漏评率和群众认可度的参考指标。错退人口，指收入没有稳定超过国家扶贫标准、没有稳定实现“两不愁、三保障”的建档立卡脱贫人口。漏评人口，指符合贫困识别标准但未纳入建档立卡的农业户籍人口。群众认可，指脱贫户、贫困户、一般农户及团连干部等对脱贫攻坚政策、帮扶措施及成效、脱贫退出等认可、认账。贫困团场退出程序包括团场申请、师市初审、兵团考核评估、公示征求意见、批准退出等程序，其中第三方实地考核评估在退出评估中占据重要位置。

后续帮扶计划及巩固提升工作安排是解决“如何退”问题的重要内容。为此，师市制定政策，从四个方面入手巩固脱贫攻坚成果。

一是坚持推进劳动力转移就业。通过“长期转移稳定就业”“劳务输出”“季节性用工”三种方式，巩固贫困人口人均可支配收入。

对于长期转移就业的贫困人口劳动力纳入输入单位职工统一管理，实行同工同酬，劳务输出必须由连队扶贫工作站统一组织协调，分类分批输送；季节性用工由连队扶贫工作站做好动态监测管理。人社局充分发挥转移就业牵头抓总的作用，加强与用人企业、单位沟通协调，落实就业岗位，达成用工协议，清理各类公益性岗位，统筹管理、统一使用。做好稳定就业技能培训，将贫困人口劳动力培训纳入团场年度培训计划，依托第三师图木舒克市职业技术学校，以企业需求为导向，集中三个月（当年12月至次年2月）开展订单培训、定向培养，努力提高贫困人口劳动力职业技能，加快师市贫困人口劳动力转移。

二是精准补齐基础设施民生短板。已脱贫团场以缺什么补什么为原则，重点围绕基础设施、基本公共服务，全面梳理贫困团场、连队通路、通电、住房、饮水、人居环境等方面存在的短板，查找义务教育、基本养老保险和基本医疗保险、大病保险全覆盖、最低生活保障应保尽保等方面存在的问题，查漏补缺，提升脱贫攻坚质量。

三是建立脱贫群众稳定增收长效机制。对已脱贫团场、连队，根据当地产业特点和优势，因地制宜，推动农业可持续发展。加大招商引资力度，吸引有扶贫意愿、带动能力强、增收效果好的龙头企业、种养大户等经营主体，采取折股量化、流转土地经营权等方式，完善经营主体与贫困户联动发展的利益联结机制，实现资源变资产、资产变资本、农民变股东，不断拓宽增收渠道，进一步增加贫困户的经营性收入、工资性收入、财产性收入。

四是坚持脱贫攻坚与乡村振兴战略有机结合。脱贫攻坚期内，已脱贫团场乡村振兴的主要任务是巩固脱贫攻坚成果。对已脱贫团场和连队要深入开展“回头看”，持续开展跟踪问效，坚持摘帽后责任落实、政策落实、工作落实力度不减，继续强化对已脱贫人口帮扶，做到“扶上马、送一程”。建立健全贫困动态监测、资金投入、产业扶持、社会帮扶和政策保障方面的长效机制，防止脱贫后返贫和新增贫困发生。

与此同时，师市注重做好贫困对象动态管理工作。根据习近平总书记关于“精准扶贫首先要打牢基础、做实做细建档立卡、实现动态管理”的重要指示，按照自治区、兵团关于做好贫困户动态管理相关要求，精心组织实施，对贫困户信息进行精准动态调整。通过严格程序纳入贫困户，做到应纳尽纳，严格落实贫困户精准退出机制，做到入户精准核查、精准记录、精准评估，严格落实贫困户动态管理。

三、第三师图木舒克市脱贫攻坚的保障体系

2015 年 12 月，中共中央、国务院《关于打赢脱贫攻坚战的决定》出台，对脱贫攻坚进行了全面部署。2018 年 6 月，根据党的十九大关于打赢脱贫攻坚战总体部署和各地区各部门贯彻落实打赢脱贫攻坚战的进展及实践中存在的突出问题，中共中央、国务院出台了《关于打赢脱贫攻坚战三年行动的指导意见》，进一步完善顶层设计、强化政策措施、加强统筹协调，推动脱贫攻坚工作更加有效开展，也为各地开展精准扶贫精准脱贫提供了总的政策遵循。为确保精准扶贫工作顺利推进，我国逐步建立起精准扶贫的责任体系、政策体系、投入体系和监督考核体系等多个保障体系。

坚持精准扶贫精准脱贫基本方略，结合师市实际，第三师图木舒克市市委市政府积极贯彻习近平总书记关于扶贫工作的重要论述和视察新疆的重要讲话精神，全面贯彻落实中央、自治区、市决策部署，各方均取得了显著成绩。回首师市扶贫脱贫攻坚历程，历届市委市政府高度重视扶贫开发工作，一以贯之谋发展，一张蓝图绘到底，尤其是在精准扶贫脱贫攻坚阶段，市委市政府扶贫开发领导小组、脱贫攻坚指挥部坚持以兵团深化改革切入脱贫攻坚、以脱贫攻坚统揽经济社

会发展全局的顶层设计和战略部署，组织架构更加坚强有力、科学清晰优化，组织保障深入到位，人才干部精干能干，资金拨付到位高效，创新组织经验扎实有效。

（一）党建引领，夯实战斗堡垒

习近平总书记强调，要把扶贫开发同基层组织建设有机结合起来，真正把基层党组织建设成为带领群众脱贫致富的坚强战斗堡垒。师市深入贯彻落实党的十九大精神和习近平新时代中国特色社会主义思想，结合新疆区域特点和兵团深化改革目标任务，紧紧围绕社会稳定和长治久安总目标，以师市少数民族聚居未脱贫的 44 团、51 团等深度贫困团场为重点，聚焦贫困人口和贫困团场脱贫摘帽，以扶贫攻坚问题为导向，以丰富基层党建载体为依托，充分发挥基层党组织战斗堡垒作用和党员先锋模范作用，实现党的建设和精准扶贫精准脱贫两手抓、两融和、两促进，夯实脱贫攻坚的基层基础，为确保师市全面完成脱贫目标提供坚强的组织保障和强大动力。

一是加强基层党组织阵地建设和队伍建设，夯实脱贫攻坚基石。首先是选优配强团场党委领导班子，强化龙头带动作用。坚持从脱贫攻坚一线选拔政治素质高、熟悉团场社会发展、富有基层工作经验、推动脱贫攻坚有力的干部进入团场领导班子。严格落实“脱贫攻坚期间，团场党政正职原则上不得调离”要求，保持团场党委领导班子相对稳定。其次是加强连队组织建设，筑牢脱贫攻坚战斗堡垒。优化连队党组织设置，突出抓好以连队党支部为核心的基层组织建设，着力把连队党支部建设成为各项工作的领导核心。把基层服务型党组织建设和脱贫攻坚结合起来，教育引导广大党员干部群众坚决贯彻落实中央、兵团和师市党委全力推进精准脱贫的决策部署。采取以强带弱、以大带小的方式，不断构建以连队党支部为核心，以龙头企业、产业基地、合作组织、专业协会等为支撑的精准扶贫组织体系，切实增强基层党组织引领脱贫致富能力。以连队“两委”选举为契机，积极谋划部署，做好摸底研判，严把人选标准，明确资格条件。按照选拔政治素质高、群众威信高、致富带富能力强、群众工作能力强的“双高双强”标准，从党员致富带头人、返回团场创业人才、合作经济组织负责人、大学生连官、退伍军人等优秀人才中选拔连队“两委”班子人选尤其是党支部书记，改善班子结构，提高整体素质，增强带领群众脱贫攻坚的战斗力和执行力。采取培训、帮带、见习、试岗、跨团交流挂职等措施，抓好连级后备干部培养储备，切实解决好连队“两委”班子后继乏人问题。持续整顿软弱涣散党组织。

二是发挥党员模范作用，突出示范带动。首先，以提高党员带头致富、带领职工群众共同致富能力为目标，实施把党员培养成致富带头人、把致富带头人培养成党员的“双培”工程。鼓励和支持党员领办创办专业合作社、家庭农场、发展特色产业、农畜产品电子商务，通过党员与贫困户结对子、民族团结一家亲等形式，每名党员干部至少结对帮扶 1 户建档立卡贫困户。依托基地鼓励引导、大力扶持、逐步壮大连队党员和致富带头人队伍，形成一人带一户、一户带一片、一片带一连的良好格局。其次，激发干部队伍内生动力。坚持政治上激励、工作上支持、待遇上保障、心理上关怀，确保贫困团场连队干部安心、安身、安业，不断改善贫困团场连队工作和生活条件，激发干事创业热情。结合开展“学、转、促”专项活动，加强贫困团场干部队伍思想政治建设，弘扬求真务实作风，引导广大党员干部学在先、做在前，将认真履行脱贫攻坚责任、满腔热情做好扶贫工作，作为贫困团场党员干部学讲话、转作风、促落实的重要标准，推动形成“扶真贫、真扶贫、真脱贫”的鲜明导向。团场党委书记和分管领导、政工办负责人，每月至少要同贫困团场连队干部谈心谈话 1 次，听取意见，交流思想，解决困难，提出要求。

三是注重抓党建宣传引导，凝聚脱贫攻坚共识。充分发挥师市各类主流媒体作用，大力宣传抓党建促脱贫攻坚的重要意义、目标任务和经验做法，营造良好舆论氛围。充分发挥“第一书记”和“访惠聚”驻连工作队的作用，通过“访民情”走连入户宣讲以及远程教育平台、广播、电视、报刊、网络等宣传手段，引导贫困职工群众改变“等靠要”心理，结合“民族团结一家亲”活动，建立结对认亲干部经常联系贫困户制度，帮助贫困职工群众树立脱贫攻坚的决心信心。坚持以点带面，深入挖掘、广泛宣传基层党组织和党员干部带领职工群众脱贫攻坚的鲜活典型、生动事迹，用身边人身边事引导和激励贫困职工群众向标杆学习、向标杆看齐，切实调动贫困职工群众主动脱贫、勤劳致富的积极性和主动性，努力形成以党支部引领产业富民、以党员致富带富服务群众脱贫致富，坚决打赢脱贫攻坚战的良好氛围。

四是加大工作督查力度，形成抓党建促脱贫攻坚长效机制。师市要求各团场党委把抓党建促脱贫攻坚作为工作督导的重点，切实加强工作指导和调度，并将专项督查情况作为团场领导班子和领导干部考核的重要依据。针对督查中发现的问题，采取召开片区会、组织现场观摩、项目观摩等形式，集中精力破解难题。师市每半年、团场每季度开展督查，调度重点工作推进情况，梳理问题清单、整改清单，通报督查调度情况。每年至少组织开展 2 次现场观摩，比思路、比干劲、比实效，倒逼形成比学赶超、增比进位的良好氛围。要求团场党委和连队党支部要把抓党建促脱贫攻坚作为一项常态化工作来抓，按照以党建引领脱贫、以脱贫带动发展、以发展夯实基础的思路，统筹推进各项工作任务落实，紧盯基层党建工作中存在班子“三力”（凝聚力、吸引力、战斗力）不强、引领发展作用不突出、党员队伍管理不严、先锋作用发挥不好等短板，想方设法筑牢脱贫攻坚堡垒，建强脱贫攻坚队伍，培育脱贫攻坚人才，锻造脱贫攻坚先锋，凝聚脱贫攻坚合力，增强脱贫攻坚保障，形成抓党建促脱贫攻坚长效机制。把脱贫攻坚工作纳入“第一书记”和“访惠聚”驻连工作队年终目标责任考核的内容，其中，因党组织软弱涣散导致脱贫攻坚任务落实不到位的连队，在第一书记和“访惠聚”驻连工作队任期内未能实现整顿提升的，第一书记和“访惠聚”驻连工作队年度考核不得评为优秀。

（二）统筹整合，强化资金保障

扶贫资金作为攻坚扶贫的动力源泉，利用好扶贫资金，创新金融扶贫机制，加强扶贫资金监管，是助力脱贫攻坚、提高脱贫攻坚成效的重要保证。师市围绕深化兵团改革、全力打好脱贫攻坚战中心任务，按照兵团财政管理体制改革实施方案，建立健全完善师市现代财政管理制度，充分发挥财政在经济发展和社会稳定中的职能作用，推进财政事权和支出责任划分改革。根据《中华人民共和国预算法》《中央财政专项扶贫资金管理办法》《关于支持试点贫困县推进财政涉农资金统筹整合使用的意见》《新疆生产建设兵团财政扶贫资金管理实施办法》等有关规定，进一步加强和规范财政扶贫资金管理，树立“大财政”理念，制定资金统筹实施方案，提高资金使用效益，形成“多个渠道引水，一个池子蓄水，一个龙头放水”的扶贫投入新格局，多措并举全力打造脱贫攻坚资金保障硬机制，建立“以财政资金为主，引导金融和社会资金参与”的扶贫资金整合机制，撬动扶贫资金实施精准扶贫，为脱贫攻坚提供资金保障。

一是加强和规范扶贫资金管理。师市制定和颁发《第三师图木舒克市财政扶贫资金管理实施细则（试行）》（以下简称《实施细则》），要求财政扶贫资金应当围绕脱贫攻坚的总体目标和工作要求，统筹整合使用，形成合力，发挥整体效益。财政扶贫资金的支出方向必须围绕贫困团场摘帽、贫困连队退出、“五通七有”、“五个一批”、贫困户脱贫来安排，必须符合师市深度贫困脱贫攻坚实施方案和年度深度贫困脱贫攻坚计划。坚持资金精准使用和安全高效相统一的原则，在精准识别贫困人口的基础上，把资金使用和建档立卡结果相衔接，与脱贫成效相挂钩，增强资金使用的针对性、精准性和实效性，切实使资金惠及贫困人口。《实施细则》明确指出，财政扶贫资金分配向深度贫困团场倾斜，使资金向脱贫攻坚主战场聚力。按照师市脱贫攻坚目标任务，围绕“转移就业促进增收、发展生产促进增收、土地整治促进增收、生态补偿促进增收、社会保障兜底提高生活水平”，“加大安全住房保障力度、加大教育扶贫力度、加大健康扶贫力度、加大连队整治力度、加大扶志扶智力度”，结合各团场扶贫开发工作实际，重点培育和壮大贫困团场产业、改善小型公益性生产生活设施条件、增强贫困人口自我发展能力和抵御风险能力等，因户施策、因地制宜，合理确定财政扶贫资金使用范围，做到扶贫资金到连到户、精准高效。

二是建立扶贫资金整合和项目统筹的联席会议会商制度。2016年，由财务（财政）局牵头，发展改革委、纪委、统战部（民宗局）和审计局、残联配合，扶贫开发领导小组统筹协调，以整合财政专项扶贫资金为重点，建立扶贫资金整合和项目统筹的联席会议制度。合理统筹财政专项扶贫、以工代赈、兴边富民、少数民族地区发展等各类专项扶贫资金和项目，集中向扶贫攻坚重点领域和范围倾斜。各级各部门加强工作协调，建立健全制度机制，从规划编制，项目申报审批、建设实施等环节共同加强项目统筹和资金整合，确保扶贫重点区域和辐射带动作用明显的重大项目的资金投入。

三是建立项目库强化扶贫资金使用效率。按照“连队申报、团场审核、师市审定”的基本原则，44 团、51 团的连队“两委”和扶贫工作站积极发挥作用，深入贫困群众家庭充分征求意见，根据贫困户致贫原因和一户一策帮扶措施编制项目精准到户到人，建立项目库。《实施细则》规定，“项目库建设结合脱贫攻坚实施方案按年度分类，落实到脱贫攻坚的具体项目，明确项目实施单位及其责任，确定项目完成时限和绩效目标。要充分发挥财政扶贫资金的引导作用，以脱贫成效为导向、以脱贫攻坚实施方案为引领，加强与年度脱贫攻坚计划、行业部门项目计划的衔接，按中央、兵团、师市相关规定做到应统尽统，提高资金使用精准度和效益。项目库中的项目要在对贫困人口、贫困连队、深度贫困连队精确瞄准的基础上，围绕师市、团场脱贫攻坚计划，做到进连入户、相对集中，统筹安排、优化配置，突出重点、补齐短板。项目建设内容要符合当地自然资源条件、市场环境和贫困户脱贫需求。项目库实行动态化管理，团场可根据脱贫攻坚计划实施及有关政策调整情况适时更新调整，并逐级报备师市审查、审核”。

四是加大金融扶贫力度，创新机制用好小额贷款。为更好地打赢脱贫攻坚战，师市不断创新模式，加大金融扶贫力度，用好小额贷款，助力建档立卡贫困户积极发展实现脱贫致富。一是师市分管领导亲自挂帅，统筹协调，多次召开联席会议，积极推动农业银行加强与财政、金融、扶贫等部门及贫困团场的工作联系。二是小额贷款方式由团贷户用调整为户贷户用，大大提升小额贷款扶贫精准性和金融扶贫带动效应。三是积极探索建立健全贷款风险补偿基金机制，落实财政贴息政策。四是扶贫办派专人牵头协调农业银行深入贫困连队进行摸排。五是扶贫小额贷款摸排工作实现建档立卡贫困户全覆盖，推动金融扶贫“应扶尽扶”“能贷尽贷”。六是创新服务，由第一书记、连支书、连会计、结对帮扶干部及银行客户经理组成联查小组上门服务，宣传政策、讲解办理流程。

五是加强资金监管，确保资金使用安全。师市积极创新财政专项扶贫资金监管模式，通过“六项举措”强化扶贫资金“事前”“事中”“事后”监管。一是建章立制，做好扶贫资金监管制度建设。结合实际相继出台了财政扶贫资金管理实施细则等一系列规章制度。二是精准施策，科学编制扶贫项目资金计划，实现资金和项目无缝对接。三是公示公告，确保扶贫资金运行公开透明。扶贫项目资金推行师、团、连、户四级公告公示制，接受群众广泛监督。四是压实责任，行业部门牵头负责项目实施。明确细化行业主管部门脱贫攻坚职责任务，推动各行业主管部门履行行业主体责任。五是重点治理强化扶贫资金专项监督检查。扶贫办联合师市纪委监委、发改委、财政局等部门对所有团场2014—2018年扶贫资金使用开展集中专项检查2次，涉及各类项目资金累计11.71亿元。六是严格执纪，加大扶贫资金监督问责力度。对专项检查中发现的典型问题通报曝光，倒逼问题单位及时整改。对涉及违纪违法违规的严重问题，移交纪检监察机关查处。

（三）考核巡查，完善监督体系

党的十八大以来，围绕着脱贫攻坚目标的落实，2016年，中共中央办公厅、国务院办公厅联合印发《脱贫攻坚督查巡查工作办法》（以下简称《办法》），《办法》规定对中西部22个省（自治区、直辖市）党委和政府、中央和国家机关有关单位脱贫攻坚工作的督查和巡查。由国务院扶贫开发领导小组根据当年脱贫攻坚目标任务，制定年度督查计划，督查内容涉及脱贫攻坚责任落实情况、专项规划和重大政策措施落实情况、减贫任务完成情况以及特困群体脱贫情况等。督查坚持目标导向，着力推动工作落实。同时，国务院扶贫开发领导小组根据掌握的情况报经党中央、国务院批准，组建巡查组，不定期开展巡查工作。巡查坚持问题导向，着力解决突出问题，巡查的重点问题包括：干部在落实脱贫攻坚目标任务方面存在失职渎职，不作为、假作为、慢作为，贪占挪用扶贫资金，违规安排扶贫项目，贫困识别、退出严重失实，弄虚作假搞“数字脱贫”，以及违反贫困县党政正职领导稳定纪律要求和贫困县约束机制等。

师市认真贯彻落实党的十九大和习近平总书记关于打赢脱贫攻坚战的系列重要讲话精神，深入推进扶贫领域腐败和作风问题专项治理，推动脱贫攻坚目标任务的落实，根据中央纪委和兵团纪委安排部署，结合师市实际，制定出一系列关于督查巡查的政策文件。

加强考核巡查，组织建设是关键。根据《第三师图木舒克市脱贫攻坚专项行动方案》要求，师市建立脱贫攻坚组织保障专项行动组，由师市纪委监委、党委组织部、审计局、财政局和扶贫办 5 个机关及部门组成，由师市纪委监委统筹组织保障专项行动组各项工作。师市纪委具体负责扶贫领域腐败和作风问题专项治理工作。

师市纪委坚持问题导向，靶向监督，深入推进扶贫领域腐败和作风问题专项治理，主要工作围绕三个方面的问题展开。

一是坚决整治履行脱贫攻坚政治责任不力的问题。压紧压实团场党委履行主体责任、职能部门监管责任、纪检监察机关监督责任。重点围绕贯彻落实党的十九大精神和党中央关于打赢脱贫攻坚战的重大决策部署和工作要求态度不坚决、工作不扎实、敷衍应付，对脱贫攻坚组织领导、统筹协调和监督指导不够，落实管党治党政治责任不到位，对巡视巡察发现的问题整改不及时不彻底，对党员干部日常教育管理监督不到位，对扶贫、发展改革、建设、民政、水利、交通、农业、财政等行业主管部门和职能部门履行监管责任不力，在脱贫攻坚工作中制定实施政策措施针对性不强，监督缺位、管理不严，敷衍塞责、推诿扯皮、不作为、慢作为、乱作为等问题开展专项治理。

二是坚决查处扶贫领域腐败问题。针对巡视巡察督导检查发现的扶贫领域贪污侵占、虚报冒领、套取骗取、截留挪用、挥霍浪费、优亲厚友、吃拿卡要等突出问题，在扶贫项目及资金分配、审批、实施、验收工作中暗箱操作、以权谋私，影响扶贫政策项目资金实施等问题，向低保、危房改造、产业扶贫、金融扶贫等惠农资金动歪脑筋、伸黑手等问题坚决予以查处。

三是坚决整治扶贫领域形式主义、官僚主义等作风问题。紧盯在脱贫攻坚工作中“表态调门高，行动落实差”，以会议贯彻会议、以文件贯彻文件，工作流于形式，调研不深入等问题，在贯彻落实精准方略不到位，在扶贫工作中盲目决策，规划、计划和措施脱离实际、搞所谓的政绩工程，执行政策变形走样，搞变通、打折扣，搞虚假脱贫、数字脱贫、算账式脱贫，无故增加基层负担，结对帮扶群众不用心不用情，作风漂浮，流于形式，只挂名不落实，只说不做，说多干少，搞慰问式、走访式帮扶，群众反映的问题能解决不解决或不报告，对待群众作风霸道、态度蛮横，在服务群众中庸懒散慢虚粗等问题开展监督检查。

师市纪委发挥督查合力，全面收集问题线索，充分发挥巡视巡察在扶贫领域腐败和作风问题专项治理工作中的重要作用，严厉惩治扶贫领域违纪违法问题，不断加大追责问责力度，对扶贫领域的典型问题进行公开通报曝光，强化压力传导，促进责任落实，督促团场党委及有关职能部门改进工作、完善政策、健全制度、强化监管、堵塞漏洞。教育党员干部时刻紧绷纪法之弦，让党员干部知敬畏、存戒惧、守底线。

第四章

强化稳定脱贫：第三师图木舒克市产业就业扶贫经验

2016年7月，习近平总书记在宁夏考察时强调："发展产业是实现脱贫的根本之策。要因地制宜，把培育产业作为推动脱贫攻坚的根本出路。"[①] 习近平总书记的重要论述，以及"五个一批"中"发展生产脱贫一批"的首项摆位、"五个振兴"中"产业振兴"的首要定位，表明产业扶贫是打赢脱贫攻坚战最有力最可靠的支撑。针对就业扶贫，习近平总书记在东西部扶贫协作座谈会上明确指出，"一人就业，全家脱贫，增加就业是最有效最直接的脱贫方式。长期坚持还可以有效解决贫困代际传递问题。"[②] 发展产业，带动群众就业是促进群众增收最直接最有效的路径，也是脱贫致富最有力的内生资源。师市地处塔克拉玛干沙漠西北边缘，资源条件和生态环境制约突出，贫困程度较深，产业发展和基础设施薄弱，一二三产业融合发展水平低，城镇和产业带动就业能力弱。在兵团体制下，师市承载着劳武结合、屯垦戍边、向南发展、兵地民族融合的厚重时代使命，滞后的产业就业发展状况及其引发的贫困问题将成为师市"稳定器、大熔炉、示范区"的显著制约因素。因而，在边疆要塞突破天然桎梏，开发在地性产业带动就业，促进经济社会发展，实现从"屯垦戍边"向"产业就业戍边"的发展升级成为师市履行使命和脱贫攻坚的关键环节和根本之策。近年来，师市持续发力，探索出独具"兵团特色"的产业就业扶贫模式，实现了强化优势产业、均衡产业结构、稳定就

① 宁夏社会科学院编：《宁夏经济发展报告2018》，宁夏人民出版社2018年版，第49页。
② 中共中央党史和文献研究院编：《习近平扶贫论述摘编》，中央文献出版社2019年版，第104页。

业增收、提升致富能力、激发地域活力的总体成效。师市产业开发、带动就业的扶贫模式，成为对十九届四中全会提出的“兴边富民”要求的积极回应。

一、兵团产业就业扶贫的意义与价值

党的十八大以来，以习近平同志为核心的党中央围绕脱贫攻坚作出一系列重大部署和安排，全面打响脱贫攻坚战，其中以开发式扶贫为主，救助式、保障式扶贫为辅的精准扶贫模式，成为我国新时代脱贫攻坚的新方略。产业就业扶贫正是“开发式扶贫”的核心要务，又好又快地发展产业，增强贫困地区自主造血能力，是提升其经济发展水平的必由之路；就业扶贫则以产业发展为依托，在调动扶贫对象的主体性、积极性、创造性方面起到主导作用。师市地处南疆四地州，产业发展受到自然与区位因素的显著制约，产业短板直接导致师市成为新疆生产建设兵团脱贫攻坚的主战场、全国脱贫攻坚任务最为艰巨的区域之一。深耕禀赋、破解困境、因地制宜地加强产业开发，并以产业带动就业，对于师市乃至兵团打赢脱贫攻坚战具有特殊重要的意义。

（一）再建边疆产业中心，传承创新丝路精神

“丝绸之路”是西汉时张骞和东汉时班超出使西域开辟的以长安、洛阳为起点，经甘肃、新疆（西域、葱岭），到中亚、西亚，并连接欧洲各国的陆上商业贸易通道，这条绵延7000余公里的长路，是东方与西方之间经济、政治、文化交流的重要载体。第三师图木舒克市地处塔克拉玛干沙漠西北边缘，位于中国进入中亚、南亚、西亚

乃至欧洲的国际大通道中心位置，与喀什地区共享“五口（岸）通八国、一路连欧亚”的地缘优势。在古丝绸之路繁盛之际，师市曾是丝绸之路上的一座重镇，是西部产业发展、中西多元交流的核心。在师市乃至丝绸之路全程沿线，伴随丝绸之路绵延开来的不仅是产业的发展和经济的繁荣，更有长存的“艰苦创业、团结互信、平等互利、包容互鉴、合作共赢”的丝路精神。在新时期“一带一路”倡议的背景下，以农业深耕为基础，以工业化发展为先导，以产业带动人口聚集为主线，成为重新点亮师市这颗丝路上璀璨明珠的关键，更是传承地域文化、弘扬地域精神、承载新丝路新梦想的必由之路。

（二）破解产业就业困局，推动师市脱贫攻坚

师市地处南疆四地州，基于区位限制与民族特点等诸多因素的叠加影响，长期以来师市的产业开发和就业情况均不甚理想。在产业发展方面，师市的经济结构很不合理，长期以来，师市的经济发展始终过度依赖第一产业，工业化水平低、规模小且质量差，第三产业基础薄弱且增长缓慢，而且农业产业的发展较为粗放，资金投入少，技术落后，产品附加值较低。特别是专一发展农业种植的传统观念导致师市在自然环境恶劣、土地资源贫瘠、水资源短缺的条件下，陷入越种越穷的恶性循环。在就业情况方面，基于低端且不均衡的产业发展水平，师市难以建立起科学稳定的就业机制，叠加维吾尔族群众国语水平低、主观就业愿望不强、参与产业分工的技术能力弱，导致师市呈现出就业率低、劳动力就业的产业分布不均衡、家庭收入低的局面，特别是在师市的诸多少数民族团场，从事农业生产的劳动力人口占70%以上，贫困发生率较高。因而，破除制约条件，大力发展产业，优化产业结构，实现资源优化配置，使各产业实现协调发展，不断提升产业发展的合理化和高级化，成为师市地域经济跨越式发展的重中之重，亦是带动稳定就业、合理配置劳动力分工、打赢脱贫攻坚战的

根本之策。

（三）发展产业稳定就业，助力兵团向南发展

在新疆生产建设兵团脱贫攻坚战场的总体格局中，南疆贫困人口多，贫困程度深，脱贫攻坚任务重。基于历史原因，兵团在发展中形成了“北重南轻”的格局，加之自然条件较差、生态环境脆弱，兵团南疆师团的基础设施条件薄弱，工业化水平低，经济总量占兵团经济比重低，实力相对较弱。近年来，以习近平同志为核心的党中央从国家层面进行顶层设计，采取特殊措施支持南疆发展，高瞻远瞩地作出了加强兵团在南疆发展的重大战略部署，旨在推动南疆经济社会的结构性发展，维护边疆稳定，造福各族群众。“新疆一盘棋、南疆是棋眼，棋眼一活、全盘皆活”，新疆生产建设兵团第七次党代会报告更是用这一形象说法，巧妙说明兵团向南发展是维护新疆社会稳定和长治久安的关键布局。毫无疑问，南疆的稳定需要经济发展作为依托，经济发展需要产业来支撑，而发展产业的主要目的便在于提供就业和集聚人口，这三者环环相扣。因而，依靠产业发展和稳定就业凝聚力量，提供地域经济社会发展的根本保障，是打赢脱贫攻坚战的核心举措，也是贯彻落实新时代党的治疆方略的重要任务，更是推动屯垦戍边向产业就业戍边延展的关键步伐。

（四）增强稳定脱贫能力，保障脱贫持续长效

在脱贫攻坚战的决胜阶段，彻底打赢这场历史性战役，“输血”帮扶是必要条件，“造血”脱贫方为根本之道。在脱贫攻坚的过程中，形成可持续的长效机制，确保脱贫不返贫当属核心任务。而“产业开发，带动就业”正是切实提升脱贫能力、全面实现脱贫成效、巩固与维系脱贫成果的重要基石。针对师市乃至兵团整体而言，

产业就业脱贫更具有战略意义。在兵团建设历史上，由于兵团在战略选位的过程中，坚守不与民争利和艰苦创业的优良传统，使得诸多团场身处的区位深受自然条件制约，直接导致产业条件不利，群众的脱贫致富渠道不畅。在产业发展落后的总体背景下，少数民族群众又普遍表现出就业意愿不强、技能落后的劣势，导致脱贫致富能力不足。因而，在兵团开展产业就业扶贫虽任务艰巨，但同时具有相当大的空间。在师市、兵团的脱贫攻坚过程中，需着力弥补其脱贫致富的先天禀赋不足，充分利用当地的资源、人力优势，发展地方经济支柱产业，促使产业带动地方经济发展，解决就业问题，直接增加贫困户收入，并保持稳定脱贫，不致返贫，阻断贫穷代际传递，确保脱贫可持续。总而言之，产业开发带动就业对于实现当前脱贫与长期发展具有重要而深远的意义。特别是针对兵团这个党政军企高度统一的特殊体制而言，增强脱贫能力，确保脱贫的持续性，是关涉边疆稳定和协调党政军企全面发展的核心要务。

二、产业就业扶贫的政策体系设计

产业就业扶贫的政策体系是推动相关扶贫工作开展的制度性基础，系列政策的制度创新及其精准指导，成为师市开展一系列产业就业扶贫实践工作的重要依托。一般而言，产业与就业扶贫政策虽然可细归为两个具体层面，各成体系，且具有系统性、连续性和渐进性，但师市的产业和就业扶贫的系列政策在各自完善的基础上，两者之间存在着联通协同的紧密关系，主要体现在：其一，系列产业扶贫政策和就业扶贫政策作为关联版块，协同成为师市宏观综合性脱贫攻坚政策的重要结构。其二，产业扶贫政策在经济开发的先头环节给予脱贫以根本保障，就业扶贫政策的延展直接受益于产业开发的政策落地。

其三，就业扶贫政策不仅是产业扶贫政策的结果，而且唯有合理、匹配、均衡的就业扶贫政策才能够成为产业扶贫政策设置、实施的重要支撑。总而言之，师市的产业扶贫政策与就业扶贫政策互相影响、互相建构，采取“产业升级+贫困户就业”的共创共赢合作新模式，凝聚形成政策合力、政策组合拳，政策落实掷地有声，实际效果精准显著。

（一）嵌入综合性脱贫攻坚政策，建立稳定脱贫长效机制

围绕脱贫攻坚工作，师市颁发了一系列综合性政策文件，旨在建章立制，全面综合统筹，总体上推动脱贫攻坚的持续深化。在站位和立意更高的综合性脱贫攻坚政策文件中，加大产业扶贫力度，确保稳定就业脱贫始终作为扶贫核心着力点被强调与倡导。关于产业扶贫和就业扶贫的思路、意见、对策，成为师市脱贫攻坚系列综合性政策文件中的重要结构性要素。

中共第三师图木舒克市委员会于2018年4月16日印发《第三师图木舒克市打好脱贫攻坚战三年行动方案（2018—2020年）》（以下简称《方案》），旨在通过三年的集中攻坚和不懈奋战，确保到2020年实现贫困团场全部摘帽、贫困人口全部稳定脱贫，和全国各族人民同步全面进入小康社会。《方案》在“精准施策，实施五个一批”的版块将“通过发展产业扶持一批”和“通过转移就业带动脱贫一批”放在核心位置，提出“坚持宜农则农、宜林则林、宜工则工、宜商则商、宜游则游，完善产业扶持政策，加快推进稳粮、优棉、促畜、兴特色”的总体性举措。在发展产业的带动下，《方案》聚焦贫困团场，实施三年贫困人口就业计划，整合用好精准脱贫、向南发展、对口援疆、以工代赈等各方面资金。要求按照“一人就业、全家脱贫”的目标，组织和引导连队贫困人口向师市城镇、企业、园区和疆内外

转移。引导建档立卡贫困户到纺织服装类企业就业，从开展岗前培训，加强员工管理、保障收入稳定、实现社会保障等几个方面做好工作。师市园区企业必须优先招录建档立卡贫困人员，塑造企业文化，培养员工的集体观念、组织观念、纪律观念，解决好招录员工生产生活中遇到的困难，做好安置工作。对少数民族员工要加大国语及技能的培训，实现“稳得住、留得下、能脱贫”的目标。两个深度贫困团场要积极对接，对符合条件的人员，必须实现稳定就业，对有“等靠要”依赖思想的贫困人员，采取“帮教转”等措施，促使稳定就业。①

以《方案》为宏观方向，师市党委办公室于 2018 年 11 月 10 日印发《第三师图木舒克市党委关于打赢脱贫攻坚战巩固脱贫成果的实施方案》（以下简称《实施方案》），意在各个具体层面推动脱贫攻坚任务的深入展开，并将实现贫困团场和贫困人口全部脱贫的任务提前到 2019 年完成。《实施方案》明确“发展产业促进增收”的具体举措，即按照“龙头企业+合作社+贫困户”模式，推动每个贫困连队建立一个科学化、标准化、规模化的种植或养殖合作社；推行“农业+互联网”经营模式，扶持发展电子商务；以“文化+旅游”突出发展旅游产业；推动生活性服务业加快发展，带动脱贫；在居住区扶持发展“卫星工厂”、“扶贫车间”和“扶贫加工厂”，为贫困劳动力提供更多的就业岗位。落实兵团和师市国有企业精准扶贫责任，通过发展产业、对接市场、安置就业等多种方式帮助贫困户脱贫。

2019 年 3 月 26 日，师市扶贫开发领导小组印发《第三师图木舒克市脱贫攻坚专项行动方案》（以下简称《专项行动方案》），成立了产业扶贫专项行动组和转移就业扶贫专项行动组，《专项行动方案》对产业扶贫专项行动组提出主要任务：优化种植业结构实现增收；林

---

① 资料来源：《第三师图木舒克市打好脱贫攻坚战三年行动方案（2018—2020 年）》。

果业提质增效实现增收；发展畜牧业实现增收；大力发展庭院经济；加快实施电商精准扶贫工程；完善物流建设和开拓农产品市场；加大科技扶贫力度；加大援疆扶贫力度。围绕此8个方面，进一步提出具体的工作任务，如到2019年底在贫困连队建设电商扶贫站点27个，扶持电商扶贫示范网店10家以上；对没有劳动能力的贫困户，由养殖合作社带动，贫困户以畜禽入股分红的模式，年收益不低于15%等。《专项行动方案》规定转移就业扶贫专项行动组具体负责：（1）政府购买服务解决就业促增收。对建档立卡贫困户，通过政府购买服务形式解决贫困人口就业。一是选聘生态护林员解决贫困人口就业；二是聘用保洁、保安、环卫工人等公益性岗位解决贫困人口就业。（2）转移就业促增收。按照师市贫困人口劳动力转移就业实施方案：一是园区企业解决就业；二是利用卫星工厂解决贫困人口就业；三是向乌鲁木齐市及疆内其他地区转移就业；四是向内地援疆省市转移就业。（3）一户一人就业。年度拟摘帽贫困团场、连队“零就业”贫困家庭至少有1名劳动力稳定就业，实现一户一人就业。① 综合看来，两个行动组虽各自负担职责、任务，但在政策指引的脱贫攻坚行动过程中，产业扶贫专项行动组和转移就业扶贫专项行动组在目标、具体做法、执行效果方面均有极强的匹配性和关联性。

总而言之，师市总体性、综合性的脱贫攻坚政策文件始终大力强调产业扶贫和就业扶贫的重要意义，并在宏观层面加以指示与引导，此类政策文件的高站位、高效力成为推动产业扶贫、就业扶贫的重要支撑和动力。并且，综合性的脱贫攻坚政策将产业扶贫和就业扶贫加以整合，以实现产业就业同构发展，相辅相成，升级为脱贫攻坚的政策合力。在综合类政策文件的框架下，师市各涉及产业扶贫、就业扶贫的相关部门也通过颁发专项政策文件、建构健全政策体系的方式推

① 资料来源：《第三师图木舒克市脱贫攻坚专项行动方案》。

动此项工作的持续进展，真正以政策带动了产业扶贫和就业扶贫的深化与升级。

（二）建构系统性产业扶贫政策，保障地域经济持续发展

师市始终将产业扶贫放在“五个一批”脱贫工程的首要位置，坚持产业发展与精准脱贫相结合的脱贫攻坚路线，积极完善产业扶贫的政策体系。通过多年的摸索、提升、创新，形成了一套具有全面性、完整性、连续性、系统性的产业扶贫政策体系，成为推动师市产业扶贫取得实效的制度根基。师市产业扶贫政策体系独具特点，其亮点主要由农业产业扶贫系列政策、招商引资系列优惠政策、电商扶贫政策构成。

其一，农业产业扶贫系列政策。

鉴于师市产业的资源禀赋和历史传统，农业产业始终是师市发展产业不可动摇的基础核心，因而，在产业开发助力脱贫攻坚的过程中，师市尤为注重农业产业的深耕与延展，而并非一味向二三产业高度倾斜。近年来，师市农业农村局在保持政策连续性、稳定性的基础上，积极探索创新脱贫攻坚政策举措，逐年设定《农业产业扶贫专项实施方案》，其具体措施主要集中在：优化种植业结构实现增收；林果业提质增效实现增收；发展畜牧业实现增收；加快实施电商精准扶贫工程；大力发展庭院经济；加大科技扶贫力度；加大援疆扶贫力度等几个核心方面。系列性的《实施方案》持续推进农业产业扶贫进程。在打赢脱贫攻坚战的关键年，按照《兵团党委、兵团打赢脱贫攻坚战巩固脱贫攻坚成果实施方案》要求，并贯彻落实好《兵团农业局打赢脱贫攻坚战巩固脱贫攻坚成果工作方案》，师市农业局于2019年3月发布《第三师图木舒克市农业局打赢脱贫攻坚战巩固脱贫攻坚成果工作方案》，提出“着力加大产业扶贫力度”，主要包括：

（1）深入实施贫困团场特色产业提升工程，按照以奖代补模式，鼓励贫困连队开展土地综合整治、高标准农田建设、林果业提质增效、畜禽良种改良，通过提高单产、提升农产品质量，促进贫困户增收；（2）因地制宜推广先进适用技术，发挥大学、科研院所和农技推广站的技术优势，统筹联系，支持贫困团场加快发展对贫困户增收带动作用明显的种养业、林果业、农产品加工业，积极培育和推广有市场、有品牌、有效益的特色产品；（3）充分利用兵团团场改革土地清理成果，督促、指导团场、连队通过民主程序，将收回的土地优先分配给有劳动能力、有耕作意愿的建档立卡贫困户，提高贫困户土地承包面积，帮助贫困户脱贫；（4）加大对家庭农场和合作社发展的支持力度，引导成立农工合作社，推广订单帮扶、土地流转、生产托管等有效做法，实现贫困户与现代农业发展有机衔接。实施电商扶贫，支持贫困团场建设连（村）电子商务服务站点，完善新型农业经营主体与贫困户联动发展的利益联结机制；（5）支持发展庭院经济，将庭院经济作为提高土地资源利用率、改善人居环境、促进增收的重要抓手，对贫困户购买苗木、建设拱棚、圈舍、围墙等以奖代补给予补贴，促进庭院经济健康可持续发展。① 以农业产业扶贫为基础，师市展开了全面的产业扶贫专项政策体系建构工作。

其二，招商引资系列优惠政策。

在巩固农业基础，深化农业产业优势的同时，师市深刻认识到欲打赢脱贫攻坚战，大力发展第二三产业势在必行，因为第二三产业在经济发展的收益性、拓展性、带动就业等诸多方面远强于第一产业，因而，摆脱对第一产业的高度依赖、均衡产业发展对于脱贫攻坚工作尤为重要。师市在此方面探索形成了一套完整、系统的政策体系，其中，“招商引资系列优惠政策”成为推动产业升级发展的关键要素。

① 资料来源：《第三师图木舒克市农业局打赢脱贫攻坚战巩固脱贫攻坚成果工作方案》。

如商务局于2018年7月25日出台了《第三师图木舒克市招商引资优惠政策》（以下简称《优惠政策》），以鼓励、支持国内外投资者到师市投资兴业，加快推进城镇化、新型工业化、农业现代化建设进程，促进师市经济社会快速、持续发展。其重点发展的产业有：纺织服装类；农副产品加工类；装备制造业类；现代服务业类；高新技术类；基础设施类。政策覆盖税收优惠、财政扶持、建设用地政策、固定资产投资扶持政策、用电用水用气相关政策、银行贷款贴息政策、进出口奖励政策、用工补贴政策、创新创业上市政策、配套服务政策等诸多方面。举例而言，在税收优惠政策方面，《优惠政策》规定，2010年1月1日至2020年12月31日，对在喀什经济开发区兵团分区内新办的属于《新疆困难地区重点鼓励发展产业企业所得税优惠目录》范围内的企业，自取得第一笔生产经营收入所属纳税年度起，5年内免征企业所得税，免税期满后，再免征企业5年所得税地方分享部分，即企业所得税“五免五减”。2010年1月1日至2020年12月31日，对在草湖产业园、图木舒克市工业园及辖区团场新办的属于《新疆困难地区重点鼓励发展产业企业所得税优惠目录》范围内的企业，自取得第一笔生产经营收入所属纳税年度起，第一年至第二年免征企业所得税，第三年至第五年减半征收企业所得税，即企业所得税“两免三减半”。自2011年1月1日至2020年12月31日，对设在西部地区的符合《西部地区鼓励类产业目录》相关规定的企业按15%的税率征收企业所得税。在建设用地政策方面，《优惠政策》规定，在师市土地利用总体规划确定的中心城区允许建设区范围外，使用未利用地建设产业园区、引进产业项目的，获得国有土地使用权的单位和个人免交土地出让金。在师市土地利用总体规划确定的中心城区允许建设区范围内使用未利用地的工业项目，工业用地出让最低价可按所在地土地等级相对应《全国工业用地出让最低价标准》的50%执行。在园区内租赁土地兴办工业项目的，由园区管委会以出让方式取得土地使用权后出租给企业，实行前5年免收租金、后5

年减半收取租金的优惠政策，未经批准，租赁方不得将土地转租。①总体而言，师市主要以劳动密集型产业入手，辐射各类产业，陆续出台了一系列制度办法，独具优势，真正使师市成为产业发展的巨大磁场。

其三，电商扶贫政策。

地处深度贫困的南疆四地州，使得师市的产业发展缺乏必备的区位优势，且难以与外界建立起实体产业关系网，这对于师市拓展产业覆盖面、提升产业水平助力脱贫攻坚可谓一大挑战。鉴于此，发展电子商务，弥补区位劣势，成为师市产业扶贫的突出特点。基于师市电子商务起步较晚、基层较为薄弱的劣势，2016 年 11 月 7 日，师市商务局、财务局、扶贫办联合颁发《第三师图木舒克市电子商务进农村综合示范工作推进方案》《第三师图木舒克市电子商务进农村项目实施细则》《第三师图木舒克市电子商务进农村综合示范资金管理办法》三个文件，意在以农村流通现代化为目标，以信息化促进产业发展为方向，搭建农村电子商务运营平台，加快推进师市电子商务进农村综合示范工作，有效促进电子商务产业快速发展。三个文件在集散仓储中心建设改造、团场—社区—连队电子商务物流体系建设、师域电子商务平台和公共服务中心建设改造、农村电子商务人员培训等诸多方面提出了具体的指导性、操作性措施和数量质量要求。经过几年的政策加码与实践努力，师市的电子商务得到了长足发展，并成为带动脱贫的重要要素。

在产业扶贫取得一系列阶段性成果的同时，师市并未急于敲锣打鼓迎接胜利，而是持续推进相关工作的深化与升级。师市产业扶贫专项行动组为“强化后续帮扶、巩固提升成果、实现稳定脱贫”发布了《师市产业扶贫专项行动组后续脱贫攻坚部署和巩固提升方案》，提出深入实施产业扶贫，全面推广“美丽庭院”、物流配送、电子商

① 资料来源：《第三师图木舒克市招商引资优惠政策》。

务等精准扶贫工程；以发展产业、扩大就业、促进创业“三业并举”，强化后续帮扶；吸引符合师市实际的各类支持农产品精深加工和流通企业来师市投资建设，围绕特色资源及优势资源，提升农产品档次和附加值等具体部署和方案①，为巩固产业发展成果，帮助贫困人口真正脱贫、不返贫提供了坚实的制度保障。

综上所述，师市各相关部门针对产业扶贫形成了专项政策，精准地提出建议、指导并制定方案。总体而言，师市的产业扶贫政策文件以农业产业扶贫为重要着力点，兼顾第二、三产业，既有效挖掘师市的农业产业资源禀赋，延伸产业链条，提升产业发展能力，也着力在薄弱环节取得突破，均衡产业结构，提升地域的综合性产业发展水平，使产业开发真正成为脱贫攻坚的不竭动力。

（三）完善精准性就业扶贫政策，助力贫困人口顺利脱贫

一般而言，就业扶贫是通过就业援助、就业培训、创业带动就业等措施，提升贫困劳动力就业创业能力、帮扶贫困劳动力实现稳定就业，促进贫困家庭尽快脱贫。主要的扶贫措施包括：扶持贫困劳动力稳定就业、免费技能培训、创业扶持、鼓励企业吸纳建档立卡贫困人员等。师市的就业扶贫政策体系在上述各个方面立体性地展开，特别是针对少数民族贫困群众就业扶贫的特殊政策。师市的就业扶贫政策一方面链接和对应着产业扶贫政策的系列举措和成果，另一方面又对推动产业扶贫政策的演进发展产生重要影响。归根结底，师市的就业扶贫政策主要集中在“就业安置脱贫”和“语技双培促进就业”两个方面，并全面联通产业扶贫政策，给予师市强化稳定脱贫以坚实的政策保障。

① 资料来源：《师市产业扶贫专项行动组后续脱贫攻坚部署和巩固提升方案》。

其一，就业安置系列脱贫政策。

2017 年 5 月 15 日，师市人力资源和社会保障局印发《第三师图木舒克市脱贫攻坚转移就业专项行动实施方案》，对就业扶贫任务进行了部署：一是企业就业安置一批，即依托师市现有“一区两园”师属企业及招商引资企业用工，优先安置师市各农牧团场贫困劳动力尤其是少数民族贫困劳动力就业增收；依托“卫星工厂”“经济合作社”等载体吸纳贫困人口长期稳定就业；有组织引导贫困劳动力在北疆师市企业就业；适当组织少数民族聚居团场未就业少数民族青年到援疆省市企业就业。二是灵活就业安置一批，即针对贫困劳动力就业特点，鼓励其通过季节性务工、短期务工等灵活多样的形式获得劳动报酬。重点组织贫困劳动力在特色餐饮业、农产品加工、商贸服务等行业灵活就业；组织贫困劳动力在建筑行业、棉花、红枣采摘、运输、加工等岗位从事季节性灵活就业实现劳务创收。三是自主创业安置一批，即通过创业培训、小额担保贴息贷款、民族贸易贴息贷款等扶持政策，引导、扶持有创业意愿和能力的贫困劳动力从事餐饮、商店、家政、装饰装修、运输、民族服饰制作、手工编织、地毯编制、养殖等创业增收；依托图木舒克市唐城购物广场、“百团万店”工程、“创业孵化基地”、“职工自主创业示范基地”、“电子商务进农村综合示范”等项目，鼓励贫困劳动力通过摆设摊位、开办小商店、民族餐饮店、五金建材店、小作坊等形式实现自主创业。四是强化专项就业服务，即结合每年开展的“就业援助月”“春风行动”“民营企业招聘周”等公共就业服务专项活动，为贫困劳动力搭建用工平台，加强就业岗位信息收集、整理和发布。重点掌握了解纺织服装企业等劳动密集型企业用工需求，定期发布企业用工信息，宣传引导贫困劳动力到此类企业就业增收。①

在逐年制定《第三师图木舒克市脱贫攻坚转移就业扶贫专项行

① 资料来源：《第三师图木舒克市脱贫攻坚转移就业专项行动实施方案（2017)》。

动方案》的基础上，2018 年师市在此方面加大政策力度，制定实施了《第三师图木舒克市关于印发“十三五”促进就业规划实施方案》和《第三师图木舒克市关于当前和今后一段时期就业创业工作的实施意见》等更加积极的鼓励就业创业政策，出台了促进富余劳动力就业的管理办法，不断细化、延伸、拓展和完善现行就业创业扶持政策。伴随就业扶贫的持续推进，师市人社局于 2019 年 3 月 15 日出台《师市转移就业专项工作组后续脱贫攻坚部署和巩固提升方案》，其政策亮点主要体现在：（1）对用人单位招用建档立卡贫困劳动力就业，依法签订劳动合同并用工一年以上的，按照每人 1000 元标准给予用人单位就业补贴；依法签订劳动合同并用工三年以上的，按照每人 5000 元标准给予用人单位就业补贴。对贫困劳动力开办的小商店、小餐厅、小超市、小作坊、小饭店等微创项目可按规定给予就业援助金补贴，补贴标准不超过 5000 元。（2）依托对口援疆和劳务输出工作，继续加强输出地与输入地的劳务协作，对开展有组织劳务输出的职业中介机构、人力资源服务机构，按其就业服务后实际就业的人数，按规定给予就业创业服务补贴，补贴标准不超过每人 150 元。对成功介绍团场贫困家庭劳动力与企业签订劳动合同且稳定就业 6 个月以上的职业中介机构或劳务经纪人，按规定给予每人 50 元的就业创业服务补贴。（3）加强就业服务，开展“一对一”精准帮扶，充分调动贫困劳动力就业积极性。组织公共就业服务机构为贫困家庭高校毕业生送政策、送信息、送岗位，让贫困高校毕业生掌握获取就业创业政策和招聘岗位信息的渠道。（4）结合师市园区企业用工需求，开展订单技能培训服务，为企业培养实用型技能人才。①

其二，“语技双培”促进就业系列政策。

基于少数民族贫困人口国家通用语言掌握程度不高，就业技能较为欠缺，就业意愿不强等特点，“多层面就业培训”成为师市就业扶

① 资料来源：《师市转移就业专项工作组后续脱贫攻坚部署和巩固提升方案》。

贫政策的重要环节，在此方面，师市将《兵团贯彻落实〈国务院关于推行终身职业技能培训制度的意见〉的实施意见》转发给各相关单位，并结合师市实际，提出以下三个方面的具体举措：（1）做好重点群体就业技能培训，包括实施失业人员和转岗职工特别职业培训计划、实施贫困劳动力转移就业培训计划、实施新引进人员岗前培训计划三项具体计划；（2）深入开展“两后生”技能培训，包括坚持就业导向，扎实开展好职业技能培训、坚持需求导向，鼓励“两后生”上职校学技能两个方面；（3）进一步完善机构设置，包括深化定点就业培训机构改革、深化职业技能鉴定机构改革两项内容。[①] 师市人力资源和社会保障局多年来，持续颁发了年度性的《第三师图木舒克市职业培训计划》，职业培训主要集中在：（1）各团场要进一步加大对辖区内“两后生”、就业困难人员及建档立卡的贫困劳动力开展职业技能培训和国家通用语言培训；（2）各团场及相关单位要切实加强职业技能人才培养工作，强化实际操作和职业素质培养，着力提高培训后的就业率，增强就业的稳定性。（3）各团场及相关单位要做好重点群体就业创业工作，围绕兵地融合、嵌入发展，加大创业培训覆盖面。对有创业意愿和创业条件的应届毕业生开展创业培训，切实提升就业创业能力。（4）各团场要充分运用政府购买服务成果的方式，引进第三方职业培训机构开展团场职业技能培训工作，要切实为职工做好服务工作。[②] 师市人力资源和社会保障局专门针对建档立卡贫困户，于2019年3月5日颁发了《关于对师市建档立卡贫困劳动力开展技能培训的通知》，要求进一步推进技能脱贫专项行动，促进有培训需求的建档立卡贫困劳动力开展职业技能培训，实现技能培训全覆盖。

综上所述，师市的就业扶贫政策主要集中在产业就地吸纳就业、

① 资料来源：《关于转发兵团贯彻落实〈国务院关于推行终身职业技能培训制度的意见〉实施意见的通知》。

② 资料来源：2017—2019年度《第三师图木舒克市职业培训计划》。

就业创业激励补贴、转移就业扶贫、扭转落后就业观念、语言和就业技能培训几个具体层面。另外，就业扶贫是以产业发展为基础的，只有产业发展才能够真正带动就业，从而从根本上帮助贫困人口实现脱贫能力的提升、致富能力的增强。因而就业扶贫方面的相关政策往往与产业扶贫紧密相关，两类政策精准匹配对接，相辅相成，成为师市脱贫攻坚政策体系的重要结构。

三、产业就业扶贫的特色做法与成效

（一）打造产业扶贫地域模式，夯实脱贫攻坚基础

产业扶贫的相关政策在宏观层面给予师市产业扶贫以方向指向和路线指导，而自精准扶贫、脱贫攻坚工作全面开展以来，在实践过程中，师市按照“扎扎实实打基础，突出重点抓特色”的发展思路，持续探索产业扶贫的良方良策，创造性地建构起诸多极具师市特色、兵团特色的产业扶贫做法，大力扶持培育龙头企业、专业合作社、家庭农场等新型农业经营主体，促进一二三产业融合发展，带动贫困户增收脱贫。其亮点主要体现在：依托农业禀赋，延伸农业产业链条；构筑产业扶贫基地，加快“一区两园”平台建设；搭建电子商务综合服务网络体系。

其一，依托农业禀赋，延伸农业产业链条。

一是打造“龙头企业+示范基地+专业合作社+职工”的运作模式。近年来，师市以团场综合配套改革为契机，积极培育农业新型经营主体。师市上下紧紧围绕兵团向南发展战略，依托师市在农业方面的资源禀赋，积极鼓励引导种植、林果、蔬菜、养殖、农家乐和设施农业等合作社的发展，引导连队能人、大户牵头组织成立农业专业合

作社，加大培育帮扶力度，加快构建新型农业经营体系，推动建立“龙头企业+示范基地+合作社+职工”的经营模式，并切实形成农户利益联合体。该模式之所以成功首先在于师市在开发农业产业的过程中积极“傍大款”，链接师市内外的典型龙头企业，并将其强劲实力、优势资本和先进技术作为发展的重要依托，在建立起师市与龙头企业联系的基础上，为龙头企业深入师市团场连队打开通路，着力建立起龙头企业在地投资发展的示范基地，切实拉近龙头企业与职工群众之间的关联。依托示范基地，各团场连队的群众职工，特别是贫困户，组建起专业合作社，实现在购买生产资料、先进技术引用、收购销售、利润分红等方面的统一，即建立起农户利益共同体。这对于依托农业禀赋、延伸农业产业链条，农业产业规模化技术化升级、促进农业产业发展升级，整合利益关系、实现精准脱贫具有非凡意义。

在种植业合作社方面，以“绿糖心”冬枣种植专业合作社为例，该冬枣种植项目于2011年立项，合作社成立于2015年5月，同月成功注册“绿糖心”冬枣商标品牌，于2016年4月通过国家绿色食品认证。在经验做法上的亮点主要体现在：第一，采取塔里木大学+冬枣基地+林业站技术管理+绿糖心冬枣种植专业合作社运作模式，特别聘请了塔里木农大植科院教授，根据生产需要进行技术培训，解答社员在生产中遇到的问题。依托专业技术资本，专业合作社不仅局限于对冬枣的服务，同时辐射带动灰枣、骏枣的管理。第二，生产全程采取多功能辅养枝授粉技术，利用异花授粉提高授粉率的同时实现一树二品，1.8米以下为冬枣，1.8米以上为绿糖心冬枣2号；采用复合有机生物菌肥发酵技术提高土壤肥力，为优质高产奠定基础；采用全园马齿苋地面覆盖技术提高花期枣园空气相对湿度，提高坐果率，同时收获附加产品马齿苋，供应餐饮行业和作为绿肥返田循环利用；采用花期放蜂提高坐果率，并获得附加产品冬枣蜜。第三，深化科技投入，冬枣种植合作社与巴州极飞农业航空科技有限公司合作引进8架打药无人机，一组为4架，每天每组连续作业1000亩。殷实的科技投入为冬枣健康生长提供了技术保障。第四，专业合作社定期对土壤进行测土化验，配方施肥。社员所需的农资由合作社统一采供，做到需什么补什么，并负责新技术的推广应用和市场信息的收集，建立市场信息反馈制度，根据年度总产，负责销售本社生产的产品。

通过几年的探索和发展，冬枣种植技术逐步成熟，本着共同脱贫、共同致富原则，现已发展社员 170 户，精准扶贫户 100 户，冬枣种植面积由 2012 年的 220 亩，发展到 1.14 万亩。现已建成 1000 吨气调库，为冬枣存储提供保障，并按国家质量认证的相关标准建设冬枣清洗、消毒、分级，包装厂房 1000 余平方米。借助团场“双创”平台建设，合作社现拥有 500 余平方米集产品展销、社员培训和商贸洽谈的基础阵地，现有管理和业务人员共 10 人，技术专家 2 名，技术人员 4 人。在加强自身人才队伍建设的同时，加大与科研单位的协作力度，现已与塔里木农业大学、山东济南果蔬研究所签订冬枣生产、加工、冷链、物流等技术指导合作协议。合作社依托现有冬枣种植品种已开发出冬枣蜜、冬枣一号、冬枣二号、冬枣干枣和冬枣片等系列产品。同时绿糖心冬枣种植专业合作社构建了销售信息网，在四川、上海、广州、北京、江苏、山东等国内主销区进行宣传推介活动。“绿糖心”被兵团确定为“十佳品牌”，合作社同时被评为“先进合作组织”。①

在畜牧养殖合作社方面，以东风农场绿波养殖专业合作社为例，该合作社位于东风农场场部东部，占地 300 亩，注册于 2013 年 6 月，注册资金 100 万元。合作社着力增加科技含量，以新型农民合作经营体制为依托，以“合作社+农户”的模式，坚持“六统一”原则，即“统一购买生产资料、统一品种、统一防疫、统一配种、统一出售产品、统一分红”，形成“家家有羊不见羊，户户有股能分红”的经营模式。在特色做法上，第一，抓结构调整，提高畜牧业整体效益。按

① 资料来源：《五十团“绿糖心”冬枣种植专业合作社申报材料》。

照“稳粮促草、兴牧强社、抚园增果”的畜牧业发展思路，定位了畜牧业畜群结构调整方向，引进和推广多胎羊等优良品种，提高了良种存栏及减少养殖成本。第二，抓规模养殖场及养殖合作社建设，坚持规模化、标准化、技术化的建设标准，并充分发挥养殖专业合作社的辐射、带动作用，解决养殖户畜产品的销售问题、技术服务、防疫服务。第三，认真贯彻落实《农民专业合作社法》，完善合作社的服务职能和机构建设，成立理事会、监事会等组织结构，按时召开会员大会，按照现代企业的管理理念经营合作社。第四，筹集资金，合作社通过争取少数民族聚居团场扶持资金 300 万元，争取师财政投资 300 万元，兵团援疆办建设饲草贮存及加工项目资金 118 万元，社员向建设银行贷款 600 万元，自筹 482 万元，总计筹措资金 1800 万元。第五，注册了“三师绿波”品牌，品牌效应使产品在价格上占优势，以生产无公害羊肉为目标，提高市场竞争力。第六，注重培训，全面提升合作社成员素质。为促进东风农场农民专业合作社的规范运行发展，场党委积极组织合作社理事长及社员参加兵师农场组织的各类合作社培训。合作社成立以来，共培训人员 420 人次。通过培训力争培养造就一批善经营、会管理、懂技术、有奉献精神、善于带领农民合作致富的专业合作社经营管理人才。

通过数年的高效运营，东风农场绿波养殖专业合作社共安排场内富余劳动力 27 人实现就业，人均收入 2. 4 万元，其中有农场基层连队贫困户 14 人，使农场基层贫困户完全脱贫，在脱贫的基础上，带动本场的养殖散户 340 余户入股合作社，实现年产值 1064 万元以上，直接带动职工家庭增收 278 万元，实现职工户均多元增收 8200 元，达到了从脱贫到致富的升级效果。①

除上述两个案例合作社以外，师市在农业产业的诸多领域均建构起典型性的专业合作社，如托云牧场刺绣合作社、依西勒波斯坦牛养

① 资料来源：《东风农场绿波养殖专业合作社汇报材料》。

殖专业合作社、新疆草湖绿美源合作社、图木舒克市盖美牧业养殖专业合作社、包尔其电商合作社、新疆叶河阳光农业股份有限公司链接的多个农业合作社等。据不完全统计，由师市农业局牵头，引导连队能人、大户牵头组织成立的农、林、牧、机等各类农业专业合作社已达 185 家，为职工群众农资购销、农机作业、农业保险、技术服务等产、供、销各环节的顺利推进奠定了坚实基础。合作社成为活跃农业经济的重要力量，对于贫困农户的脱贫具有不可替代的作用。“龙头企业+示范基地+专业合作社+职工”的运作模式真正链接起了各方主体，特别是帮助贫困农户掌握了技术、实现了规模化生产、享受了生产的全程服务、疏通了收购和销售等流通环节、增强了市场竞争能力、形成了利益共同体、直接促进了增收致富。

二是推广科学技术扶贫，深掘特色农业发展之路。师市在产业扶贫方面主要以农业产业的转型升级为核心，这主要是因为在区位、自然条件的限制下，师市难以瞬间进军高质量的二、三产业发展队列。因而，深耕农业产业，延伸产业链条，以农业为基础依托进而发展工业、服务业成为师市产业扶贫的特色道路。总体而言，师市在农业发展方面主要围绕“一红一白”，即红枣和棉花而展开。师市着力在此方面加大技术投入，以技术扶贫带动农业产业发展，以此为依托，提升地域性脱贫能力。

近年来，师市始终扎实推进农业产业方面的科学技术扶贫工作，以科学技术的普及与利用作为贫困户切实有效的脱贫法宝，其特色做法及对应成效主要有。

第一，积极开展科技培训。自 2019 年 2 月开始，科技局组织农科所、畜牧兽医站的 22 名技术人员分别深入 44 团、49 团、51 团、53 团的 38 个贫困连队和巴合齐乡的 3 个地方村进行农业技术培训，内容包括棉花、小麦、玉米、红枣的种植技术及养羊、养牛、养鸽子等养殖防疫知识，切实提高了团场职工群众的科学素质和生产技能。

第二，加大科技示范工作力度。争取兵团科技局项目资金建设科技示范基地：叶河阳光油蟠桃科技示范点、草湖绿美南疆林业产业科技示范园；建设科技示范点：51 团 13 连和 16 连油蟠桃科技示范点、51 团 4 连设施农业科技示范点、54 团林果节水科技示范点。在科技示范点的带动下，师市整体的农业产业科技化水平大幅提高，各项产业收益率高速增加。

第三，加强林果业技术指导。以提升果品品质为主攻方向，巩固完善 35 万亩红枣基地建设，做精 13 万亩苹果、香梨产业，改造低产低效果园，重点推进以“主干结果”为重点的简约化栽培模式及集成配套技术应用，同时，推行果草间作、种植绿肥，及林下间作小宗经济作物等，提高综合生产能力。与塔里木大学洽谈果园提质增效事宜，由塔里木大学教授针对师市果园生产情况制定提质增效技术方案。

第四，大力加强设施农业扶贫。如 44 团使用扶贫资金建设大棚 60 座，总建筑面积 48600 平方米。通过合理的蔬菜种植、合理施肥以及严格的温光控等方法提高大棚蔬菜种植的效益率，并开展大棚蔬菜种植的技术培训，应用大棚栽培技术，进行无公害反季节蔬菜生产。51 团的建档立卡贫困户艾山江·阿不都经过连队推荐、团场引导，免费种植约一亩地的大棚，秋季种植菠菜、油白菜、茄子，春季种植甜玉米，两茬下来，纯收入在两万元以上。①

第五，开展高标准农田建设，改善农业生产条件，有效推进农业规模化、集约化、专业化，节约土地资源，降低农业投入成本，减少面源污染，提高农业生产效益，推动农业增产增效，带动种植户增收，为脱贫攻坚发挥促进作用。例如，2019 年底，44 团的 13021 亩低质土地、节水灌溉项目已经全部完成，5000 亩完成特色种植。② 51 团的 20000 亩低质土地整治已完成，12000 亩节水灌溉改造已完成。③

① 张桂萍：《师市多措并举转移就业促脱贫》，《叶尔羌报》2018 年 11 月 26 日。

② 资料来源：《关于对第三师四十四团 2019 年脱贫摘帽考核评估的请示》。

③ 资料来源：《关于对第三师五十一团 2019 年脱贫摘帽考核评估的请示》。

师市在加大科学技术投入、探索技术扶贫创新模式的过程中，最为典型的案例便是与中国农业科学院棉花研究所就师市的棉花产业发展达成深度合作协议，助推“白色农业产业”的转型升级。南疆少数民族人口、贫困人口比例相对较高，棉花是职工群众增收致富的支柱产业。但由于普遍存在棉花管理粗放、种植理念陈旧、机械化程度低、种植成本高等问题，导致棉花产量偏低、品质较差、效益不高。为促进南疆棉花产业提质增效，深入贯彻中央关于兵团深化改革、向南发展的总体部署，落实《兵团与中国农业科学院全面合作框架协议》重点任务，提升科技支撑向南发展、科技助力精准扶贫精准脱贫的重要作用，2018 年起，兵团科技局支持由中国农业科学院棉花研究所牵头，在师市开展优质棉高产高效技术集成示范。该项目被列入 2018 年兵团“南疆重点产业科技支撑计划”，兵团财政科技经费支持 210 万元。项目实施在兵团科技局“访惠聚”驻连工作队协调下，以师市 51 团 4 连为核心示范区，辐射带动周边团场（地方县）棉花生产。项目实施以中国农业科学院棉花研究所最新的棉花新品系“中棉所 96A”为核心，探索形成“一膜三行”的新型栽培模式，从传统的“矮密早”种植模式转变为“宽早优”新模式，改善株间通风透光条件，实现了光温的有效利用；集成示范新型生物肥料和滴灌技术，实现水肥的高效利用；集成示范无人机植保、遥感监测、机采棉技术，实现了棉花生产的全程机械化。

项目实施采取产学研组团式科技帮扶、“土地流转+科技示范+科技扶贫”的运行机制，由新疆中农优棉棉业有限公司、中国农业科学院棉花研究所植棉技术标准化创新团队负责优质棉“良种+良法”的生产新模式，图木舒克银丰现代农业装备有限公司负责棉花全程机械服务，新疆沃达农业科技股份有限公司负责全程水肥运用，新疆疆天航空科技有限公司负责航空植保及大数据服务。按照“众筹合作、风险共担、利益共享”的原则，将棉花生产链“种水肥药械”五个环节以众筹的方式联系起来，实现了“种水肥药械”生产链一体化运作，形成了规模化技术经济联合体，创建了科技支撑向南发展、科技助力精准扶贫的师市新模式。

在扶贫成效方面，该模式促进了农民群众特别是贫困户增收致富，主要体现在，155 户农民（其中贫困户 14 户）自愿流转 1308 亩土地作为试验示范基地，项目团队本着让利于民的原则确定了每亩 650 元的土地流转价格，户均收入 5400 多元，不仅确保了农民土地的稳定收益，也解决了他们生产生活资金不足的困难；此外还有 22 户农民在基地内承包灌水、除草、打顶等农活，户均增收万元以上。①“技术经济联合体”为师市打赢脱贫攻坚战、实施乡村振兴战略提供支撑。以师市和喀什地区为中心的世界棉花生产核心圈正在逐步建成。

其二，构筑产业扶贫基地，加快“一区两园”平台建设。

“无农不稳，无工不富。”师市奋力突破自然条件制约，紧紧依靠“五口通八国”的区位优势，牢牢抓住喀什经济开发区兵团分区、兵团草湖产业园和图木舒克市工业园，即“一区两园”的发展平台，积极转变经济发展方式，大力调整产业结构，使工业经济呈现出多领域突破、多格局共存的多元发展格局。② 依托以“一区两园”为核心的产业基地，将师市重建为“一带一路”经济带上的产业重地，摆脱了高度依赖农业、二三产业残缺的困境，基本实现了产业的均衡发展。

一是积极构建产业园区，多元招商引资，助力产业扶贫。2013 年，依托喀什经济开发区兵团分区的政策优势和综合带动作用，兵团批准在 41 团草湖镇划出 10 平方公里打造兵团草湖产业园，同年升格为兵团级园区，将其作为兵团分区的产业承载基地，由兵团分区管委

---

① 资料来源：《关于中国农业科学院棉花研究所在第三师图木舒克市开展优质棉高产高效技术集成示范情况的报告》。

② 李晓辉：《三师、图木舒克市——一区两园带动工业发展》，《当代兵团》2014 年第 11 期。

会统一管理、统一建设、统一招商、资源共享。依据兵团草湖工业园总体规划，园区按照纺纱、织布、印染、裁缝及家纺等全工业链打造。兵团草湖产业园定位为“全国一流、世界先进”的纺织业基地、兵团向南发展和喀什对接丝绸之路经济带、中巴经济走廊战略的重要载体和平台、喀什地区低碳技术推广示范区、兵团新型工业化发展示范区。2014 年 6 月，广东省党政代表团赴兵团草湖产业园考察调研，以充分就业和长治久安为目标，明确了兵团草湖产业园重点发展纺织服装和食品饮料产业的发展方向，提出支持兵团草湖产业园建设 200 万锭广东纺织服装产业园的战略任务，推动对口援疆效益最大化。同时，把草湖产业园全力打造成棉纺织、针织、服装、家纺生产和培训、研发、展示、销售、仓储、物流等关联度强的产业承载基地，建成专业化程度高、公共运营成本低、行业领先的环保、创新型纺织服装工业园区。兵团草湖产业园还吸引汇源果汁、新天泉油脂、福乐麦客制粉等一批名优企业落地投产。其中，以汇源果汁为代表的品牌企业已拓展对外出口等业务，企业经济效益良好。草湖产业园获得中国纺织工业联合会授予的“全国纺织产业转移试点园区”荣誉称号。

以草湖产业园为平台，在此扎根的众多企业中，有多个在产业扶贫方面具有特色做法和突出贡献的典型企业。由东莞实业集团、东莞以纯集团、三师兴纺公司和山东德州恒丰集团四方联合投资设立的新疆东纯兴集团是广东援疆的标杆项目，也是援疆各省市中投资额最大的产业援疆项目，整个项目年生产能力为 100 万锭，一期、二期共 60 万锭已经全部达产，三期 40 万锭也有 14 万锭进入试产阶段。企业持续贯彻“强化管理、创新驱动、降本增效、和谐发展”工作总思路，从严从实管理，持续打好二次创业攻坚战。企业经营收入实现逐年“跳跃式”增长，2018 年销售收入 15 亿元。新疆东纯兴集团作为广东援疆标杆项目和草湖产业园龙头企业，累计吸纳近 1000 名疆外职工到公司就业，为兵团向南发展作出了积极贡献；积极主动推进兵地融合发展，接收周边地方县乡 4000 余人就业，其中少数民族员工占 73%，助力地方 2300 余人脱贫，有效带动了附近乡镇的少数民族群众就业。现集团及所属公司共缴纳社保 2881 人，社保费用平均每月 391. 82 万元。[①] 再如兵团草湖产业园首家服装企业——新疆入世丰纺织服装有限公司于 2017 年正式投产，标志着 200 万锭广东纺织服装产业园向纺纱、织布、印染、家纺、服装全产业链发展迈出实质性步伐。园区内的另一家企业——前海纺织有限责任公司，近年来已经累计接收近万名少数民族富余劳动力。前海纺织有限责任公司是师市棉纺织龙头企业，2008 年建厂，现有员工 900 余人，少数民族员工占 90%。该公司在开展订单式招录之前，首先建立就业信息库，对周边县乡、团场的贫困富余劳动力全面开展摸底调查，精准掌握贫困劳动力家庭基本情况、就业意愿和就业服务需求，提前收集空岗信息免费向社会发布，组织开展送岗位下乡活动，把合适的岗位直接送到村、送到户、送到人，成为产业发展带动就业的经典案例。

此外，图木舒克市工业园区成立于 2010 年 7 月，为兵团级工业园区，按照“工业园区化、园区产业化、产业聚集化”的发展思路，规划为一园三区，总规划面积 26. 97 平方公里，重点发展棉纺、农副产品加工、建材、矿产品加工、化工、医药制药、机械制造及光伏发电八大支柱产业。目前图木舒克市工业园区已吸引 67 家企业入驻，成为栽下梧桐引凤栖的典范，伴随产业发展，5000 多人的就业得到解决，[②] 图木舒克市工园区在师市脱贫攻坚方面的作用日益显著。

二是加大力度招商引资，营造优势性营商环境。除上文提到的一系列招商引资优惠政策保障外，近年来，师市党政代表团数次前往京津冀、珠三角、长三角等区域开展招商引资活动，促成了粤通电子产业园项目、顺丰南疆果业全产业链项目、烽火科技产业园项目等一系列合作协议，师市招商部门、援疆工作队、工业园区、团场等单位以

---

① 资料来源：《东纯兴集团安置地方贫困劳动力就业扶贫情况材料》。

② 李晓辉：《三师、图木舒克市——一区两园带动工业发展》，《当代兵团》2014 年第 11 期。

平台招商、驻地招商等多种形式，在全师市范围内营造出全员招商的良好氛围，先后参加了西安丝博会、广州中博会等大型展会，并积极举办招商专场推介会，覆盖千余家企业。2019 年，师市党委认真落实兵团党委工作要求，坚定不移抓“招商引资、招人引智”，组建 41 个招商小组，分赴内地招商招人。充分用好兵团支持南疆师市工业发展优惠政策，重新修订发布师市招商引资优惠政策，强化优惠政策兑现落实，一批项目成功落地。

另外，师市党委抓住国有企业改革的机遇，坚持“不求所有、但求所在”的“傍大款”招商引资新理念，积极引进大央企、大国企参与师市国资国企改革，加快推进国资国企改革。例如，中国煤炭地质总局定向收购天河路桥 75%股权，并把新疆的二级平台公司中国煤炭地质总局新疆指挥部设在图木舒克市，计划投资 30 亿元布局相关产业。上海东方集团收购团场 8 家轧花厂 60%股权，达成与师市在棉花全产业链上的深度合作意向。国药集团收购三师药业、海康药业各 60%股权，实现资产出让收益 1100 余万元。新粮集团承包租赁天昆生物二期生产线，让企业起死回生，实现了国有资产的保值增值，正式股权收购及增资扩股已达成实质性协议。师市党委坚持“有利于更好履行职责使命、有利于向南发展、有利于集聚人口”的原则，以自我革命精神推进国资国企改革，以关闭破产、转让退出为重点，做减法、去杠杆、减负债、防风险，清退了一批长期亏损、资不抵债的企业，有效止住了“出血点”。[①] 截至 2019 年 8 月末，师市累计处置国有及国有控股、参股企业 156 户，“压减”国有及国有控股企业 88 户，妥善安置分流职工 1848 人，企业职工家属区“三供一业”分离移交完成率达 100%，国有企业政企不分和行政干预、行政依附并存问题正在得到有效解决，“企”的市场主体地位逐步显现。[②]

---

① 资料来源：《第三师图木舒克市国资国企改革推进情况报告》。

② 奉正云：《创新理念招大引强　自我革命国企改革　师市成功与央企国企全面合作》，《叶尔羌报》2019 年 9 月 27 日。

在招商引资的数据呈现上，师市 2018 年招商引资在建项目 100 个，实现招商引资到位资金 53.14 亿元，较去年同期下降 13.78%，其中续建项目 41 个，到位资金 41.6 亿元，较 2017 年同期增长 105%；新建项目 59 个，到位资金 11.54 亿元。兵团分区（含草湖 100 万锭项目）项目 56 个，到位资金 17 亿元；图市工业园区项目 33 个（当年继续投资项目 7 个，新建项目 2 个），到位资金 24.07 亿元；团场项目 11 个，到位资金 1.93 亿元。[①] 师市 2019 年上半年招商引资到位资金 44.38 亿元，同比增长 183.58%，招商引资项目 191 个，其中兵团分区招商引资 69 个项目，到位资金 11.2 亿元；图木舒克工业园区项目 30 个，到位资金 23.27 亿元；草湖产业园项目 16 个，到位资金 2.6 亿元；其他各团场合计项目 54 个，到位资金 3.53 亿元；各部门项目 22 个，到位资金 3.78 亿元。

可见，师市高度重视招商引资工作，始终坚持走以引进疆外各省市商业资金为重要依托的产业发展道路，力求落地一个项目，增加一批就业，带动一批脱贫。招商引资的倾斜性政策和“走出去、引进来”的实践战略共同发力，促进了师市同外界资本的链接与整合，也为产业扶贫提供了最有力的支撑，成为师市脱贫攻坚工作的关键步骤。

其三，搭建电子商务综合服务网络体系。

师市以创建“国家电子商务进农村综合示范县市”为契机，将电子商务作为结构调整和师市经济转型发展的重大战略，营造出电子商务新兴产业、电子商务促脱贫的良好环境。其做法亮点体现在：

一是师市着力实现电子商务服务的“三有一能”建设：即师市有农村电子商务服务中心，团场有电子商务服务站，连队有电子商务服务点，贫困户能通过电子商务销售自产产品、购买生产生活资料，从而实现以电子商务为突破口，保鲜库建设为辅助，带领职工群众脱

① 资料来源：《第三师图木舒克市商务局 2018 年工作总结及今冬明春阶段性工作计划》。

贫增收。截至 2019 年 5 月，已建设完成电子商务公共服务中心 1 个、物流分拨中心 1 个，已建设服务站点 60 个，其中团级服务站 16 个，社区（连队）服务点 44 个，团级电商服务站覆盖率 100%。[①] 其中电商公共服务中心为师市辖区从事电商的个人、企业、合作社提供电商孵化、人员培训、包装设计、营销策划、产品展示、数据采集统计、电子结算等服务，扶持本地电子商务行业快速发展。电子商务服务站项目开展入户宣传、网上代买代卖、快递收发、便民服务、创业服务、生产服务等商务服务和以生活服务功能为业务核心，并延伸物流配送、预约预定等业务，带动团场居民生产、消费和就业。在社区（连队）服务点建设上，采取以点带面的方法，按照统一设计、统一标识、统一布局、统一规格“四统一”标准，为每个服务站配备价值万元的电脑、电视、货架、桌椅等设施。

二是整合建设师市物流分拨中心。物流分拨中心整合了师市五家物流快递龙头企业（圆通快递、百世快递、天天快递、韵达快递、顺丰快递）统一入驻。师市部分零散快递、各类快递通过物流分拨中心的快递物流车，集中发往团、社区（连队），大部分服务站点把社区（连队）小超市与物流网点相结合，既降低了物流配送成本、加速了快递时效性，又在打通农村最后一公里的可行性上作出了突破性的尝试。

三是积极建设农产品品牌培育和质量保障体系，打造农产品电商公共品牌，形成师市农产品品牌名片，助推师市农产品走出去。通过对传统企业进行电商培训及与专业网络销售平台合作，为农产品开拓网络销售途径。截至目前，在公共服务中心配套服务下，入驻企业绿糖心冬枣合作社的冬枣已在网络平台上实现了每月过万元的销量。

四是师市支持电子商务平台企业发展，鼓励生产型、流通型企业利用第三方电子商务交易服务平台销售外地产品和本地产品；鼓励个

① 资料来源：《2019 上半年师市电子商务领域发展状况报告》。

人网上开店、网上创业；支持移动电子商务应用，推广手机、平板电脑等智能移动终端的应用；支持电子商务向农村发展，积极开展农产品网上销售，师市电子商务已在多个行业得到应用。

五是依托互联网开展线上线下交易和服务模式创新。支持中小商贸流通企业推动线下体验店建设，促进双向融合，提高网络互动服务水平。鼓励百货商场、连锁超市、便利店等传统零售企业与消费者建立全渠道、全天候的双向互动，增强体验和服务功能，发展体验和网络消费。引导实体商贸流通企业运用互联网构建行业内、行业间的新型协作模式，建立一体化销售网络体系，提高闲置资源配置和使用效率，实现双向共赢发展。

六是鼓励实体店丰富和完善消费体验，在商贸流通领域的产品设计、品牌推广、营销方式、渠道物流、支付结算、售后服务等环节不断创新服务模式。鼓励企业利用物联网、移动互联网和大数据技术逆向整合各类生产要素资源，按照消费需求打造个性化、专属化产品。鼓励商贸流通企业通过微信公众号、腾讯会员群等多种途径获取、转化和培育稳定的线上线下客户群体。进一步完善中小商贸流通企业服务平台功能，拓展平台开发、网店建设、代运营、网络推广、信息处理、数据分析、信用认证、管理咨询、在线培训等第三方服务功能。

七是邀请电子商务行业专家到师市举办电子商务专项培训，旨在为有志于从事电子商务工作的师市居民，特别是贫困户提供从网店注册装修到运营的一系列理论和实践课程，提升贫困户借助电子商务脱贫的能力。

经过几年的探索与深化，电子商务的快速崛起和高速发展成为师市产业扶贫的重要依托。虽然师市电子商务相比中东部城市起步较晚，但发展速度较快，2018 年全师实现电子商务交易额 5976 万元，同比增长 26.34%；实现农副产品、民俗产品、乡村旅游等网络销售额 3840 万元，同比增长 44.9%；电子商务企业及电商服务企业 15

家，同比增长250%；应用电子商务实体企业（专业合作社）20家，同比增长33%；网店数量388家，同比增长820%。[①]

据不完全统计，目前师市新增各类网店、微店100余个。截至2018年底累计组织28期电商培训，共计5148人次，累计培训贫困户1487人次，示范项目直接带动贫困户创业就业243人，创收90万元，增收36万元。间接带动贫困户创业就业约4000人，创收约220万元，增收约90万元；累计带动贫困户创业就业约4243人，创收约310万元，增收约126万元。[②] 在电子商务快速发展的带动下，以电子商务为精准扶贫的重要载体，师市的贫困职工的脱贫致富增添了又一条新路。

（二）探索就业扶贫精准举措，促进贫困人口增收

促进贫困人口就业增收，是打赢脱贫攻坚战的重要内容，更是巩固维系脱贫成果的根本之计。对于师市而言，就业扶贫更是脱贫攻坚的重中之重。基于少数民族人口比例大、就业意愿不强、就业技能不高的现实困境，师市迎难而上，以极具创造力的系列实践方法，推动了就业扶贫工作的有效实施，收获了丰硕的脱贫成果。

其一，依托散点式“卫星工厂”，辐射贫困户就地就业。

近年来，师市以市场为导向，在居住区扶持发展“卫星工厂”“扶贫车间”和“扶贫加工厂”等作为产业扶贫的重要举措，为贫困人口在家门口提供低门槛就业岗位，加快贫困人口就近就地就业步伐，实现“就业一人，脱贫一户”目标。

44团是兵团现存四个深度贫困团场之一，建档立卡贫困人口占兵团贫困总人口的约四分之一，是兵团打赢脱贫攻坚战的主战场。扶

① 资料来源：《师市商务局2018年脱贫攻坚工作总结》。
② 资料来源：《师市商务局2018年脱贫攻坚工作总结》。

持卫星工厂带动就业脱贫成为该团脱贫攻坚的重点举措。44 团 18 连是该团人口最多的连队，也是脱贫攻坚中最难啃的“硬骨头”。[①] 在 44 团 18 连双创基地，广东援疆企业图木舒克市中港实业电子有限公司把“卫星工厂”建在职工家门口，通过“卫星工厂”开发就业岗位，用铜丝加工电视机、电脑上的磁环电感圈配件，对连队贫困人口边培训边就业，带动职工就业增收。18 连贫困群众赛力曼·阿西木有 3 个学龄前孩子，常年靠丈夫在快递公司送货维持生计。连队“两委”得知她的情况后，推荐她到“卫星工厂”工作，通过一对一“传帮带”成为熟练工，阿西木每个月有了稳定收入，对未来生活充满信心。[②] 目前，44 团已经引进 19 家中小型企业，通过建立“卫星工厂”，为贫困户提供就业岗位上百个，让他们真正能够在师市扎根，在师市脱贫。

同样，另一个深度贫困团场 51 团也牢牢抓住了“卫星工厂”“扶贫车间”和“扶贫加工厂”的产业载体，在团场内部、贫困户家门口实实在在地解决了就业问题。在团场的积极努力下，新疆桐灵服饰有限公司服装加工基地项目落户 51 团，新疆桐灵服饰有限公司在 51 团的“卫星工厂”从事各类裤装、上衣、男女式职业便装、套装、棉服、户外服装、牛仔服、冲锋衣等产品的设计、研发、生产加工和出口销售。其中，在《新疆桐灵服饰有限公司服装加工基地项目投资合同》中明确规定，“本合同签订生效后，乙方应尽快按照计划向甲方提供用工需求，便于甲方协助组织开展用工招聘等工作。工厂以吸纳本地就业为主，2019 年 4 月底前吸纳就业达到 150 人以上，2019 年 12 月底前吸纳就业达到 220 人以上。”[③]

总体而言，师市不断吸引内地纺织、服装、电子产品加工等劳动

---

① 张雷：《让每位贫困群众都过上好日子——四十四团推进脱贫攻坚纪实》，《兵团日报》2019 年 11 月 6 日。

② 张桂萍：《师市“卫星工厂”拉动就业促脱贫》，《叶尔羌报》2019 年 1 月 21 日。

③ 资料来源：《新疆桐灵服饰有限公司服装加工基地项目投资协议书》。

密集型产业落户，并充分发挥政策优势，鼓励企业按“总部+卫星工厂+农户”的模式逐步向各团场连队辐射，一方面实现了产业落地、集聚，带动了师市的产业发展；另一方面，以产业平台为载体，让建档立卡贫困户在家门口稳定就业，在摆脱团场空心化危机的同时，实现脱贫致富目标。

其二，开发公益岗位，破解就业难题。

针对学习能力较强，可塑性较高的贫困劳动力，师市通过就业培训、引进“卫星工厂”、引导转移就业等多种方式帮助其实现稳定就业。但针对一些身体生理条件存在制约、年龄偏大、学习能力较弱的贫困户，师市着力加大团场和连队公益性岗位开发力度，将这些劳动力通过安置在保安员、保洁员、生态林管护员等公益性岗位上解决就业问题，将“供养式托底安置”转换为“就业式托底安置”。开发公益性岗位也成为师市推进生态保护扶贫行动的重要一环，仅通过安置国家公益林及生态护林员工作一项，师市便帮助 176 人实现稳定就业，带动 862 人实现稳定增收。

值得一提的是，在师市的统一规划下，51 团更是在落实护林员公益性岗位工作上蹚出了一条新路。51 团大力开发生态保护就业岗位，吸纳安置贫困人员成为生态护林员，参与防沙治沙和防护林建设，稳定就业。51 团党委结合精准扶贫工作要求，对护林员公益性岗位工作做出系列要求：（1）公益性岗位护林员计划安排 255 人，每人每月 1500 元，每年 18000 元，连续工作 1 年。护林员的重要工作是，防护林的灌水、除草，树木涂白，病虫害防治和树木保护工作。（2）公益性岗位护林员必须是建档立卡贫困户，实行实名制管理。（3）护林员的管护工作，根据树龄、树种、管理的难易程度确定管护面积。管护定额面积为 15 亩—25 亩。（4）对选录的护林员签订合同，合同明确管护区域、树种、树龄、面积、工作任务、待遇、奖惩办法。一年一签，可以续签。（5）农业发展服务中心安排每月具体的工作要求，连两委成员负责监督护林员完成工作任务。[①] 为了落实护林员公益性岗位工作人员，做好保护林带田间管理工作，保质保量完成任务，农业发展服务中心还制定了护林员考核工作办法。

亚生·马木提的妻子因病瘫痪，夫妇俩与离异的女儿及两个小外孙生活在一起，一家人靠低保维持生活。他们的女儿阿孜姑·亚生只有32岁，工作队在2019年3月初为她联系好了公益性岗位，在连队做清洁工，但她总以要照顾老人、孩子为由不去上班。兵团检察院驻三师51团10连“访惠聚”工作队在2019年3月至6月间，到亚生·马木提家走访了7次。为他们讲述“低保是党对困难群体的关心关爱”“辛勤劳动才能过上好日子”的道理，并引导大家开展讨论。最终，阿孜姑·亚生的思想有了转变，开始认真踏实地在岗位上工作。自此，阿孜姑·亚生每月有了1500元的工资收入。一家人的日子渐渐有了起色。[②] 这个案例说明，仅仅开发公益性岗位还是不够的，需要帮助群众摒弃“等靠要”思想，树立依靠勤劳双手才能真正脱贫致富的观念。除护林员岗位外，51团还开发了连队保洁员、警卫员等公益性岗位，保证每个有能力上岗的贫困人口都能够得到就业机会，从根本上实现脱贫。

公益性岗位是为就业能力不强、自身条件受限的建档立卡贫困户量身定制的就业岗位，此类岗位的开发与贫困劳动力的职位匹配，一方面激发了贫困户的脱贫斗志，增强了他们脱贫的信心；另一方面变“输血式”扶贫为“造血式”扶贫，促使贫困户通过自身劳动获得劳务收入，让“贫困户”变身“工薪族”，增强了贫困户脱贫的稳定性和长效性。以师市深度贫困团场为重点，开发公益性岗位，高度契合了深度贫困团场消除贫困和保障生态安全的双重目标，业已成为师市脱贫攻坚的一大亮点。

---

① 资料来源：《第三师五十一团生态护林员扶贫项目实施方案》。

② 禚艺：《为了美好愿景早日实现——兵团检察院驻三师五十一团十连“访惠聚”工作队助力脱贫攻坚的故事》，《兵团日报》2019年10月31日。

其三，链接外界资源，引导劳动力转移就业。

少数民族富余劳动力转移就业工作是事关兵团全面建成小康社会的基础性工作，是事关新疆社会稳定和长治久安总目标的根本性、长远性问题。在四位一体的大扶贫格局下，链接外界优势资源，引导师市富余劳动力转移就业成为师市就业扶贫体系的重要举措。其工作亮点主要集中在：

第一，找准路子。基于贫困团场尤其是 44 团和 51 团人多地少的矛盾，加之贫困人口摊子大、底子薄、脱贫能力有限的制约，师市按照“一人就业、全家脱贫”的目标，突出就业优先，完善公共就业服务体系和就业创业政策，找准组织和引导连队贫困人员向师市城镇、企业、园区和疆内外转移就业的路子，确保有劳动能力的贫困家庭至少有一人长期稳定就业，家庭有稳定的收入。

第二，抓住重点。师市始终把尊重贫困劳动力的就业意愿作为转移就业脱贫的前提。从摸清就业底数、落实就业岗位、加强岗前培训和做好组织输送，四个方面进一步明确要求，师市公共就业服务机构建立大企业一月一见面、中小企业一月一联系的工作机制，切实发挥扶贫办、发改委、工业局、建设局、援疆办、园区管委会等部门的联动作用，做好岗位开发，实现人岗对接。坚持“团场引导与市场机制相结合，阶段性转移和长期转移相结合，政策支持和自主创业相结合，组织行为与个人行为相结合”的工作原则，以“长期稳定就业、季节性转移就业、自主创业”三种方式灵活结合，动员企业参与。注重调动群众的积极性、主动性和创造性，对企业新开发的岗位优先解决建档立卡贫困劳动力就业。

第三，攻克难点。师市的贫困人员主要是少数民族，部分贫困人员“等靠要”思想严重，自愿走出家门务工就业的难度非常大。师市公共就业服务机构坚持进连入户，大力宣传转移就业脱贫致富和典型事迹。同时借助“民族团结一家亲”下沉入连住户的契机，充分发挥“访惠聚”驻连工作队“第一书记”的作用，利用星期一升国旗仪式和夜校国语培训时间进行政策宣讲，着力培育贫困群众自力更生的意识和观念，引导广大群众依靠勤劳双手实现脱贫致富，变“要我脱贫”为“我要脱贫”，靠自己的努力改变命运。

第四，严格要求。针对脱贫攻坚的每一步、每一个环节，师市都认真执行兵团对贫困团场、贫困人员脱贫摘帽考核评价办法，突出目标导向、结果导向，将转移就业脱贫用严格的制度来要求和监督。制定出台了《第三师图木舒克市富余劳动力转移就业管理暂行办法》，明确了各相关职能部门的工作职责，要求每输出20名贫困劳动力指定一名内部管理人员，每输出50名贫困劳动力委派1名专职带队干部进行驻厂跟踪管理，确保转移就业的稳定性。

另外值得特别关注的是，师市充分利用对口援疆的系列资源，开展广泛深入的劳动力转移就业扶贫工作。第六次全国对口支援新疆工作会议指出，“要坚定不移聚焦实现全面小康推进脱贫攻坚，大力促进群众就业，积极支持自治区实施南疆富余劳动力到内地转移就业计划。”自对口援疆工作开展以来，师市紧紧抓住对口援疆契机，积极主动拓宽转移就业途径，以少数民族富余劳动力转移就业为重点，以建档立卡贫困户为突破口，把政府有组织地向援疆省市转移少数民族富余劳动力就业作为促进脱贫增收致富的重要途径之一。特色做法主要有：（1）师市专门的领导小组，经与广东省东莞市人力资源局多次对接、洽淡和实地考察，签订相关劳务合作协议，于2014年成功启动“第三师图木舒克市少数民族富余劳动力有组织转移援疆省市企业就业行动计划”。（2）收集整理援疆省市用工企业岗位信息、外出务工人员生活工作影像资料，制作直观生动的宣传片，深入连队走家入户开展现场宣讲，讲述内地务工人员增收致富的典型案例，讲清师市促进转移就业增收致富的相关政策，最大限度发动少数民族劳动力，尤其是建档立卡的贫困劳动力自愿到内地务工就业。（3）根据用工企业要求，明确用工标准，从动员、报名、筛选、政审、体检等各个环节严格把关，确保赴内地务工人员各项标准绝对合格。（4）

注重转移输出前的应知应会综合知识培训，结合实际制定转移输出前的培训实施方案，重点开展以国家通用语言、城市公共场所生活常识、职业道德、安全生产、法律法规等内容为主的综合素质培训，确保人员“转得出、留得住、能致富”。（5）强化管理服务，确保人员稳定。一是在输送过程中，人社局、公安局和输出团场选派优秀干部全程护送，确保输出安全；二是在没有专项经费支持的情况下，积极争取对口援疆资金，用于为转移输出人员购买车票、被褥、工作服等生活用具和一年期简易人生意外伤害保险；三是选派思想端正、作风正派、熟练掌握双语且具备一定管理能力的带队干部和少数民族厨师驻厂跟踪管理服务；四是结合转移输出人员试用期工资低的实际，为保障试用期间的基本生活，给予每人每月 500 元的工资补贴，补贴期限为 5 个月。①

上述支持贫困劳动力转移就业的系列创新做法取得显著成效：一是贫困的少数民族富余劳动力收入明显提高，建档立卡贫困户家庭居住环境、生产生活条件得到明显改善。二是通过转移输出贫困劳动力到援疆省市和师市园区企业就业以及疆内师域外其他工业企业就业，使少数民族贫困劳动力拓宽了眼界，增长了技能，也使得少数民族劳动者进一步树立了勤劳致富、多劳多得的就业观念。三是在通过走出家门、进入企业、通过自身努力务工创收者家庭生活质量提高的感染下，越来越多的少数民族贫困劳动力主动向连队领导和团场社会事务办报名，要求安排自己及子女到企业就业。通过近几年的工作努力，师市目前初步形成了“转移一人，致富一家、带动一片”的良好氛围。四是劳动力转移就业扶贫不仅在帮助贫困人口脱贫方面取得巨大成效，而且很大程度上促进了兵地融合、民族融合、疆内疆外融合。

---

① 资料来源：《第三师图木舒克市团场富余劳动力转移就业管理暂行办法》；陈立锋：《第三师图木舒克市输出少数民族劳动力至援疆省市就业工作取得新突破》，《兵团日报》2017 年 6 月 19 日。

其四，“语技双培”，增强少数民族职工就业本领。

相比其他贫困地区，在师市开展就业扶贫具有其特殊的制约性条件，主要体现在两个方面：贫困人口中少数民族的占比极大，他们由于受到国家通用语言能力的限制，而导致难以匹配诸多工作岗位；少数民族贫困人口除了语言障碍以外，他们在劳动技能方面也普遍不及汉族人口。两项制约性条件的叠加致使师市的就业扶贫工作必然要在语言和技能培训两个方面均加大力度。

第一，国家通用语言培训，破除少数民族贫困人口就业限制。

2018 年，教育部、国务院扶贫办、国家语委印发《推普脱贫攻坚行动计划（2018—2020 年)》，提出要动员社会各方面力量参与贫困地区国家通用语言文字推广普及工作，消除因语言不通而无法脱贫的情况发生。在宏观政策方面，国家通用语言培训被写入师市、各团场各项扶贫和发展政策文件当中，相关计划、方案、意见均强调开展国家通用语言培训对于师市贫困人口实现就业脱贫的重要意义，并提出国家通用语言培训的具体举措。在政策制度的倡导和指引下，师市各个部门、各个层面相互配合，创造性地开展了国家通用语言培训工作，为少数民族贫困人口实现就业脱贫破除语言障碍。

为帮助南疆地区少数民族群众学习国家通用语言，增进各民族之间的交流交往交融，促进农村富余劳动力转移就业，实现脱贫致富，中华职业教育社 2016 年在南疆四地州开展温暖工程国家通用语言培训项目“百企千村”推广计划。项目实施以来，师市党委统战部根据申报条件，先后与工业园区、商务局沟通协调，推荐少数民族员工较多的企业参加该计划。经过审核，新疆东纯兴集团、新疆白鹭纤维有限公司等 21 家企业确定为“百企千村”推广计划实施单位。该项目向实施单位捐赠每套价值 2 万余元的设备，包括电脑、投影仪、扩音设备，以及《国家通用语言培训系统——日常用语 4000 句》学习软件和培训教材等。在师市党委统战部将 37 套温暖工程国家通用语言培训项目“百企千村”学习设备发到师市 21 家企业后，各企业积极发挥设备作用，掀起学习国家通用语言的热潮。[①] 兵团妇联也介入国家通用语言文字培训的过程当中，2019 年 8 月 9 日，兵团妇联巾帼脱贫国语培训试点基地开班仪式在 44 团益芮服饰有限公司举行，120 余名少数民族妇女参加培训。此次培训内容包括汉语拼音、语法等基础知识等。培训旨在激发少数民族妇女学习国语的积极性，进一步解放思想、增长知识、开阔眼界，拓宽妇女创业就业渠道，实施巾帼脱贫，崇尚科学文明健康的生活方式，为维护社会稳定、民族团结发挥更大的作用。

各团场也有针对性地开展了国家通用语言培训工作，如 42 团专门购置了 6 本教学用书配发给 6 个连队干部，还结合实际，专门编制 200 册《双语学习手册》，激励家庭成员通过个人自学、夫妻同学等方式认真学习国家通用语言。各连队干部鼓励动员少数民族人口，特别是贫困人口坚持学习国家通用语言、学唱红歌，学员们认真听讲、仔细跟读，用心书写记录，学习热情和积极性很高。目前，42 团各连队每周 6 天的夜校学习培训已常态化、制度化。为迎接新中国成立 70 周年，激发各族职工群众爱国情感，伽师总场连党支部利用每周国家通用语言培训时间，组织开展别开生面的爱国主义教育课。课堂上，授课老师从声、韵、调等方面，一字一句纠正学员的错误读音，手把手指导学员书写“我爱你，中国”等文字，并通过生动有趣的教学，给职工群众普及国庆节由来的知识，讲清国庆节的时间和意义，激发各族职工群众的爱国情感。[②] 51 团党委在全力推进连队土地和居住区综合整治的过程中，充分利用夜校、群众大舞台、农家书屋等平台，组织群众学习国家通用语言，不仅提升了团场贫困少数民族人口国家通用语言的使用能力，为就业脱贫破除障碍，同时也使群众

① 参见康国平：《师市 21 家企业获赠国家通用语言培训项目学习设备》，《叶尔羌报》2018 年 6 月 27 日。

② 刘丹：《四十二团易地扶贫搬迁家庭学习国家通用语言热情高》，《叶尔羌报》2018 年 5 月 15 日。

精神面貌得到有效改善。

师市的各企业单位也作为重要主体，参与到对少数民族贫困劳动力的国家通用语言培训工作中来，如叶河源果业公司积极吸纳周边团场少数民族贫困户及富余劳动力利用农闲季节到公司就业，采取汉族员工与少数民族务工人员混合搭班、“一帮一”的模式，促进员工相互交流学习，使少数民族务工人员在增收致富的同时，进一步促进国家通用语言交流水平的提高和向文明生活方式的转变。自公司成立以来，共吸纳周边团场贫困户及少数民族富余劳动力就业 4000 余人次，人均年创收 8000 元至 1 万元。① 东纯兴集团针对少数民族职工较多、国家通用语言基础较弱、职工技能不强等实际情况，投入 5000 万元建成“一中心两所”，即党群服务中心和国家通用语言讲习所、脱贫攻坚讲习所，开办的国家通用语言培训班由最初的 3 个增至 24 个，是全疆规模最大的企业国家通用语言培训基地，参训人数 2760 余人。②

综上所述，通过多元主体的协同努力，师市形成了学习国家通用语言热的良好氛围，无论是学校、工厂还是基层连队，使用国家通用语言已经成为新风尚。特别是针对脱贫攻坚工作而言，掌握国家通用语言成为少数民族贫困户实现就业的重要前提、稳定脱贫的重要技能。

第二，就业技能培训，拓展贫困人口的就业能力。

师市在党的十八大以来，按照“民生为本、人才优先”的总体工作方针，深入实施就业优先战略和人才强师市战略，坚持精准扶贫精准脱贫基本方略，积极推进技能扶贫，积极组织实施“少数民族职工群众技能振兴计划”，统筹利用各类培训资源，推行面向全体劳

---

① 奉正云：《师市两家企业被认定为兵团第一批扶贫龙头企业》，《叶尔羌报》2019 年 6 月 24 日。

② 奉正云：《践行兵团精神 履行职责使命——新疆东纯兴集团总经理苏建军先进事迹》，《叶尔羌报》2019 年 9 月 30 日。

动者的职业技能培训制度，探索创新培训模式，着力提升培训的针对性和有效性。师市在加强就业技能培训、拓展贫困人口就业能力方面的特色做法主要体现在：（1）师市组织专人逐户摸底，详细了解有培训意愿的建档立卡贫困户劳动力状况、收入状况、文化程度等基本情况，做实技能培训的基础工作。（2）根据21—35岁未升学未稳定就业初高中毕业生（即“两后生”）的特点和需求，以提高技能、实现稳定就业为目的，建立“师市统筹、部门监管、团连组织、家庭支持、学员参与”的工作机制。采取职业技能培训的模式，分类实施，因材施教，提高“两后生”职业技能水平，增强就业能力，切实发挥好职业培训促进就业、稳定就业的作用。（3）结合师市产业结构调整、团场劳动力务工创业和转移就业要求，有针对性地开展转岗转业培训。一是加大对红枣种植、大棚蔬菜种植和畜牧养殖的培训力度，逐步提高技能人才的培训等级；二是加大第二产业职业工种技能培训力度，逐步提高二三产业技能劳动者的比重，切实帮助少数民族劳动者掌握一技之长，提高就业的竞争力和稳定性；三是注重加强少数民族劳动者转移输出前的应知应会综合素质培训。（4）充分链接各界资源，特别是充分利用对口援疆项目资金，有针对性地开展岗位实用技能培训。以纺织、电力、化纤、高效设施农业、农副产品加工等支柱产业、骨干企业为切入点，重点对新疆叶河阳光农业股份有限公司、图木舒克市永安棉纺织有限责任公司、图木舒克市前海棉纺织有限责任公司、东纯兴纺织有限公司等工业企业，开展了以温室大棚、食品加工、民族餐饮、棉纺挡车工、电工进网作业、锅炉水处理等为培训内容的专项职业能力培训。（5）打造师市、团场、连队三级培训基地，为就业培训铺设平台，如50团少数民族妇女手工品培训基地，总投资243万元，购置了电脑刺绣机1台，手工地毯编织机10台，缝纫机17台，锁边机2台，成为夏河妇女创业致富的孵化器。（6）鼓励有创业意愿和创业条件的劳动者自主创业，提高劳动者的创业技能，努力营造创新、创业的良好氛围。（7）强化就业服务的专项活动——以“促进转移就业，助力脱贫攻坚”为主题的春风行动，坚持“先培训，后输出”和“要输出，必培训”的原则，多层次、全方位开展各类职业培训。（8）特别针对贫困人口实施“一人一技”培训工程，帮助贫困职工掌握种植、家禽饲养、电子商务、纺织、烹饪等实用技术，实现户户有带动扶持、有产业发展、有充足收入，确保贫困户真脱贫、不返贫。（9）实施贫困人口职业技能免费培训计划，积极争取援疆资金用于补充企业的培训费补贴和贫困劳动力培训期间、试用期间的生活费补贴。①

据不完全统计，师市 2017 年全年累计完成各类职业培训 8041 人，其中：初级工 2272 人，中级工 624 人，高级工 221 人，素质培训 556 人，专项职业能力培训 1549 人，转岗转业培训 873 人，援疆项目培训 1396 人，创业培训 300 人，劳动预备制培训 150 人，国家通用语言培训 100 人。2018 年累计完成各类职业培训 8809 人，其中：初级工 1778 人，专项职业能力培训 1326 人，转岗转业培训 728 人，援疆项目培训 1329 人，劳动预备制培训 371 人，“两后生”国家通用语言培训 3277 人。②

综上所述，一方面，针对师市少数民族国家通用语言基础薄弱，不利于就业脱贫的实际情况，师市相关政府部门、基层团场连队、企业单位等各方扶贫治理的主体形成合力，协同推动了国家通用语言的培训工作，不仅有效破解了少数民族贫困人口就业的语言限制，更转变了他们的生活方式，使他们接受和享受到了更加现代、文明的新时代新生活。另一方面，师市大规模、全覆盖式对劳动力特别是少数民族贫困劳动力进行了成体系的就业技能培训活动，充分发挥了技能培训“促进就业和稳定就业”的积极作用。

---

① 资料来源：《2018 年第三师职业介绍服务中心工作总结》；《第三师图木舒克市 2018 年转移就业脱贫攻坚工作总结》；《师市关于转发〈2019 年兵团职业培训指导计划〉的通知》；《第三师图木舒克市 2019 年春风行动工作总结》。

② 资料来源：《第三师职业培训总结（2017、2018 年度）》。

四、产业就业扶贫的经验与启示

师市将产业就业扶贫归为精准扶贫的核心，一方面，通过系统化、连续性、递进性的政策制度给予相关工作以统筹指导；另一方面，通过系列具有“兵团特色”的产业就业扶贫举措的实施，实现了产业扶贫与就业扶贫同构发展，既以产业发展带动就业，又以就业集聚促进产业升级。纵观师市的就业产业扶贫历程，梳理与分析其独特经验，可为兵团以及全国范围内的各类县域脱贫攻坚提供可复制的借鉴。

（一）在地脱贫振兴，坚守兵团时代使命

新疆生产建设兵团的使命是“劳武结合、屯垦戍边”。基于此使命，师市在脱贫攻坚战略中不宜简单地采取“易地扶贫搬迁”和大范围的“劳动力转移就业”等方式脱贫致富。如何在驻守边疆的艰苦条件下开出“在地性”的脱贫振兴道路，成为师市脱贫攻坚所面临的独特挑战。我们注意到，产业扶贫与就业扶贫正是师市实现在地性脱贫振兴的核心抓手，其“在地性”主要依靠以下举措予以支撑：第一，大力引进师市外优势工厂、资本入驻师市，通过建设“卫星工厂”、“扶贫车间”和“扶贫加工厂”的形式，使其成为师市本土经济发展的结构性要素，并就近吸纳贫困劳动力就业。坚持以农业产业为根基，大力扶持师市内生性产业，使其成为地域经济发展的重要支柱和营造留人环境的重要依托，避免人口过度外流而造成的空心化问题。第二，将电子商务作为结构调整和师市经济转型发展的重大战略，营造发展电子商务新兴产业的良好环境，开拓产品线上销售渠道，打开物流快递通道，鼓励个人网上开店、网上创业，促进贫困人

口实现就地脱贫。第三，通过精准的国家通用语言和技能培训帮助师市贫困人口提升就业技能，使其能够匹配产业发展所带来的工作岗位需求，让贫困人口真正得以在家门口参加劳动，脱贫致富。对于特殊贫困人口，师市则采取设置公益性岗位的方法，使其能够以力所能及的方式将自我生活改善与师市发展结合到一起。

师市的在地性脱贫振兴方案启示我们：第一，产业就业扶贫不能够单纯地依赖市场逻辑，而应综合考虑其社会效益。易地扶贫搬迁的脱贫攻坚模式虽可瞬间改变贫困村落的发展环境，但其在一定程度上是以“弃村”为代价的，这意味着村落共同体的终结。特别是已有研究表明，易地扶贫搬迁在一定程度上造成了迁移贫困人口的综合不适症，其益贫效果有待进一步验证。因而，对于具有“屯垦戍边”战略使命的兵团而言，需谨慎选择。第二，通过劳动力向外转移就业而实现贫困人口增收致富是当下就业扶贫的重要举措，很多地方以收入最大化为取向，倡导贫困人口到相对发达、收入更高的地区就业，此举虽然在经济层面具有显著效果，但如果发生了贫困人口过度地“背井离乡”外出谋生，将有可能造成地域的“过疏化”，即“农村人口、资源从农村内部区位资源禀赋不足地区向外围条件优越地区和城镇转移，造成村庄聚落人口流失、房屋闲置的结果”①。而过疏化所引发的将是地域走向衰退的风险。因而，无论是基于师市屯垦戍边、守卫家园的使命，还是基于当下乡村振兴的国家战略，在兵团乃至全国，激活地域力，实现乡土社会重建，使村落村民能够在地“安居乐业”，当属脱贫攻坚与乡村振兴的上策之选。

（二）升级禀赋资源，激活本土造血功能

新疆生产建设兵团，各师市、团场、连队驻扎在我国边疆自然条

① 何芳、周璐：《基于推拉模型的村庄空心化形成机理》，《经济研究》2010 年第 8 期。

件艰苦、生态资源匮乏的区域，受到自然条件的制约，兵团在自然资源禀赋上存在明显劣势，特别是师市位于南疆四地州深度贫困地区，在产业发展上更是面临巨大限制。但师市全体干部、群众职工坚持迎难而上，在制约性条件中发现亮点，以优势视角开展脱贫攻坚工作，着力破解制约条件，加大力度开发与升级产业禀赋资源，将有限的资源用活、用精，以此作为师市打赢脱贫攻坚战的重要支撑。第一，立足根本，深掘地域性特色农业产业。师市党委、政府始终将“三农”工作摆在突出位置，适时提出了“稳粮、优棉、精果、强畜、增蔬、促加工”的农业结构战略性调整思路，深耕优势农业产业，着力促进农业产业结构调整，推动农业现代化水平加快发展。截至 2018 年底，师市连队常住居民人均可支配收入达到 18359 元，增长 7.7%；师市农业总产值达到 104.93 亿元，同比增长 7.4%。农业农村发展取得了显著成绩，助推师市的脱贫攻坚战走向胜利，群众的获得感幸福感不断增强。第二，活化资源优势，延伸产业链条。若单纯延续粗放式的种植、畜牧模式，将很难带来农业产业的飞跃式提升，师市通过加大科技投入、延伸产业链条的方式，把农产品深加工落到实处。根据自身特点，将农业产业作为产业扶贫的核心与重点，一方面可以促进地缘性特色资源禀赋得到充分利用，另一方面也为第二产业、第三产业的发展起到基础性作用。这便启示我们在扶贫产业开发的过程中，不可盲目聚焦于工业与服务业领域，而轻视农业的基础性作用，应该根据地域特征，因势利导，因地制宜。第三，农业产业发展对接乡村振兴战略。党的十九大提出实施乡村振兴的发展战略，2018 年中央一号文件《中共中央国务院关于实施乡村振兴战略的意见》和《乡村振兴战略规划（2018—2022 年）》相继颁布，表明作为大国根基，乡村振兴业已成为新时代决胜全面建成小康社会、全面建设社会主义现代化国家的重大历史任务。师市在农业产业化、农民职业化、农村社区化方面的联动性系列措施启示我们，在乡村振兴的背景下进行产业扶贫工作，要充分结合贫困地区农业产业的特点，以农业产业的发展作为其脱贫攻坚、地域发展、乡村振兴的重要结构性要素。第四，均衡产业结构，持续提升地域竞争力。欲全面打赢脱贫攻坚战，如果仅守农业禀赋，在此单方面努力还是远远不够的，师市在“一区两园”建设、强化招商引资的磁场效应、发展电子商务扶贫、国有企业创新改革等方面的具体实践启示我们，只有均衡产业结构，才能够真正提升地域的产业发展能力，促进产业增能增效，带动更多贫困人口脱贫致富。均衡的产业始终是脱贫攻坚的“造血干细胞”，是促进贫困人口真正脱贫、不反贫的重要依托。

（三）精准帮扶就业，提升内生脱贫能力

2013 年 11 月，习近平到湖南湘西考察时首次作出“实事求是、因地制宜、分类指导、精准扶贫”的重要指示。2014 年 1 月，中央办公厅详细规制了精准扶贫工作模式的顶层设计，推动了“精准扶贫”思想落地。2014 年 3 月，习近平参加两会代表团审议时强调，要实施精准扶贫，瞄准扶贫对象，进行重点施策。进一步阐释了精准扶贫理念。2015 年 6 月 18 日，习近平在贵州召开部分省区市党委主要负责同志座谈会。习近平明确强调，“扶贫开发贵在精准，重在精准，成败之举在于精准”①。进而提出“6 个精准”，要求各地都要力求“扶持对象精准、项目安排精准、资金使用精准、措施到户精准、因村（连）派人（第一书记）精准、脱贫成效精准”②。在精准扶贫的理念框架下，有针对性地开展就业扶贫，创造性地开发精准的就业帮扶办法，对于贫困人口提升技能、稳定脱贫具有重要意义。师市在就业扶贫方面的系列做法与取得的成效给予我们宝贵的启示：第一，

---

① 中共中央党史和文献研究员编：《习近平扶贫论述摘编》，中央文献出版社 2019 年版，第 58 页。

② 中共中央党史和文献研究员编：《习近平扶贫论述摘编》，中央文献出版社 2019 年版，第 58 页。

针对贫困人口的特点进行针对性培训。师市贫困人口的最大特点是少数民族占比巨大，普遍存在国家通用语言能力不足的情况，这直接导致他们难以胜任多数岗位，无法实现就业，师市针对这一特点将语言培训作为就业培训的重要组成部分，启动了“语言+技能”培训的双项培训工程，这表明针对贫困户的现实就业缺陷，我们需要实现培训工作的精准性。第二，链接多元社会资源，推动就业培训工作。师市将各政府部门、团场、连队、企业整合为一支协同配合的培训队伍，在多层面、多场域、多角度展开培训工作，师市的就业培训模式启迪我们要摆脱政府一元独导的培训模式，链接各方资源，建构起多元协同的就业培训体系，这将有助于就业培训的广泛性、创新性、适用性。第三，就业扶贫方式要有针对性。一些贫困人口由于年龄、身体方面的限制，难以通过常规性的培训以匹配一般性的工作，师市针对此类贫困人员，将他们的就业扶贫与生态扶贫有机结合，为他们提供护边员、护林员、保洁员等公益性岗位，此举极大地拓展了就业扶贫的覆盖面，也是精准扶贫的重要方面。第四，动员就业意愿，提升贫困户的就业积极性。实际情况显示，部分贫困群众“等靠要”思想较为严重，一些人的生活贫困与思想贫困有很大关系，因而在扶贫方面，扶志扶智需紧密结合。加大宣传与解读就业政策、展示就业脱贫典型个人和典型案例、有针对性地走进贫困人口家中持续动员等方式，对于激发贫困群众内生动力，增强自我发展和脱贫能力尤为重要。

（四）产业就业联动，助力地域发展升级

落实好党中央关于兵团向南发展决策部署，既是当务之急，更是战略之举。近年来，师市坚决贯彻落实新时代党的治疆方略和对兵团的定位要求，坚决贯彻落实党中央关于兵团向南发展的决策部署，实现了经济运行平稳向好，发展质量持续提高，动能转换步伐加快，向

南发展成效显著。特别是在贯彻兵团向南发展决策部署的过程中，师市将“产业发展”与“人口集聚”作为战略核心，形成了产业就业的联动发展，实现了兵地融合、民族融合，这也是师市打赢脱贫攻坚战，实现贫困群众可持续脱贫的重要举措。师市一系列产业就业扶贫的特色做法与显著成效启发我们：第一，产业扶贫是以市场为导向、以经济效益为中心、以产业发展为杠杆的扶贫开发，是促进贫困地区发展、增加贫困农户收入的有效途径，是扶贫开发的战略重点和主要任务。师市产业扶贫在实现益贫效果的同时，具有显著的均衡产业结构、提升地域性经济发展竞争力的功能，这对于落实以产业集聚、产业繁荣为巨大推动力的兵团向南发展战略具有重要意义。可见，全国范围内的任何地域，欲实现地域性经济社会发展，为脱贫致富提供根本动能，产业扶贫乃重中之重。第二，师市的扶贫开发过程及其所呈现出的对兵团向南发展的推动作用提示我们，产业扶贫具有明显的带动就业的能力，只有产业的规模化发展，才能够聚集起大量的劳动人口，而人口的集聚是地域性脱贫的关键要素。如果发生了由贫困导致的大规模人口流失，那么该地域将面临空心化的危机和共同体解组的风险，脱贫攻坚也将缺乏最有主体性、能动性、创造性的劳动群众。因而，以产业开发带动就业，以产业集聚聚合劳动人口，才是激活地域活力，打赢脱贫攻坚战的重点工程。第三，产业扶贫在提供就业机会、拓宽就业渠道、聚合劳动人口的同时，也需要广大劳动者以具有积极性、创造性的踏实劳动，促进产业的发展升级。因而在精准扶贫体系中，在大扶贫格局下，产业扶贫与就业扶贫是相互关联、互相建构、相辅相成的过程，是巩固脱贫成效、提升脱贫质量的关键。只有实现了产业扶贫与就业扶贫的有机结合、联通同构，才能够真正激活地域性脱贫的可持续机制。

第五章

阻断贫困代际传递：第三师图木舒克市教育扶贫经验

2016年9月9日，习近平总书记在北京八一学校考察时指出，要推进教育精准扶贫，重点帮助贫困人口子女接受教育，阻断贫困代际传递，让每一个孩子都对自己有信心、对未来有希望。① 教育扶贫是精准扶贫的工作核心，是助力贫困地区实现全面脱贫的基石。在我国精准扶贫战略深度推进过程中，教育扶贫的重要性也日渐凸显。“扶贫先扶智”决定了教育扶贫的基础性地位；“治贫先治愚”决定了教育扶贫的先导性功能；“脱贫防返贫”决定了教育扶贫的根本性作用。② 新疆近代教育体系自清代开始建立，经历漫长的发展过程。新疆和平解放后，党和政府全力支持新疆教育事业发展，南疆地区教育水平显著提高。但受南疆地域环境闭塞、少数民族教育观念相对落后、少数民族学生辍学率偏高等因素影响，南疆少数民族群众学历水平普遍偏低，文盲、半文盲率较高，知识、技能掌握不足，这些因素成为南疆地区少数民族群众陷入贫困的主要“病因”之一。师市地处南疆，是教育扶贫资源重点倾斜地区之一，也是借助教育扶贫实现兴边富民的经验示范地区，在建设贫困地区现代教育体系、完善贫困学生控辍保学制度和开展扶智通语工作等层面构建了独具特色的兵团教育扶贫模式。

---

① 中共中央党史和文献研究院编：《习近平扶贫论述摘编》，中央文献出版社2018年版，第95页。

② 刘传铁：《人民日报治理者说：教育是最根本的精准扶贫》，《人民日报》2016年1月27日。

一、教育扶贫面临的问题与难点

师市所处南疆地区，存在贫困症结顽固、致贫原因复杂、脱贫动力不足的难题。在诸多致贫原因中，现代教育长期缺位、维吾尔族群众平均学历偏低以及民众普通话运用能力不足是师市脱贫攻坚必须要解决的“顽疾”。结合师市文献资料及实地走访，师市教育贫困主要体现在以下方面。

（一）贫困群众平均学历偏低

受民族文化、生活态度以及教育观念等因素影响，部分维吾尔族群众对子女教育存在一定忽视。民众接受教育积极性偏低，缺少连贯式教育培养，使多数维吾尔族群众缺乏参与社会生产的基本知识技能，进而导致维吾尔族群众成为师市贫困群众中的绝大多数。造成师市民众学历偏低的原因可总结为以下两点。

第一，适龄儿童入学率低、辍学率高问题长期存在。国办发〔2017〕72号文件指出：“受办学条件、地理环境、家庭经济状况和思想观念等多种因素影响，我国一些地区特别是老少边穷岛地区仍不同程度存在失学辍学现象，初中学生辍学、流动和留守儿童失学辍学问题仍然较为突出，这直接关系到国家和民族的未来。”① 师市所属的“三区三州”地区，一直存在着“学困生”比重较大、辍学原因多样的复杂学情。由于家庭教育观念落后，维吾尔族家庭通常养育

① 国务院办公厅：《关于进一步加强控辍保学提高义务教育巩固水平的通知》2017年9月5日。

3—5个子女，孩子较多使家长对子女的教育管束力度降低，缺少对子女日常学习的关注和监督。这使很多维吾尔族适龄儿童在达到入学年龄后并未入学接受教育，或是在就读期间较易出现辍学问题。部分维吾尔族学生存在课业学习压力，而父母又并未予以充分重视，导致维吾尔族学生中厌学、逃学现象频发。

第二，贫困家庭学生劝学返学难度大。受民族教育观念和外部社会文化环境影响，很多贫困家庭学生认为与接受教育相比，外出打工的经济回报周期明显缩短，因此，在师市贫困家庭学生群体中存在着大量因工辍学现象。教师对学生辍学思想疏导不及时，家长对子女辍学行为关注不足，以及维吾尔族学生辍学动机多样。造成师市内的维吾尔族学生辍学率偏高且辍学后社会去向复杂，使维吾尔族学生劝学返学难度较大，当地控辍保学工作开展十分困难。据师市统计，贫困人口中少数民族占99.73%。① 截至2016年，师市主要劳动力人口（16—65岁）平均受教育年限为11年。② 由于难以连贯参加国家教育培养体系，导致维吾尔族群众多为小学、中学学历背景，因自身知识素养不足而陷入生活贫困状态。

（二）民众普通话运用能力不足

维语是师市维吾尔族群众社会生产生活主要用语，在2017年国家通用语言文字普及攻坚工程实施前，汉语教育虽已纳入师市语言教育体系，但在维吾尔族群众日常生活中的使用率仍然偏低。因普通话运用能力不足造成维吾尔族群众陷入贫困状态，具体表现在以下两个方面。

第一，缺乏普通话用语习惯，限制贫困群众就业创业能力。2017年5月28日，国务院印发的《兴边富民行动“十三五”规划》指

① 参见《第三师图木舒克市2018年扶贫开发工作总结》。

② 参见新疆生产建设兵团第三师图木舒克市统计局、国家统计局兵团第三师图木舒克调查队编：《新疆生产建设兵团第三师图木舒克市2017统计年鉴》。

出，在边境地区应“科学稳妥推行双语教育，坚定不移推行国家通用语言文字教育，尊重和保障少数民族使用本民族语言文字接受教育的权利，加强双语科普资源开发”①。在全国推广普通话的大文化环境下，无法熟练使用普通话意味着维吾尔族群众难以走出现有的生活文化圈，无法在更广阔的社会空间中实现有效就业创业，进而难以获取维持日常生计所需的各类资源。受社会生活观念、宗教文化等因素影响，维吾尔族贫困人口基数大且就业意愿偏低。语言障碍进一步加重了维吾尔族群众对社会环境的不适感，很多维吾尔族群众不愿意也不敢外出谋求生计，导致师市维吾尔族贫困人口脱贫内生动力不足。

第二，普通话普及率低造成的贫困现象存在代际传递可能。扶贫先扶智，扶智先通语，可见普及普通话在脱贫攻坚中的重要意义。从人类社会演进和发展历程来看，语言是社会文化传承的基本体现和有效媒介，社会成员用语习惯往往呈现出稳定的代际传递特征。在维吾尔族群众日常生活中，父辈与子辈之间习惯使用维语进行交流，形成了以维语为主的社会成员用语习惯，这导致普通话普及缺少良好的社会文化环境支持。这种用语习惯的代际传递，直接导致维吾尔族普通话使用能力偏低成为不同代际的共有问题。维吾尔族群众长期无法适应外部语言环境，外出就业创业机会较少，造成维吾尔族贫困人口就业水平偏低的现实。从师市维吾尔族贫困人口的生产生活状况来看，这种语言障碍所引发的贫困问题呈现出代际传递的趋势。

二、教育扶贫的政策体系与实践路径

构建科学的教育扶贫政策体系可以为教育扶贫工作开展提供清晰

① 国务院办公厅：《兴边富民行动“十三五”规划》，2017 年 5 月 28 日。

的路径指引。面对教育扶贫的艰巨任务，师市以国家宏观教育扶贫政策为基本框架，以师市教育扶贫现实处境为依据，以兴边富民为教育扶贫工作目标，构建起师市教育扶贫政策体系。在扶贫政策体系指引下，动员各方力量共同为完成教育扶贫任务而奋斗，形成了师市教育扶贫的六种基本工作路径模式。

（一）师市教育扶贫政策体系构建

2015年11月27日至28日，中央扶贫开发工作会议在北京召开。习近平总书记出席会议并发表了重要讲话，讲话指出按照贫困地区和贫困人口的具体情况，实施“五个一批”工程，明确教育在精准扶贫中的重要地位。“发展教育脱贫一批”，治贫先治愚，扶贫先扶智，国家教育经费要继续向贫困地区倾斜、向基础教育倾斜、向职业教育倾斜，帮助贫困地区改善办学条件，对农村贫困家庭幼儿，特别是留守儿童给予特殊关爱。① 在此之后，围绕教育扶贫工作，教育部与其他部门合作先后出台《教育脱贫攻坚“十三五”规划》《深度贫困地区教育脱贫攻坚实施方案（2018—2020年）》，为开展教育扶贫工作奠定了坚实的政策基础。近年来，国家和新疆维吾尔自治区以南疆四地州为重点，不断加大对边远、贫困地区的教育政策和资金倾斜力度，构建覆盖从幼儿园、小学、初中到高中的义务教育体系，将义务教育由九年制延长至十五年制，为南疆四地州连片贫困区的教育扶贫提供政策助力。

教育资助是教育扶贫工作的基本内容，资助不仅是解困，更承担着育人的功能。2018年，教育部通过建立“四位一体”的发展型资助体系，构建育人长效机制，初步形成了“解困—育人—成才—回

① 中共中央党史和文献研究院编：《十八大以来重要文献选编》（下），中央文献出版社2018年版，第40—43页。

馈”的良性循环。[①] 目前，兵团、师市在国家教育资助政策框架下，结合师市教育扶贫现实需要，进一步细化形成了多层级教育资助政策体系。以学前三年教育保障机制、义务教育阶段学生营养餐改善计划、兵团困难地区高中阶段家庭困难学生教育资助政策、援疆助学金（“润雨计划”）为主体，形成覆盖幼儿教育、义务教育、高中教育、职业教育以及高等教育的贯通式教育资助政策体系。

表 5-1 第三师图木舒克市教育资助政策情况表

教育资助政策类型	教育资助对象	教育资助内容
学前三年教育保障机制	兵团团场学前三年在园幼儿	经费补助标准为人均 2800 元/年，包括幼儿伙食补助 1450 元、幼儿读本费 130 元、幼儿园保教费 1100 元、幼儿园采暖费 120 元。
义务教育阶段学生营养餐改善计划	试点学校（含兵团少数民族区内初中班）在校学生	营养餐补助标准参照国家标准执行，现行补助标准为每生每天 4 元（全年按照学生在校时间 200 天计算）
兵团困难地区高中阶段家庭困难学生教育资助政策	南疆四地州兵团垦区高中学生（含南疆四地州生源中等职业学校学生）实施免费教育	免学费、免教科书费、免住宿费、补助家庭困难学生生活费。 免学费标准：普通高中为每生每年 1200 元，中等职业学校每生每年 2000 元。 免教科书费标准：普通高中为每生每年 670 元，中等职业学校每生每年 300 元。 补助家庭困难学生生活费标准：普通高中和中等职业学校每生每年 2000 元。
援疆助学金（“润雨计划”）	普通高等院校家庭经济困难大学生	自治区内院校录取：500 元/人。 自治区外院校录取：1000 元/人。

资料来源：第三师图木舒克市教育局。

① 董鲁皖龙：《学生资助 更加精准有效——全国学生资助工作不断取得进展述评》，《中国教育报》2018 年 3 月 12 日。

（二）教育扶贫实践路径设计

第一，坚持教育扶贫为体，爱国教育为核。扶贫先扶智，教育先爱国。以教育扶贫为体，以爱国教育为核心，是师市教育扶贫实践路径设计的中心思想。教育扶贫为脱贫实践注入了精神动力，爱国教育为教育扶贫提供路线引领。师市以爱国主义教育为教育扶贫实践路径的构建基点，结合德育课堂、校园文化活动等多种方式，开展爱国主义教育。引导在校学生树立正确、积极的个人理想，将个人成长、社会脱贫与爱国、爱家相结合，为师市开展脱贫攻坚行动培育坚定的理想信念。

师市始终坚持立德树人、德育为先的教育理念，在开展教育扶贫工作中，将培养合格的社会主义建设者和接班人作为教育扶贫的根本任务常抓不懈，坚持“抓紧抓牢抓出成效”的工作理念，扎实推进教育扶贫中的爱国主义教育工作。师市在贯彻落实《中小学德育工作指南》基础上，结合本地区实际情况，将新疆生产建设兵团特有的兵团精神、老兵精神、胡杨精神、奉献精神融入爱国主义教育之中。在教育扶贫工作中讲好兵团故事、新疆故事，培养各族学生的爱党、爱祖国、爱社会信念。

第二，加强学籍管理，做好控辍保学工作。控辍保学是巩固教育扶贫成果、提高义务教育水平的重要举措之一。师市将控辍保学视作教育扶贫工作的重要抓手，坚持加强贫困生学籍管理，落实控辍保学工作的层级责任制。主要呈现出以下三个突出特点。

首先，师市及下辖各团场，逐步建立健全中小学校长（幼儿园园长）控辍保学目标责任制，层层落实各级教育机构的控辍保学责任。学校校长（幼儿园园长）与德育主任签订控辍保学责任书；德育主任与班主任签订控辍保学责任书；班主任与家长签订控辍保学责任书。在控辍保学工作中形成一级抓一级的制度，层层抓落实，切实建立起责任落实到人的控辍保学工作长效机制。

其次，师市辖区学校构建起少数民族贫困学生关爱体系，进一步完善落实“义务教育入学通知书制度”、“中小学学生学籍管理制度”“义务教育阶段学生排查报告制度”“辍学学生劝返复学制度”“学生辍学报告制度”等规章制度。切实掌握学生在校期间的学习情况和思想状况，对未到校就学的学生及时与其家长联系、沟通，并做好登记工作，完善有关控辍保学的工作台账。各团场学校还组织教师定期到少数民族学生家庭进行走访，做好家长及学生的思想工作，防止学生辍学。

最后，学校建立在校学生实名制学籍档案，开展贫困生建档立卡工作，进一步完善控辍保学的制度体系。规范学生的转出、转入及档案管理制度，以防学生出现辍学现象。师市教育局及下辖各团场学校积极探索、研究解决因“贫困、学困、厌学”而导致辍学的有效办法，逐渐健全贫困生、特殊困难学生的关爱和保学制度。在开展教育扶贫工作中提出“稳住‘学困生’，使其学有所得；留住‘易辍生’，使其安心学习”。积极调动各级学校资源，组织教师队伍层层参与、层层落实，确保每一名学生不会因任何原因失学、辍学。

第三，开展“两免一补”，促进教育公平。合理配置教育资源，促进义务教育均衡发展，是促进教育公平、全面建成小康社会的根本要求。[①] 开展“两免一补”，向老少边穷地区投入教育财政补贴，为师市开展教育扶贫工作提供必要的资源支持。“两免一补”政策成为当地推进教育扶贫工作、促进各民族教育公平的基本举措。为进一步促进教育公平，师市组织工作队深入各团场，了解摸排贫困家庭子女就学情况，为每一位贫困学生建立个人资料档案卡。采用动态管理方式，加强对“两免一补”政策落实情况的监控和反馈，确保教育扶

① 胡浩、高敬：《我国将统一城乡义务教育“两免一补”政策》，2017 年 3 月 5 日，见 http://www.xinhuanet.com/politics/2017lh/2017-03/05/c_1120571168.htm。

贫中的公平精神得到真正体现。

以“两免一补”政策为核心，师市在促进教育公平方面先后开展了团场义务教育阶段营养餐工程、国家通用语言文字教学全覆盖等工作。将进城务工人员随迁子女、留守儿童、残疾儿童少年均纳入义务教育保障体系，保证城乡各族适龄儿童、少年有学上，上好学。保障师市及下辖各团场、连队适龄儿童均可以公平获取受教育机会，做到教育“从娃娃抓起”，彻底阻断贫困的代际传递。

第四，优化教师结构，增强师资力量。教育扶贫，师资为基。教师是教育扶贫的中坚力量，教师队伍建设是教育扶贫工作开展的关键所在。师市教师队伍建设主要从优化教师结构和增强师资力量两个层面展开。对现有教师结构进行优化调整，加强教师队伍培训工作，实施岗位能力考核。找准教育薄弱点，有针对性地提高教师教育能力。为满足国家通用语言文字教学全覆盖工作需要，整合教育培训资源，提高教师“双语”教学能力。

在增强师资力量层面，师市依托广东省教育援疆、南北疆双向挂职、特岗教师队伍建设、南北疆教育对口帮扶、“三区”支教、西部志愿者支教、大学生实习支教等政策，多措并举优化教师队伍结构，进一步增强师资力量，缓解师市教师结构性短缺问题。为提高对优质师资的吸引力，师市提高人才引进福利待遇，为引进教师提供周转性住房，发放团场教师生活补助，增强教师职业获得感和幸福感。

第五，实施“改薄工程”，提升教学条件。学生、教师、学校是推进贫困地区教育扶贫工作的三大着力点，教育扶贫不仅要提高师资队伍水平，也要抓好教育基础设施建设。全面实施教育设施“改薄工程”是贫困地区提升教学条件的宝贵契机。改善贫困地区教学条件不仅能够为教育扶贫提供平台支持，也是实现教育公平的重要体现。为“穷校”摘“穷帽”，“全面改薄”政策对促进教育公平具有重大意义。师市以“再穷不能穷教育，再苦不能苦孩子”为工作理念，采取补短板、强弱项的方式，实施“改薄工程”。

师市充分利用各方面资源及资金扶持，着力更新各农牧团场学校的教学设施，建设设备齐全、功能完善的教学楼、宿舍楼。开展“班班通”工程，普及现代化教学设备，实现课堂教学与信息化资源的有效对接，为学生、老师们提供良好的教学环境。贫困问题较为严重的44团和51团，将更新教育设施作为团场教育扶贫的攻坚点，积极利用援疆及其他政策完善团场教育设施，使团场教育环境得到极大改善。

第六，做实“两后生”教育，培养专业人才。教育扶贫的根本目标在于为贫困地区持续提供“造血”能力，增强贫困人口的自我发展能力。在提升义务教育水平的同时，师市将“两后生”教育作为教育扶贫的又一关键举措，充分利用南北疆教育对口帮扶和广东省教育援疆的政策契机，开展“两后生”教育体系建设。特别是提高少数民族贫困生就业能力，帮助贫困生掌握一技之长，为彻底摆脱贫困提供能力保障。师市“两后生”教育工作主要从以下两个方面开展。

一是紧抓教育援疆机遇。师市就“两后生”教育加大与广东省东莞市的合作力度，先后与东莞市教育局签订东莞市电子技术学校等5所学校对口帮扶师市“两后生”教育协议。促成东莞市职业技术学院与师市图木舒克职业技术学校签订联合办学协议，引入东莞市教育资源对师市“两后生”教育开展专业、人才、管理及软硬件建设等全方位的帮扶和支持，促进师市“两后生”教育的综合发展和质量提升。

二是开展校企合作式交流。利用师市周边特色优势产业，积极开展“现代学徒制”申报工作，建立校企共建专业，采取“2+1”办学模式。少数民族贫困生前两年在校内学习专业理论和技能知识，第三年到合作企业参与顶岗实习，推动贫困生理论知识与实践经验相结合，提高“两后生”教学质量。实行“半工半读”的校企合作人才培养模式，建立“企业进学校”遴选学生的校企合作机制。

三、教育扶贫的主要做法与成效

知识，为人类个体全面发展创造条件；教育，为社会发展提供内生动力；教育扶贫，为社会发展持续“造血”。师市教育扶贫工作，为贫困地区孩子带来了宝贵的“知识营养”，为实现地区全面脱贫打通了“知识脉络”。自 2015 年以来，师市教育扶贫各项工作稳步推进，政府财政向教育领域倾斜力度逐年扩大。2015 年至 2018 年，师市教育经费由 6.99 亿元增长至 12.42 亿元。教育经费支出逐年扩大，为师市教育扶贫工作提供充足的资金保障。近年来，师市在教育质量提升、控辍保学工作、师资队伍建设、丰富教育资源和基础设施完善等方面产生了显著成效，形成少数民族地区以教育扶贫为抓手兴边富民的宝贵经验。

表 5-2　第三师图木舒克市教育预算支出决算明细表

（单位：万元）

	2015 年	2016 年	2017 年	2018 年
教育管理事务	68	—	799	714
普通教育	66016	80878	80905	116243
职业教育	980	3920	1931	3430
广播电视教育	241	36	34	156
进修及培训	732	630	616	458
其他教育支出	1835	4365	8707	3182
教育支出（总计）	69872	89829	92992	124183

资料来源：第三师图木舒克市教育局。

（一）全员参与教育扶贫，教育质量显著提升

首先，“小手拉大手”，教育扶贫从孩子抓起。孩子是祖国的希望，也是社会的未来。师市教育扶贫工作充分印证了教育扶贫“从孩子抓起”的基本理念。师市在开展教育扶贫工作中，充分动员社会各界积极参与，认真调研各贫困团场、连队的教育现状，做到教育扶贫资源精准化配给，将培养孩子作为教育扶贫的核心工作。以“小手拉大手”方式，通过对少数民族贫困学生进行教育培养，影响贫困家庭的生产生活观念。以教育引导观念更新，以亲情团结脱贫力量，全员动员共同参与教育扶贫，在教育质量显著提升的同时，为整体脱贫打下坚实的教育之基。总结师市相关工作经验，发现师市及下辖各团场、连队将“小手拉大手”教育活动与“民族团结一家亲”工作相结合，具体产生四个方面的工作成效。

一是教师深入学生家中，向“结亲户”讲解与他们息息相关的事情，宣讲党的惠民政策、兵团资助政策、“两免一补”政策、考内初班、内高班政策等，让“亲戚”和学生深切地感受到党和政府的关怀与温暖。以教师入户帮扶方式普及教育扶贫理念和相关政策，使少数民族贫困居民的教育观念大幅度提升。

二是通过庆“六一”活动，学生为参会的老师、学生家长系上红领巾，加强家长与学生的情感交流。教师充分利用微信、电话、QQ、家访等方式进行家校联系，使得家长能够及时了解到学生在校表现，家长与老师之间的沟通越来越频繁。

三是“小手拉大手”活动增进了维吾尔族和汉族青少年交流交往交融，促进各民族团结。引导青少年从小树立“三个离不开”思想，进一步增强“五个认同”；开展兵团精神、兵团使命教育，激发爱国主义情感。为教育扶贫注入思想动力，实现从知识教育到理念教育的升华。

四是通过每学期的家长会、开学典礼等活动，增进学校与家长的相互了解。为支持学校工作的家长颁发荣誉证书。在学校与家庭之间搭建起沟通的桥梁，以学校教育影响少数民族贫困居民的家庭教育。学校每周定期召开主题班会活动，在主题班会活动中潜移默化地培养学生的爱国情怀，养成良好的行为习惯。

如位于贫困团场的51团中学，便以学生为中心构建起家校合作的稳定桥梁。51团中学作为教育教学单位，更加注重对学生国家通用语言文字使用能力培养，自2017年国家通用语言文字教学全覆盖以来，51团中学坚持推行国家通用语言文字教学的“小手拉大手”活动，将国家通用语言文字普及到每一位少数民族同胞的生活中。2017年10月，51团中学全面开展国家通用语言文字教学，让学生学习家谱、家族歌，学习家庭亲属间的称呼，将这些称呼带进家庭，告诉亲人，让更多的少数民族同胞了解国家通用语言文字。

2017年以来，51团中学在家校沟通联合方面做足了功夫，动员家长，动员学生，将国家通用语言文字扎根心间。51团中学利用每年读书月，让学生将自己喜欢的书籍拿回家，与自己的亲人分享，一起读书，一起学习。此项活动一展开，就得到了学生、家长的广泛参与和支持。51团中学学生每次回家都要教会自己的亲人三句话，让家长们提高使用国家通用语言文字的频率，更好地推进国家通用语言文字教学。51团中学在开展“扫黑除恶”工作中，让学生担任小宣讲员，利用“扫黑除恶”宣传单，给自己的亲人、朋友宣传“扫黑除恶”相关知识。在2019年10月1日，更是开展了让学生们在家和家长一同观看国庆阅兵仪式，国庆阅兵仪式给每位学生、家长都带来了很大的震撼，增强了民族自豪感。

学校是教育事业的基础和重要阵地，语言文字规范化工作关系到国家统一、民族团结、经济发展与社会进步。各级学校坚持营造国家通用语言文字教学浓厚氛围，使国家通用语言文字规范化工作再上一个新台阶。“小手拉大手”活动以贫困学生教育为中心，在学校、教师与家长之间构建起紧密的联系网络。鼓励家长更多参与到子女教育之中，引导贫困家庭形成更为科学、积极的教育观念，为开展教育扶贫工作营造出良好的思想氛围。

其次，开展“五个认同”教育，强化贫困群众脱贫信念。我国是统一的多民族国家，民族团结是各族人民的生命线，更是实现民族地区脱贫致富的重要保障。2019 年 11 月 12 日，中共中央、国务院印发《新时代爱国主义教育实施纲要》，提出要强化民族团结进步教育。实现祖国统一、维护民族团结，是中华民族的不懈追求。“深化民族团结进步教育，铸牢中华民族共同体意识，加强各民族交流交往交融，引导各族群众牢固树立‘三个离不开’思想，不断增强‘五个认同’，使各民族同呼吸、共命运、心连心的光荣传统代代相传。”① 民族地区社会经济发展离不开各民族同胞的共同努力。扶贫先扶志，以教育扶贫强化少数民族群众的脱贫信念，以“认同”教育增强集体脱贫向心力。“在统一的中华民族内，如果不讲共同性，而是片面强调本民族所属、强化本民族意识，强化分界意识，不利于中华认同、国家认同，不利于‘建设中华民族共有精神家园’，势必淡化国家意识、公民意识，有害于中华民族大团结的思想基础，其潜在危险不容低估。”② 师市将“五个认同”教育③融入教育扶贫工作中，以义务教育为依托，教育从娃娃抓起，坚持以习近平新时代中国特色社会主义思想铸魂育人，取得了显著的工作成效。

---

① 中共中央、国务院：《新时代爱国主义教育实施纲要》，2019 年 11 月 12 日，见 http://www.gov.cn/zhengce/2019-11/12/content_5451352.htm。

② 曹志恒、杜雪巍：《新疆专家为何叫停国家“民族教材”?》，《新疆文史》2014 年第 1 期。

③ 2014 年 5 月，第二次中央新疆工作座谈会召开，习近平总书记提出增强各族群众对伟大祖国的认同、对中华民族的认同、对中华文化的认同、对中国特色社会主义道路的认同。2015 年 8 月，在中央第六次西藏工作座谈会上，习近平总书记在原有“四个认同”基础上加入“对中国共产党的认同”，形成“五个认同”概念。

师市及下辖各团场、连队，结合当地学情和社情提出“三进两联一交友”的认同教育工作模式。教育系统各干部、教师进班级、进宿舍、进食堂，联系学生、联系家长，与学生交朋友，做到教育扶贫中的“民族团结一家亲”。以师市第 44 团中学和 51 团中学为例，两所中学结合教育扶贫实际需要，从三个方面开展相关工作，并取得了良好的工作成效。

第一，学校结合民汉合校的实际情况和“国语发展长远规划”，创造性地将全体教职员工、民汉学生按照“有民有汉、有男有女”的原则，组合成若干“小家庭”，形成学校科任教师任大家长、学生任辅导员，“一天教父母一句国语”的全民学习国语模式，每日下午放学前，以小家庭为单位，专任教师辅导小家庭学生学国语，讲国语；每日下午放学后，以大家庭为单位开展政治业务学习等活动。让民汉师生和家长手拉手、心连心、同呼吸、共命运；学习在一起，成长在一起，生活在一起；用温情、亲情、真情悉心构建民族团结的和谐大家庭。

第二，学校有目的、有计划、有成效地开展各项班级争先创优活动，并形成常态。学校领导班子成员每人联系 3 名不同民族学生和一个年级部，教职工每人联系 5 名不同民族学生和一个班级，深入联系班级，了解班级学生构成、生源分布等班级基本情况。教职工借助主题班会、家访等方式深入学生学习生活中，解决学生思想、学习等环节存在的实际问题，推动班级各项建设工作。举行“庆五四”歌唱比赛、班级黑板报评比、班级精神文明评比等活动，树立榜样班级。与对口援疆工作队积极合作，引入中华民族传统文化，丰富校园文化生活，努力营造优秀师生不断涌现的良好教育生态环境。2017 年，作为师市国学教学基地的 51 团中学和广东省东莞市援疆工作队结对子，把广东省国家级非物质文化遗产——广东醒狮舞引进校园，29 名活泼开朗的维吾尔族青少年成了学校首批醒狮舞的演员。藏族教练阿文明从基础手把手教，每天雷打不动 2 个小时训练，一堆毛绒线的舞狮道具在51团少数民族学生的身上活灵活现，在校园的水泥地面上生龙活虎地扑腾起来，原有的挪、闪、扑、回旋、飞跃等动作，演绎出狮子喜、怒、哀、乐、动、静、惊、疑八态，经过融入少数民族青少年活泼、天生的节奏感和流利的舞蹈动作硬是把南岭狮的威猛与刚劲、顽皮和智慧，更加生动活泼和淋漓尽致地展现出来，51团中学的学生们赋予了南岭狮新的内涵，也使校园文化生活变得更加丰富多彩。

第三，各级学校高度重视“三位一体”联动管理机制的建设工作，采取积极有效措施真正将此项工作落实到位。建立教职工联系学生家长的工作台账，把联系家长的实效与个人年终考核挂钩。要求每位教师定期走访学生，加强与学生家长之间的联系，确保突发事项可以第一时间联系到家长。

上述工作的开展，使得师市教育扶贫工作中的认同教育取得了显著的成绩。截止至2019年10月，44团作为师市典型贫困团场围绕“三进两联一交友”活动，共形成团结互助“小家庭”223个。“五个认同”教育显著增强了师市教育扶贫的凝聚力，强化了贫困居民脱贫信念，并在师市及下辖各团场形成脱贫精神的示范效应。

（二）坚持控辍保学，保证贫困生入学率

首先，稳住“学困生”，留住“易辍生”。孩子的教育，关系到祖国的未来；贫困地区孩子的教育，关系到我国全面建设小康社会的胜利。① 因此，稳住“学困生”，留住“易辍生”，成为师市控辍保学工作的重中之重。控辍保学是教育扶贫工作的重要举措之一，也是提高贫困地区居民教育水平的基本路径。师市针对本地区

① 习近平：《落实教育扶贫，切断贫困代际传递》，2017年2月23日，见 http://www.cpad.gov.cn/art/2017/2/23/art_624_59661.html。

贫困学生的学情，提出以联保联控责任制方式层层落实控辍保学制度。充分发挥学校各级领导及教师在控辍保学工作中的主体责任，积极联系贫困学生家长及贫困学生，实施控辍保学台账制度，为每一名贫困学生建立档案卡，确保控辍保学工作真正落到实处。

一是明确控辍保学责任体系。明确责任体系是控辍保学工作有效开展的前提条件。按照师市“师办师管”的义务教育管理体制，明确师市为控辍保学工作的责任主体，对控辍保学工作进行统筹协调。团场、连队、社区、街道办以及相关部门做好适龄儿童按时入学和防止辍学的保障工作，切实落实辍学学生劝返责任制。扶贫办等部门提供建档立卡贫困户基本信息，师市教育局负责牵头制定控辍保学工作目标和工作实施方案，规范学校办学行为和教师职业行为，防止因学校和教师行为不当，引起学生辍学。中小学校建立控辍保学报告制度，及时向师市教育局和团场报告辍学学生情况。通过构建多层级控辍保学责任体系，有效打通了师市控辍保学的工作路径。

二是加强控辍保学制度保障。做好控辍保学工作的关键在于明确各级责任，形成工作合力。在控辍保学工作中，师市下辖各团场、学校严格落实各项制度，发挥制度保障作用，确保控辍保学工作成效。结合地区基本社情、学情，师市推出控辍保学十项基本制度。

第一，月报考核制。师市控辍保学工作情况实行月报制，月报内容为控辍保学体系建立和工作责任落实情况，控辍保学动态监测机制建立情况，辍学学生劝返、登记和书面报告制度落实情况，适龄儿童少年入学台账建立情况。该制度自 2018 年 9 月开始执行，各团场、学校每月 25 日向师市教育局报送月报表和控辍保学工作的实施情况。

第二，层级责任制。在教育扶贫工作中，贫困户无辍学学生是教育脱贫攻坚的重要指标，并实施一票否决制。因此师市建立了师长、教育局局长、团（场）长、连长、校长、家长各层级的控辍保学责任制，明确每一个岗位的控辍保学责任。采用一级抓一级、层层抓落实的方式，开展控辍保学工作。各个学校建立控辍保学责任体系，针对每一位辍学学生，确定劝返责任人，制定劝返、关爱和帮扶计划，做到责任到人，措施到位。

第三，台账销号制。师市下辖各学校对辖区内适龄儿童少年逐一摸清情况，对已经出现辍学学生的团场、学校、班级和个人建立台账，实行销号制度。查找学生辍学原因，并采取相应措施，确保其尽快返校。

第四，辍学报告制。师市下辖各学校加强学生管理，随时掌握学生在校情况，对48小时未到校，又未履行请假手续的学生，一经发现学生辍学，立即向学生所在团场和师市教育局报告。

第五，责任督学制。教育督导室将控辍保学作为责任督学挂牌督导的重要内容，各中小学校责任督学要随时掌握学校控辍保学情况。学校报告辍学情况需附上责任督学签字。

第六，专项督导制。教育督导室每年组织2次控辍保学专项督导，将控辍保学纳入督导评估体系，实行一票否决。

第七，结对帮扶制。围绕控辍保学建立帮扶制度，把义务教育阶段辍学学生，重点是建档立卡贫困家庭的义务教育阶段辍学学生，安排给党员干部、校长和教师，进行结对帮扶，详细了解学生和家长的思想动向及家庭情况。帮助学生和家长解决经济方面的困难，对有辍学苗头的学生及早采取针对性措施，及时发现辍学动向，严防学生因贫困而失学，从源头杜绝辍学发生。

第八，家访登记制。发挥班主任和科任教师的作用，开展“大家访”活动，通过谈心和单独辅导对贫困家庭学生、留守儿童、残疾学生、学困生积极开展心理激励和学业帮扶，帮助其树立学习信心，避免因丧失学习动力而辍学。

第九，群众监督制。师市教育局公布控辍保学举报电话，接受群众监督，确保不遗漏一位辍学学生。

第十，信息公告制。在保护建档立卡贫困家庭学生隐私的情况下，在一定范围内公开、公示相关的帮扶和劝返工作情况。

三是积极开展控辍保学工作。围绕控辍保学的核心目标以及十项工作制度，师市及下辖团场、学校各责任主体积极开展控辍保学工作，具体形成5个方面的典型经验。

第一，广泛开展宣传工作，严格落实依法治校。在每学期开学初，各学校按照“开学第一天，控辍第一事”的要求，在开学第一周向学生、家长和教师宣传《义务教育法》、《未成年人保护法》和《妇女儿童权益保护法》等法规。提高学生、家长及全社会的义务教育、权益保护等法律意识，努力营造控辍保学、人人有责的社会氛围。各学校领导、班主任、教师全面走访未报到注册的学生家庭，了解学生情况并动员其入学。

第二，建立控辍保学台账，实施信息动态监测。各学校依托学籍管理系统和师市、团场及连队的精准扶贫台账，建立控辍保学信息库，形成控辍保学信息动态监测机制。详细核实、记录学生转出、转入等变动情况，做到转入、转出、休学、复学、辍学等情况清楚，相关证明材料齐全，手续完备。各学校严格按照要求填写《义务教育适龄儿童少年辍学（失学）情况登记表》。建立学生台账，确定劝返责任人，因人施策，逐户落实，必须让辍学学生返校就读，严防控辍保学工作中的弄虚作假行为。

第三，提倡减负增效，坚持规范办学。各中小学按照基础教育课程改革标准开齐课程，开足课时，努力改进教学方法，提高课堂教学质量，切实减轻学生过重课业负担。义务教育学校不得以考试成绩排名次、排座位，教师不得歧视学困生，不得强行或变相要求其退学、休学、转学。特别是针对学困生、偏科生等，建立个性化帮扶机制，使学困生能够充分体会到“师之爱、学之趣、校之暖、班之亲”，不让一名贫困学生掉队。各学校还充分依托学生社团和“两会一课”等方式，开展丰富多彩的校园文化活动，使每个学生都有展示自我、发挥特长的机会，培养学生学习兴趣和自信心，有效防控新增辍学发生。

第四，关爱学生，以情控辍。对留守儿童、单亲家庭学生等易发生辍学的群体和个体，各学校安排教师通过上门家访、谈心交流和单独辅导，积极开展心理激励和学业帮扶，帮助其树立学习信心，避免因丧失学习动力而辍学。加强“留守儿童管护中心建设”和“心灵驿站”建设，寄宿制学校开通“亲情电话”和“网络亲情教室”，切实做好留守儿童关爱工作，关心爱护贫困学生。让贫困学生能够安心学习，以真情实感留住每一位学生。

第五，帮困助学，以资控辍。师市及下辖各团场学校认真贯彻落实教育惠民政策，落实“两免一补”，积极争取资金建立健全低保户和贫困家庭学生救助机制，解决“因贫辍学”问题。严格落实残疾儿童少年相关保障政策，确保每一位适龄儿童少年依法接受和完成义务教育。以师市2019年度高中教育财政资金为例，全年共拨付财政资金2291.06万元，含高中助学金1041.81万元、高中免学费资金801.65万元和高中免教材费447.6万元。

表5-3　2019年度第三师图木舒克市高中教育资金分配表

（单位：万元）

学校	2017年人数	2018年人数	高中助学金金额	高中免学费资金	高中免教材费	合计
第三师第一中学	2172	1921	277.36	215.45	120.30	613.11
第三师第二中学	2496	2327	349.48	269.1	150.25	768.83
第三师第三中学	525	492	74.16	57.06	31.86	163.08
图木舒克中学	1389	1383	217.15	165.6	92.46	475.21
第三师四十五团第一中学	805	793	123.66	94.44	52.73	270.83
合计	7387	6916	1041.81	801.65	447.6	2291.06

资料来源：第三师图木舒克市教育局。

四是层层落实控辍保学联保联控责任制。在明确责任主体、加强制度建设的基础上，师市在控辍保学工作中更为注重控辍保学工作的过程管理。加大对贫困生生活、学习状态的调查力度，做到贫困学生档案卡信息资料的常态化更新。经过不懈努力，自 2015 年以来师市适龄儿童入学率呈现出稳中有升的态势，2018 年和 2019 年两个年度适龄儿童入学率均达到 100%。学年初适龄在校学生人数也由 2015 年的 25903 人增长到 2019 的 36935 人，师市在校学生人数显著增长。

表 5-4　2015 年至 2019 年第三师图木舒克市适龄儿童入学率情况表

（单位：人）

	2015	2016	2017	2018	2019
学年初常住人口适龄儿童人数	25939	26886	30157	37828	36935
学年初适龄在校学生人数	25903	26862	30134	37828	36935
占比	99.9%	99.9%	99.9%	100%	100%

资料来源：第三师图木舒克市教育局。

从师市控辍保学工作经验来看，采取层层落实的主体责任制不仅保障了师市适龄儿童的入学率，同时也提高了在校学生的升学率。师市贫困户子女保学、固学成效显著，据 2019 年师市《关于第三师图木舒克市贫困团场退出的请示》文件显示，2019 年 44 团和 51 团两个贫困团场的年内脱贫户子女入学率均达 100%。其中 44 团年内脱贫户各类在校生共有 1256 人，含学前教育 522 人、小学 543 人和初中 191 人。51 团年内脱贫户各类在校生共有 2469 人，含学前教育 662 人、小学 1257 人、初中 434 人和高中 116 人，上述两个贫困团场各教育阶段脱贫户子女入学率均为 100%。①

表 5-5　2019 年第三师图木舒克市脱贫户子女入学统计表

（单位：人）

	学前教育	小学	初中	高中	合计	入学率
44 团	522	543	191	0	1256	100%
51 团	662	1257	434	116	2469	100%

① 资料来源：《关于第三师图木舒克市贫困团场退出的请示》。

据师市考试中心统计数据显示，自 2015 年至 2019 年，师市学生升学人数由 2334 人增长至 3403 人。其中升入高中学生人数由 2132 人，增长至 2432 人，升入中职学校学生人数由 202 人，增长至 971 人。

表 5-6　2015 年至 2019 年第三师图木舒克市毕业生升学统计表

（单位：人）

	2015	2016	2017	2018	2019
升入高中学生人数	2132	2305	2010	1921	2432
升入中职学生人数	202	178	377	936	971
合计	2334	2483	2387	2857	3403

资料来源：第三师图木舒克市教育局。

数据分析发现随着控辍保学工作的深入开展，师市学生升学率由 2015 年的 66.19%增长至 2019 年的 98.46%。其中，升入中职学校的毕业生数量增长显著，由 2015 年的 202 人，增长至 2019 年的 971 人。这与师市围绕教育扶贫框架开展“两后生”教育有着直接关系，贫困生升学率显著提高，为改善地区人口学历结构，提高贫困居民就业、创业能力提供了必要的知识、技能保障。

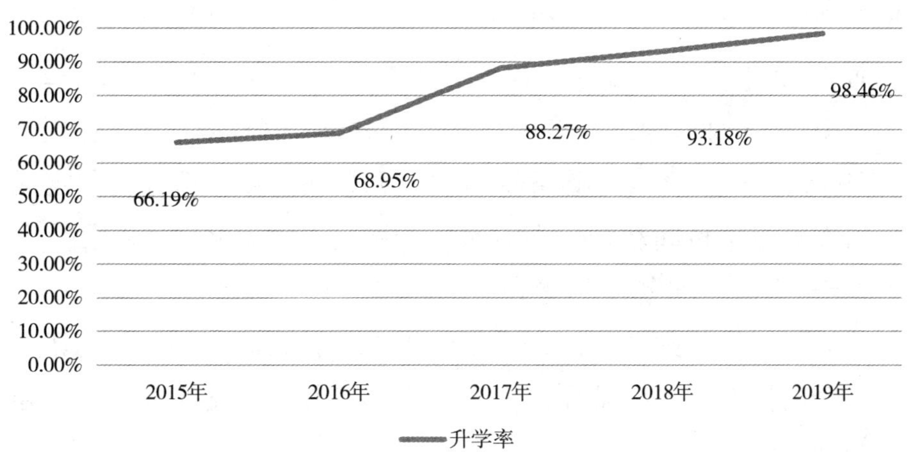

图 5-1　2015 年至 2019 年第三师图木舒克市毕业生升学率

资料来源：第三师图木舒克市教育局。

（三）凝练教师队伍，筑牢教育扶贫基石

首先，特岗教师队伍逐年扩大。近年来，师市秉持“教好一名学生，幸福一家人；办好一所学校，造福一方社会”的教育理念，加强教师队伍建设，扩大贫困地区义务教育特岗教师队伍规模。

“三区”支教工作是国家一项极其重要的人才支持计划，是落实精准扶贫、乡村教师支持计划、城乡义务教育均衡发展精神的重要举措。为提升贫困地区教师队伍素质提供了强大的人才支持。新疆生产建设兵团党委及兵团相关部门高度重视、关心、支持南疆师市解决因普及国家通用语言文字教学，而导致教师数量严重不足的问题。师市教育局根据各学校的实际情况进行支教教师分配，帮助当地教师提高教育教学水平和其他业务能力，充分发挥支教教师带动引领作用。借力支教教师拓展受援地的师资培训新模式，大力开展“进疆送教、送讲座”活动，让更多的教师接受教育发达地区的先进教育教学理念，有效提升受援地的师资水平和育人管理能力。

根据师市教育局提供的特岗教师报告显示，2015 年至 2019 年，每年到岗特岗教师人数显著增多。2015 年，师市到岗特岗教师 123 人，而 2019 年师市到岗特岗教师已增长至 894 人。（见图 5—2）截止至 2019 年 5 月，师市现有中小学专任教师 3816 人，其中特岗教师为 1519 人，含为 2020 年储备特岗教师 115 人。师市教育局制定《第三师图木舒克市特岗教师培训方案》，借助“兵团名师指导团”“援疆”“支教”“师域名师”等资源，每周开设一次讲座，有目的、有计划地解决当地教师队伍汉语水平较低、综合素质不高、能力不足等问题，全面提升青年教师授课能力，为师市教育扶贫工作开展奠定了扎实的师资基础。

根据共青团中央、教育部、财政部、人力资源和社会保障部实施的“大学生志愿服务西部计划”有关文件精神和要求，新疆生产建

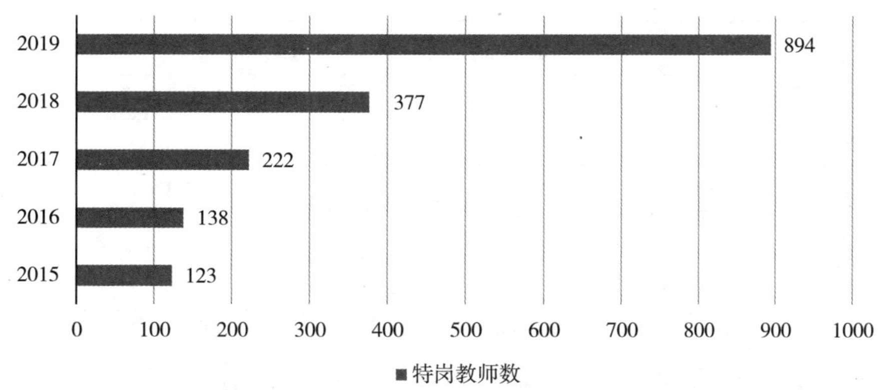

图 5-2　2015 年至 2019 年第三师图木舒克市特岗教师人数汇总

资料来源：第三师图木舒克市教育局。

设兵团制定了《兵团大学生志愿服务西部计划实施方案》，“西部计划”包括全国项目、地方专项、南疆教育计划专项三类。全国项目分为基础教育等 5—7 个专项，基础教育专项主要是在县乡幼儿园中小学从事教学及教学管理工作，包括研究生支教团、南疆学前双语教育支教专项（从 2017—2018 年度开始实施）。

在兵团“西部计划”项目中实施了“南疆学前双语教育支教专项”，支持南疆学前双语教育支教专项建设，2018 年，在兵团西部计划全国项目名额中单列了 100 个第三师南疆学前双语教育支教专项岗位。① 2019 年，单列了 55 个第三师南疆教育支教专项岗位。②

表 5-7　第三师图木舒克市西部计划志愿者及支教情况表

年/届	西部计划志愿者总人数	西部志愿者支教人数
2015 届	64	6
2016 届	80	4

① 资料来源：《关于印发〈2018—2019 年度兵团大学生志愿者服务西部计划实施方案〉的通知》。

② 资料来源：《关于印发〈2019—2020 年度兵团大学生志愿者服务西部计划实施方案〉的通知》。

续表

年/届	西部计划志愿者总人数	西部志愿者支教人数
2017 届	196	90
2018 届	154	89
2019 届	430	210

资料来源：第三师图木舒克市团委。

广东对口援疆在师市特岗教师队伍建设中也发挥了重要作用，据广东援疆工作队资料统计，2018 年广东驻师市工作队共计选派 65 名优秀教师进疆支教，其中安排中期轮换的计划内援疆教师 13 名，于 2018 年 8 月下旬进疆工作；50 名为根据教育部等四部委“万名教师支教计划”，由东莞、韶关、揭阳、阳江等地市选派的三师东莞支教团援疆教师，也于 2018 年 8 月下旬进疆到岗；此外，为切实加大对师市职业技术教育帮扶力度，于 2018 年 10 月下旬增派了 2 名柔性教师支持图木舒克职业技术学校教育事业发展。

援疆教师队伍政治觉悟高、专业能力强。65 名援疆教师中有 16 名高级教师、40 名一级教师、9 名二级教师，分别安排在三师一中、44 团中学、51 团中学、图市中学和图市职校等学校工作。部分援疆教师除了承担教学任务外，还参与学校的日常管理工作，共有 8 人担任受援学校的校领导职务，11 人担任学校的中层干部。在支教岗位上，援疆教师尽职尽责，积极开展课堂教学、业务培训和学科建设等工作，超过一半的援疆教师承担了学校的社团辅导和课题研究。2018 年，全体援疆教师共计上课 14000 课时，示范授课 130 课时，听课、评课超 200 课时，开办讲座培训师市教师 900 多人次，“传帮带”教师 126 人；共发表教育科研论文 11 篇，指导学生在国家、省（自治区）市（地区）获奖 11 人次。援疆教师凭借先进的教学理念、科学的教学方法和严谨的教学态度，推动了师市教育改革，提升了受援学校办学效益。

其次，特岗教师幸福感显著提升。夯实教育扶贫的师资基础，不仅要引进人才，更要能留得住人才。师市教育局及下辖各团场学校围绕特岗教师的工作状态、职业生涯规划和生活需求，构建了特岗教师队伍保障制度体系，着力提升特岗教师工作幸福感和岗位荣誉感。

一是构建教师能力提升体系。按照“会上课—上好课—有专长”三步成长轨道，将教师专业化发展纳入教育制度化管理体系。各中小学校成立由校长任组长的“教师专业化发展领导小组”，建立教师个人专业化成长档案。教育局对新进校工作3年以下教龄的教师进行岗位培训，对中青年骨干教师制定《中青年教师学习培训工作计划》。开展教师继续教育工作，加强校本培训力度。各中小学校结合自身发展需要，提高校本培训的有效性和针对性。截至2019年上半年，师市5个辖区36所学校，共注册校本研修教师人数达到2991人，研修小组349个，组织研修活动5574次，研修成果达10万个，交流讨论20万余次，合格率达到70%。

二是加大特岗教师保障力度。在为特岗教师提供职业发展资源的同时，师市还加大了特岗教师的生活保障力度。针对农牧团场经济比较困难，特岗教师工资待遇比较低，导致特岗教师人才流失问题，师市加大对特岗教师补贴力度。具体工作成效可总结为基本福利保障、职业发展保障以及生活条件保障3个层面。

基本福利保障。师市通过政策规定特岗教师在3年服务期内，福利待遇、培训及社会保险保障均与当地在职在编教师等同。特岗教师聘任期间执行国家统一的工资制度和标准。除国家统一支付标准外，不足部分由团场补齐支出（包括社会保险）。以贫困团场51团为例，51团第一、二、三小学，现有特岗教师人数分别为39人、37人和31人，按照新疆生产建设兵团财政补贴标准，每位特岗教师每年度可补贴3.68万元。师市通过政策确定的方式明确特岗教师待遇问题，为特岗教师薪资福利提供基本保障。

表 5-8 第三师图木舒克市 51 团小学特岗教师人数及补助汇总表

学校	2016 年	2017 年	2018 年	合计	兵团财政补贴标准（人、年、万元）	合计
	在岗人数	在岗人数	在岗人数	在岗人数		
51 团第一小学	3	8	28	39	3.68	143.52
51 团第二小学	3	14	20	37	3.68	136.16
51 团第三小学	6	11	14	31	3.68	114.08

资料来源：第三师图木舒克市教育局。

职业发展保障。师市结合本地区基本情况及教师职业发展需要，为特岗教师提供了畅通的职业发展保障路径。除开展教师培训、援疆教师送课、南北疆课堂研讨等方式，为特岗教师提供丰富的能力提升保障外，还制定了“兵团第三师特岗教师计划”可与“农村学校教育硕士师资培养计划”结合实施的优惠扶持政策。符合相应条件要求的特设岗位教师可按规定推荐免试攻读教育硕士。特岗教师 3 年聘期视同“农村学校教育硕士师资培养计划”要求的 3 年基层教学实践，为特岗教师个人继续深造提供了宝贵机遇。

生活条件保障。针对特岗教师队伍快速扩大而师市及下辖各团场住宿条件有限的问题，师市加大特岗教师住宿生活条件的改善力度。2015 年以来，师市在 45 团场、48 团场和 49 团场，累计投入 1450 万元建成教师周转房 4270 平方米，发放团场教师生活补助近 8000 万元，教师获得感指数明显提升。

表 5-9 第三师图木舒克市教师周转房建设情况汇总表

项目	建设性质	建设面积（米^2）	计划投资（万元）
45 团学校教师周转房	新建	2100	540
48 团学校教师周转房	新建	1120	640
49 团学校教师周转房	新建	1050	270
合计		4270	1450

（四）软硬件“两手抓”，夯实教育扶贫基础

首先，开展“开放式、体验式”教学改革。教育扶贫不仅要让贫困学生有学上，还要让贫困学生上好学。在增加贫困地区教师数量，改善办学条件，让孩子获得高质量教育的同时，还要着力开展教学改革，切实提高边疆贫困地区的教育质量。师市采用软硬件“两手抓”的方式，着力夯实教育扶贫基础。坚持把深化教学改革作为教育发展的根本动力，推动中小学结合师市办学条件和课程改革要求，以转变教育教学理念为先导，以优化教学环境为抓手，以创新教育教学方法为核心，以提高教育教学质量为目标，推行“创设开放式教学情境，构建体验性教学模式”的课堂教学改革，共成功举办16届师级课堂大赛，课改工作初见成效，办学理念整体提升。师市各学校注重课堂教学改革，赋予学生课堂学习的主体地位，着力激发学生课堂的学习兴趣。

师市党委全面贯彻党的教育方针，立足南疆特点、兵团特色、坚持深化教育改革创新。各学校遵循教育规律，充分挖掘自身特色，广泛开发校本课程，积极推动“一校一品”建设，不断提升学校办学品位，形成“校校有特色，班班有项目，人人有特长”的益智教育局面。学校注重培养学生的综合素养，将中华民族优秀传统文化、新疆生产建设兵团文化融入到校园文化建设中，为学生的校园学习增添了中华民族优秀文化色彩。

其次，集中资金投入贫困团场教育设施建设。如果说强化教师队伍建设以及开展教学改革是提升教育“软实力”，那么改善师市及下辖团场学校办学条件，则是在打造师市教育扶贫的“硬环境”。“良好的教学环境可以让孩子快乐地学习和成长，促进孩子身心健康。《‘十三五’脱贫攻坚规划》要求，各地依据贫困地区学校状况，要按照‘缺什么、补什么’的原则改善义务教育薄弱学校的基本办

学条件。”① 师市以“再穷不能穷教育，再苦不能苦孩子”为责任，着力改善师市办学条件。千方百计补短板、强弱项，以“全面改薄”工程项目为抓手，推进义务教育标准化学校设施建设。

师市教育扶贫“全面改薄”工程的资金由中央资金、援建资金（该资金由广东省东莞市、江苏武警总队等单位提供）和自筹资金三部分构成，其中中央资金投入较多，占比达到76.98%，其次是援建资金和自筹资金，占比11.9%和11.12%。从2015年至2019年，针对教育项目建设、更新共投入中央资金13亿元，援建资金1.96亿元，地区自筹资金1.83亿元。

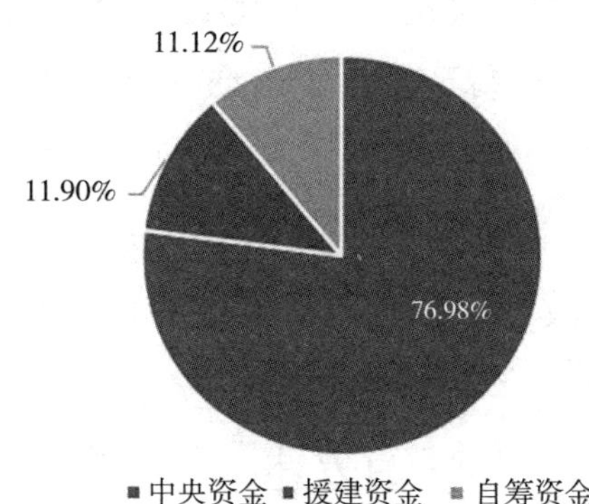

图5-3　第三师图木舒克市教育扶贫“全面改薄”工程项目资金结构图

以稳定的财政资金投入为依托，师市在5年间共完成教育项目建设面积451158.03米^2，运动场面积210561米^2，投入经费16.78亿元。切实推进师市及下辖团场、连队的教育基础设施建设进度，各农牧团场学校陆续建成设备齐全、功能完善的教学楼、宿舍楼、运动场，“班班通”、录播教室等现代化教学设备全面普及，教育资源更加丰富，教育环境更加优化；实现各团场最漂亮的房子是学校，笑的最灿烂的是孩子，为师市教育扶贫工作开展打牢“硬件”基础。

① 习近平：《落实教育扶贫，切断贫困代际传递》，2017年2月23日，见http：//www.cpad.gov.cn/art/2017/2/23/art_ 624_ 59661.html。

表 5-10　2015 年至 2019 第三师图木舒克市教育项目建设汇总表

	建设面积（米^2）	运动场面积（米^2）	计划投资（万元）			
			合计	中央资金	援建资金	自筹资金
2015 年	57781	15000	16350	12759	2231	1360
2016 年	84580. 21	67000	21857	16917	4000	940
2017 年	195215	86900	67037	44942	12123	9972
2018 年	78381. 82	16945	30572. 51	23372. 51	1200	6000
2019 年	35200	24716	32018	32018	0	0
合计	451158. 03	210561	167834. 51	130008. 51	19554	18272

在师市教育项目建设中，中央资金和援建资金发挥了至关重要的作用。广东省东莞市援疆工作队、武警江苏总队以及清华大学等单位都为师市教育项目建设提供了大力帮助。各方对师市教育扶贫工作的援助不仅体现在资金支持方面，还体现在合作办学、人才培养等层面。如武警江苏总队对口援建 44 团幼儿园项目、清华大学援建 51 团清华幼教资源中心实验幼儿园项目等，在带来大量资源的同时，也为贫困团场教育事业发展提供了新理念、新模式和新方向。

2018 年—2019 年，武警江苏总队、兵团总队共计投入资金 170 万元用于 44 团幼儿园室内设施建设和教学设备购置。其中 96307 元用于建设手工活动室和健身活动区，寓教于乐，开发幼儿智力，促进幼儿动手能力，促进各年龄段幼儿认知能力的发展；198000 元用于建设智慧校园安全生态平台，让教师、家长实时掌握幼儿出入场景情况，有效提高安防水平；1279670 元用于软地面建设，防止幼儿摔伤，为幼儿提供舒适、健康、安全、漂亮、益智的幼儿园地板；99668 元用于建设 4 间功能教室，促进幼儿德、智、体、美、劳全面发展；剩余 26355 元用于购买幼儿读物、设置走廊文化带等。

2019 年 9 月 26 日，清华幼教资源中心也启动了学前教育帮扶计划，51 团清华幼教资源中心实验幼儿园揭牌，给师市学前教育发展增添新的活力，开启师市教育扶贫事业新的篇章，为51团打赢脱贫攻坚战注入强心剂。51团是兵团最大的深度贫困团场，是兵团最大的少数民族聚居团场，是南疆人口最多的团场。全团现有3至6岁学龄前儿童6000余人，占师市的29.4%。长期以来，51团学前教育基础薄弱，现有的国家通用语言教育难以满足社会发展的需要和家长们的期盼。2018年，在兵师党委的关心帮助下，51团学龄前儿童从连队的破旧土坯房搬入新建的校舍，让在园幼儿享受到免费入园、免费读书和幼儿伙食补助等优惠政策。但幼儿园分布广、幼儿人数多、教师教学水平参差不齐、幼儿园管理水平有待提高等问题，一直制约着51团发展和教育扶贫工作的开展。团党委将教育扶贫工作“扛在肩上、落实到行动上”，2019年7月与清华幼教资源中心达成合作协议，将清华幼教资源中心的先进管理办法、科学保教理念、优质教学资源引入，带领51团幼儿园“学专业、抓管理、建机制”。如今，幼儿园各项工作正在稳步推进。

（五）优化职业教育设计，为地区发展持续“造血”

开展职业教育是提高贫困人口劳动技能、带动贫困地区经济发展最直接有效的方式。少数民族青少年通过职业教育及培训掌握一技之长，就业脱贫这条路将更加畅通，更有利于实现“一人就业，全家脱贫”。[①] 开展“两后生”教育可以提高贫困地区少数民族初高中毕业生的就业率，也可以为贫困地区发展提供持续“造血”的动力。

一是东莞市对口援疆教育资源帮扶。师市“两后生”教育工作具有明显的地方性特色，即将“两后生”教育与对口援疆结合开展，形成“组团式”合作共建的新格局。在广东省东莞市对口援疆工作

① 习近平：《落实教育扶贫，切断贫困代际传递》，2017年2月23日，见http://www.cpad.gov.cn/art/2017/2/23/art_624_59661.html。

中，教育援疆是一个重要环节。在师市和援疆工作队的共同努力下，第三师图木舒克职业技术学校草湖职教培训点建设及“结对帮扶”项目稳步开展，成为师市贯彻落实中央关于“大力发展职业教育，提高高等教育质量”战略决策，解决草湖镇产业园区用工需求及技术研发创新需要，补齐园区各类技术人才短板的重要举措。

第三师图木舒克职业技术学校草湖分校项目首期按每年招收培训600人规划建设，主要包含实训楼、宿舍、食堂、配电房等，建筑面积8000平方米。工程投资估算3500万元，其中申请国家资金2000万元，广东省对口援疆资金投入1500万元（其中2016年投入500万元，2017年投入900万元，2018年投入100万元）。2016年，建成第三师图木舒克职业技术学校草湖分校实训楼主体约2400平方米，2017年续建总面积为7822平方米，增加室外配套设施、购置实训设备等。项目还投入50万元用于东莞技师学院与第三师图木舒克职业技术学校结对帮扶，结对帮扶项目提升了专业教师的业务能力，为学生实习增加了工位和实训项目模块，强化了教学管理水平和专业建设能力。

东莞市技师学院与第三师图木舒克职业技术学校形成结对帮扶合作，协助学校制定近期3年规划、中期5年规划和远期10年规划，组织学校间互访、发展规划交流研讨等活动。选派专业教师承担第三师图木舒克职业技术学校的学校发展、专业建设及日常教学工作，并结合师市实际情况，帮助第三师图木舒克职业技术学校创办纺织服装专业，现已纳入新疆生产建设兵团中职院校的强专业行列。东莞市技师学院与第三师图木舒克职业技术学校结对帮扶的案例，已成为职业教育援疆的缩影，发挥着典型示范作用。

二是南北疆连贯式技能人才培养模式。开展南北疆教育扶贫合作，打通南北疆教育资源流动，是新疆生产建设兵团深入贯彻落实党中央关于兵团“向南发展”决策部署的重要举措。相较于南疆地区的教育发展现状，北疆地区在教育基础设施、师资队伍建设以及职业教育网点布局等方面更为完善。因此，在师市教育扶贫工作中以疆内合作方式，构建南北疆连贯式技能人才培养模式，对缓解南疆地区“两后生”教育压力，提高南疆地区技能人才培养效率有着积极作用。新疆生产建设兵团、第三师教育局、兵团兴新职业技术学院、石河子工程职业技术学院、石河子大学护士学校等相关责任主体，以南北疆职业教育合作为核心构建“两后生”教育体系。实现南北疆连贯式技能人才培养模式的系统化、制度化、稳定化。

南北疆连贯式技能人才培养模式成为师市持续性技能人才的培养平台，有效解决了师市未就业初高中毕业生的继续教育、技能训练以及稳定就业问题。师市生源在完成“两后生”教育后，返回师市完成就业，为地区社会经济发展注入了新鲜“血液”。以贫困团场44团为例，2017年至2019年间该团场接受“两后生”职业教育的学生共计349人，分别到石河子职业技术学院、石河子工程职业技术学院、石河子大学护士学校、石河子卫生学校、第六师五家渠职业技术学校、兵团兴新职业技术学院、第三师图木舒克职业技术学校等单位接受系统的职业技术教育，掌握一技之长，为将来步入社会打下坚实基础。2019年，师市“两后生”教育规模进一步扩大，第三师图木舒克职业技术学校、石河子职业技术学院、石河子卫生学校、兵团兴新职业技术学院等单位，共为师市生源学生提供入学指标500个，吸纳2019年未稳定就业的初高中毕业生参加“两后生”教育，通过职业教育阶段的专业学习以提高其自身就业能力。

表5-11　2019年未稳定就业初高中毕业生招生任务分配表

（单位：人）

学校名称	第三师图木舒克市生源
第三师图木舒克职业技术学校	100
第六师五家渠职业技术学校	50
石河子职业技术学院	50
石河子卫生学校	50

续表

学校名称	第三师图木舒克市生源
兵团兴新职业技术学院	100
石河子工程职业技术学院	100
石河子大学护士学校	50
合计	500

资料来源：第三师图木舒克市教育局。

四、教育扶贫的经验和启示

师市以“五个一批”工程为指导，打通地区脱贫的“最后一公里”。师市教育局及下辖各团场学校等责任主体“攻坚克难”，在教育扶贫工作中取得了可喜的成绩，为边疆少数民族地区兴边富民提供源源不断的智力支持，形成教育扶贫的案例型经验。

（一）民族团结助推教育扶贫工作开展

精神贫困既是物质贫困的结果，又是贫困长期存在的重要原因。[①] 精神贫困问题具体表现为贫困者的思想观念相对落后、文化素质偏低和脱贫主体意识不足，教育扶贫的根本目标在于借助教育手段解决上述问题，为贫困地区脱贫致富、兴边富民提供智力支持。师市教育扶贫工作在依循上述扶贫逻辑的基础上，形成了自身独具特色的兴边富民工作经验，即将民族团结与教育扶贫相结合，为开展教育扶贫工作提供源源不断的情感动力。“扶贫要同扶智、扶志结合起来”，

① 吴克领：《社会转型与城市新型贫困的空间聚集化》，《学海》2013 年第 4 期。

"智和志就是内力、内因。"① 从理念层面来看，教育扶贫希冀通过知识、技能传授，增强贫困主体的社会生存能力，为贫困地区脱贫提供内生动力，这也决定了教育扶贫不能单纯依靠外部力量干预完成，还需要对贫困主体的心理意识加以引导，采用内外结合方式完成教育扶贫工作。

师市教育扶贫工作，在按照国家教育扶贫政策稳步推进过程中存在着一条积极的情感治理路径。"情感治理是一种'人心'治理，贫困群体的情感对精准扶贫政策的实施具有重要作用，积极情感能够促进贫困群体脱贫，消极情感阻碍贫困群体脱贫。"② 中国社会传统文化具有明显的"人情"色彩，并在社会事务中形成一套情感逻辑，借助情感表达能够促进政府管理的合法性和合理性。针对维吾尔族群众国语（普通话）水平偏低、知识技能欠缺和思想观念落后等问题，扶贫工作人员选择"以爱感动、以情帮扶"的方式开展脱贫攻坚工作，借助"民族团结一家亲""小手拉大手""维汉结对帮扶"等方式推动教育扶贫工作。一个个"干亲家庭"成为教育扶贫支点，一双双拉起大手的小手成为维吾尔族贫困群众立志脱贫的动力。师市的教育扶贫经验揭示了在长期存在贫困问题的老少边穷地区，民族团结可以推动教育扶贫工作取得良好效果。"智志双扶"，不仅要加强政策性引导和规划，还需要注入更多情感，以情唤起贫困群众的脱贫主体意识。

（二）教育可阻断地区贫困的代际传递

在贫困地区发展教育与贫困地区教育扶贫两者是有区别的，贫困地区发展教育是通过资源供给实现区域间、城乡间的教育公平，具有

① 习近平：《习近平谈治国理政》第二卷，外文出版社 2017 年版，第 90 页。

② 程军：《精准扶贫：当代中国国家治理的情感逻辑》，《深圳大学学报（人文社会科学版）》2019 年第 3 期。

公平性；教育扶贫不仅要达到教育公平的目的，还要实现依靠教育脱贫的目标，其本质属性是兼顾公平性与益贫性，公平性是前提，益贫性是目标。① 对贫困地区社会发展而言，教育扶贫不仅可以发挥教育资源输送、提供控辍保学保障等直接作用，还兼具教育扶贫的家庭双向示范效应、邻里效应以及社会回流效应。其中，教育扶贫的家庭双向示范效应表现为文化传递和文化反哺。

通过对师市教育扶贫工作效果的分析，可以发现教育扶贫促进了维吾尔族贫困群众的亲子、代际之间“文化反哺”现象。维吾尔族子女参加学校教育后的知识和技能储备明显高于其父辈和祖辈，在日常生活中子女正以自身在学校学习的知识和技能来帮助父母、长辈实现脱贫，寻找家庭致富的新思路和新方法。

师市以贫困学生教育为基点，引导贫困户培养脱贫致富的家庭观念，通过代际间“文化反哺”，增强了贫困地区脱贫的内生动力。因此，教育扶贫不仅是向贫困地区投入教育资源，更是针对贫困地区教育薄弱点攻坚克难，为贫困民众提供智力支持，凸显教育益贫性。教育是一项长期事业，教育扶贫对社会发展影响也更为深远。师市教育扶贫经验表明，针对地区致贫原因设计精准的教育扶贫路径，为贫困“病症”开一剂“良方”，能够形成长久“疗效”，有效阻断地区贫困的代际传递。

（三）国语教育提升贫困生社会适应能力

语言能力薄弱是智力贫困的重要体现，是边疆少数民族地区致贫的内在原因。通过对南疆地区的社会用语习惯区域分布情况分析，可以发现连片贫困区与国语（普通话）普及率偏低地区存在地理空间

① 魏有兴：《中国教育扶贫 70 年：历程、经验和走向》，《深圳大学学报（人文社会科学版）》2019 年第 5 期。

上的重合。针对语言致贫问题，教育部、国务院扶贫办、国家语委于2018年1月19日印发的《推普脱贫攻坚行动计划（2018—2020年)》指出，“扶贫先扶智，扶智先通语。到2020年，贫困家庭新增劳动力人口应全部具有国家通用语言文字沟通交流和应用能力，现有贫困地区青壮年劳动力具备基本的普通话交流能力，当地普通话普及率明显提升，初步具备普通话交流的语言环境，为提升‘造血’能力打好语言基础。”[①] 对师市贫困团场、连队调研资料整理发现，维吾尔族群众国语（普通话）使用的语言困难问题长期存在，语言困难是造成维吾尔族群众陷入深度贫困的直接原因之一。国语（普通话）能力差，既影响了维吾尔族贫困群众的社会交往，也导致其无法胜任师市招商引资所提供的就业岗位。国语（普通话）能力偏低问题已成为影响维吾尔族贫困群众实现脱贫致富的“枷锁”。因此，师市在尊重和保障少数民族使用本民族语言权利的同时，推进国语（普通话）普及教育，为当地兴边富民行动开展注入语言“活力”。

师市以开展国语（普通话）教育为教育扶贫抓手，提出国语（普通话）教育要从娃娃抓起，以控辍保学工作为依托，保障维吾尔族学生参与十五年义务教育，在学校教育中学习国语（普通话），引导维吾尔族学生养成国语（普通话）用语习惯。以“小手拉大手”活动为载体，通过维吾尔族学生与家庭成员的文化互动，影响父辈、祖辈用语习惯，实现贫困群众用语习惯的代际影响。加大学校国语（普通话）教育力度，帮助学生熟练掌握国语（普通话）。从学前教育到“两后生”教育，实现国语（普通话）教育全覆盖，从而为维吾尔族贫困生融入社会文化环境、提升社会适应能力打牢语言基础。

① 教育部、国务院扶贫办、国家语委：《推普脱贫攻坚行动计划（2018—2020年)》，2018年1月19日，见 http://www.moe.gov.cn/srcsite/A18/s3129/201802/t20180226_327820.html。

第六章

医疗与防病并举：第三师图木舒克市健康扶贫实践经验

习近平总书记指出，“没有全民健康，就没有全面小康。”① 实施健康扶贫工程，是推进健康中国建设、全面建成小康社会的必然要求。党的十八届五中全会作出了“推进健康中国建设”的决策部署，把推进健康中国建设提升为国家战略。健康是摆脱贫困的基本前提，而提高人们尤其是贫困人口抵御健康风险的能力是新时代脱贫攻坚的内在要求。贫困不仅仅体现为收入贫困，更体现为能力贫困。因此，扶贫工作的关键在于加强贫困者能力建设，而健康是居民提升自身能力水平的基本前提。健康的身体能够提高个人获得更多收入及摆脱贫困的能力。② 就此而言，增强贫困者自身的能力建设是健康工程的重要内容。师市由于受到自然条件较为恶劣、社会经济发展水平较低、居民传统生活方式缺乏健康观念等诸多因素影响，致使师市居民疾病发生率居高不下。对此师市将健康扶贫置于整个扶贫系统的重要位置，落实一系列政策制度，投入大量财政资源，取得了突出成效。师市健康扶贫工程以医疗与防病为工作重心，以政策制度建设为着力点，积极推动并落实统筹联动、资源整合、防治并举、精准治理等多项举措。通过各项健康扶贫举措的扎实推进，不仅使居民特别是贫困者“看得起病、看得好病”，更重要的是使其“少得病”。师市在健康扶贫工作中建立起的健康扶贫长效管理机制，从根本上阻断了

① 习近平系列重要讲话数据库：《习近平在江苏调研讲话》，2014 年 12 月 13 日，见 http://jhsjk.people.cn/article/26629388。

② 宋宪萍、张剑军：《基于能力贫困理论的反贫困对策构建》，《海南大学学报》2010 年第 2 期。

“贫困—疾病”恶性循环链，探索出了一条以健康为底线的兴边富民的兵团扶贫模式。

一、第三师图木舒克市开展健康扶贫的社会背景

联合国开发计划署提出“人文贫困”的概念，极大地拓展了人们对贫困的理解空间——贫困被定义为缺乏人类发展所需的最基本的机会和选择，包括“健康长寿的生活被剥夺、知识的匮乏、体面的生活的丧失以及缺少参与等”。由此定义可见健康对脱贫的重要性。健康是个体获取社会资源、实现自我发展的人力资本，是家庭乃至整个社会良性运行的重要保障。健康人力资本投资是提高人力资本存量质量、改善人口素质、增加穷人福利的重要手段。① 健康贫困则是一种机会丧失、能力被剥夺的状态，会导致收入减少、贫困加剧等后果。② 疾病与贫困之间通过许多联结而相互影响，贫困家庭比非贫困家庭承受着更大的健康风险。③ 而家庭健康成员的比例增加可以边际降低贫困。④ 因此，健康人力资本在贫困户脱贫过程中发挥着基础性作用。然而，自然环境差、医疗卫生资源缺乏、“急、重、危”疾病易生等多重问题耦合叠加的现象在贫困地区较为普遍，加之贫困居民

① 张源洁、宋媛：《民族地区健康扶贫优化发展的路径研究——基于医疗供给侧结构性改革的视角》，《社科纵横》2018 年第 3 期。

② 孟庆国、胡鞍钢：《消除健康贫困应成为农村卫生改革与发展的优先战略》，中国农村改革与发展国际研讨会，2000 年。

③ 左停、徐小言：《农村“贫困—疾病”恶性循环与精准扶贫中链式健康保障体系建设》，《西南民族大学学报（人文社会科学版）》2017 年第 1 期。

④ 王瑜、汪三贵：《特殊类型贫困地区农户的贫困决定与收入增长》，《贵州社会科学》2016 年第 5 期。

的经济能力低下、社会网络单一、可获取外界的资源渠道有限，使其成为健康贫困的高发群体。因病致贫、因病返贫成为阻碍贫困居民脱贫的重要因素。师市由于特殊的地理环境和社会经济条件限制，导致居民健康问题成为制约其经济社会发展的重要原因，在此背景下大力开展健康扶贫工程是完成脱贫攻坚任务、实现全面小康社会的必然要求。

（一）居民健康水平低，地方重病高危害

第三师图木舒克市是兵团向南发展的重点师（市），是兵团少数民族最多的师市，也是兵团集中连片贫困程度最深、贫困人口最多的师市。由于地理自然环境条件处于劣势，经济社会现代化进程发展较慢，师市居民保留着较为传统的生产生活方式，卫生安全意识较低，导致居民健康风险性较高，遭受诸多地方病的困扰。所谓健康风险性，是指特定区域内人群的健康和生命易于受到威胁和损害的性质。由此导致师市居民地方病患病率较高，整体健康水平较低。

第一，居民健康总体水平较低。截至 2018 年底，师市 4 个贫困团场贫困户总计 1973 户 8600 人，其中因病致贫的有 267 户，占比 13.53%；因残致贫 118 户，占比 5.98%；因病因残致贫人口 1200 余人，其中残疾、大病慢病 326 人。① 就数据而言，因病因残致贫户占比将近五分之一，反映出师市居民健康总体水平较低，居民健康受到疾病的威胁较大，健康贫困是当地居民致贫的重要因素。健康是个体获取社会资源、实现自我发展的人力资本，是家庭乃至整个社会良性运行的重要保障。由疾病因素所造成的贫困不仅体现为直接的支出贫困，更重要的是疾病对于居民可行能力的剥夺，降低个体获取收入的能力，从而进一步形成健康与贫困之间的恶性循环，情况严重的甚至

① 资料来源：《第三师图木舒克市医疗卫生领域脱贫攻坚和健康扶贫工作总结》。

会发生代际传递。[①]

第二，地方病危害性大。师市因病致贫、因病返贫人口基数大，健康扶贫工作难度大。主要表现为影响师市职工群众健康的重大传染病仍然处于高发状态，如肺结核病（全兵团最高）等传染病发病率在师市仍居高不下；一些地方病，如黑热病、碘缺乏病呈现师市多发的特点。就结核病而言，它是严重危害公众健康的传染病之一，全球每年有数百万人患上结核病，是导致死亡的十大原因之一，已成为各国高度关注的社会公共卫生问题。新疆是全国肺结核病高发省区之一，据第五次全国结核病流行病学调查结果显示，新疆活动性肺结核病患病率为1526/10万、涂阳肺结核患病率为196/10万、菌阳肺结核患病率为433/10万，分别是全国平均发病水平的3.32倍、2.97倍和3.64倍。其中，南疆四地州病例数约占全区病例总数的70%，农牧民患者占72.5%，农村居民患病率是城市的3倍。2018年，全区共登记结核病患者73015例，报告发病率为304.9/10万，居全国首位，是全国平均水平（59.3/10万）的5.1倍；南疆四地州报告发病率610.33/10万，是全国平均水平的11.3倍，尤其是2018年开展全民健康体检结核病筛查工作后，病人发现数明显上升。[②] 当前，新疆结核病疫情呈现以下几个特点：一是全区肺结核报告发病率仍然较高，但总体可控；二是南疆地区疫情较北疆、东疆地区更为严重；三是地区间发病水平不平衡，农村疫情高于城镇。

相较于一般性疾病，地方病具有区域性特征，即地方病的影响范围较广，非个体化现象，而表现为群体规模，对当地产生较大影响，而且地方病多表现为慢性病和传染病，治疗周期长，破坏性大。慢性病的发病及长期治疗不仅会降低患者个人及其家庭的生活质量，而且会造成全社会快速增加巨额支出和沉重负担。有研究对农村慢性病疾

① 翟绍果：《贫困地区因病致贫返贫的治理路径》，《中国人口报》2018年7月19日。
② 资料来源：《新疆维吾尔自治区结核病防治工作汇报》。

病负担进行了比较，发现慢性病患者每年用于治疗慢性病的费用在总治疗费用中的占比很高，尤其是低收入家庭承担着更为沉重的疾病经济负担。[①] 这种情况在师市表现同样明显。如前所述，地方病的危害不只是增加了居民家庭支出负担，更为重要的是削弱了居民的可行性能力和正常的生计能力，降低其获取收入的能力，致使家庭收入来源萎缩，形成“贫困—疾病—贫困”的恶性循环，更甚者会导致疾病与贫困作用于下一代。

（二）环境特殊患病易，经济社会较脆弱

“受制于生存环境、地理空间、医疗资源配置、经济能力等多重因素的影响，贫困地区在应对健康风险方面具有天然的脆弱性特征，具体表现为健康脆弱性、经济脆弱性和社会脆弱性。”[②] 其中健康脆弱性是指由于贫困地区大多自然环境条件较差，医疗等健康资源和基础设施发展滞后，导致健康风险因素密集度较高，而且受制于社会经济发展水平，居民投资自身健康的积极性偏低，进一步弱化了抵抗疾病的能力；经济脆弱性是指贫困地区居民特别是贫困人口在应对疾病方面经济支付能力弱，易导致家庭陷入贫困或更加贫困的地步；社会脆弱性是指由于健康保障政策分散、报销程序繁琐复杂等社会因素的影响，增加了居民看病就医过程中的食宿、交通以及误工成本，从而进一步加剧因病致贫返贫的发生。[③] 以健康脆弱性、经济脆弱性和社会脆弱性视角来分析师市居民健康风险成因较为恰切。课题组经过实地调研后认为，导致师市居民健康风险的最重要原因是因自然环境导致的健康脆弱性。此外，师市经济脆弱性和社会脆弱性进一步加重了

---

① 汤少梁、许可塑：《贫困慢性病患者疾病负担与健康精准扶贫政策研究》，《中国卫生政策研究》2017 年第 6 期。

② 翟绍果：《贫困地区因病致贫返贫的治理路径》，《中国人口报》2018 年 7 月 19 日。

③ 翟绍果：《贫困地区因病致贫返贫的治理路径》，《中国人口报》2018 年 7 月 19 日。

居民面临的健康风险。

第一，健康脆弱性。结合师市实际情况，健康脆弱性主要表现在自然环境的条件限制。师市地处塔克拉玛干沙漠干旱荒漠区，降水量极少，生态环境十分脆弱。有研究者提出，干旱对人的生理、心理和卫生行为具有重要影响。“生理影响主要包括儿童消瘦、生长延迟、皮肤病，成人贫血、维生素 A、B、C 族缺乏、妇科疾病高发等症状。心理影响主要包括焦虑、情绪压力等心理疾病。卫生行为方面，干旱缺水引起的饭前便后不洗手、饮用不安全水、食用未清洗的瓜果容易引发腹泻、伤寒等疾病的暴发流行。”① 此外，干旱对居民身体营养产生不利影响，表现为营养不良、维生素和微量元素缺乏等症状。干旱还为蚊子营造了有利的生存条件，有利于疟疾疫情的发展，从而导致虫媒传播疾病的暴发等。师市的自然环境导致当地居民的健康状况面临更高的风险，居民的患病几率较高。

第二，经济脆弱性。受自然环境影响，师市生态环境较为脆弱，决定了其人口容量较小，这意味着其市场潜力较小，商业经济发展水平较低。师市缺少特色优势资源，第二产业发展进程缓慢，提供的就业机会较少。在此自然和社会经济条件限制下，当地居民多以农牧业为最主要的收入来源，收入较为单一，收入水平较低，自身抵御风险的能力较差，因病致贫、因病返贫的风险较高。

第三，社会脆弱性。受社会经济条件的影响，师市医疗发展水平总体偏低，主要表现为两方面：一是基础设施相对不完善，医疗条件有限；二是地广人稀，交通不便利，居民看病的时间成本和经济成本较高。

① 董国庆、李峥、熊传龙：《PubMed 数据库中干旱与健康研究热点分析》，《环境卫生学杂志》2017 年第 5 期。

二、医疗与防病并举的健康扶贫政策体系及主要措施

因病致贫、因病返贫是师市乃至全国脱贫攻坚、实现全面小康的最大阻碍。健康扶贫是精准扶贫的重要组成部分，是实现健康中国战略的关键环节[①]，通过“预防、治疗、保障”三条路径，切断“贫困—疾病—贫困”循环链，提升贫困地区卫生服务能力，保障农村贫困人口享有公平可及的基本医疗卫生服务，解决因病致贫返贫难题。[②] 从中央到地方，各级政府均对健康扶贫工作给予高度重视。2015 年，中共中央、国务院颁布《关于打赢脱贫攻坚战的决定》强调，要保证贫困人口的“教育、医疗和住房”有保障。2018 年 6 月，《中共中央、国务院关于打赢脱贫攻坚战三年行动的指导意见》又再次强调，“保障贫困人口基本医疗需求，确保大病和慢性病得到有效救治和保障”。同年，国家卫健委、国家发改委、财政部国家医保局、国务院扶贫办联合印发《健康扶贫三年攻坚行动实施方案》，国卫办宣传司发布《关于印发贫困地区健康促进三年攻坚行动方案的通知》，为 2018 年—2020 年健康扶贫工作指明了方向。师市结合本地的实际情况，坚持“医疗与防病并举”的原则出台一系列政策文件，建立健全健康扶贫工作机制，切实减轻群众因疾病而承受的负担，增强群众抵御健康风险的能力。

① 方鹏骞、苏敏：《论我国健康扶贫的关键问题与体系构建》，《中国卫生政策研究》2017 年第 6 期。

② 陈楚、潘杰：《健康扶贫机制与政策探讨》，《卫生经济研究》2018 年第 4 期。

（一）定框建制强基，完善政策体系

为贯彻落实中共中央、国务院关于打赢脱贫攻坚战的重要战略部署，根据全国卫生与健康大会精神和国家卫生计生委等15部门《关于实施健康扶贫工程的指导意见》，新疆生产建设兵团结合实际情况，制定了《兵团贯彻落实〈关于实施健康扶贫工程的指导意见〉的实施方案》。在此方案指导下，师市健康扶贫政策体系进入新的阶段，并不断完善。

第一，定框架。2015年，师市依据《全国医疗卫生服务体系规划纲要（2015—2020年）》（国办发〔2015〕14号）、新疆维吾尔自治区卫生厅《县级综合医院建设指导意见》、兵团卫生局《新疆生产建设兵团医疗机构设置规划（2014—2020年）》（兵卫发〔2014〕36号）以及师市“十三五”发展规划等，编制《第三师图木舒克市“十三五”医疗卫生事业发展规划（2016—2020年）》。规划明确提出主要健康指标、疾病预防控制指标、妇幼卫生指标、卫生资源指标、卫生投入指标等目标。其中疾病预防控制指标的具体内容是：结核病防治，到2020年，现代结核病控制策略（DOTS）覆盖率保持在100%，新涂阳肺结核病人治愈率保持在85%以上。疫苗针对疾病控制，到2020年，以团场为单位适龄儿童免疫规划疫苗接种率达到95%以上；慢性病、重性精神疾病控制，到2020年，开展全民健康生活方式行动的团场覆盖率达到70%以上；高血压和糖尿病规范管理率达到35%；重性精神疾病患者管理率达到80%。这些指标实际上成为考核师市健康扶贫工作成效的重要标准。规划在制度与实践上为师市切实开展健康扶贫工作奠定了基础。

2017年，师市依据国家卫生计生委等15部门下发的《关于实施健康扶贫工程的指导意见》和新疆生产建设兵团下发的《兵团贯彻落实〈关于实施健康扶贫工程的指导意见〉的实施方案》出台了

《第三师图木舒克市贯彻落实〈关于实施健康扶贫工程的指导意见〉的实施方案》。实施方案明确提出要在坚持党委领导和政府主导的基本原则之上，按照精准扶贫、分类施策，资源整合、共建共享，问题导向、深化改革的工作原则，以提高医疗保障水平，减轻贫困人口医疗负担；对患大病和慢性病贫困人口进行分类救治；先诊治后付费；加强贫困团场医疗卫生体系建设；深化基层医药卫生体制改革；加大贫困团场慢性病、传染病、地方病防控力度；加强贫困团场妇幼健康工作；深入开展贫困团场爱国卫生运动等内容作为健康扶贫的重点任务。该实施方案按照党中央、国务院决策部署，坚持精准扶贫、精准脱贫基本方略，以基层为重点，以改革创新为动力，预防为主，中西医并重，将健康扶贫工程与师市深化医药卫生体制改革、实施全民健康体检工程相结合，针对基层团场职工群众因病致贫、因病返贫问题，突出重点团场、重点人群、重点病种，进一步加强统筹协调和资源整合，采取有效措施提升师市、基层团场贫困人口医疗保障水平和贫困团场医疗卫生服务能力，全面提高师市、团场贫困人口健康水平，为师市更好地开展健康扶贫工作建构起较为完善的制度框架体系。针对行动任务与目标，实施方案细化指标，这实际上为师市开展健康扶贫工程确立了“医疗与防病并举”的政策框架。

其一，医疗减负。2018 年 4 月 2 日，中共中央总书记、国家主席、中央军委主席、中央财经委员会主任习近平主持召开中央财经委员会第一次会议，会议强调：“健康扶贫要降低贫困人口就医负担。”师市在医疗减负方面的努力主要体现在：一是全面建立贫困人口医疗兜底保障机制，减轻贫困人口医疗费用负担。二是全面实施大病和慢性病贫困患者分类救治，切实做好疾病救治的规范化管理。三是优化医疗卫生服务体系和提升贫困团场医疗卫生服务能力，统筹解决医疗卫生人才短缺问题，加强医疗卫生资源投入，提高医疗服务水平，使居民不仅“看得起病”还能“看得好病”。在师市的健康扶贫政策体系中，防控处于突出位置，是遏制因病致贫、因病返贫现象蔓延的前提条件。而治病减负是健康扶贫体系的主体内容，也是其实际工作中投入最多的内容，具有基础性、全面性和长期性特征。

其二，防病防贫。健康扶贫的要义在于增加居民的健康资本投入，增强其可行性能力，反应到师市的健康扶贫政策体系中来就是增强居民抵御疾病和贫困风险的能力。其主要内容体现在：深入开展全民健康体检工作，提高疾病预防和管理；加强贫困团场妇幼健康工作，提高基层健康管理能力；加强结核病等重大疾病防控工作，强化基础免疫规划体系，减少重大疾病的发生，将发病率控制在合理水平，并提高治愈率；全面开展健康促进攻坚行动。2019 年，师市结合本地实际情况印发《第三师图木舒克市健康促进 2019—2020 年攻坚行动方案》，全面开展健康促进攻坚行动，提高贫困地区居民健康素养。该行动方案是全面脱贫攻坚行动的框架性方案，提出在最后的关键攻坚期，健康扶贫工作要坚持分类指导、分众施策、分级负责的工作原则，做好五项重点行动：一是健康教育进连队；二是健康教育进家庭；三是健康教育进学校；四是健康教育阵地建设；五是基层健康教育骨干培养。师市政策突出强调预防的作用，力图通过对疾病的预防和管理减少居民健康风险，进而解决因病致贫因病返贫的现象。

第二，建机制。所谓运行机制，主要是指健康扶贫政策行动各个环节运行的基本方式。社会政策的运行机制一般是指社会服务的传递机制。所谓服务传递机制，是指政府的社会政策资金如何转化为一定的服务方式而传递到受益者。从内容上看，社会政策行动中的服务传递机制包括在服务传递过程中的组织领导安排、相关环节协作运行方式等方面。

首先，健康扶贫体系领导机制。在健康扶贫政策体系框架下，为加强师市健康扶贫工作的组织领导，坚决打赢脱贫攻坚战，2019 年 9 月，师市结合实际工作需要，下发《关于成立师市卫健委健康扶贫工作领导小组的通知》，正式成立师市健康扶贫工作领导小组。师市卫健委健康扶贫工作领导小组下设 9 个专项工作组，分别是综合协调和转向督导工作组，医疗救治、服务能力建设、人才队伍建设、中医医疗服务工作组，慢病签约服务管理专项工作组，全民健康体检专项工作组，结核病、艾滋病、地方病防控专项工作组，妇幼健康专项工作组，爱国卫生运动专项工作组，计划生育服务管理专项工作组，连队卫生室建设和免疫规划工作组，细致的领导小组划分为各方面任务开展提供了坚实的组织保障。

其次，医疗系统协调机制。为保障医疗系统各种政策协调共建，2019 年，师市先后下发了《关于推进“先诊治后付费”和“一站式”结算工作的通知》《关于第三师图木舒克市统筹区基本医疗保险门诊大病、门诊慢性病鉴定工作权限下放的通知》等，统筹医疗系统的合作机制。一是推进“先诊治后付费”，切实减轻贫困人口大病患者费用负担，让贫困人口病有所医、病有保障。师市各单位有效推进健康扶贫的诚信建设，将个人就医费用信用记录与个人或家人就医信用记录相关联，实行患者就医诚信登记管理。二是统筹推进基本医疗保险门诊大病、门诊慢性病鉴定工作权限下放。师市简化大病、慢性病鉴定工作流程，将鉴定工作权限下放给四家定点医院，由医院将鉴定结论报师市医疗保障局和师市社会保险事业管理局医保部备案，降低居民就医报销的时间和经济成本。三是推进“一站式”结算工作，使师市辖区居民基本医疗保险经办机构、大病保险承办机构、医疗救助经办机构、医疗机构之间基本信息共享、互联互通，实现相关医保、救助政策在定点医院通过同一窗口、统一信息平台完成“一站式”结算。

最后，救助保障兜底机制。2017 年，新疆维吾尔自治区人民政府办公厅《转发民政厅等部门关于进一步完善医疗救助制度全面开展重特大疾病医疗救助工作实施意见的通知》（新政办发〔2017〕54 号），师市结合实际情况，建立起医疗救助保障兜底机制，包括进一步完善医疗救助制度，落实医疗救助城乡一体化要求，资助参加城乡基本医疗保险，规范门诊救助，完善住院救助等。

第三，强基础。2015 年 11 月 29 日，中共中央、国务院颁布《关于打赢脱贫攻坚战的决定》，要求“实施健康扶贫工程，保障贫困人口享有基本医疗卫生服务，努力防止因病致贫、因病返贫”。习近平总书记强调，“实现基本医疗有保障主要是所有贫困人口都参加医疗保险制度，常见病、慢性病有地方看、看得起，得了大病、重病后基本生活过得去”①。师市严格贯彻党和政府的政策，将提高居民特别是贫困居民的医疗保障作为健康扶贫的重要内容。

首先，提高医疗保险待遇水平。根据兵团《关于进一步提高兵团医疗保险待遇水平的意见》（兵人社发〔2018〕70 号）文件要求，师市着力提高居民医疗保险待遇水平。

一是提高医疗保险救助水平。师市在此方面的努力主要体现在以下四个方面。

提高基本医疗保险住院统筹基金支付比例，将职工医保基本医疗部分、居民医保纳入统筹费用，二、三级医疗机构的基金支付比例提高 5%；建档立卡贫困人口、低保对象、特困人员和困难家庭的重病、重残儿童职工医保、居民医保二、三级医疗机构住院报销比例在上述基础上提高 5 个百分点，职工医保大额医疗费补助和公务员补助金支付比例由 85%提高至 90%。

提高基本医疗保险统筹基金最高支付限额，职工医保统筹基金最高支付限额由 20 万元统一提高至 30 万元；居民医保基金最高支付限额由 9 万元统一提高至 20 万元。

调整基本医疗保险统筹基金起付标准，取消职工医保及居民医保门诊大病、门诊慢性病统筹基金起付标准。

提高异地就医待遇水平，取消职工医保、居民医保异地就医政策范围内 5%的个人先行自负比例，与本地参保人员报销政策保持一

① 习近平：《在解决“两不愁三保障”突出问题座谈会上的讲话》，《求是》2019 年第 16 期。

致，参保人员异地就医备案最短期限由 1 年缩短为 3 个月。

课题组了解到，师市居民对医疗保险救助政策十分满意。49 团 2 连居民古奴尔·艾尼玩时常感叹：“现在贫困户医疗保险报销比例很高，可以放心来医院看病了！”2019 年 2 月，他因肋间神经痛到图木舒克人民医院就诊，13 天住院治疗下来，共花去上万元医疗费，本来担心家庭经济困难难以支付，但在出院结账时却松了一口气。对此，图木舒克人民医院医保办工作人员解释说：“古奴尔·艾尼玩这次住院医疗费共 11026.64 元，报销 8766.88 元。”为推进健康扶贫工程，师市积极推进贫困人口全面参保工作，投入 200 余万元，落实贫困人口医疗保险代缴补贴政策，所有建档立卡贫困人口医疗保险每人每年补贴 230 元，养老保险缴费每人每年补贴 100 元。政策兜底，降低了因病致贫、因病返贫的风险。

二是提高大病保险待遇水平。降低贫困人员大病保险起付标准，贫困职工起付标准由 2.5 万元降为 1.5 万元，贫困居民则由 1.5 万元调整为 0.9 万元；提高贫困人员大病保险支付比例，由特困家庭参保人员扩大至所有贫困人员。提高门诊大病、门诊慢性病统筹基金支付比例和扩大门诊大病、门诊慢性病病种范围。仅 2018 年，师市职工贫困人员医疗报销 292 人次，合计金额 25 万元；居民贫困人员报销 1957 人次，合计金额 414.5 万元。

其次，团场连队卫生室标准化建设。为加强基层卫生服务体系建设，兵团接连下发《2019 年兵团连队卫生室标准化建设实施方案》（兵卫计发电〔2019〕20 号）和《关于细化分工、明确责任、狠抓落实 确保连队卫生室标准化建设目标任务的通知》（兵卫规划便函〔2019〕28 号），按照两个文件精神，师市下发《第三师图木舒克市团场连队卫生室标准化建设项目细化方案》（师市卫发电〔2019〕99 号），要求完成 44 团、50 团、51 团 3 个团场 29 个连队卫生室标准化建设任务，针对 29 个连队卫生室的实际情况，提出具体的建设内容、建设方案的建议，根据团场各连队卫生和计划生育服务人口，适当建立计划免疫接种点，确定连队卫生室建设的面积及功能布局，提高团场连队卫生服务能力，满足当地人民群众健康需求。

再次，推进医疗联合体建设。开展医疗联合体建设，是深化医改的重要步骤和制度创新，有利于调整优化医疗资源结构布局，促进医疗卫生工作重心下移和优质资源下沉，提升基层医疗服务能力，贯通上下医疗资源，提升医疗服务体系整体效能，更好地实施师市分级诊疗、满足人民群众的健康需求。根据兵团深化医药卫生体制改革领导小组《关于推进兵团医疗联合体建设和发展的实施意见》（兵医药改小组发〔2017〕2 号）、兵团办公厅《关于印发〈兵团建立现代医院管理制度实施方案〉的通知》（新兵办发〔2018〕31 号）、《关于团场公立医院由师市统一管理改革的指导意见》（新兵办发〔2018〕21 号）和《关于印发师市团场医院统一师办管理工作方案》（师市办发〔2018〕19 号）精神，加快推进师市医疗联合体建设和发展，师市卫生局结合师市公立医院改革的实际和现状，在充分调研和征求有关部门意见和建议的基础上，颁布了《第三师图木舒克市推进医疗联合体建设和发展的实施方案》。方案明确了发展多种形式的医联体模式，完善医联体内部分工协作机制，促进内部优质医疗资源上下贯通等建设内容。

最后，扩大家庭医生覆盖面。根据《印发〈关于推进家庭医生签约服务的实施意见〉的通知》（兵医改办发〔2016〕2 号）精神和要求，为促进师市医疗卫生工作重心下移、资源下沉，促进基本医疗卫生服务均等化，切实提高基层医疗、公共卫生服务能力和水平，提升居民健康水平，师市出台了《第三师图木舒克市家庭医生与辖区居民签约落实基本公共卫生服务项目实施方案》以及《关于进一步推进卫生体制改革有关工作的通知》（师卫发电〔2017〕38 号），并不断完善签约服务内容，突出中西医结合，增强群众主动签约的意愿。师市家庭医生签约服务活动是采取签约服务团队的形式，一般由全科医师（或执业医师）、社区护士、公共卫生医师 3 人组成，将社区或连队卫生员作为团队工作的延续，按照“城市切块、连队划片、统筹规划、全面覆盖”的原则，全面实施家庭医生签约服务。原则上每个团队负责600户家庭，最多不超过800户。居民凭身份证明或户口簿、暂住证进行签约。

家庭医生签约服务取得了良好成效，如41团的草湖镇医院于2019年3月18日，由24名医护人员组成12个家庭医生签约服务组，深入到社区群众家中开展公共卫生服务。自开展家庭医生签约服务工作以来，团镇医院成立12个家庭医生签约服务组，每个签约服务组配备1名医师或1名公共卫生医师及1名护士。家庭医生签约服务组深入社区、深入群众家中，对老年人、慢性病、结核病、精神病患者等重点人群进行签约、随访、体检、用药指导等管理服务。通过不断推进家庭医生签约服务，促使基层医疗卫生单位转变服务模式，强化职工群众健康管理和慢性病防控措施，使签约医生做到“小病能看、大病帮转、慢病统管、防病会教、分片包干”签约服务，努力提高职工群众对基层医疗卫生机构和签约医生的信任度、依从性，增强自我健康管理意识，养成“有序就医逐级转诊”习惯。近年来，师市通过开展家庭医生签约服务，将公共卫生与基本医疗有机结合、互为带动，把卫生健康各项工作做得更扎实，真正守护好职工群众卫生健康。

目前师市已组建家庭医生团队129个。通过开展连队卫生员人事、薪酬制度改革和实施绩效管理，建立健全签约服务的内在激励与外部支撑机制，调动家庭医生开展签约服务的积极性；鼓励引导师市医院和民营医疗卫生机构积极参与，提高签约服务水平和覆盖面。全面实施家庭医生与服务对象签约式服务，逐步建立基本医疗、公共卫生“契约式服务”新机制；落实基本医疗、公共卫生服务公示制度，强化社会监督，不断完善基本医疗卫生服务绩效考核和监督制约制；加大宣传力度，努力扩大社会影响力，构筑良好的基本医疗卫生服务环境；建立家庭医生奖惩机制，调动基层医务人员主动服务、上门服务的积极性和主动性，改善居民健康状况，满足职工群众健康保健需求。

（二）治病防贫共进，创新实践机制

师市在政策指引下，积极落实健康扶贫举措，并在实践中对政策进行补充、完善与创新。师市健康扶贫实践的精髓在于“治”“防”二字。“治”的内涵在于治病治贫，即通过增加医疗资源投入，提高医疗保障和医疗服务水平，使师市居民尽快摆脱病痛困扰。与此同时，增加对居民健康成本的投资，实质也是对居民劳动能力的投资，增强其可行性能力，进而助力其劳动致富。“防”的要义在于防病防贫。因病致贫、因病返贫是导致师市居民贫困的一个重要原因。师市通过建立联动工作机制革新居民生活方式，最大限度地降低了居民患病风险，从而有效实现了防病防贫目标。

第一，以“治”为主。健康扶贫工作的一大要点在于及时“止损”，即增加健康资本投入，帮助患者摆脱疾病或者减轻疾病伤害，使居民尽快恢复健康，增强其可行性能力，使其可以正常进行生产性活动，进而摆脱贫困。

首先，给予贫困户及重点人群更多的关注与扶持。师市党委高度重视健康扶贫工作，2018—2019 年按照兵团健康扶贫工作的有关要求，在师市脱贫攻坚工作的整体布置中进行了多次专项安排，师市卫生局按照健康扶贫工作要求认真与相关单位做好建档立卡贫困户的对接工作，严格落实建档立卡贫困户家庭人员的健康体检和家庭医生签约服务有关工作。同时，组织图市医院专家、44 团、51 团医院、疾控中心等人员就“三个一批”对 45 名需大病救治、18 名重病兜底、182 名慢性病签约服务人员进行论证评估，提出健康精准扶贫管理师市工作计划。师市卫健委组织团场医院、家庭医生签约等签约团队对贫困人员患病情况、大病慢病等病种分类及因病致贫人员反复摸底排查，精准识别，努力做到五清：对象清、病种清、对策清、责任清、进度清，精准到户，精准到人，精准到病，数据准确，管理规范，为落实健康扶贫任务提供全方位的精准目标定位。全面开展患病人群的摸底调查工作。2019 年以来，师市在 2018 年健康扶贫建档立卡基础上，进一步开展了健康扶贫摸底调查和建档立卡工作，并于 2019 年上半年完成了对脱贫摘帽团场 44 团、51 团、53 团、伽师总场的贫困人群中患病情况的资料整理和相关调查工作。针对 45 种大病专项救治筛查出患病人群 662 人，并对贫困人群的重大疾病患者信息进行了汇总和资料整理，由师市卫生健康委组织协调师市人社局和师市定点医院对调查初筛的大病患者进行确诊和专项救治。

其次，完善健康扶贫医疗保障机制。师市在此方面的努力主要体现在：一是设立 197.8 万元专项资金，补助贫困群众缴纳医疗保险，实现医疗保障全覆盖。二是初步建立建档立卡贫困人口政策保障体系，落实贫困人口大病保险起付标准降至 60%，贫困群众住院报销比例达至 90%，有效降低贫困人口医疗费用个人自付比例。据统计，2018 年师市为 967 人次贫困群众报销医疗费用 368 万元。三是开通健康扶贫绿色通道，贫困户对象享有优先就诊、优先检查等优惠政策，努力实现“先诊疗后付费”全覆盖、完成“一站式结算”改革，方便了贫困户人员就医，减少了贫困户就医的社会成本。四是努力实现贫困户家庭医生签约服务全覆盖，家庭医生根据建档立卡贫困户手册，进连到户开展健康管理服务，为建档立卡贫困人口提供针对性、全方位、免费的家庭医生签约服务。五是为扶贫对象建立电子健康档案。建档率 100%，家庭医生签约率 100%，免费体检率 100%。

再次，推进医联体建设，提升医疗技术水平。2018 年，师市开始启动搭建师市医联体基本制度框架，全面启动多种形式的医联体建设试点，在师市分别建成以第三师医院为中心的喀什市麦盖提垦区和以图木舒克市人民医院为中心的图市垦区两个医疗联合体。到 2020 年，在总结试点经验的基础上，全面形成紧密型医联体的工作模式，建立较为完善的师市医联体系统。师市在医联体建设中的主要举措：一是结合团场公立医院师办师管改革精神，加快推进以师、市级医院为龙头、团场医院为枢纽、连队卫生室为基础的师团一体化管理。充分发挥师、市级医院的纽带和龙头作用，形成师、团、连三级医疗卫生机构分工协作机制，构建三级联动的师域医疗服务体系。根据师市团场区域性医疗资源布局，组建两个医疗联合体。二是推进跨师（市）组建医疗联合体。根据师市医疗卫生资源布局情况，充分利用兵团、广东省对口支援医院、石河子大学第一附属医院等三级综合医院优势，组建形成以三级医院分院的办院模式，组建形成以三级医院为龙头的医疗联合体，形成优势互补、特色专科互补的错位发展模式，同时重点提升师市重大疾病救治能力。三是推动形成在师市辖区内组建医疗集团。由综合业务能力较强的图木舒克市人民医院牵头，联合师市辖区其他医疗机构、社区卫生服务中心等，形成以图木舒克市人民医院为中心的医疗资源共享、分工协作明确的医联体工作模式。四是完善医联体内部分工协作机制，包括完善组织管理和协作制度，落实医联体内各级公立医院功能定位，推进家庭医生签约服务，加强全科医生培养，为患者提供连续性诊疗服务等。五是促进内部优质资源共通共享，鼓励医联体内医疗卫生机构在保持行政隶属关系和财政投入渠道不变的前提下，统筹人员调配、薪酬分配、资源共享等，形成优质医疗资源上下贯通的渠道和机制。①

最后，卫生援疆和柔性援疆。

一是坚持高位推动，强化组织领导。根据广东省、兵团和师市的对口援疆工作统一部署，师市党委始终把卫生援疆和健康扶贫作为重要政治任务摆在突出位置，不断加大工作力度，举全系统之力，用心用情认真落实好各项卫生援疆政策。师市卫生系统与对口授疆的广东省地市级各级医疗卫生单位建立定期双向沟通和回访互访工作机制，

① 资料来源：《第三师图木舒克市推进医疗联合体建设和发展的实施方案》。

在受援双方卫生行政部门的精心组织、积极协调沟通的带动下，推进双方医疗卫生机构的交流合作，形成卫生援疆和柔性援疆的对口支援模式。在卫生援疆方面，先后推动建立了东莞市、中山市三级医疗机构对口支援第三医院，珠海市、江门市三级医疗机构对口支援图木舒克市人民医院的工作机制。在卫生柔性援疆方面，广东省多个地市级医院机构分别与三师各团场和师市有关医疗卫生机构建立起“一对一”结对健康扶贫帮扶关系。

二是坚持从“输血”到“造血”功能转换，助推师市补齐健康扶贫短板和弱项奠定基础。“十三五”以来，在对口支援省市的重视和推动下，促成了一大批援疆卫生项目落地，有力改善了受援地医疗机构的基础设施和服务能力。援疆各级医院每批都派出专业水平高、业务能力强的一流医疗专家队伍，来疆援疆专家通过以“团队带团队”“专家带骨干”“师傅带徒弟”等形式，完善“传帮带”人才培养机制，开展大量的临床技术传授、培训讲座、带教查房等工作，大力推广新技术、新项目，促进各受援医院的学科建设和专科发展，协助图木舒克市人民医院搭建了儿科、针灸康复室、中医科、重症医学科建设；同时填补了师市部分团场医疗机构胃镜检查、中医针灸理疗、口腔诊疗等学科建设的空白。通过从输血到造血的全方位医疗援疆健康帮扶，激发师市卫生事业发展活力和动力，为助推师市健康扶贫工程建设奠定软硬件发展基础。

三是借力卫生援疆优势，坚持创新引领，探索推动开展互联网+医疗健康扶贫模式。医疗卫生援疆是援疆工作的重要内容，是直接服务于南疆基层群众，改善民生，温暖民心的民生工程。为尽快补齐师市医疗卫生发展的短板和弱项，充分发挥医疗卫生援疆优势，利用内地发达地区的卫生信息化建设优势资源，实现师市医疗卫生资源效益最大化利用，在广东省对口援疆的大力支持和推动下，2019 年 8 月，师市与广东健客医药有限公司通过筹划、运作，组建成立了以图木舒克市人民医院为实体医疗机构的广东健客互联网医院，充分利用互联网上广泛的医疗信息平台资源，实现医疗互联网服务模式和线上线下医疗资源共享机制，为师市人民群众提供更多的就医选择模式和通道，极大地缓解了师市健康扶贫优势资源不足、卫生事业发展不平衡、不充分等难题，成为兵团第一家探索“医疗+互联网”对口援疆的师，为加快打造健康师市和推动健康扶贫工作奠定基础。①

第二，以“防”为要。师市结合当地社会经济条件，有针对性地采取预防措施，降低居民慢性病、重病大病、传染病等疾病的发生率，避免因病致贫、因病返贫现象。师市预防措施总体来说分为两种：一是革新当地居民的生活方式，使居民养成卫生健康的生活习惯，降低疾病发生概率；二是健全医疗救助、医疗保险等保障体系，增强居民抵御疾病风险的能力，避免居民因医疗负担过重而陷入贫困。

首先，革新生活方式，降低患病概率。师市地区由于地理环境较为封闭，与外界交流较少，当地居民大多保持着传统的生活方式和饮食习惯，卫生健康意识较为淡薄，这是导致师市慢性病、地方病患者较多的重要原因。师市在实地调研的基础上，按照健康扶贫政策要求，着力革新居民的生活方式，从源头上降低健康风险。深入开展“三新”活动是推进健康师市的迫切需要。师市虽然已建立基本医疗卫生保障制度和服务体系，但仍有相当部分职工群众依然沿用陈规陋习，特别是不注重培养良好的生活习惯，个人卫生重表轻里，地毯长时间不清洗，房间窗户常年累月不通风；饮食不卫生不科学不规律；不注重营造良好的家庭环境，庭院占地面积大但杂乱无章、利用率不高，家庭不分男女老幼吃住在一个坑上。这些生活习惯是导致肺结核等地方病、传染病多发高发的重要原因。师市深入开展“三新”活

① 资料来源：《聚焦以人民健康为中心，发挥医疗援疆优势，全面推进师市健康扶贫工程——第三师图木舒克市在全国卫生健康系统对口援疆工作会议上的发言》。

动，坚持以鼓励引导为主，充分发挥科学文化知识在抵御宗教极端思想中的积极作用，引导群众主动适应现代文明生活方式，提高各族职工群众生活质量和健康水平。

师市开展“三新”活动坚持统筹兼顾、有机结合，示范带动、整体推进原则，增强群众主体性、提高主观能动性，积极倡导科学、健康、文明的生活方式，着力改善师市人居环境和职工群众生产生活条件，以师市少数民族聚居团场、连队（社区）、学校为重点，广泛开展“讲文明、尚科学、改陋习、树新风”宣传教育，引导群众转变陈规陋习，主动移风易俗，树立清洁卫生、勤劳节俭、自尊自强、厚养薄葬新观念，着力解决“脏、乱、差”和铺张浪费、苦熬守穷、薄养厚葬等突出问题，营造健康文明生活环境，养成健康文明生活习惯，力争达到“团（场）连（队）容貌明显改观、居住条件明显改善、文明素质明显提升”的目标。

一是着力推动建立世俗化生活新方式。结合“民族团结一家亲”活动和连队（社区）职工群众家庭经济状况，师、团、连各级党员干部带头推进职工群众家庭“十有”活动，逐步实现“坐有沙发、看有电视、储有冰箱、洗有洗衣机、睡觉有床、做饭有厨房、吃饭有餐桌、洗浴有卫生间、学习有书桌、方便有厕所”，消除宗教极端主义对职工群众生活的影响。坚持庭院整治与培育现代文明生活方式相结合，引导职工群众对庭院进行合理规划，积极发展庭院经济，实现生活区、种植区、养殖区“三区”分离，改善人居环境，提升文明水平。鼓励连队（社区）使用电采暖或家用火墙取暖，倡导使用电力、燃气等清洁能源，改善家庭生活质量。师市通过一系列政策优惠，帮助农村地区的居民住进现代化的房屋，并配备齐全的家具，为居民改变传统的生活方式提供了物质基础和现实可能性。①

① 资料来源：《关于第三师图木舒克市开展“新时代、新三师倡导新生活”活动的通知》。

二是加大健康教育宣传力度。师市将健康宣传作为专项行动，从队伍、阵地等方面全方位铺开。

开展健康教育进连队行动，实现所有团场全覆盖，依托师市团场电视、广播、标语口号、文艺演出等平台和形式，针对居民主要健康问题开展健康教育，传播健康素养基本知识。

开展健康教育进家庭行动，实现重点人群和贫困患者家庭的全覆盖，根据居民的疾病特点进行健康教育服务，实行四个“一”，即一家一张明白纸（针对性健康教育材料）、一家一个明白人（培训一名家庭成员掌握健康素养基本知识技能，树立自身是健康第一责任人理念，带动家庭成员养成健康生活方式）、一家一份实用工具（向重点人群和贫困患者家庭发放盐勺、健身用品等健康实用工具）、一人一份健康教育处方（在开展高血压、糖尿病、结核病、重症精神障碍规范管理的基础上，为重点人群和贫困人口制定个性化健康教育处方），防止疾病蔓延到其他家庭成员。

开展健康教育进学校行动，覆盖所有学校、托幼机构，面向全体中小学生开展健康教育，全面启动健康促进学校建设。

开展健康教育阵地建设行动，覆盖所有重点人群和贫困患者家庭，打造群众身边的健康教育宣传阵地，宣传健康扶贫政策，普及健康素养66条、健康教育技能、慢性病规范管理、地方病及其他重点疾病防治等健康知识。

开展基层健康教育骨干培养行动，将“第一书记”、驻村干部、基层医疗卫生工作者、卫生计生专干等培养成健康教育骨干，进行健康知识、技能等培训，实现强化培训全覆盖。加强健康教育专业机构建设，充实人员力量，改善工作条件，提高工作能力，切实发挥技术指导作用。

此外，充分发挥卫生援疆、兵、师市医院对口支援的医疗人才开展健康教育和健康科普工作的优势和积极性，为其开展健康教育和健康科普工作提供必要保障，鼓励有条件的单位组建健康教育志愿者团队。

师市动员各级医院积极开展义诊活动，在活动过程中宣传疾病防治知识，在具体的情境中加深居民对疾病的认识，从而引导居民在生活中养成良好习惯规避疾病风险。如图木舒克市人民医院儿科为更好地预防冬季儿童呼吸道疾病，于 2019 年 11 月 17 日在金山农贸市场开展以“关爱儿童呵护健康”为主题的儿童冬季呼吸道疾病义诊宣传活动。活动现场，儿科医生针对冬季呼吸道常见疾病，如结核病、肺炎、过敏性咳嗽等疾病的症状以及护理要点整理成宣传单，分发给群众，并且详细讲解呼吸道高发疾病的特征以及预防常识。提示群众平时家里注意通风，保持空气流通，养成勤洗手的好习惯；家长平时需要多观察儿童的身体状况变化，一旦发现孩子有发热、出疹等表现，应尽早就医。古丽仙·祖合热是 44 团居民，入冬后她的孩子一直在发烧，通过图木舒克市人民医院的义诊她了解到很多：“平常孩子咳嗽发烧总觉得是衣服穿少了，没想到呼吸道疾病能引发那么多并发症，通过这次义诊了解到很多预防知识，以后孩子生病还是要对症治疗。”此次义诊活动共悬挂横幅 2 条，发放宣传资料 300 多份，接诊约 50 人次，咨询约 60 人次。图木舒克市人民医院借助资源优势，组织开展义诊活动，营造全社会关注、关心健康的浓厚氛围，让更多的居民掌握正确的疾病预防和治疗方法，有效规避了健康风险。

三是“小手拉大手”促成饮食营养。课题组在调研中了解到，师市农村地区居民饮食结构非常简单，早餐就是面糊加盐就馕，缺少营养，而且高油高盐，这也是当地高血压等慢性病患病率较高的重要原因。饮食习惯的改变并非一朝一夕之事，也非仅依靠健康知识宣传便能奏效。对此，师市将健康扶贫工作与基础教育结合起来统筹推进，通过改变儿童的饮食结构来带动整个家庭饮食习惯的变迁。一方面，以学生为纽带，开展学校饮食健康宣传与教育，将健康饮食干预活动辐射到整个家庭，提高学生及家长低盐膳食和高血压防治知晓率，探索、完善以学校为基础推广家庭健康饮食的干预模式；另一方面，加大教育资源投入，提高小学、幼儿园等学生的午餐补贴，使学生从小养成营养均衡的饮食习惯，进而带动家庭改变以往较为简单、缺乏营养甚至有健康风险的饮食方式。

其次，健全社会救助和保障体系，防止因病致贫。一是进一步完善最低生活保障对象认定办法，健全社会救助申请家庭经济状况核查机制，统筹考虑家庭成员因残疾、患重病等增加的刚性支出、必要的就业成本等因素，综合评估家庭经济状况，及时将符合条件的家庭纳入低保范围。对低收入家庭中的重病患者、重度残疾人等完全丧失劳动能力和部分丧失劳动能力的人员，参照单人户纳入低保，切实做到“应保尽保”。作为社会救助体系的核心与基础，师市最低生活保障标准从 2018 年的 396 元/月提高至如今的 456 元/月。2019 年，师市共救助最低生活保障对象 15869 户次，43305 人次，拨付最低生活保障资金 3717.6569 万元（其中含 2019 年 5—7 月最低生活保障价格补贴资金 82.608 万元）。师市共有建档立卡贫困户 2015 户，8604 人（其中 2018 年已脱贫 1004 户，4270 人；未脱贫 1011 户，4334 人）。2019 年，师市最低生活保障共救助建档立卡贫困户 2936 户次，15105 人次（其中未脱贫建档立卡贫困户 1661 户次，8988 人次；2018 年，已脱贫建档立卡贫困户 1275 户次，6117 人次）。二是进一步落实特困人员救助供养制度，2019 年，师市散居特困对象基本生活补贴由 2018 年的 515 元/月，提高至现在的 800 元/月，护理补贴仍分别为全自理 100 元/月、半自理 300 元/月，全护理 500 元/月。三是进一步加大临时救助工作和深化大病救助工作力度。师市逐步规范低保金等社会救助资金发放工作，低保金按季度发放，实行季度首月发放。①

① 资料来源：《第三师图木舒克市民政局 2019 年社会救助兜底工作情况介绍》。

三、第三师图木舒克市精准施治地方病

有效治理地方病是师市开展健康扶贫工程的重要内容。其工作要点主要体现在两个方面：一方面是开展全民健康体检工作，及时掌握师市居民的健康状况及变化趋势；另一方面是坚持分类治理，精准服务，有针对性地采取措施，将地方病的危害降至最小，直至彻底解决。

（一）全民体检，总体把握

为有效推进健康扶贫工程，保障各族群众身心健康，2016 年 10 月，师市卫生局颁布《第三师图木舒克市全民健康体检工程实施方案（试行）》，要求自 2016 年起，每年对师市居民实施免费健康体检。师市全民健康体检根据《兵团全民健康体检活动实施方案（试行）》相关要求，按照“全面覆盖、免费提供、自愿参检、城乡均等、方便群众”的基本原则，对师市居民（在兵团辖区内居住半年以上）进行免费健康体检，并建立居民健康档案。城乡居民免费健康体检率和居民健康档案建档率均达 85%以上。通过全民免费健康体检并建立健康档案，掌握师市居民健康状况，系统了解居民的健康问题及其相关信息，全面评价师市居民的健康水平，筛查危害健康的地方病等主要疾病，做到早发现、早诊断、早治疗，分析影响师市居民健康的主要因素，为师市党委提供居民健康和危害因素的科学依据。

健康体检的内容主要按照国家卫生计生委印发的《国家基本公共卫生服务规范（2016 年版）》要求执行。师市健康体检结合各单位

当地疾病谱，对重点人群中发生的相关疾病有侧重地进行筛查，同时在健康体检标准范围内增加肝炎、结核、妇科等相关疾病的检查项目。同时结合卫生信息化建设的要求，把完善居民健康档案作为工作的主要内容，夯实师市卫生健康的大数据基础工作。健康体检和建立健康档案的主要内容按兵团卫生局统一制订的《健康体检表》进行。在具体工作中，师市以年龄为标准，将居民分为四类：0—6 岁（含 6 周岁）的儿童；7—14 岁（含 14 周岁）的在校学生；15—64 岁（含 64 周岁）的居民；65 岁及以上的居民。根据健康体检对象类型，确定相应的体检方式。

儿童由家长负责到各体检医疗机构进行健康体检。体检经费由中央财政补助的国家基本公共卫生服务项目专项经费解决，体检内容按照《国家基本公共卫生服务规范》执行，费用按照师市财务、卫生部门联合下发的基本公共卫生经费使用的相关规定执行。

在校学生由教育行政部门安排学校负责组织，积极与体检的医疗卫生机构联系，在规定时间内完成健康体检的各项工作。体检经费按照国家《中小学生健康体检管理办法》的要求，从兵团现行预算体制中安排的教育经费渠道解决，费用参照《自治区中小学生健康体检项目及收费标准》100 元/人次执行，体检项目按照国家《中小学生健康检查表格规范》中的“必测项目”执行。

第三类体检对象年龄跨度较大，包括青少年和成年人，其中机关和企事业单位人员由各单位负责组织安排；在校学生由学校负责组织安排；个体从业人员和其他人员由社区负责组织安排，与当地负责健康体检的医疗卫生机构联系完成健康体检的相关工作。体检经费按照“分级管理、分级预算”的原则，由各级财政财务统筹整合现有专项资金给予解决。机关事业单位在职职工及离退休人员由各单位从原资金渠道自行安排，原体检标准不变。其他人员从城镇居民基本医疗保险基金结余资金中解决 50%，不足部分由同级财政财务给予补助。体检内容按照《国家基本公共卫生服务规范》中居民首次建立健康档案时的健康体检表相关项目执行，原则上 160 元/人次。

老年人由各单位或社区负责组织安排，与当地负责健康体检的医疗卫生机构联系完成健康体检的相关工作。体检经费由中央财政补助的国家基本公共卫生服务项目专项经费和兵团本级财务共同承担，原体检标准不变，每人 209 元/人次（其中国家基本公共卫生服务项目资金承担 109 元，兵团本级财务承担 100 元/人次）。

据师市卫生局统计，2018 年师市各级累计完成全民健康体检目标人群 19. 84 万人，健康体检完成率 89. 7%。各类人群完成情况包括：0—6 岁（含 6 周岁）儿童 29298 人，7—14 岁（含 14 周岁）在校学生 39828 人，15—64 岁（含 64 周岁）的居民 119834 人，65 岁及以上的居民 9431 人。①

（二）专项专治，精准治理

在全民健康体检工作的基础上，师市筛选出了结核病、碘缺乏病、高血压等地方病，其中既有传染性疾病也有慢性病，对此师市坚持专项专治原则，针对具体病种采取针对性措施，取得了巨大成效。

第一，结核病防治。《第三师图木舒克市贯彻落实〈关于实施健康扶贫工程的指导意见〉的实施方案》明确提出，要“加强对结核病疫情严重的贫困团场防治工作的业务指导和技术支持，开展重点人群结核病主动筛查，规范诊疗服务和全程管理，进一步降低贫困团场结核病发病率；根据师市结核病的现状，制定有效的结核病防治和管理方案，使重点贫困人口结核病患者实现有效免费治疗”。在此文件指导下，师市在结核病防治方面的主要做法如下。②

首先，推进结核病防治“三位一体”服务体系。2017 年 7 月，

---

① 资料来源：《第三师图木舒克市全民健康体检工程实施方案》。

② 资料来源：《2015—2019 年第三师肺结核防治情况》。

师市卫生局下发《关于贯彻兵团结核病防治“三位一体”服务体系实施方案的通知》（师卫发〔2017〕26号），按照文件要求，师市推行以患者为中心的肺结核病分级诊疗制度，建立健全肺结核病综合防治服务模式。师市共有10个团级单位着力建立“疾病预防控制机构负责规划管理、定点治疗医院负责诊断治疗、基层医疗卫生机构负责推介与随访管理”的“三位一体”新型肺结核病防治服务体系，同时师市各医院均设置肺结核专科医师，下发大疫情密匙、VPN。

其次，实行“集中服药+营养早餐”管理模式。师市肺结核发病率高居不下的主要原因是患者不规律服药，不按疗程服药，导致反复发病，逐渐耐药，久之形成恶性循环。另外，居民生活习惯为肺结核的传播创造了极其有利的条件。对此，师市采取“集中服药+营养早餐”的管理模式。一方面结合单位实际制定切实可行的实施方案；另一方面根据情况设置集中服药点，在治疗开始，与患者签订规范化治疗协议书，约定服药时间，告知患者每日提供免费营养早餐，开展健康知识宣教（知晓率需达90%以上）。患者每日到服药点，在管理人员看护下服用抗结核药品。服药半小时后由管理人员发放免费营养早餐。将结核病患者的全程督导化疗和营养早餐供应有机结合，最大限度确保患者规律、足量、全程治疗。师市通过这种管理方式将督导检查力度及防治措施落实到位，使肺结核规范管理率上升明显。

最后，完善职工、居民活动性结核病医疗保障政策。经过师市卫健委、疾控中心的不懈努力，与师市党委、医保部门的反复沟通，于2019年9月底，完善了职工、居民活动性结核病医疗保障政策，将门诊肺结核报销项目在定点医疗机构发生的门诊就医检查治疗费用报销时不设起付线，职工、居民基本医疗保险统一设肺结核门诊结算，报销比例为100%。住院肺结核报销项目住院报销比例统一按90%支付。

第二，碘缺乏病防治。相较于以前，师市碘盐监测总体碘盐覆盖率呈上升趋势，但部分团场（如44团）居民仍存在食用土盐的情况。根据《国务院办公厅关于进一步加强消除碘缺乏病工作的意见》《全国重点地方病防治规划》《新疆生产建设兵团碘缺乏病重点团场贫困人口及重点人群免费碘盐发放实施方案》要求，师市购买加碘食盐为碘缺乏病重点团场免费发放，以促进实施全民普及碘盐工作，造福师市各族人民，完成配合兵团地方病防治要求，实现消除碘缺乏病的目标。按照兵团地方病防治碘盐发放要求采购，兵团下拨碘盐购买经费 30 万元，按照师市贫困人口及重点人群分布，分批采购 80 吨加碘食盐。碘盐发放工作由师市疾控中心统一采购、发放，由碘缺乏病重点团场所在医疗卫生机构负责制定本团碘盐发放实施细则及相关发放办法、职责和奖惩办法。师市成立碘盐发放工作领导小组，由师市分管卫生的领导任组长，财务、卫生、扶贫、民政、发改等相关部门人员任组员，负责协调、监督碘盐发放工作。碘盐发放对象是师市贫困人口及重点人群，每户发放数量依据团场扶贫、民政部门提供的贫困人口数及碘盐覆盖的具体情况确定（每人每年按 2 公斤计算）。各单位不以发放现金的方式代替发放碘盐，而是将碘盐直接发放到户，虽然增加了政府的工作负担，但是有效保证了贫困人口和重点人群食用碘盐，规避了居民因节省而食用土盐的可能性。①

此外，师市在高血压、2 型糖尿病、严重精神障碍等地方病方面强调实行规范化管理，通过规范管理和行为干预有效预防和控制慢性病，最大限度地减少和延缓慢性病并发症的发生，有效降低了慢性病的危害。首先，制定基本公共卫生服务项目管理方案。按照《国家基本公共卫生服务项目实施规范》的要求，制定了高血压、2 型糖尿病项目管理实施方案，明确了师、团、连三级公共卫生项目管理的各级职责，实行层层上报的制度，形成一条纵向链条，做到各类数据有据可查，有据可依，资料规范，数据清楚。其次，加大基本公共卫生

① 资料来源：《第三师图木舒克市碘缺乏病重点团场贫困人口及重点人群免费碘盐发放实施计划》。

服务项目开展力度。通过开展工作督导指导，并且通过邮箱、QQ 以及手机电话随时为基层项目管理人员提供细致的业务指导，使全师慢性病项目在各个方面的工作都有了很大进步。最后，加强成人慢性病与营养监测工作。一是完成成人慢性病与营养监测项目物资采购；二是鼓励支持师市疾控中心业务骨干参加中国疾控中心慢病中心培训。师市在实践中不断加强对基层卫生医疗机构的培训和指导工作，提高基层业务管理人员的整体素质，使高血压项目、2 型糖尿病项目管理工作逐渐规范化，有序化。①

四、第三师图木舒克市健康扶贫实施成效

师市自开展健康扶贫工作以来，积极落实国家健康扶贫政策、探索本土化的创新性做法，在完善综合医疗保障体系、提升医疗服务水平、增强贫困人口疾病预防和健康安全意识以及提升地区医疗服务能力等多方面取得了显著成效。

（一）硬件软件双修，医疗体系建设卓有成效

医疗技术能力和医疗服务质量的提升是实现全民健康、提高人民生活质量的重要保障。自开展健康扶贫工程以来，师市不断加大资源投入，硬件软件一起抓，使师市医疗技术能力和医疗质量水平显著提升。

第一，基层医疗设施建设成效明显。按照《第三师图木舒克市团场连队卫生室标准化建设项目细化方案》要求，师市完成了 3 个团

① 资料来源：《2018 年慢性病工作总结》。

场29个连队卫生室标准化建设任务，提高了团场连队卫生服务能力，使居民在家门口就可以享受医疗服务，节省了路途中的食宿社会成本，极大满足了当地人民群众健康需求。除医疗设施外，师市医疗服务也不断往基层下沉，并收到了良好的社会效益。如44团医院结合幸福社区老年健康服务站举办高血压患者服务规范解读讲座，社区居民、慢性病患者70余人聆听讲座。通过服务规范讲解，使社区居民、慢性病患者对疾病治疗有了清晰的认识，意识到慢性病的治疗必须在医师的正确指导下，通过一般状况分析、生活方式干预、脏器功能检查、辅助检查、中医体质辨识、现存主要健康问题记录、住院治疗情况、主要用药情况、危险因素控制等规范管理，才能有效预防控制并发症的发生。同时讲座结合居民健康档案资料，从服务对象、服务内容、服务流程、服务要求、工作指标等内容进行讲解。44团医院在社区的老年卫生服务站自成立以来，医师已为居民宣传健康知识百余次。同时定期开展随访活动，为居民建立“健康档案”，并成立慢性病协会，围绕居民健康开展活动。44团医疗服务下沉基层实践提升了服务质量，规范了服务管理，提高了患者对疾病治疗的依从性，有效预防控制慢性病并发症带来的危害。

第二，健康扶贫项目建设成果突出。填补了师市传染病、精神康复、妇幼保健专科医院的空白。而且师市累计争取到中央和对口援疆资金1.7967亿元（援疆资金8903万元），落实健康项目11个，包括莎车垦区中心医院、小海子垦区中心医院、麦盖提垦区中心医院、四个团场疾控中心用房以及粤兵医院续建项目等。

第三，师市医疗技术水平大为提高。依托医联体，师市实现了医疗资源结构布局调整优化，促进了医疗卫生工作重心下移和优质资源下沉，提升了基层医疗服务能力和医疗服务体系整体效能。一直以来第三师医院部分医疗器械短缺、医疗技术匮乏，对于尿结石等疾病采取体外振波碎石或气压弹道碎石，效果不是很理想。2019年3月，石河子大学医学院第一附属医院3名优秀医疗专家到第三师医院挂职，着力解决师市及喀什地区各族职工群众看病难的问题，并解决一些急需医疗设备。

“我现在腰不疼了，既不恶心也不呕吐，而且术后恢复得很好。感谢这里的医生治好了我的病！”48 岁的患者阿里木江·卡司木说。3 月 18 日，石河子大学医学院第一附属医院挂职第三师医院领导为阿里木江·卡司木做手术，完成该院首例输尿管镜下钬激光碎石术，这种新型设备在专家的掌控下，碎石时对结石周围组织损伤小，安全性高，病人的治疗痛苦小。当天下午阿里木江·卡司木就可以下床活动，第三天便办理结算出院。

此外，78 岁的艾山·阿皮孜排尿困难一直困扰着他，当他听说石河子大学第一附属医院的专家来到第三师医院后，就下定决心前来看病，经前期诊查和评估，诊断为前列腺增生并尿潴留。3 月 19 日，专家为艾山·阿皮孜实施了该院首例经尿道等离子前列腺剜除术治疗，术后三天拔除尿管，恢复正常排尿，尿控良好。艾山·阿皮孜高兴地说：“本以为要一直依赖导尿管了，没想到不到 1 个小时的手术，就解决问题了。”

经尿道等离子前列腺剜除术是治疗前列腺增生的新趋势，与传统的电切术相比，术后几乎无残留组织，复发的可能性更低、出血更少、恢复更快，对于提高患者的生活质量十分有好处。为了填补第三师医院的多项技术空白，带动该院泌尿外科尤其是微创手术方面的发展，能尽快投入使用钬激光、输尿管镜、经皮肾镜、前列腺汽化电切镜等新仪器、新设备，手术当日，特邀请石河子大学第一附属医院手术室护士长鲍广丽来第三师医院进行示范、手把手指导第三师医院手术室护士如何配合好医生的手术，从手术室质量把关、细节管控、点对点地给予指导，将好的管理办法毫无保留传授，将新的理念带入手术室。

“依托医联体，邀请石河子大学第一附属医院的专家，以传、帮、带的形式，尽快提高第三师医院医务人员的专业水平，为患者提供更加优质的服务。授人以鱼不如授人以渔。这样，第三师医院的诊疗技术才可以使更多患者满意、让家属放心。”石河子大学医学院第一附属医院挂职第三师医院院长王勤章说，希望通过石河子大学第一附属医院的全面托管，使第三师医院专科手术不断完善，让弱势专业变强、优势专业更强，给师市和喀什地区的患者带来更多医疗惠民的福音。

第四，师市医疗服务水平不断提升。“十三五”以来，投入卫生援疆健康扶贫专项资金近3亿元，涉及草湖粤兵医院、图木舒克市人民医院住院楼等一批项目建设、卫生专项人才培养项目等，为推动师市健康扶贫工程深入开展奠定基础，实现社会效益和经济效益的双提升，让广大人民群众充分享受到卫生援疆成果。三年来，通过卫生援疆健康扶贫工程，推动开展巡诊和义诊活动30余次，接受内地卫生援疆免费捐赠药品和医疗设备近1000万元，开展免费诊疗3万余人次；开展各类手术500余台，门诊接诊8万余人次，为320户1273人贫困人群建档立卡，贫困人群家庭签约实现全覆盖，通过组团式援疆形式，开展了“健康光明行动”“微笑列车”“天使阳光”等贫困患者健康帮扶工作，为80余名白内障患者、35余名唇腭裂患者和55例先天性心脏病患儿免费实施手术等。此外，还累计帮扶师市完成55万人次全民健康体检工作。这一系列卫生援疆健康扶贫工程，为推动师市健康扶贫工程和带动社会效益创造产值3亿元以上。

（二）防病防贫并举，摒除因病致贫返贫现象

师市将防贫与防病联系起来，通过生活方式和卫生习惯变革，使师市居民远离原来容易滋生感染细菌的、具有患病高风险的生活环境，从而有效实现了防病这一艰巨任务。与此同时，师市通过一系列政策保障，最大限度地降低师市居民治病就医的经济负担，避免了居民因病致贫、因病返贫。

第一，在防病方面。贫困团场居民特别是贫困居民的生活环境和

生活方式实现转变。在师市各级和各部门的统筹联动下，师市贫困团场的居民摆脱了以往脏乱差的生活居住环境，搬进了整洁明亮的新房子，并配备了齐全的家具。而且居民改变了以往在地毯上吃住等不卫生生活方式，即传统的居住、饮食、会客、学习等生活功能合一性逐渐实现功能分离，居民开始充分利用卧室、厨房、客厅等房屋空间的功能。另外，居民健康卫生观念逐渐建立。在健康宣传、“小手拉大手”等活动作用下，居民了解并掌握了基本的健康卫生知识，逐渐建立起现代健康卫生观，生活习惯和饮食结构发生重大改变。

第二，在防贫方面。师市医疗保险待遇提高，贫困人员医疗费个人承担额减轻。2018 年，贫困职工报销医疗费 292 人次，25 万元，贫困居民报销医疗费 1957 人次，414.5 万元。2019 年 1—6 月，贫困职工报销医疗费 40 人次，18.5 万元，贫困居民报销医疗费 933 人次，373.5 万元。另外，民政救助力度大。截至 2019 年第 4 季度，师市深度贫困团场 44 团、51 团建档立卡贫困户享受最低生活保障救助的有 671 户 3466 人（其中未脱贫 395 户 2139 人；2018 年已脱贫 276 户 1327 人），44 团、51 团建档立卡贫困户兜底率达到 41.7%。（44 团建档立卡贫困户 668 户 2917 人：已脱贫 393 户 1690 人；未脱贫 275 户 1227 人。51 团建档立卡贫困户 1276 户 5389 人：已脱贫 554 户 2345 人；未脱贫 722 户 3044 人）在特困救助方面，2019 年师市共救助特困对象 371 人次，拨付特困救助资金 124.8609 万元（含 2019 年 5—7 月特困人员价格补贴资金 0.8124 万元），其中建档立卡贫困户救助 19 人次。在临时救助方面，2019 年师市本级临时救助 1672 人次，拨付临时救助资金 230.42 万元，其中救助建档立卡贫困户 63 人次。在大病救助方面，截至 2019 年第三季度，师市大病救助 340 人次，共拨付大病救助资金 270.5703 万元，其中救助建档立卡贫困户 28 人次。①

① 资料来源：《第三师图木舒克市民政局 2019 年社会救助兜底工作情况介绍》。

（三）聚焦结核防治，由点到面根治地方顽疾

师市居民健康面临的最大威胁是地方病，因此，有效治理地方病是师市开展健康扶贫的重要内容。师市针对地方病采取分类施治、专项治理的工作原则取得了突出成就。困扰师市居民健康的地方病来源甚广，师市治理地方病强调抓重点，然后由点及面，全面治理地方病。师市在分类的基础上，针对重大疾病特别是结核病进行系统性治理，使其对居民的健康及生产生活产生的影响降到最低。

第一，在结核病防治方面。首先，师市所有医疗卫生单位均已施行“三位一体”新型肺结核病防治服务体系，进而落实了深化医药卫生体制改革，充分优化和整合医疗资源，发挥医疗机构“规范诊治”与疾控机构“组织管理”的各自优势，降低结核病疫情与负担；其次，师市自实施“营养早餐+集中服药”管理模式以来，结核病患者服药依从性显著提高，杜绝了患者随意中断治疗，大大降低了患者耐药的发生，提高了治愈率，同时改善了师市重点贫困肺结核患者的营养状况，结核病疫情得到明显遏制；最后，职工居民活动性结核病医疗保障政策不断完善，患者医疗费用负担大为减轻。

第二，在地方病规范化管理方面。据 2018 年统计，师市共计 18 岁以上人口 127878 人，15 岁以上人口 132324 人，师市累计管理高血压患者 8986 人，较 2017 年新增 586 人，规范管理 6955 人，血压控制达标 5361 人，高血压患者规范管理率 77. 47%，管理人群血压控制达标率 59. 71%，高血压患者家庭医师签约人数 8705 人；辖区内累计管理糖尿病患者 2652 人，较 2017 年新增 214 人，规范管理 1998 人，血糖控制达标 1342 人，糖尿病患者规范管理率 75. 34%，管理人群血糖控制达标率 50. 6%；累计管理严重精神障碍患者 499 人，较 2017

年新增 122 人，规范管理 462 人，规范管理率 94.87%。①

此外，师市卫健委联合妇联结合全民健康体检工作实行妇女“两癌”筛查活动，将贫困人群优先纳入筛查范围，师市有 13000 名育龄妇女受益。2019 年以来，师市将全民健康体检工作纳入医疗卫生机构门诊和住院日常工作，常态化开展全民健康体检服务项目。邀请中国红十字基金会和无锡红十字基金会，对师市辖区 0—14 岁以下贫困儿童患先天性心脏病情况进行了筛查，累计筛查患病儿童 72 人，已经通过中红十字基金会实施手术救治 17 人。

五、第三师图木舒克市健康扶贫经验总结

第三师图木舒克市健康扶贫经验的核心在于“治”“防”结合，聚焦其具体举措，师市经验可用四点概括，即革新观念与生活方式；强化政策保障与基础医疗机构建设；优化医疗资源布局提升服务水平；精准打击有效根治地方病。

（一）健康教育革观念，“三新工程”塑新风

降低健康风险，以防治为健康扶贫要点。师市由于特殊的自然地理环境和历史社会经济条件影响，居民健康水平总体偏低，易遭受慢性病、传染病等地方病侵害，这是当地居民致贫的一个重要因素。师市在实地调研基础上，精准施策，将结核病、高血压、碘缺乏等地方病预防置于健康扶贫的首要位置。

第一，加强健康教育宣传，革新居民卫生观。师市通过全方位的

① 资料来源：《第三师图木舒克市 2018 年慢性病工作总结》。

健康教育宣传，培养居民现代化的卫生意识和健康观。师市的健康教育宣传并非一般性的健康知识宣传，而是一项系统性工程，在家庭、学校、基层组织与医疗组织之间建立起联动机制，多方互动共促，渗透在师市居民生活的方方面面，在潜移默化中革新居民的生活健康观念。通过多方联动，师市居民一改传统生活方式，建立起现代的卫生健康知识，逐渐养成了科学的卫生习惯，有效降低了居民面临的健康风险。

第二，开展“三新工程”，形塑卫生新生活。师市将生活方式革新作为工作要点，使当地实现健康革命。改善人居环境，建设宜居型“美丽乡村”是改善农村贫困人口生活质量、提高农村生活吸引力和向心力的重要举措，也是培养健康生活方式，促进乡风文明的重要途径。师市大力开展“新时代、新三师、倡导新生活”的“三新”活动，着力推动师市居民形成适应新时代社会发展需要的新生活方式，为贫困居民建设统一的现代化住房，并实现“坐有沙发、看有电视、储有冰箱、洗有洗衣机、睡觉有床、做饭有厨房、吃饭有餐桌、洗浴有卫生间、学习有书桌、方便有厕所”的“十有”家庭生活。

（二）政策保障降风险，强化基础提服务

师市健康防治经验除上述所列之外，还着重推进医疗体系改革。师市医疗体系改革主要体现在两方面：一是进一步完善医疗保障和医疗救治体系，提高居民群众特别是贫困家庭的医疗报销比例，降低居民支付比例，使居民即便得病也不会轻易陷入贫困境地。二是重视优化基层医疗体系建设，提升持续性托底的能力。师市以健康扶贫为抓手，挖掘地域内生资源，加强自身能力建设。

第一，加强医疗补助力度。师市通过提高居民特别是贫困人员的医疗保险支付比例、主要报销比例，取消门诊大病、慢性病统筹基金起付标准，完善异地就医政策，降低贫困人员大病保险起付标准等一

系列努力，减轻师市居民特别是贫困人员的医疗负担，使其真正“看得起病”，将因病致贫和因病返贫的风险降到最低。

第二，推进医疗体制改革，增强医药卫生系统的活力与积极性。通过市场化改革，使公立医院等医疗机构在市场竞争机制下，不断加大投入，完善医疗设备和提升医护人员的业务能力，不断提高自身的医疗服务能力，从而使师市居民抵御健康风险的能力不断增强。

第三，加强基层卫生服务体系建设。在推行团场连队卫生室标准化建设的基础上，根据连队实际情况进行基层卫生室完善工作，完善基层卫生室功能布局，提高基层卫生服务能力。

第四，着力推进家庭医生签约服务，促进师市医疗卫生工作重心下移、资源下沉，进而实现基本医疗卫生服务均等化，切实提高基本医疗、公共卫生服务能力和水平，提升居民健康水平。

（三）医疗联合优布局，对口援疆激潜能

师市注重整合地域资源，优化医疗服务体系，积极开展跨区域合作，提升医疗服务水平。师市在深度挖掘地域潜力的基础上，注重推进跨区域合作，借助其他地区的先进经验和优势资源推动师市健康扶贫工程。

第一，推进医联体建设，优化师市团场区域性医疗资源布局。充分利用兵团、广东省对口支援医院、石河子大学第一附属医院等三级综合医院等优势，以三级医院分院的办院模式，组建以三级医院为龙头的医疗联合体，形成优势互补、特色专科互补的错位发展模式，提升师市重大疾病救治能力和医疗服务水平。

第二，借助卫生援疆和柔性援疆，强化师市本土医疗体系建设。师市卫生系统与对口授疆的广东省地市级各级医疗卫生单位建立定期双向沟通和回访互访工作机制，在受援双方卫生行政部门的精心组织、协调沟通下，有力地推动了双方医疗卫生机构的交流合作，形成

了卫生援疆和柔性援疆的对口支援模式。通过从输血到造血的全方位医疗援疆健康帮扶，激发了师市卫生事业发展的潜能，为助推师市健康扶贫工程建设奠定了坚实基础。

（四）分类施治地方病，专项攻关破重疾

师市居民面临传染病、慢性病等诸多地方病，在对辖内居民健康状况摸底调研的基础上，师市坚持分类施治原则，对地方病进行统计归类，根据实际情况采取不同的治疗措施，使工作得以有条不紊地顺利开展。同时，师市根据地方病的危害程度，强调针对重大疾病要实行专项治理，即结合病种特点采取相应措施，精准出击，保证有效治理或最大限度地降低疾病对居民健康和经济生活的影响。如针对结核病，一是定期动员居民进行健康体检，及时掌握居民健康状况；二是施行“三位一体”新型肺结核病防治服务体系；三是实行集中服药和营养早餐计划；四是开展防治专项行动；五是完善医疗保障政策。面对高血压、碘缺乏病等地方病，师市同样通过细致的摸底调研采取针对性治理措施。

六、第三师图木舒克市健康扶贫政策启示

第三师图木舒克市具有特殊的自然气候地理特征，并且社会经济发展水平较低，因而以健康扶贫实现反贫困效果的任务异常艰巨。然而师市在多年的实践中，通过全局性的政策推进，精准的应对举措以及务实的工作态度，直切师市居民健康的问题要害，解决了居民特别是贫困人员的医疗需求，从而使健康扶贫工作取得了良好的社会效益。师市在健康扶贫工作中建立起的工作机制，是以健康为底线的兴

边富民的兵团扶贫模式，对其他未脱贫地区特别是边疆地区开展反贫困工作具有一定的启示意义。

（一）强化组织保障，统筹联动整体推进

师市健康扶贫取得显著成效的首要前提是党和政府积极发挥主导作用。师市由于特殊的自然环境限制，社会经济发展水平较低，依靠社会或者市场均难以自发完成健康工程，因此，党和政府的作用至关重要。第一，加强领导，做好组织保障。师市以卫健委为牵头单位，成立健康扶贫工作领导专班，细化分工，明确职责，为健康扶贫工作的推进提供了组织保障。第二，建立机制，统筹部门联动。健康扶贫是一个系统性工程，涉及卫健、医保、民政、疾控等诸多部门，师市情况更为复杂，将教育、援疆、住建等系统统筹进来。师市健康扶贫成效显著得益于各系统各部门之间形成联动机制，协同共进。第三，明确方案，整体推进。师市党和政府的主导作用具体体现在制定整体行动方案，采取一系列的政策举措，并提供财政资源支持，推动师市健康扶贫的整体工作。

（二）投资健康资本，切断“贫”“病”恶性循环

师市健康扶贫实践经验的关键在于增强对师市居民特别是贫困人口的健康资本投资，从而激活、整合居民特别是贫困居民自身的健康资源，增强抵御疾病风险的能力。有学者认为贫困与疾病通过许多联结相互影响，反复循环，提出“贫困—疾病”恶性循环链理论，强调只有切断这一恶性循环中的某一联结才能打破贫困与疾病的相互作用。如前所述，健康是个体获取社会资源、实现自我发展的人力资本，是家庭乃至整个社会良性运行的重要保障。健康人力资本投资是提高人力资本存量质量、改善人口素质、增加穷人福利的重要手段。

因此，增强健康人力资本投资，最大限度地降低居民特别是贫困人口的疾病健康风险是破除“贫困—疾病”恶性循环链的关键环节。师市健康扶贫的实践经验便源于此。师市通过疾病预防与治理并重的健康扶贫实践，加强对居民个体的投资，增强其自身的能力。阿玛蒂亚·森的贫困理论认为，穷人不仅是收入贫困，更是能力贫困。穷人的能力贫困不仅是指资源禀赋贫困，而且也包括健康资本贫困。师市通过系统化的健康教育宣传和生活方式革新，使居民远离疾病滋生的“温床”，形成现代化的健康卫生意识，养成健康的饮食习惯和现代化的卫生生活方式，从根源上远离疾病，并增强抵御疾病风险的能力。

（三）建设健康乡村，增强活力兴边富民

师市健康扶贫工程不仅是规避因病致贫、因病返贫风险的具有底线性质的制度安排，还是助推乡村振兴战略的重要环节。一方面，师市推行的一系列医疗保险政策和社会救助政策并非仅面向贫困居民，而是面向师市辖域内所有居民，具有覆盖性；另一方面，师市推行团场、连队卫生室标准化建设，实现每个团场、连队均有医疗服务站，送“医”上门，保证居民在家门口就可以享受医疗服务，使师市居民健康水平整体得以提升。2018 年中共中央、国务院颁布的《乡村振兴战略规划》明确提出要“推进健康乡村建设”，实现“每个行政村都有 1 个村卫生室”“加强乡村医生队伍建设”“开展和规范家庭医生签约服务”等目标要求，而师市的健康扶贫工作回应了乡村振兴战略的任务要求。师市健康扶贫实践，强化了辖域内医疗系统建设，增强师市地域应对健康风险挑战的能力，进而提升居民平均健康水平，为实现兴边富民提供人力资源保障，增强边疆社会活力。

第七章

土地与居住区综合整治：兵团住房保障新模式

“住房保障”是“两不愁、三保障、一高于、一接近、两确保”的“十三五”脱贫攻坚总体目标中的关键目标，是实现吃穿“两不愁”的重要基础，体现在保障住房安全，既提高居住质量，也避免群众因改造危房、修建基本住房举债而影响基本生活消费。[①] 农村危房改造成为实现住房保障目标的主要手段。习近平总书记在解决“两不愁、三保障”突出问题座谈会上的重要讲话强调农村危房改造，对于实现中央脱贫攻坚“两不愁、三保障”总体目标中贫困人口住房安全，有保障目标任务的重要作用。特别是中央单列“三区三州”等深度贫困地区农村危房改造补助资金，对于深度贫困地区技术能力不足、建房能力弱的难题组织技术力量予以帮扶。引导金融支持、社会力量资助和村民互助，构建多渠道的资金投入机制。但是与其他同处于“三区三州”的地区以及新疆地方政府开展的住房保障工作相比，新疆生产建设兵团的住房保障又具有特殊性。其独特之处在于，住房保障与兵团改革紧密相连，脱贫攻坚工作同时也是兵团自身从国企转变为基层政府、打造服务型政府的过程。作为新疆生产建设兵团脱贫攻坚典型的第三师图木舒克市，其住房保障工作就定位于通过开展土地和居住区综合整治的整体性工程来推动打造服务型政府。师市高度重视集体所有制职工的住房保障，始终贯彻“综合性开发”原则，将中央的扶贫攻坚战略、乡村振兴战略与兵团自身改

① 国务院扶贫开发领导小组办公室编写：《脱贫攻坚政策解读》，党建读物出版社 2016 年版，第 40 页。

革有机结合，科学推进土地与居住区综合整治工作，强调土地增减挂钩政策与脱贫攻坚相统一，拆迁与社区综合发展相结合，少数民族职工需求与就业相匹配，群众安居与城镇建设相衔接等住房保障原则，形成了坚持“五个一”统一住房保障思路；坚持“六个突出”全面保障住房质量；打造服务型政府推进群众民主参与；加强连队民主自治等一套实践做法和工作机制，最终形成独特的兵团模式，全面改善少数民族居住条件，同时又推进兵团改革，积累了少数民族边疆地区脱贫攻坚和兴边富民的宝贵经验。

一、兵团扶贫攻坚住房保障的特殊意义

2017 年，中共中央办公厅、国务院办公厅印发《关于支持深度贫困地区脱贫攻坚的实施意见》，对深度贫困地区脱贫攻坚工作做出全面部署。明确将西藏、四省藏区、南疆四地州和四川凉山州、云南怒江州、甘肃临夏州（以下简称“三区三州”）等自然条件差、经济基础弱、贫困程度深的地区，视为重点支持的地区，补齐这些地区的短板是脱贫攻坚决战决胜的关键。重点解决因病致贫、因残致贫、饮水安全、住房安全等问题，加强教育扶贫、就业扶贫、基础设施建设、土地政策支持和兜底保障工作，打出政策组合拳。[①] 在此背景下，身处南疆深度贫困地区的师市具有新疆和兵团两个层面的深度贫困特点。一方面，具有南疆普遍的自然地理贫困特征。由于历史、地理、人口结构、经济发展水平低、自然条件恶劣，人多地少，地震频发等因素影响，导致经济社会发展长期相对落后。另一方面，师市集

① 《中办国办印发意见支持深度贫困地区脱贫攻坚》，见国务院扶贫开发领导小组办公室网站，http://www.cpad.gov.cn/art/2017/11/21/art_1461_73722.html。

体所有制职工集中的部分连队，也具有贫困特性。具体体现在：首先，原因在于兵团集体所有制连队自身的经济社会发展薄弱性。集体所有制连队的经济基础低于全民所有制连队，集体所有制单位棉花、红枣等作物的生产水平明显低于全民所有制单位，经济总量难以大幅度提升。其次，集体所有制连队土地稀少，住房条件较差。人均耕地资源少，发展后劲不足。例如，深度贫困的51团集体所有制团场人均土地2.5亩，人均收入不到师市平均水平的60%，低保人员多为少数民族，占全团人口的28%。[①] 少数民族较多的集体所有制连队居住房屋多为土木或砖木结构，年久失修，多处裂缝，大多为危房，达不到抗震要求；住户分散凌乱，院落占地面积大，生活环境差，配套基础设施不完善，畜牧牲畜圈舍紧邻生活区，达不到公共卫生要求，易产生人畜共病类地方病，布局不合理，整体面貌“散、危、破、脏、乱、差”。最后，集体所有制连队的公共基础设施相对落后。在“住房保障”方面，其他地区的脱贫重点在于饮水安全问题，兵团集体所有制连队主要体现在公共活动和公共文化空间不足的问题。[②]

面对以上独特的贫困特点，对于属于深度贫困“三区三州”和戍边重镇的师市而言，进一步梳理其居住保障的系列政策，检视脱贫成效就显得尤为重要。其本身也是传播治疆经验，讲好“兵团故事”的重要前提。兵团的居住保障扶贫有其自身的政策演进逻辑，对于兴边富民具有特殊意义。兵团经验的深化凝练，有助于健全危房改造的理论结构和机制体系，丰富危房改造的类型和社区发展模式，拓展危房改造脱贫机制的内涵和外延，扩展危房改造脱贫机制的功能范围，为边疆少数民族地区危房改造推进居住保障脱贫工作，提供理论指导和方向引领，切实增强树牢“四个意识”、坚定“四个自信”、践行“两个维护”的政治自觉、思想自觉和行动自觉。其特殊意义在实践

① 资料来源：第三师图木舒克市扶贫办提供资料。

② 资料来源：《关于51团开展精准脱贫相关工作情况的汇报》，2018年4月24日。

推动层面体现在以下 3 个方面。

（一）居住保障促团结

兵团居住保障是确保戍边固疆、民族团结的主要内容。习近平总书记在第二次中央新疆工作座谈会上指出，做好新疆工作是全党全国的大事，必须从战略全局高度，谋长远之策，行固本之举，建久安之势，成长治之业。新疆正处在“三期叠加”的特殊历史时期，分裂和反分裂斗争尖锐复杂。作为新疆反恐维稳工作前沿地带的南疆，意识形态领域反分裂斗争和“去极端化”任务艰巨繁重。全国稳定看新疆，新疆稳不稳，主要看南疆。南疆四地州贫困代际传递现象严重，脱贫攻坚形势复杂严峻，脱贫攻坚任务艰巨繁重，是新疆乃至全国扶贫开发工作中最难啃的硬骨头。[①] 处于边境地区、民族地区、贫困地区的居住保障扶贫不同于其他内地地区的特殊性在于，为少数民族群众进行危房改造，完善社区公共服务体系，加强基层社区治理，夯实边疆社会稳定的社会基础，增强中华民族共同体意识。

（二）抗震庭院保安全促增收

少数民族地区处于地震频发地带，提高住房抗震水平，改善少数民族生活条件和卫生条件，同时将公共服务设施按高要求保障到位，能极大增强少数民族贫困群众的安全感。此外，在新疆地区发展庭院经济，帮助每家建设一畦菜地、一架葡萄、一个拱棚、一片果园、一棚禽舍，促进少数民族群众在发展自营经济上，建立合作社，打造乡村生态旅游，力促少数民族增收创收，提升少数民族贫

① 《习近平在第二次中央新疆工作座谈会上发表重要讲话》，http://www.xinhuanet.com/photo/2014-05/29/c_126564529.htm。

困群众的获得感和幸福感。

（三）基层连队自治促社会治理创新

在新疆生产建设兵团的基层连队，积极培育“连队理事会”，民主参与，民主决策，在改造后新居中进一步推广基层社区治理创新，形成少数民族社区的特殊治理模式，能够增强少数民族贫困群众的家园感。总之，兵团的住房保障扶贫攻坚工作不仅是简单的空间改造和生活环境改善工作，而是促生产、促增收、促团结、促社会治理创新等，集多元功能为一体的兵团特殊扶贫模式的重要内容。

二、兵团扶贫攻坚住房保障的特色做法

为深入贯彻落实以习近平同志为核心的党中央关于打赢精准脱贫攻坚战和大力实施乡村振兴战略的决策部署，落实新疆生产建设兵团党委关于脱贫攻坚的部署要求，进一步推进兵团师市集体所有制连队土地和居住区综合整治工作，依据《中共中央国务院关于打赢脱贫攻坚三年行动的指导意见》《乡村振兴战略规划（2018—2022年）》《城乡建设用地增减挂钩节余指标跨省域调剂管理办法》《新疆维吾尔自治区乡村振兴战略规划（2018—2022年）》《兵团推进深度贫困团场土地综合整治工作指导意见》，师市开展土地和居住区综合整治工作，将少数民族人口最多、深度贫困程度最高的44团和51团定为重点扶贫团场。与其他地区易地搬迁不同的是，师市住房保障的独特做法在于，将土地整治和连队居住区综合整治，作为扶贫攻坚和深化兵团改革的切入点，以开展城乡建设用地增减挂钩节余指标跨省域调剂为契机，不断改善少数民族群众居住环境，完善连队社会治理功

能，进一步增强各族群众的凝聚力、向心力、不断夯实长治久安的社会基础。44 团和 51 团是师市的深度贫困团场，发展能力差，贫困连队基础设施和基本公共服务差，居住条件差。在贫困人口中，尚有 1704 户 7513 人住房安全不达标。因此，推进 44 团、51 团连队土地和居住区综合整治工作是师市扶贫攻坚的“关键一仗”，是兵团深度贫困团场连队土地和居住区综合整治工作的“第一粒纽扣”。师市为此特设土地与居住区综合整治办公室，形成整治办统筹领导的核心，按照时间节点，坚持任务落实到具体成员单位、具体人的要求，统筹各成员单位，扎实推进深度贫困团场土地和居住区综合整治工作的每项任务。

（一）政策破冰，整治土地

随着中国扶贫攻坚战的深入推进，地理条件恶劣的少数民族深度贫困地区扶贫，被视为“最后一公里”。土地低效配置问题往往是少数民族深度贫困地区扶贫的主要障碍，城乡建设用地增减挂钩节余指标跨省域政策（以下简称“土地增减挂政策”），进而成为助推脱贫攻坚的重要策略。2016 年，对于集中连片特困地区，国家允许实现省内流转。2017 年允许省级贫困县的增减挂钩节余指标在省域内部流转使用。2018 年 6 月 15 日发布的《中共中央、国务院关于打赢脱贫攻坚战三年行动的指导意见》，指出深度贫困地区开展城乡建设用地增减挂钩可不受指标规模限制，建立深度贫困地区城乡建设用地增减挂钩节余指标跨省域使用机制。深度贫困地区建设用地涉及农用地转用和土地征收的，依法加快审批。成为党中央、国务院支持“三区三州”及其他深度贫困县脱贫攻坚的重大决策部署。

具体做法为，深度贫困地区拆旧复垦新增耕地，产生建设用地节余指标，通过自然资源部统一平台调剂到帮扶身份使用，帮扶身份获得建设用地指标，并按规定向财政部缴纳调剂资金，财政部将调剂资金逐级拨付到产生建设用地节余指标的深度贫困地区，用于安置补偿、拆旧复垦、基础设施和公共服务设施建设、生态修复、耕地保护、高标准农田建设、农业农村发展建设以及购买易地扶贫搬迁服务等。[①]

具体到新疆生产建设兵团，党中央基于南疆深度贫困团场群众生产生活条件差、脱贫攻坚任务艰巨的特殊情况，专门针对师市的扶贫攻坚工作实施特殊的增减挂钩政策。中央的政策破冰解决了土地整治和居住区综合整治资金缺口的难题，既可以获取调剂资金开源扶贫，又可以节水灌溉促进土地优化利用。一直以来，项目资金缺口大的问题是困扰兵团保障性住房建设的重大问题。团场职工群众入住公租房的需求空间大，但国家补贴资金有限、团场无配套资金，集体所有制职工普遍没有出资能力，多数住户无力支付购房款。有购房需求却无筹资能力的问题较普遍，师团皆没有财政，保障性住房建设中，需求、建设、购买三者之间的矛盾十分突出。因此在增减挂钩政策破冰之后，师市 44 团和 51 团 26 个连队土地和居住区综合整治项目整治建设用地 56865 亩，规划建设用地 32740 亩，可用于复垦 24124. 62 亩。2019 年 9 月，收到兵团财政拨付的建设用地增减挂钩项目专项资金 10 亿元，师市财政局垫付建设用地增减挂钩项目专项资金 3 亿元，合计 13 亿元[②]。因此，土地增减挂钩政策成为师市打好扶贫攻坚“关键战役”的重要制度前提，彻底解决人多地少的根本问题，取得了空间重组生态美化的综合效果，同时也增强了东西合作的深度和广度，多元主体多种力量共同助推南疆扶贫战略。

（二）统筹全局压实责任，助推师团连联动

2018 年 11 月和 2019 年 1 月，在兵团领导带领下，兵团自然资源

① 资料来源：《第三师图木舒克市深度贫困团场集体所有制连队土地和居住区综合整治工作宣传提纲》。

② 资料来源：《师市 44 团、51 团连队土地和居住区综合整治工作总结》。

局组织兵团相关部门和有关师市、团场、连队人员两次赴合肥市、县、乡、村取经学习农村土地增减挂钩和村庄综合整治工作的模式、做法和经验。面对土地整治和居住区整治工作体现出的涉及部门多、范围广、资金管理复杂等特点，师市坚持“先建机制，后建工程”的基本原则，提出“五个不允许”的工作，然后建立综合整治办公室，捋顺各级管理主体的职责，建立师团连逐级联动机制，成为推动大型居住扶贫保障工程的重要制度保障。

首先，建立综合整治工作办公室，压实各部门职责。师市发布《第三师图木舒克市推进深度贫困团场连队土地和居住区综合整治工作实施方案（试行）》，规定综合整治办公室的主要任务是统筹协调服务综合整治工作，制定相关意见、方案、细则、办法，报师市综合整治工作领导小组审定，发相关部门、单位、严格遵照执行；统筹整合使用设计扶贫、援疆、发改、国土、水利、农业、政法、卫生、组织等多个项目资金主体的各类专项资金。并明确各项目资金主体的职责分工：纪委和监委的职责在于追踪工程进度，全程监督，随时对师市深度贫困团场连队和居住区综合政治工作监督执纪问责。党委宣传部的职责在于发挥各类媒体宣传发动、营造氛围、舆论引导和监督作用，做到重要节点、重要时间、广播有声、电视有影、报纸有文、网络等新媒体有痕。建设（环保）局的职责是严格落实工程项目进度表和质量标准，做好砖、砂石料、水泥等主要建材价格稳控和储备工作，按照定位放线、基础上方、基础施工、基础验收、基础回填、主体施工、门窗工程、主体验收、装饰工程、竣工验收等时间及节点执行。国土资源局牵头负责建设用地增减挂钩和土地整治复垦工作，负责组织项目报批、增减挂钩指标申请、项目上图入库、信息报备、新增耕地验收和指标管理、建设用地报批等工作；指导监督土地整理储备中心实施土地整治项目，组织落实项目，推动项目进度、目标任务考核等工作。财政局牵头制定建设用地增减挂钩节余指标跨省域调剂资金使用管理办法，建立项目资金专款专用、专账核算、封闭管理机制；负责项目资金统筹、整合和监管工作，保障土地和居住区综合整治各类预算资金执行到位；参与建材购置、工程实施、竣工验收监督。交通局参与连队土地和居住区综合整治规划的编制；协调监督项目区间道路与外部公路的连接，推动连队路网建设；指导协调项目区道路的管理和养护、支持团场改善连队交通条件；积极争取有关项目和政策支持。水利局牵头负责项目区饮水安全、水利设施配套、农田水利等整合支农资金项目建设；指导协调项目区水利设施的建设管理和维护，改善连队农田灌溉和排水条件，保障新增耕地用水平衡。农业局牵头负责土地和居住区土地流转、产业结构调整、安排农业产业化项目、土地承包经营权调整、农业种植结构调整等工作；指导和推动项目区农业产业化建设；参与土地复垦项目的工程竣工验收工作；牵头整合各类支农资金用于土地和居住区综合整治工作。扶贫办负责建档立卡贫困户建房补助资金的筹措，负责连队居住区扶贫资金项目建设的竣工验收和扶贫资金监管工作；监督团场按规定程序将扶贫补助资金足额发放至建档立卡贫困户户主或本人“一卡通”（银行卡）。审计局全程负责连队土地和居住区综合整治项目审计监督工作。督查办负责对各单位、机关各部门推进连队土地和居住区综合整治工作履职履责情况的督查。法制办负责对连队土地和居住区综合整治工作相关公告、文书、文件等进行合法性审查。发改委负责土地和居住区综合整治项目的立项、批复；参与连队和居住区综合整治规划的编制；参与指导规划做好项目的工程招投标工作。援疆办负责建房群众援疆补助资金的筹措；参与居住区建设竣工验收工作；监督团场按规定程序将援疆补助资金足额发放至建房群众家庭户主或本人“一卡通”（银行卡）。

其次，确定“五个不允许”的工作原则。师市推行“五个不允许”作为土地和居住区综合整治的工作准则。一是不允许犯颠倒性错误。每个环节都不能犯颠倒性错误，不允许本末倒置，要按标准程序、时间节点进行。二是不允许犯低级错误。不允许出现基数不准、底数不清等低级错误，出错即追责。团场要履行好“服务”职责，做好基础数据的调查工作。三是不允许各自为政。综合整治办公室承担“师实施”的统筹协调职责，各单位、部门要按照整治办的统一安排落实好综合整治各项工作，任务落实到人头、时间节点。四是不允许责任空转。各部门、单位在工作中遇到需要协调的问题时，要以书面形式提出，报相关部门或整治办协调解决，不能停留在口中、在空中打转不落地。所有工作有序推进，综合组负责督导，对事、对时、对人督促落实，在“干”中体现干部能力和水平。五是不允许擅作主张。综合整治工作中遇到问题，要及时专题上报请示，由综合整治办提请领导小组会议审定，如主建材的分配、基础数据变更、造价变化等等，写充分依据与理由。

最后，建立师团连联动机制。2019 年 2 月，兵团党委办公厅、兵团办公厅印发《关于加快推进深度贫困团场土地综合整治工作的通知》，明确了“兵团统筹、师实施、团服务、连引导、民为主”的工作机制，理顺了兵团各级推进连队土地和居住区综合整治工作的职责。“兵团统筹”指的是兵团相关部门负责工作的统筹、指导、服务和监督。主要内容为，其一，“师实施”。师市对应县级职责履行主体责任，建立综合整治工作办公室，传达贯彻落实兵团、师市党委决策部署，落实领导小组工作安排；统筹协调服务综合整治工作；统筹整合使用涉及扶贫、援疆、发改委、国土、水利、农业、政法、卫生、组织等多个项目资金主体的各类专项资金；整理总结出三师经验和兵团扶贫模式。其二，“团服务”。强调做好基础调查、宣传动员、户型面积选择、拆危拆旧补贴安置等项目建设的服务。配合师市对工程质量安全实施常态监督，指导连队按照“一户一档”的要求，做好资料整理归档工作。指定团场整理整治工作服务相关制度、办法，报综合整治工作领导小组审核后，严格遵照执行。其三，“连引导”。基层连队按“四议两公开”程序，选举产生连队群众理事会、建房监督委员会、正确引导群众全程参与、监督综合整治工作。按照“一户一档”的要求，做好资料整理归档工作，引导连队群众理事会、建房监督委员会参与制定综合整治工作的制度、办法，报团场综合整治工作领导小组审核，师市综合整治工作办公室发备案，严格遵照执行。其四，“民为主”。按照民事“民办、民管、民做主”的办法、“四议两公开”的工作流程和民建公助要求，各连队成立由连队职工代表组成的群众理事会、建房监督委员会，全程参与、监督建房工作，全面落实群众对综合整治工作的知情权、参与权、监督权。

（三）参与和统筹并举，保障民主集中机制

“参与和统筹并举”是贯穿师市住房保障全过程的一个基本机制。土地整治与居住区综合整治是一个需要从总体到基层、总体协调和联动的大型工程。一方面，为避免大包大揽，居民因被动参与实际上未满足实际需求的困境，将居民组织化，赋予居民组织化合法化参与权利，显得格外重要。另一方面，需要政府主体在资金、执行、机制、监管等方面进行总体统筹和协调；师市在“先建机制，后建工程”和“统筹参与并举”的原则指导下，积极推动“连队理事会”机制，倡导少数民族群众的自主权利和参与权利，鼓励居民积极参与到土地整治和居住区综合整治的全过程。具体做法是，每个连队在党支部的牵头下成立了建房群众理事会，由当地群众自己选出15—19名有威望、懂技术的居民，作为理事会成员传达民意，以主人翁的身份建设自己的家园。以51团为例，2018年土地整治和居住区整治以来，51团19连的群众理事会已经召开35次会议，从房屋户型到选择建筑队，从室内设计到质量监督，少数民族群众都全方位参与其中。具体体现在三个方面：其一，群众集体决定住房面积。团场和连队在充分征求群众意见的基础上，综合普遍的家庭情况、住房需求、

经济收入等因素，宏观上规划设计 6 种户型，从 60 平方米到 120 平方米大小不等，最大限度满足少数民族群众在人口、畜养、庭院经济等方面的需求。群众再根据自家情况，自行确定所需户型。其二，群众最终决定供料方和施工方。在师市综合整治办公室的有力指导下，连队群众理事会成员及群众代表通过多轮询价、谈判和压价，选定主要建材供应商，做到主材料价格均低于同期市场价和出厂价，每套住房节约材料成本约 3700 元。同时，师市举办民选施工企业现场会和民选监理企业现场会，把关企业准入门槛，施工和监理单位现场演说、现场讲解。其三，群众监督房屋质量。居民抽签确定自家房屋位置后，在连队理事会的组织下，每天都主动到施工现场进行监督。

此外，群众获得参与权的同时，基层连队也转变大包大揽的行政命令式职能，积极发挥服务型政府的统筹功能，在协调、统筹、监督等方面发挥应有作用，为群众的主动参与提供良好的政策环境。一是基层连队把好施工质量关。基础配套建设能否满足群众基本生活需求，外墙涂料持久性好不好，工程质量安全过不过关，连队专门派了一支 5 人组成的工程技术监管队，与连队“两委”和群众理事会一起监督工程质量。二是把好安全生产关。连队集中全团的安全生产监管力量，定期开展安全生产大检查，对工程安全实施常态化监督，确保工程赶工期、抢进度、安全不落、质量不差。三是服务于群众安置分流。强化顶层设计，制定《关于在连队综合整治工作中稳妥做好群众安置分流工作的实施方案》，将群众的安置工作始终置于工作第一位，指导各连队把稳节奏、把好步骤，有条不紊地开展复杂的分流安置工作，为后续施工队进场赢得了时间、争取了主动。四是服务于促进群众就业增收。团场在冬季农闲时组织施工技能培训，引导本地农民参与施工建设，主动投工投劳，实现家门口就业增收。

（四）安居房“民建公助”，打造庭院经济

住房保障一直是兵团扶贫和促进民族团结的常态化工作。2017年之前，修建楼房式保障房是基层连队住房保障的主要形式。2015年，三师各团积极推进棚户区改造和保障性住房工程，均实行保障对象“一户一档”资料管理、基础信息数据收集工作。2016年，完成棚户区改造34000户，新建保障性住房安置6060户。[①] 2017年，师市新建职工住房开工908户，其中深度贫困的44团和51团共计安置400户。[②] 但是，2017年之前的住房保障工程的特点主要是住房本身的拆旧改造和修建，2017年，后的住房保障则从“住房安置”本身，转变为“社区为本的综合性整治”模式。其理念更加贯彻“以人为本”的扶贫理念。以前的住房保障大多采用楼房式的住房安置方式，对于习惯住平房、养牲畜的少数民族而言，上楼后一时较难适应，其赖以生存的庭院经济也无法持续下去。为此，2017年以来的居住扶贫保障体系，更加重视抗震要求和庭院经济等少数民族职工需求，在现有闲置楼房式保障房安置基础上，大力新建抗震“院落式”平房安居房，以满足少数民族在生活生产习惯上的具体需求，提升其获得感。

2018年，为了切实开展兵团基层连队扶贫抗震安居住房建设，学习借鉴新疆维吾尔自治区富民安居住房建设经验，新疆生产建设兵团出台《关于兵团连队新建抗震安居住房的指导意见》，明确将连队职工群众抗震安居住房建设与脱贫攻坚相结合，重点有限解决贫困人口住房问题；坚持抗震安居住房建设与实施乡村振兴战略，土地综合

① 资料来源：《第三师建设（环保）局2016年保障性安居工程建设工作总结及2017年工作计划》。

② 资料来源：《第三师建设（环保）局2017年工作总结及2018年工作思路、目标及措施》。

整治、连队人居环境整治和发展庭院经济相结合，不断完善基础设施和公共服务设施；坚持抗震安居住房户型美观与经济实用相结合，体现军垦特色文化，做到“安全、经济、美观、宜居、环保”；本着有利生产、方便生活的要求，结合团域体系规划，从实际出发，因地制宜，采取在生产作业地周边就近集中规划建设或在原居住地规划建设，严格执行安居房的建设标准和抗震要求。认真学习借鉴自治区安居富民房建设模式，以及《关于全面推进自治区安居富民工程建设的实施意见》《自治区安居富民工程建设标准》《兵团抗震安居工程标准图集》等，统一规划，统一设计。所建平房结构齐全，有室内厨房、厕所、厕所粪污采用双瓮式处理。采用院落式平房，每户宅基地占地面积 0. 5—1 亩左右。四类贫困人员家庭单套住房面积原则上一般在 60 平方米以内。抗震安居住房严格执行中华人民共和国国家标准《建筑抗震设计规范》（2016 版）等有关建筑工程、防震减灾的法律法规及规范、标准，按照抗震安居住房建设所在地抗震设防烈度标准，科学进行住房项目的建筑和结构设计，并严格按照规范、标准进行施工建设，减轻建筑的地震破坏，避免人员伤亡，减少经济损失。如表 7—1 所示，44 团共计 634 套住房不达标，2018 年计划安置 374 户，2019 年计划安置 360 户，其中存量房计划拨出 411 套，新建 223 套安居房；51 团共计 1022 套住房不达标，2018 年计划安置 738 户，2019 年计划安置 284 户，其中存量房计划拨出 923 套，新建 99 套安居房。

表 7-1 第三师图木舒克市住房不达标安置计划表

序号	团场	住房不达标	安置方式		其中	
			存量房（套）	新建（套）	2018 年	2019 年
1	44 团	634 套	411 套	223 套	374 户	360 户
2	51 团	1022 套	923 套	99 套	738 户	284 户

续表

序号	团场	住房不达标	安置方式		其中	
			存量房（套）	新建（套）	2018 年	2019 年
3	53 团	40 套	40 套	0 套	40 户	0 户
4	迦师总场	8 套	8 套	0 套	8 户	0 户
合计		1704 套	1382 套	322 套	1160 户	544 户

资料来源：第三师图木舒克市扶贫办提供的扶贫表格数据。

表 7-2 房屋主体及附属物补贴标准

房屋类别		补贴标准	备注
砖木结构		300—425 元/米^2	房屋内水暖或地暖设施齐全，水泥地坪、装修情况、室内卫生设施，全部满足取上限，满足三项取中限，满足二项取下限，当房屋总面积大于 160 米^2，超出的砖木房屋价格为 170 元/米^2
土木结构		250—340 元/米^2	有室内装修，水、电、暖设施齐全、水泥地坪，满足两项可取上限，团场可依据房屋新旧程度和装修情况酌情核价，最高不超过上限，当房屋总面积大于 160 米^2，超出的土木房屋价格为 150 元/米^2
简易房屋	砖木草顶	150—170 元/米^2	高度不低于 2 米，有正规门窗，墙体完整
	土木草顶	100—120 元/米^2	高度不低于 2 米，有正规门窗，墙体完整
棚圈	砖木结构	75—100 元/米^2	墙体完整
	土木结构	15—20 元/米^2	墙体完整
围墙	砖围墙	30 元/米^2	墙体完整，高度大于 1.2 米
	土围墙	10 元/米^2	墙体完整，高度大于 1.2 米

资料来源：《第三师图木舒克市深度贫困团场集体所有制试点连队居住区综合整治拆危拆旧补贴办法（试行）》。

表 7-3 院内树木补贴标准

类别	名称	规格	补贴标准
果树	苹果树 桃树 杏树 桑树 梨树	5 厘米以下	20 元/棵
		5—15 厘米	40 元/棵
		15—30 厘米	60 元/棵
		30 厘米以上	80 元/棵
	枣树	苗（嫁接 10，未嫁接 5）	5—10 元/棵
		5 厘米以下	20 元/棵
		5—15 厘米	40 元/棵
		15—30 厘米	60 元/棵
		30 厘米以上	80 元/棵
	核桃树 巴旦木树	5 厘米以下	20 元/棵
		5—15 厘米	40 元/棵
		15—30 厘米	60 元/棵
		30 厘米以上	80 元/棵
灌木	无花果 石榴	3 年以下	30 元/棵
		3 年以上	70 元/棵

资料来源：《第三师图木舒克市深度贫困团场集体所有制试点连队居住区综合整治拆危拆旧补贴办法（试行）》。

抗震安居房主要按照“民建公助”的形式建设。群众可以投资投工和投劳自建，也可以由连队“两委”组织职工群众代表按照“四议两公开”方式，帮助职工群众选择保质价廉的工匠队伍或有资质的施工队伍进行建设，由推举的群众代表及时与施工方签订住房建设合同，明确建设标准、建设造价和质量责任等内容，确保房屋安全和质量达标。兵团对每户建房职工群众给予适当补助，包括过渡期安置补贴、建新补贴、拆危拆旧奖励、安置奖励。“过渡期安置补贴”是在过渡安置期间对搬迁户、接受户发放补贴，并给予一次性搬家费；对于家庭人口少于 5 人（含 5 人）的按每户每月 500 元的标准发放，多于5人的按每户每月600元的标准发放；安置协议签订后，由连队群众理事会确认，一次性发放6个月；接收户接收一户每月给予200元补贴，按月发放；搬迁安置户每户一次性补贴1000元搬家费。①“建新补助”是指非贫困户在连队居住区新建住房，可以享受增加挂钩调剂资金补助3万元+援疆资金补助1万元；贫困户在连队居住区新建住房，除享受上述补助外，还可享受贫困户相关扶贫政策；建新补助见账不见钱，新房建好分配后结算，以货币形式多退少补。“拆危拆旧奖励”是由团场对支持土地和居住区综合整治工作、积极搬迁的群众在发布之日起10日内完成搬迁，并完成危旧房拆除的，一次性奖励15000元；在搬迁公告发布之日起20日内完成搬迁，并完成危旧房拆除的，一次性奖励10000元。“安置奖励”是根据不同情况分别给予奖励；购买过或自愿购买团场保障性住房，放弃在连队新建房的，一次性奖励2万元。②

此外，在房屋主体上，也给予群众建房的补贴，如表7—2所示，民建房屋主体类型如果是砖木结构，160米^{2}以内每平方米补贴300—425元；如果是新建土木结构房屋，160米^{2}以内每平方米补贴250—340元，对于其他简易房屋、牲畜棚圈、围墙均有相应补贴。此外，发展庭院经济是兵团居住区综合整治的一大亮点，改变以往楼房安置群众的形式，以适应少数民族群众在平房生活在庭院养羊的生活生产需求，积极补贴少数民族群众在庭院种植各类经济类果树，打造庭院经济。如表7—3所示，鼓励群众重视苹果树、桃树、杏树、桑树、梨树、枣树、巴旦木树等经济类果树，其中梨树、枣树、核桃树、巴旦木树补贴最高，30厘米以上，每棵补贴80元。经过展开一系列的民建公助式居住脱贫攻坚工程之后，截至2019年11月，师市基本完成

① 资料来源：《第三师图木舒克市深度贫困团场集体所有制试点连队居住区综合整治过渡期安置补贴办法（试行）》。

② 资料来源：《第三师图木舒克市深度贫困团场集体所有制试点连队居住区综合整治拆危拆旧安置奖励办法（试行）》。

44 团、51 团 26 个集体所有制连队居住区综合整治工作，拆除危房 12400 户（44 团 3950 户，51 团 8450 户），新建连队居住区 18 个，新建住房 8283 套（44 团 1760 套、51 团 6523 套）。[①] 形成了不同于单一危房拆旧的住房保障新模式，积极打造新时期庭院经济式扶贫安置房和基层连队居住社区，体现出兵团住房保障的综合性和整体性。

（五）“五通七有”，助力群众融入新区生活

除了拆旧建新之外，贫困连队实现“五通七有”促进少数民族群众融入新区生活，也是居住区综合整治工作的关键内容。[②] “五通七有”中的“五通”指的是连队通水、通路、通电、通通信网络、通广播电视；“七有”指的是有坚强的基层党组织阵地、集体经济收入、幼儿园、便民服务（活动）中心、卫生室、文化活动中心、稳定的增收产业。2018 年，师市继而又投入 1686.4 万元实施“新生活新气象新秩序”工程，每户补助 8000 元，确保每户贫困户家中有电视看，坐有沙发、睡有床、吃饭有饭桌、孩子学习有书桌，积极引导群众树立健康文明生活新风尚。

以深度贫困的 44 团为例。共有贫困连队 11 个，连队居住区自来水管网全部通至居民家门口。连队一般户和建档立卡贫困户的保障性住房小区家中均通水。目前有三条省道通过 44 团，辖区内省道、乡道、村道，均为沥青混凝土硬化路面。44 团已完成通连道路全部硬化的目标。目前动力电、照明电已通至 44 团各住宅小区，输送电网已按设计要求铺设施工完毕，贫困连队（社区）铺架输送电网已全面结束。贫困连队（社区）居民使用的动力电、照明电的电压、功率均达到安全用电标准，可满足居民日常生产生活用电，电价稳定，

① 资料来源：《第三师图木舒克市深度贫困团场集体所有制试点连队土地和居住区综合整治工作材料汇编》。

② 本节内容主要参照第三师图木舒克市 44 团提供的“五通七有”相关数据。

为脱贫攻坚提供充足的电力保障。2019 年，44 团实现贫困连队连部接通高速宽带网线，所有连队和主要交通沿线 4G 通信信号全覆盖，每个连队至少培训 1 名有文化、懂技术、能服务的信息员。

“七有”体现的是社区组织建设和文化建设的重要性。

第一，在有坚强的基层党组织阵地方面，44 团投入 1711.51 万元新建 4 个连队基层党组织，建设 1 个连队公共服务设施。目前各连队两委成员配齐，两委成员中党员占到一半以上，可充分发挥党员模范带头作用，为贯彻落实各项方针政策起到保障作用。

第二，在有集体经济收入方面，培育了一批能长期稳定增加连队集体经济收入的产业，确保贫困连队有集体经济收入，能够如期完成贫困连退出。主要做法如下：一是“访惠聚”惠民项目资金。各连队“访惠聚”工作队以派出单位资源优势，摸准连队适宜产业，利用惠民项目资金增加连队集体经济收入。二是项目资金加入连队养殖、农机合作社，在壮大连队产业的同时，取得分红作为集体收入。三是将原有托畜所、厂房，利用惠民项目资金改建成产业发展基地，与企业或养殖户合作，取得固定收入。四是连队“十小店铺”。利用财政扶贫资金和“增减挂”资金在连队居住区新建包括惠民超市在内的“十小店铺”，优先租赁给贫困户经营，租赁收入作为连队集体经济收入。五是低质土地整治。将连队低产小块地，实施低质土地整治项目，通过削埂扩边等增加的土地作为连队集体土地，对外流转，流转收入作为集体经济收入。六是连队闲置场所。结合连队土地和居住区综合整治工作，不在拆迁范围内的连队原有办公场所和花场等，对连队合作社或企业租赁，用作生产、管理场所。租赁收入作为连队集体经济收入。

第三，在有幼儿园方面，现有中心幼儿园两所。园内设三个园区和一所食堂，占地面积约 110 亩，建有 3 栋教学楼和 1 栋食堂。第二幼儿园占地总面积约 4.2 亩地，其他教学楼房和设施配备齐全。

第四，在有便民服务（活动）中心方面，44 团建设便民活动中心及设施，每座500—700平米，每座补助200万元，建设10座，共2000万元；全面改善贫困连队人居环境，实施连队环境综合治理工程，改水改厕、绿化亮化、大喇叭进连队、篮球场等，每个连队补助500万元，建设2个连队，投资500万元。

第五，在有卫生室方面，建设卫生室单位11个，已纳入连队规划建设卫生室4个。改造的连队卫生室2个，新建连队卫生室1个，重新规划4个。原则上每个贫困连队（社区）服务人口少于1000人的，配置1名连队医生；每个连队服务人口在1000人至2000人的，配置2名连队医生。配置2名以上连队医生的连队卫生室，应有1名女性连队医生；同时，至少有1名能兼顾中西医诊治的连队医生。无医生的连队卫生室，由医院采取派驻或招聘连队医生的方式予以解决，确保每个连队卫生室至少有1名医生执业。此外，制订专门的村医培训方案，对所有在岗村医开展不少于10天80个学时的免费轮训；利用信息化手段加强连队卫生室管理，探索建立村卫生室远程问诊系统，设置远程门诊基层会诊室。

第六，在有文化活动中心方面，44团包括百姓大舞台在内的多功能活动室建设项目总投资511.7万元。除在基层连队建设文化活动中心之外，师市推出百姓大舞台活动，以创建国家第四批公共文化服务项目“挖掘军垦文化内涵，传承中华传统文化”为契机，着力打造有影响力的群众文化活动品牌。从2019年4月开始，每周六和重大节庆日，都会举办文艺演出，全年有37场演出活动，参加演出的均是各团场、部门、企事业单位，共享“百姓舞台百姓演”的氛围，让百姓大舞台成为职工群众展示魅力和精神面貌的大舞台。

第七，在有稳定的增收产业方面。44团推动发展特色林果业、庭院经济，带动80户增收，积极培育新型经营主体特别是专业合作社，支持和引导贫困户入股分红，带动58户增收，发展畜牧养殖，实施牲畜补助项目，带动381户脱贫，发展设施农业特别是大棚蔬菜，带动14户增收。

三、兵团住房保障的反贫困效果

近几年，师市在扶贫攻坚和兵团改革大潮中，砥砺前行，特别是成功打好土地整治与居住区综合整治，这一兵团扶贫攻坚的“关键一仗”，取得了历史性成就。总体而言，师市的土地和居住区综合整治直接带来贫困少数民族职工住房条件的提高，以及基层连队社区基础设施的持续改善。扶贫攻坚以来，师市按照“民建公助”模式，切实转变团场“政”的职能，充分发挥群众主体作用，全面保障群众的知情权、参与权、选择权和监督权。基层连队通过开展瓦工、抹灰工、钢筋工培训，筛选出技能水平较高的农工组成农民施工队，采取正规施工企业和农民施工队共同参与建设的形式，在保证工程质量的同时，引导群众参与建房施工，促进连队富余劳动力就业再就业，增加经济收入，每人每天可增加收入150元左右。

从总体效果来看，重点脱贫攻坚的44团和51团的土地和居住区综合整治效果明显，影响深远。截至2019年底，44团共建一户一院式抗震住房1660套。其中，退出的11个贫困连队新建和改造住房668套。51团共建抗震住房6364套。其中，退出的16个贫困连队新建和改造住房548套，脱贫户新建和改造住房全部符合安全住房标准，安全住房建设率100%；在“五通七有”方面，44团11个贫困连队，51团16个贫困连队通广播、电视，能够接通网络或接收到通信信号，解决生产生活用电问题；44团共铺设饮水管道70.7公里，51团共铺设饮水管道217.26公里，自来率100%，职工群众安全饮水率100%；44团11个贫困连队修建连级道路55.866公里，51团16个贫困连队修建连级道路111.969公里；44团11个贫困连队和51团16个贫困连队开设的便民超市共计467个，能够保障贫困连队职工群众基本日常生活供应；55团11个贫困连队，51团16个贫困连队年集体经济收入（含转移性收入）均超过5万元；44团11个贫困连队，51团16个贫困连队均建有便民服务中心（文化体育活动场所）满足职工群众活动需求；两个团27个贫困连队“两委”班子健全且发挥作用，有连级党组织阵地（办公场所）。[①] 除了整体的效果以外，还在土地整治、居住条件、庭院经济、自我发展能力、基层干部队伍能力、团镇布局等方面，体现出直接和间接的反贫困效果。

（一）节地开源，土地整治促增收

增减挂钩政策指导下的土地整治之后，整理后的耕地平整、集中连片，灌溉排水设施完善，耕地质量、耕作条件和投入产出效益高。既可以根据群众意愿分配给每家每户，平均每户可增加耕地两亩左右，种植收入提高；又可以按照群众意愿统一流转给专业大户、合作社、龙头企业等进行规模经营，贫困户个人可以获得稳定分红收入；同时流转收益用于连队农田基本建设或环境卫生、绿化等公益性支出，群众直接得到实惠。2018年—2019年，44团土地整治节余建设用地9362.55亩，节余建设用地可用于增减挂钩复垦土地1614.49亩。通过增减挂钩复垦土地整理新增有效耕地2561.27亩，户均增加2.27亩[②]；51团落实建设用地增减挂钩政策，通过连队整合居住区复垦、高标准农田建设、土地清理等措施，聚集贫困连队，平整土地6.2万亩，节水滴灌4.3万亩，预计增加耕地面积3100亩，可增加160户贫困户的耕地面积。84户贫困人员入股合作社按期分红。每月按期完成贫困户分红。[③]

---

① 资料来源：《第三师图木舒克市贫困团场退出初审工作的报告》。

② 资料来源：《第三师44团贫困团场连队土地和居住区综合整治项目概况》。

③ 资料来源：《51团2019年扶贫工作要点》。

（二）抗震安居，彻底改善居住条件

新一轮的居住区综合整治强调抗震的重要性。安居房设计有构造柱和上下圈梁、混凝土基础，能够达到7度抗震烈度设防标准。新房子是一户一院式平房。有60平方米、80平方米、90平方米、100平方米、110平方米、120平方米等6种户型可供群众自愿选择，满足不同人口家庭居住需求；房子有厨房、卫生间、有上下水；有水冲式厕所，功能配置齐全；外观样式新颖、造型美观，充分展现了中华传统文化和兵团特色。安置新区统一规划、统一建设、统一绿化、垃圾实行集中清运，生活污水通过排水管道排至氧化塘处理，绿化覆盖率达到40%以上，彻底改变原有住房“散、危、破”，环境“脏、乱、差”的局面。

住上保障房过上现代生活的典型案例。胡地英·司拉木，男，55岁，维吾尔族，户籍人口3人，家庭实际居住2人，孙女热孜亚·毛拉，16岁，与母亲同住。弟弟色米·司拉木，40岁，没有土地，家里缺少劳动力，住房条件差，是土木结构，收入来源为打零工。因缺土地，缺劳动力，住房不达标，2017年，经评议为贫困户。2018年12月，随着贫困户住房政策的落实，胡地英·司拉木在51团团部购买了楼房，最近申请住房补贴把房子装修完工了，生活条件有了巨大的变化，日子过得越来越好了。连队领导去验收装修时胡地英·司拉木激动地说：“我们也能住楼房了，能过上现代化的生活了，感谢党，感谢党的好政策，在党的正确领导下我和弟弟都有了稳定的工作和收入。我也可以在家里一边搞小养殖，一边工作，下一步计划就是找一个勤劳的媳妇，一起努力走上致富之路!”① 此外，居住有保障安心创业脱贫的典型为买买提·吾斯曼的案例。买买提·吾斯曼，

① 资料来源：《第三师图木舒克市第51团扶贫典型案例》。

男，维吾尔族，家中共7口人，妻子阿义木尼沙·卡生，5个小孩均是在校生，无劳动能力，耕地面积15亩。2017年家庭纯收入14115.3元，人均纯收入2016.5元，经济来源除了耕地就是打零工。2018年底，51团党委落实精准扶贫措施，为没有安全住房的买买提·吾斯曼家提供了一套83平方米的保障性住房，她激动得对我们说："现在我很开心，我们真心感谢国家，感谢连队干部，搬进新房后，我参加连队的国语培训班学国语，还打算租一个卖衣服的店，努力挣钱提高收入，让孩子们过幸福的日子。"①

可见，住房条件恶劣问题在新疆是一个连锁反应式的系列问题，居住条件差直接局限家庭的生产方式，限制户主外出打工和创业，同时也容易提高全家患地方病的机率。通过居住区综合整治，从房屋主体到庭院，再到社区公共设施等一整套综合改造，使得少数民族群众彻底改善恶劣的居住条件，进而获得安全感。居住得以保障后，再加上居住区附近卫星扶贫工厂解决就近就业问题，广大少数民族群众得以就业提升获得感，进而提高贫困人口创业动力和发展能力。

（三）打造庭院经济，助推社区新发展

"庭院经济"是师市居住区综合整治的一大亮点。不同于以往只将人们搬上楼房进行安置的传统做法，新一轮的居住扶贫十分强调尊重少数民族院落式的生活习惯和圈养牲畜的生产习惯，普遍建造庭院式的安居房。庭院式平房建造后，可以增加家庭创收门路。每个户主房门沿都搭上葡萄架种植葡萄，院落占地1亩左右，分为生活区、种植区和养殖区三个区域，设置畜道，可种果树、蔬菜，可以养羊、养鸡等，也可以开发成农家乐和民宿，吸引游客，发展庭院经济，增加家庭收入。连队社区共有的空地还可以种植向日葵、油菜花或者薰衣

① 资料来源：《第三师图木舒克市第51团扶贫典型案例》。

草等观赏植物，形成特色景观，打造旅游特色小镇，增加集体经济收入。连队还规划了卫星工厂和十小店铺，人们可以在家门口就实现就业和创业，发展个体经济。总之，新一轮的居住区综合整治强调社区经济发展和社会治理的“综合性”，不是简单将旧屋拆迁居民上楼的模式，而是从“以人为本”的角度，从宜居的长期性，以及庭院社区空间的辐射性出发，替代没有可持续性的楼房式孤岛，发挥庭院的拓展性，打造特色社区和特色小城镇，将扶贫效应由楼房的“点”，拓展到庭院社区的“面”，极大增强居住扶贫的反贫困效果。

庭院经济促增收的典型为45岁的依马木·哈力克的案例。他一家五口人，只有10多亩土地。13年前，妻子被查出患有癫痫病，每年4000多元的医药费使得贫困家庭雪上加霜。2018年，兵团科技局驻第三师51团4连“访惠聚”工作队协调塔里木大学科技特派员，在4连举办土鸡的科学养殖技术培训，并免费赠送黑羽肉杂鸡鸡苗及部分饲料和饲喂器，支持20户贫困户开展土鸡科学养殖示范，让一部分人先脱贫。依马木·哈力克将工作队免费赠送的50只鸡苗带回家。没有专业的饲养场地，依马木·哈力克就在房子后面靠着林带围成鸡圈。鸡苗散养，肉质鲜美无公害，肉价高，每公斤21元，一只土鸡3公斤，可以卖到60多元。因为鸡苗、饲料都是工作队免费提供，依马木·哈力克第一批50只鸡苗在经过70多天养殖后，就挣了2000多元。2000多元一分没动，他把钱再次投入到生产当中。购进300只出栏，再购500只再出栏。2018年，依马木·哈力克光养鸡收入就达到1万多元。2018年9月，在工作队协调下，依马木·哈力克在自家的庭院里建起了冷棚，入冬前，他将种植出的第一茬菠菜送到连队和工作队。依马木·哈力克真诚地说道：“今天的幸福生活来之不易，这一切都要感谢党的好政策，感谢习近平总书记对新疆各族人民的亲切关怀。”①

---

① 资料来源：《第三师图木舒克市第51团扶贫典型案例》。

可见，“庭院经济”式的综合效应远远大于危房改造的单一模式，彻底破解了农民上楼无经济来源的难题，特别是在新疆地区，少数民族的农牧业生产和生活习惯融于院落式生活，使得新一轮的居住区综合整治更具有民生性，在充分尊重少数民族空间习俗的基础上，提升其获得感和劳动积极性，同时将无数个连片“庭院经济”有机结合起来，打造成少数民族特色城镇，为少数民族社区发展增添了新动力。

（四）锤炼服务型党政队伍，力促兵团改革

土地与居住区综合整治的“综合性”，除了体现在打造庭院特色经济促增收的直接效果以外，还体现在各职能部门的综合协调方面。在复杂的各部门协调过程中，广大基层干部的能力得以提升，锤炼了服务型基层党政队伍。

通过开展土地与居住区综合整治工程，基层党组织成为宣传党的主张、贯彻党的决定、领导基层治理、团结动员少数民族群众、推动脱贫攻坚的坚强战斗堡垒。“两委”作用有效发挥，各族职工群众的民主意识进一步提升，获得感、幸福感不断增强，感恩党的好政策，坚定了听党话、跟党走的信心和决心，凝聚起了脱贫致富奔小康的强大合力。同时通过实施居住区综合整治，师市各级党组织和广大党员干部紧跟兵团党委的节奏和步伐，深入基层一线解决问题，做实做细群众工作，各级干部的工作作风和工作思维进一步转变，更加强调以人为本，公共性、服务性的工作作风和工作原则。居住区综合整治的过程成为发现干部、锻炼干部、使用干部的过程，有效提升了基层连队贯彻落实兵团党委决策部署的执行力。而这些正是兵团改革运用政府思维打造服务型政府的重要目标。通过协调统筹几十个行政职能部门的综合性居住保障工程，也是促进兵团从上到下各级管理主体进行改革，转变思维，提升政府治理功能的重要契机，从战略层次和工作

机制等大小层面，助推兵团深化改革。

（五）统一整治，优化兵团团镇布局

新时期，特别是中央新疆工作座谈会召开以来，兵团不断研究城镇化发展的规律、特点，明晰城镇化发展路径，提出了“规划先导、突出重点、统筹发展、全面提升”的理念，强力推进城镇化建设。对兵团来说，城镇不仅是经济发展增长极、现代文明聚集地，还是维稳戍边的新堡垒、全面建成小康社会的火车头。小城镇是团场政治、经济、文化、教育、医疗、科技、信息及社会服务的中心，是团场发展工业和服务业的载体，城镇化吸纳了团场农业富余劳动力，拓宽了职工多元增收的渠道，改善了职工的生活环境，提高了职工的生活质量，团场小城镇建设，对推动师市城镇化进程，加快在兵团率先全面建成小康社会意义重大。在此背景下，师市开展的居住区综合整治按照“五通七有”的小城镇标准建设，小区内实现道路硬化和路灯照明，每家每户通水、通电、通路、通电视、通网络。连队还统一建设文体娱乐设施、水冲式卫生公厕、周边配套建设卫生室、多功能活动室、集中连片商铺等。土地和居住区综合整治工作为大力发展小城镇提供了良好的条件，继续加大团场的住房保障力度，加快建设团场保障性住房，使进镇人口居者有其屋，构建和完善具有兵团特色的城镇住房保障体系。近几年，师市团场小城镇建设步伐明显加快，已完成覆盖全师市的师团土地利用总体规划、团场城镇总体规划、中心连队居住区规划的工作。2016 年，城镇化率达到 72%，2018 年开展的居住区综合整治又为团场小城镇建设提供了良好条件，从整体规划到具体实施机制等方面，都推动和优化了兵团城镇的综合布局，有利于从社区可持续发展的角度，整体推动南疆地区的综合性发展。

四、兵团住房保障的成功经验

师市在扶贫攻坚和兵团改革的大背景下，立足于“综合开发”原则，科学推进土地整治与居住区综合整治工作，结合兵团基层社区建设的特殊性，形成了一套既不同于内地其他省份，也不同于新疆地方政府的扶贫理念和实践机制。有效将危房拆迁与社区综合发展相结合，少数民族需求与就业相匹配，群众的近期安居与长期的兵团城镇建设有机衔接，居住保障与兵团改革相统一，形成了独特的“兵团居住保障经验”，为其他少数民族深度贫困地区推进住房扶贫保障工作，提供了有益的借鉴。其具体经验体现在以下几个方面。

（一）坚持“五个一”，统一扶贫思路

对于具有兴边富民重要职责的兵团来说，少数民族职工的居住保障，不仅是危房拆旧和农民上楼的简单工程，而是一个涉及尊重少数民族生产生活习惯基础上，综合打造社区服务体系和社会治理体系的系统工程，是环环相扣的协调数十个政府职能部门的综合保障性工作。因此，统一师团市各级管理主体的扶贫思路尤为重要，也是综合性居住保障的重要前提。坚持“五个一”① 统一扶贫思路是师市土地整治与居住区综合整治的首要经验，成为居住保障的基本原则。具体体现为以下几个方面。

一是明确一个工作宗旨，即“为民服务、以民为主”，“民事民管民办民做主民受益”。在搬迁安置、补偿补助、新房建设等方面充

① “五个一”的具体内容参照《师市 44 团、51 团连队土地和居住区综合整治工作总结》。

分尊重民意，做到公开、公平、公正，落实群众“知情权”“选择权”“参与权”“监督权”，确保每户有房住，并开展工匠培训，引导群众投工投劳、增收致富。

二是坚持一个工作机制，即“民为主、连引导、团服务、师实施、兵团统筹”的工作机制。土地整治和居住区整治是一个综合协调的大工程，需要先以群众的利益和参与为核心，从兵团层面进行整体统筹制定相关政策，师层面作为实施主体明确相关责任和义务，团场层面积极开展各类公共服务，提升基层服务能力，基层连队发挥上传下达的中间作用，积极引导居民参与和监督。整个师团连联动机制是兵团在长期半军事化管理经验中提炼的强有力的基层管理工作机制，有利于土地整治和居住区综合整治过程中各司其职、分合有序地协调各类实施主体。

三是推行一个工作思路，即“先建机制、后建工程”。这是兵团扶贫攻坚战略最为重要的一个原则。兵团各级管理主体十分强调先建机制的重要性，实施土地整治与居住区综合整治大型工程之前，专门成立“综合整治办公室”，协调党委办公室、扶贫办、发改委、民政局、住建局、财政局、统战部、宣传部、援疆办、兵改办、商业局、教育局等多个职能部门，明确协同工作的机制原则和各自的职责内容。

四是服从一个工作要求，即“谋深、统筹、担当、依规、干净”。兵团从一开始就将扶贫攻坚战略与兵团改革进行有机衔接。因此，“谋深”作为第一个工作要求，强调扶贫攻坚并非简单的安居工程，而是要在更为长远和更大格局下进行谋划；“统筹”强调建立有效的上下级衔接，以及为民服务的统筹协调能力和机制；“担当”强调兵团各级干部要在新时期兵团改革的大背景下，勇于担当时代赋予的历史重任，不忘初心，牢记兴边富民的使命；“依规”强调兵团努力打造服务型政府，转换政府管理职能，一切依法依规办事，建设法制化科学化的基层管理机制；“干净”强调扶贫攻坚过程中纪检的重要性，从严依法惩办综合整治中出现的违纪违法案件，确保各类大型扶贫工程的透明性以及各级干部的廉洁性。

五是紧盯一个工作目标，即师市努力把 44 团、51 团深度贫困连队土地和居住区综合整治工程打造成民心工程、廉洁工程、样板工程，确保师市深度贫困团场连队土地和居住区综合整治工作经验在兵团可复制、可示范、可推广。

（二）先建机制，后建工程

面对千头万绪的土地和居住区综合整治工作，以及少数民族独特的生产和生活习惯，师市党委严格落实兵团“建机制在前，建工程在后”的指示要求，坚持六个突出，建立六项机制①，推动“建制”与“建工”一体落实、协同共进，努力把连队土地和居住区综合整治工程打造成民心工程、廉洁工程、样板工程。

一是突出民主性，建立群众参与机制。强化政府思维和服务意识，彻底改变以往团场连队大包大揽、群众参与度不高的现象，充分调动广大集体所有制连队少数民族职工参与综合整治的积极性和主动性。在规划设计阶段，在连队新居住区规划与户型设计、连队拆危拆旧办法的制定、施工与监理企业选择、招标控价等方面，团连两级做好服务引导工作，通过“四议两公开”等形式，保障群众的知情权、参与权和监督权。

二是突出公开性，建立市场竞争机制。把确立“企”的市场主体地位贯穿到工程建设全过程，坚持“公平、公正、公开、透明”原则，吸引疆内外资质优、实力强的 11 家企业参与项目建设，制定民选施工企业（监理公司）工作流程、主建材招标流程并依序依规完成。严格把控单体造价和主材质量，确保工程质量、进度、施工安

① 参见《师市 44 团、51 团连队土地和居住区综合整治工作总结》。

全“三个过硬”。

三是突出高效性，建立健全管理机制。明确工程建设责任主体，制定具体建设管理方案，出台《综合整治工作实施意见》《实施方案（试行）》《拆危拆旧安置补贴补助办法（试行）》等机制和群众搬迁、民选企业等工作流程，以及“一户一档”等资料模板。坚持以民为主，商企共建，明确职责流程，共同落实“民建公助”，确保新建住房在保证质量的前提下建得好、建得快。

四是突出经济性，建立资金使用机制。明确项目资金管理使用办法，本着“节约、高效”原则，统筹整合扶贫、援疆等各类专项政策资金，以连队为项目单位，优先使用专项资金，不足部分由土地增减挂钩资金补充，使资金使用最合理、最优化。同时坚持阳光运作、严格监管，规范资金补助程序和标准，确保依法依规，切实发挥项目资金的带动效应。

五是突出广泛性，建立宣传引导机制。坚持“两委”引领，充分利用广播、电视等媒体及现场观摩会、职工夜校和“访惠聚”工作队等，加大对连队居住区建设的重要意义、惠民政策、施工技术相关内容的宣传，讲清楚规划蓝图、户型设计、功能配置、造价构成，广泛发动群众，营造人人参与、人人支持的良好氛围。

六是突出透明性，建立质量监督机制。建立群众跟踪、行业自律、审计监管、纪检监督相结合的综合监督体系，落实连队居民组成的质量监督员制度，成立由群众参与的住房质量安全监督小组，师市纪委监委进行专项监督，审计局全程审计，巡察办开展专项巡察，确保综合整治工程让党委放心、让群众满意。

（三）转变职能，打造服务型政府

通过实施土地与居住区综合整治，师市师团两级切实健全和转变“政”的职能，积极打造服务型政府，运用政府思维，更加突出“服务群众”的工作导向。师团两级领导干部服务意识更加浓厚，实现了从过去单位体制式的“大包大揽”，向政府主导、社会力量广泛参与的社会治理创新模式转变，由以往的部队思维和国有企业思维，转变为地方政府思维和政府运作方式，进一步提升了公共服务能力。

土地和居住区综合整治过程中的服务型政府经验在于：一方面，统一思想，理清工作思路。兵团领导与师市主要领导、分管领导和相关人员，反复深入学习领会乡村振兴战略、脱贫攻坚、土地增减挂钩等相关政策要求，树立“先建机制，后建工程”的理念，理清工作思路，进行总体设计和工作安排，切实把思想和行动统一到国家政策和兵团党委的决策部署上来，确保土地和居住区综合整治的顺利规划执行和监督。另一方面，重心下移，落实职能部门主体责任。为做到平行办公、及时解决难题，兵团相关部门与师市充分发挥一体化作战模式，专门安排一名局领导和相关处室负责同志长驻师市土地和居住区综合整治指挥部，协同作战，立足建立和完善服务型政府的职能，通过借鉴“合肥经验”以及前往喀什地区莎车、疏勒、巴楚等县，学习土地增减挂钩、富民安居工程的“地方做法”，结合实际反复论证，共同研究制定师市土地和居住区综合整治工作意见、实施方案和拆危拆旧补贴、建新补助等各项制度办法，为深度贫困的 44 团、51 团连队土地和居住区综合整治工作向南疆师市全面推开，形成可复制、可推广的经验和做法，提供了及时服务和有力支撑。

五、兵团住房保障的启示

师市的土地和居住区综合整治工作，作为新疆生产建设兵团住房保障的一个典型案例，是在兵团改革重新定位兵团功能大背景下开展的综合性住房保障工程，也是一场转变社会职能，探索兵团社区建设和社会治理创新之路的过程，为我国精准扶贫提供了一种特殊模式和方法论启示，同时也为其他少数民族边疆地区的住房保障提供了因地制宜的治理智慧。

（一）创新扶贫理念，统一兵团住房保障思路

习近平总书记十分强调因地制宜是精准扶贫的重要原则，特别是对于少数民族地区的扶贫攻坚工作，特别强调要以时不我待的担当精神，创新工作思路，加大扶持力度，因地制宜，精准发力，确保如期啃下少数民族脱贫这块硬骨头，确保各族群众如期实现全面小康。[①] 师市开展的土地和居住区综合整治工作面临的“双重特殊性”，充分体现了“因地制宜”和“创新工作思路”的精准扶贫重要原则。“双重特殊性”体现在兵团一方面不同于其他省份开展扶贫攻坚的背景，处于新疆自然条件恶劣地理位置，以及面临社会维稳的复杂局势；另一方面也不同于新疆地方政府开展的扶贫攻坚工作，除了新疆地区的特殊性之外，兵团还面临深化兵团改革、打造服务型政府的任务。因此，兵团的脱贫攻坚工作，特别是开展数十个职能部门协同配合的土地和居住区综合整治工作，一方面需要从其集体所有制职工地少人多的特殊性出发，必须以通过土地整治增加耕地作为重要前提。兵团的居住保障始终与土地整治结合在一起，才能彻底解决人多地少的问题。因此，在结合兵团自身特殊性“因地制宜”的基础上，师市住房保障给我们的有益启示在于，积极创新工作思路，强调结合兵团特殊性，土地和居住区综合整治应体现出综合性、民本性、服务性。具体体现在以下几个方面。

其一，住房保障的扶贫理念突出综合性。兵团特色的住房保障不

① 中共中央党史和文献研究院编：《习近平扶贫论述摘编》，中央文献出版社 2019 年版，第 6 页。

仅仅是简单的农村危房拆旧改造，以及水电煤气等公共设施改造问题，而是涉及土地整治、少数民族庭院经济、基层党组织阵地建设、便民服务中心、基层文化中心等社区建设的方方面面，需要运用整体性思维来综合施策，解决兵团住房破败和社区衰败问题。因此，师市开展的土地和居住区综合整治工作，首先通过土地增减挂钩政策整治土地增加耕地和整治资金，然后是修建平房之后，在社区建设层面开展“五通七有”工程，加强社区基础设施建设和文化社会建设，最后是在社区周边修建卫星扶贫工厂，就近解决少数民族群众就业。这些都充分体现了兵团住房保障的综合性和系统性，增强了少数民族群众的获得感和幸福感。

其二，住房保障的扶贫理念突出民本性。师市开展的土地和居住区综合整治工作坚持“以人为本”的原则，充分尊重少数民族在平房生活，以及在庭院饲养牲畜的生活生产习惯，为少数民族群众建造抗震平房，同时还统一规划庭院，补贴鼓励种植果树，积极打造庭院经济，促进群众增收。这一做法不是简单的农民上楼方式，避免了少数民族因不愿搬迁上楼而引发的矛盾，在尊重其生活习惯的同时，打造庭院经济促进少数民族群众增加收入，又给建档立卡贫困户免费购置沙发、儿童学习桌等，积极引导其过上现代生活。这些做法充分体现了兵团住房保障的民本性，使得少数民族群众从内心拥护精准扶贫政策，并形成内生性，促进少数民族整个社区发展。

其三，住房保障的扶贫理念突出服务性。从某种意义上说，师市开展的土地和居住区综合整治也是一个践行兵团改革的职能转变过程。兵团改革的最重要目的在于打破政社不分、政事不分、社会管理滞后的弊端，提高服务社会的能力。住房保障也是如此。不是简单改造分配房子，而是积极了解少数民族贫困群众的各层次需求，在住房主体庭院果树等方面给予各种补贴，并对于自建的群众开展培训等综合性服务，以增强群众在各层次的获得感。

由此可见，因地制宜是精准扶贫的关键，因地创新理念则是因地制宜的重要前提。中国社会是一个复杂的系统，对于少数民族聚居地区，更是要从特殊社会类型的角度，来寻找适合当地风土民情的扶贫理念，从而指导工作方法和工作机制的创新，全面保障少数民族边疆地区的脱贫攻坚工作顺利完成，

（二）创新基层治理模式，夯实兵团住房保障的组织基础

建立“连队理事会”，创新基层连队治理模式，是师市土地和居住区综合整治工作中提炼出的特色做法。师党委领导下的“连队理事会”强调一种群众组织性参与监督的方式，选择热心积极群众、有管理经验的人、“两委”成员等组成连队理事会，充分尊重群众意愿，根据家庭实际情况并加以引导，由群众确定户型，谈判材料价格，选择监理单位，通过抽签确定房屋位置。

首先，连队“两委”将传统的“官管民”想法转变为民主自治理念，将组织的意志有效转化为群众的自觉行动。基层连队党支部第一书记、“两委”成员面向群众广泛宣传连队综合整治利好政策，让群众感受到这是党中央对兵团的关心关怀，这是对南疆少数民族聚居地区广大少数民族群众生产生活条件持续改善的关心关怀。基层连队党支部通过“四议两公开”程序全部成立群众理事会，有效组织群众代表积极参加主要建材、施工监理单位招投标工作，全程参与原材料进场检验、基槽主体验收等工作。其次，是促进居民参与，维护人民利益。改变过去“大包大揽”思维，按照“民建公助”模式，让群众当“主角”，全面保障群众的知情权、参与权、选择权和监督权。团连两级以引导服务为主，帮助群众做好居住区规划、项目申报、施工图设计、工程造价控制、工程质量安全监管、奖补资金兑付等工作；户型面积让群众自己定，施工队伍和监理单位交给群众自己选，建房价格由群众自己谈，大宗建材采购招标和商务谈判有群众理

事会代表全程参与。反复测算、研究拆旧建新补助奖励办法，鼓励群众对旧房拆除的门窗、木材、红砖等建材开展旧物再利用，让群众建得起、少花钱。再次，加强监督，高效保质。整治办选派懂技术、有经验的人员和连队“两委”、群众理事会代表长驻施工现场，对大宗材料进场、基槽开挖、基础砌筑、底圈梁浇筑等关键环节全程监督，加大监督力度，严格把控建房质量、进度，定期召开连队“两委”负责人及群众理事会代表工程推进协调会，做到问题早发现、早处理、早解决，实现督查指导全覆盖、质量进度两不误。

总之，强化兵团基层连级社会治理能力，不仅是兵团改革的重要内容，同时也是开展土地和居住区综合整治工程等大型脱贫攻坚工程的重要组织基础。团场综合配套改革是深化兵团改革的基础工程和“重头戏”，基层连队治理改革又是团场综合配套改革的关键一环。必须坚持以人民为中心，最大限度地发挥基层群众的积极性、主动性、创造性。要坚持眼睛向下、脚步向下、问需于民、问计于民、鼓励引导支持基层探索更多原创性、差异化改革，及时总结和推广基层探索创新的好经验好做法①。师市建立的“连队理事会”是值得兵团推广的连队改革经验，最大启示在于积极将少数民族贫困群众组织起来，民主参与，集体决策，集体监督住房保障，参与全过程，同时也能为居住区建成后群众参与社会治理，奠定重要的组织基础。

（三）深化兵团改革，从根源上助力兵团住房保障

2019 年 10 月 28 日至 31 日，中国共产党第十九届中央委员会第四次全体会议在北京举行。全会号召，全党全国各族人民要更加紧密地团结在以习近平同志为核心的党中央周围，坚定信心，保持定力，

---

① 《抓好连队改革这个关键——学习贯彻兵团党委七届五次全会精神系列评论之二》，《兵团日报》2019 年 9 月 27 日。

锐意进取，开拓创新，为坚持和完善中国特色社会主义制度、推进国家治理体系和治理能力现代化，实现“两个一百年”奋斗目标、实现中华民族伟大复兴的中国梦而努力奋斗。在此意义上，新疆生产建设兵团也是中国特色社会主义制度和国家治理体系的重要组成部分。随着习近平总书记对于兵团新时期的定位要求，其自身开展的扶贫攻坚、兵团城镇化建设、乡村振兴等战略，都要紧密围绕新疆工作总目标，聚焦于兵团特殊的职责使命。因此，兵团的深化改革，健全和转变服务型政府管理职能，切实提升兵团的治理效能，以兵团具有的组织优势和动员能力助推扶贫攻坚之后的城镇化发展和乡村振兴。

新疆生产建设兵团作为一个集党政军企于一体的特殊国家治理体系，在建国后特别是改革开放后的社会转型时期，其功能定位也存在一些调整。从早期的军事性转向市场性，后又重新定位军事和社会治理一体化，加强兵团的政府职能，发挥执法性、服务性和政策性的基层治理功能。特别是新疆维吾尔自治区党委按照“能授则授、应授则授、授权到位”的原则，2018 年 1 月，一次性授予兵团 2190 项行政职能和行政执法权。为做好承接工作，机构编制部门会同兵团机关相关部门积极编制权责清单，结合放管服改革和理顺兵团、师市职责关系的要求，对需要下放的职权事项依法依规进行梳理，编制完成《兵团授予各师行使行政职能和行政执法权目录》，共 1954 项，并及时向社会公布。同时，积极配合自治区相关部门，做好兵团管理的自治区 9 个直辖县级市的工商、质监等机构整建制划转移交工作。① 因此，兵团各级尤其是基层“团连”的政府管理和服务意识日益提升，按照依法行政、依法办事的原则处理各项事务，逐步推进兵团治理体系改革。

---

① 新疆生产建设兵团党委编办：《围绕兵团深化改革和向南发展调整优化党政机构和职能》，《中国机构改革与管理》2019 年第 8 期。

在兵团转变“政的职能”，打造服务型政府的大背景下，师市全面推行的土地整治和居住区综合整治工程，之所以能成为兵团扶贫攻坚的“亮点”，关键在于兵团深化改革，基层干部提升行政管理能力和服务意识，在整个整治过程中贯彻民主性、公开性、高效性、经济性、广泛性、透明性等原则，形成统一思想，把握政策要求，理清工作思路，重心下移，落实主体责任，促进居民参与，维护人民利益为特点的扶贫攻坚战略的具体思路。此次兵团土地整治和居住区综合整治工程之后，以新型庭院社区经济为基础的乡村振兴，以及特色小城镇建设，将会成为2020年扶贫攻坚战役收官后的兵团可持续发展的工作重点。以乡村振兴带动城镇发展的兵团城镇化建设，对于促进兵团发展方式转变，加强政府管理能力，更好履行兵团职责使命、发挥特殊作用具有重要意义。综上所述，兵团土地整治和居住区综合整治的最大启示在于，加强“社会治理”能力的兵团改革，是加强今后城镇化发展的核心，按照管理主体明确，科学管理，民主参与，同时体现兵团“党政军企合一”体制优势，加强“师市合一”“团镇合一”的社区管理体制和模式，提升城镇管理水平，进一步夯实新时期新疆社会治理的基础。

第八章

内生外扶：兵团大扶贫格局新模式

“大扶贫格局”是党和国家在新时期解决我国贫困问题过程中形成的新的理论精华。习近平总书记在部分省区市党委主要负责同志座谈会上强调，扶贫开发是全党全社会的共同责任，要动员和凝聚全社会力量广泛参与。要坚持专项扶贫、行业扶贫、社会扶贫等多方力量、多种举措有机结合和互为支撑的“三位一体”大扶贫格局，健全东西部协作、党政机关定点扶贫机制，广泛调动社会各界参与扶贫开发积极性。要加大中央和省级财政扶贫投入，坚持政府投入在扶贫开发中的主体和主导作用，增加金融资金对扶贫开发的投放，吸引社会资金参与扶贫开发。要积极开辟扶贫开发新的资金渠道，多渠道增加扶贫开发资金。[①] 在精准扶贫的基础上，大扶贫格局强调的是扶贫格局要大，扶贫主体要多，扶贫思路要广。党的十九大提出要坚持大扶贫格局，是基于扶贫新阶段我国的基本情况做出的正确决策，有助于我国贫困地区打赢脱贫攻坚战。兵团地区为了更好地落实精准扶贫政策，也着手对大扶贫格局进行了研究和学习，经过政策的研判，兵团扶贫在大扶贫格局“专项扶贫、行业扶贫、社会扶贫”的基础上，添加了“援疆扶贫”，构成融合了兵团体制特点的“兵团大扶贫格局”。

师市在兵团大扶贫格局的构建和运作过程中的创新和亮点都十分突出，尤其是自 2010 年广东省开始对口支援师市起，9 年间，双方联合进行了兵团扶贫机制、兵团扶贫措施等多方面的创新，在兵团推

① 参见《部分省区市党委主要负责同志座谈会》，《人民日报海外版》2016 年 9 月 1 日。

进新型城镇化改革之后，援疆工作队和师市的联结更加紧密，合作范围更为广泛，兵团大扶贫格局的实践再上一层楼。兵团大扶贫格局实践的优势效应也逐渐显现出来：在大扶贫格局的要求下，师市不断协调兵地粤三方的关系，统筹全局共谋发展，提升了大扶贫格局的整体性；在推进基层政府治理水平提升的过程中，师市创造性地联合东莞援疆工作队创造了“基层政府嵌入式援疆”的模式并投入实践，成功地创造了“草湖镇模式”，推动了基层社会治理向更高水平发展；在基层的扶贫实践中，“访惠聚”工作队作为师市基层党组织的一部分，深深扎根于师市群众之中，将兵团大扶贫格局的工作落到细节，还壮大了兵团扶贫人才队伍，为兵团扶贫和反贫困工作夯实了人才基础；此外，师市还和疆内外的各类社会组织开展了深入师市群众生活各方面的扶贫实践，不仅为群众排忧解难，更从理论和实践上丰富了兵团的大扶贫格局。

师市大扶贫格局的提出和实践，不仅为兵团脱贫攻坚的顺利开展打下坚实基础，更为日后巩固兵团脱贫攻坚成果开辟了道路，我们通过研究兵团大扶贫格局的建构和运行过程，可以总结出精准脱贫政策落实过程的兵团经验，为我们国家的脱贫攻坚工作提供可借鉴的经验。

一、构建兵团大扶贫格局的背景与实践意义

（一）构建兵团大扶贫格局的背景

兵团扶贫是新疆生产建设兵团建立以来的一项重大任务，也是党和国家持续关注的一个焦点问题。兵团能否脱贫，关系到兵团群众能否挺起腰杆生活，关系到兵团地区的政治生活是否稳定，关系到国家

边疆地区能否稳定，关系到民族团结共同繁荣的目标能否实现。习近平总书记提出的大扶贫格局是基于我国扶贫攻坚发展到新时期的现实情况做出的正确论断。大扶贫格局的主要构成是专项扶贫、行业扶贫和社会扶贫，即专项扶贫攻坚克难、行业扶贫共谋发展、社会扶贫锦上添花。新疆维吾尔自治区基于自身发展特点对大扶贫格局进行了补充，增添了“援疆扶贫”一项。援疆扶贫实际上是对东西部扶贫协作的落实。习近平总书记也曾多次强调过东西部扶贫协作的重要性，“东西部扶贫协作和对口支援，是推动区域协调发展、协同发展、共同发展的大战略，是加强区域合作、优化产业布局、拓展对内对外开放新空间的大布局，是实现先富帮后富、最终实现共同富裕目标的大举措，必须认清形势、聚焦精准、深化帮扶、确保实效，切实提高工作水平，全面打赢脱贫攻坚战”。[①] 东西部扶贫协作可以最大程度调动双方各有的优势资源，集中力量对贫困地区进行精准扶贫，持续长效地对贫困地区进行帮扶，切实保障兵团贫困地区打赢脱贫攻坚战，巩固已有的扶贫成果。兵团地区地处贫困问题集中发生的南疆三地州，相较于其他西部欠发达地区，贫困问题发生的原因更为复杂，表现形式也更为多样，贫困问题解决难度也更大。因此，在三位一体的大扶贫格局基础上，师市的脱贫攻坚更需要援疆扶贫的补充。

援疆扶贫的援助提供方通常是我国东部地区较发达的省份。1996年10月，《中共中央、国务院关于尽快解决农村贫困人口温饱问题的决定》确定北京、天津、上海、广东等13个沿海发达省市对口支援内蒙古、甘肃、云南、广西等西部贫困省区，其中，山东省帮扶新疆维吾尔自治区。2011年2月25日，东莞和师市通过了《东莞市镇街与农三师图木舒克市农牧团场结对交流工作方案》，这也标志着广东省接过了援疆的接力棒，在新时期继续开展东西协作的援疆扶贫。

① 《习近平在东西部扶贫协作座谈会上强调　认清形势聚焦精准深化帮扶确保实效　切实做好新形势下东西部扶贫协作工作》，新华社，2016年7月21日。

2018 年 4 月 27 日，师市援疆办发布了《第三师图木舒克市对口援疆脱贫攻坚战三年行动方案（2018 年—2020 年）》，强调，脱贫攻坚是三师对口援疆“十三五”时期经济社会发展最艰巨最繁重的任务。打赢脱贫攻坚战不仅是战略性问题，还是重大的政治问题和社会问题。这表明，师市和广东省都将扶贫攻坚作为重大的政治问题，将扶贫工作作为重要的政治使命，不断提升对贫困问题的认识和政治站位，推动师市各项扶贫工作有序开展。

（二）兵团大扶贫格局的实践意义

1. 助力师市打造服务型政府

兵团在其历史演进的过程中，主要侧重于戍边、垦田的功能，是一个半军事化、半企业化的结合体。而地方治理主体的各项基本权能（如税收权、执法权等）及各项基本能力（如提供公共服务，提供社会治理等）发展较为薄弱。而自兵团改革开始，随着师市合一体制的逐步落实，这些权能的赋予和基本能力的培育也开始逐步发展，“深化行政管理体制改革。以转变师市、团机关行政职能为核心，强化公共服务和社会管理职能，推行行政职能由管理型向服务型转变。”① 在这个转变过程中，师市以脱贫工作为主轴，以团场改革为依托，不断深化政府的治理职能，通过行政办事手续简化、项目审批流程精简、完善城市管理体制等诸多方面来构建服务型政府。为了提升基层政府的社会治理能力，师市还建设性地采用了“基层政府嵌入”的方式对草湖镇进行建设。兵团大扶贫格局的构建对师市政府和基层政府的职能转变有重要意义。

2. 强化师市和其他扶贫主体的联结

兵团大扶贫格局强调政府对各类资源的管控和调节，对各个参与

① 资料来源：《第三师图木舒克市国民经济和社会发展第十三个五年规划纲要》。

进来的主体的调配和安排，在大扶贫格局落实的过程中，对师市政府的社会治理能力是一个考验和锻炼。实践证明，师市政府在工作过程中有效地整合了多扶贫主体的力量，在扶贫工作中，为援疆省市、企业提供充分发挥作用的空间，鼓励基层党组织发挥组织优势；组建“访惠聚工作队”成为师市脱贫攻坚的“流动工作队”；联动社会组织加入到师市脱贫攻坚的队伍中来，鼓励社会组织在脱贫攻坚过程中发挥作用。可以看出，兵团大扶贫格局的构建对师市强化自身和其他扶贫攻坚主体的联结有着直接的作用，不仅能巩固师市脱贫成果，更能够提高师市政府自身的能力，为日后师市工作的开展提供助力。

3. 推进各民族团结互助

师市是兵团少数民族聚居人口最多的城市。① 习近平总书记在讲话中多次强调新疆的民族团结问题，“新疆的问题最长远的还是民族团结问题。”② 师市的脱贫工作将民族团结问题置于工作的焦点，兵团大扶贫格局的构建和落实，为师市民族团结工作的开展提供了经济基础和制度保障。在兵团大扶贫格局的构建和落实过程中，团场综合配套改革逐步推进，国资国企改革稳步实施，精准脱贫效果明显，一二三产业发展结构趋于合理，少数民族群众生活水平逐渐提升，幸福感逐渐增强。少数民族群众在享受兵团扶贫工作给生活带来便利的同时，也感受着师市对少数民族群众的关怀。兵团大扶贫格局的实施对师市确保少数民族生活水平、推进扶贫成果共建共享的作用十分明显。

4. 契合兵团特殊性

师市地处南疆三地州，属于集中连片特困地区，其中包含两个深度贫困团场（44 团、51 团），贫困程度深、致贫原因复杂，居民增

---

① 参见兰玲玲：《三师图木舒克市：让民族团结“生命线”更加坚韧》，《兵团日报》2019 年 9 月 8 日。

② 《坚持依法治疆团结稳疆长期建疆　团结各族人民建设社会主义新疆》，《人民日报》2014 年 5 月 30 日。

收渠道不多，基础设施建设不完善，少数民族比重大。这也使得师市成为打赢脱贫攻坚战过程中的关键所在。面对复杂多变的贫困问题，师市在构建兵团大扶贫格局的过程中需要整合多主体力量，对各方面的社会力量进行有机结合并动员这些力量参与到扶贫工作当中去。构建兵团大扶贫格局有助于深化师市对大扶贫格局的认识，同时有机结合兵团扶贫攻坚工作的特点和需要，让师市打好这场脱贫攻坚战斗。

二、多主体多层次共建：兵团大扶贫格局的主要做法

兵团地区的扶贫工作和地方扶贫工作的最主要区别在于兵团扶贫要考虑到兵团本身的屯垦戍边职能和少数民族聚居地区特有的民族团结问题。在援疆扶贫过程中，师市周边地方、对口援疆省份、援疆企业、基层党组织领导下的"访惠聚"工作队、社会组织等在师市政府统筹下，联动协调，通力合作，共同为兵团脱贫攻坚提供坚实的保障。

在兵团大扶贫格局的构建中，师市牢牢抓住"扶贫"这个主轴，团结广东省各对口支援县市进行了广泛而深入的交流，贯彻落实了国家"东西协作"的顶层制度设计；"访惠聚工作队"作为师市基层党组织的下设队伍，不断完善自我，从最初的以基层党支部为实施主体的"访惠聚"工作的承担者，转变成为由"基层党支部+社会力量"构成的多元化扶贫力量；师市还加强和援疆企业的沟通联络，和援疆企业一起探讨扶贫过程中二者的具体分工，在兵团援疆企业从单纯以资金方式进行的外生性援助转变为以"研"带"产"、既"输血"又"造血"的内生性扶助；社会组织在扶贫工作过程中也是多点开花，各行业社会组织也紧密团结在师市周围进行了多项有利于师市脱

贫的实践活动。这表明，师市周边县市、广东省对口援疆省市、疆内外的援疆企业、各社会组织在师市政府的作用下共同形成了师市脱贫攻坚的强大合力，使师市脱贫攻坚工作顺利开展。

（一）兵地粤三方联动，奠定扶贫基础

1. 兵粤联动：建立立体化扶贫大格局

作为兵团扶贫的一大亮点，师市同广东援疆工作队一起，在开展兵团扶贫工作的过程中不断拓展工作范围。广东援疆工作队从教育、医疗、科教、卫生等诸多领域，以“团队进驻”的方式直接进驻师市对应领域，在所在领域内通过“以点促面、以教代扶”的方式，通过在各方面的“输血加造血”式的扶助对师市进行宽领域、立体化的帮扶。

其一，在教育方面，党的十九大报告指出，“坚持大扶贫格局，注重扶贫同扶志、扶智相结合”。扶贫必扶智，扶智就是要重视教育的作用。广东援疆工作队在师市的配合下，于 2018 年成功完成计划内 13 名援疆教师的中期轮换工作，成功落实了“万名教师支教计划”三师支教团 50 名教师的选派和岗位安排。在援疆教师团队的帮助下，师市实现了通用语言教学全覆盖。此外，三师中学在 2018 年的高考中取得了建校以来最佳成绩，喀什地区高考文理科前 10 名该校均占 8 名。三师职校也在援疆教师团队的帮助下完善了学校的中远期规划和具体实施办法。

其二，在医疗方面，师市坚持和广东援疆县市的医疗机构进行技术、人才等多渠道的交流沟通，为师市群众带来直接就医便利的同时，更加重视师市自身的医疗水平提升。2019 年上半年，师市和援疆工作队在顺利完成计划内 11 名援疆医生的中期轮换工作的同时，在 5 名东莞援疆医生的带领下，三师医院在儿科方面取得重大技术突破，填补了技术空白。在 6 名江门援疆医生的指导下，师市医院相继

建立了内镜室、中医科、急诊科、重症医学科四个一级临床科室，成功助力医院年收入突破 1 亿元。同时，在 37 名柔性援疆医护人才的帮助下，41 团、45 团、49 团、伽师总场等医院新建或重开了妇产科、康复科、重症医学科、皮肤科等科室，成功提升了基层医疗服务水平。

其三，在基础设施建设方面，师市和广东援疆工作队从实际情况出发，想师市群众之所想，急师市群众之所急，师市和广东援疆工作队开展了卓有成效的建设工作。广东机场管理集团派出的技术人才团队在图木舒克唐王城机场的建设、运营方面作出了突出贡献，发挥了关键作用。在机场正式通航之后，广东方面又增派了专业技术人才到师市对当地的工作人员进行培训，在援助的同时培育了当地的技术人才。援疆工作队还协助师市积极推动 41 团草湖镇风景区建设，力图将草湖镇建设成集观光旅游、休闲度假、科学研发、苗木培育销售等功能于一身的林业产业基地。

其四，在农业发展方面，师市为能够促进农牧产品的销售积极和广东省相关企业开展交流合作，广东省援疆工作队也积极配合师市企业进行产销链条的延长和调整。一方面，师市积极开展农牧产品的外展外销工作，援疆工作队协助师市以展销会、产品推介会等多种形式展览、宣传叶河源公司“兵团红”品牌特色农产品，提升了师市特色产品的知名度。在 2019 年 5 月举办的东莞招商推介会上，东莞邀请师市约 30 家农业相关商协会和企业参加，进一步拓宽了师市产品的销售途径。另一方面，广东省援疆工作队采取“走出去加请进来”的方式，协助搭建销售平台，不间断地帮助师市拓展农牧业产品流通和销售渠道。工作队通过上门拜访的方式联系了东莞市果品行业协会、东莞市泽景果品物流园有限公司、东莞市顶鑫农副产品配送服务有限公司等多家行业协会和企业，重点推介师市特色农产品和投资优惠政策。最终成功推动了师市当地的农业龙头企业叶河源公司和东莞市韵隆食品有限公司签订食品经销合同，与东莞市泽景果品物流园有限公司签订合作意向书，成功打通了农牧产品供应链条。

在扶贫工作开展的过程中，师市和广东援疆工作队开展了多个领域的扶贫实践，从不同角度同时发力，取得了很好的成效。师市和广东援疆工作队通过深度合作与交流夯实了师市脱贫攻坚的基础，这为师市脱贫工作的开展做好充足准备。

2. 兵地融合：共享发展成果，共建美好生活

在师市脱贫的过程中，除了援疆省市之外，和师市有着地缘联系的周边县市也是师市脱贫攻坚过程中的重要力量。师市和周边县市牢固树立了“兵地一盘棋”的思想，将兵地融合发展作为脱贫攻坚和维护社会和谐稳定的抓手，在脱贫攻坚过程中大力促进兵地双方在各个领域的融合发展。自习近平总书记主持第二次中央新疆工作座谈会以来，兵团党委坚决贯彻落实党中央关于兵地融合发展的决策，主动作为、协调发展、统筹运行、全力推进兵地融合发展。

（1）在产业发展方面，师市和喀什在城镇发展、工业园区建设、农业科技化、生态环境治理等方面通力合作，共同发展。在改善民生方面，师市和喀什结对帮扶，共同开展社会服务，发挥各自优势，促进优势资源在发展中共享。

（2）在经济发展模式转变方面，师市和喀什也开展了高层次的交流合作，最典型的例子就是喀什综合保税区的建立。喀什综合保税区是由喀什经济开发区和师市共同投资建设的。兵地双方轮流委派管委会主任和董事长，三年一轮换。在喀什综合保税区的作用下，喀什地区已经成为辐射周边经济的新高地，这也是兵地融合发展的新模式。

（3）在农业发展方面，师市组建了叶河阳光设施农业公司，在疏勒县良种场承包了300亩土地，新建无土栽培日光温室100座，年用工8万人次，年支付工资800万元。同时，建立种植合作社，吸纳会员280多户，1870座闲置的大棚又焕发了生机，户均增收1万多元。

（4）在产业结构调整升级方面，师市也借着兵地融合的东风开展了一系列工作。在推进兵地融合发展的过程中，师市从原来的纯农业师转变为拥有“一区两园”的一二三产业共同发展的“新三师”。师市草湖产业园、图木舒克市工业园区入驻的企业接近 70 家，每年用工近万人，其中一半来自地方乡村。兵地融合不仅解决了这些人的就业问题，更为师市提供了新的劳动力来源。

没有融合就没有发展，师市政府深知这个道理，因此，在扶贫攻坚的过程中始终大力推动师市和地方的融合发展。兵地融合一方面提升了周边地市的发展速度，另一方面也巩固了师市自身的实力，助力师市更好地开展脱贫攻坚工作。

3. 结对帮扶：创造兵团扶贫攻坚新平台

“结对帮扶”是扶贫工作中的一个有效的工作方法。不仅可以直接带动贫困群众走上脱贫之路，更能通过经验传帮带的方式让贫困群众掌握脱贫方法，实现自主脱贫。师市在打造脱贫攻坚新平台的过程中广泛使用了“结对帮扶”的工作方法，主动施力，联合广东和周边地市共同开展工作，取得了很好的成效。

其一，师市按照大扶贫格局的要求，和广东援疆工作队合作规划了兵粤间团镇的全面对口扶持工作。2011 年 2 月 25 日，东莞和师市通过了《东莞市镇街与农三师图木舒克市农牧团场结对交流工作方案》，方案提出，东莞安排所有镇街结对师市的 15 个团场。成功做到了镇街、团场结对全覆盖。在保证政策出台和落实速度的同时，东莞和师市对接的范围和深度都得到有效保障。截至 2017 年，经过师市和东莞坚持不懈的努力，双方形成结对交流的“六个一”（每年开展一次党政领导互访，支持一个民生项目建设，推动一个投资项目签约，互派一批干部人才学习，举办一次民间交流活动，帮助一批困难群众脱贫）。此外，在团镇结对的基础上，师市和东莞还创新性地开展了“村连结对”工作试点，长安镇乌沙村与叶城二牧场四连、凤岗镇雁田村与托云牧场三连已经按照要求实行了村连结对，力图推动原有的团镇结对进一步发展。

其二，师市按照大扶贫格局的构建，规划了和周边地区县市的结对帮扶工作。在和巴楚县开展结对帮扶工作的过程中，师市总结了结对帮扶工作的四个要点。一是要抓好逐一结对。在党员干部、职工中开展结对互助活动，每一名干部都有结对对象。二是要抓好活动载体。通过拉家常、交朋友，相互了解家庭、生活、工作状况，互帮互助，融洽相处。三是要抓好共学“双语”。充分利用结对互助时机，加强双方党团员一同学习“双语”，进一步强化干部“双语”水平。四是要抓好兵地产业融合。深入开展“对子接起来，双语学起来、融合建起来活动”，共同促进双方招商引资工作。

结对帮扶扩展了师市开展扶贫攻坚工作的舞台，联合了更多的扶贫力量，在兵团大扶贫格局的构建过程中也取得了越来越多的成果，师市群众的生活水平得以更快更好地发展，生活面貌也焕然一新，真正取得了让群众看得见、摸得着的扶贫工作实绩。

（二）“访惠聚”工作队强基固本，助力兵团脱贫

“访惠聚”工作队是新疆维吾尔自治区党委根据自治区的工作实际提出的一个密切联系各族群众、团结各族群众的创新型工作组织。自成立以来，“访惠聚”工作队牢牢抓住“访民情、惠民生、聚民心”的宗旨，切实落实“1+2+5”（一个目标：维护社会稳定；两项任务：建强基层组织、做好群众工作；五件好事：落实惠民政策，拓宽致富门路，推进脱贫攻坚，办好实事好事，壮大党员队伍）的基本要求，多方面推进新疆脱贫攻坚工作，“访惠聚”工作队也不断吸纳着来自社会各界的力量，在脱贫攻坚工作中发挥着越来越大的作用。

师市的“访惠聚”工作队在扶贫工作中不断强化同基层团场和连队群众的联结。在师市大扶贫格局的构建过程中，主要通过知识

引领和科技引入的方式激活基层群众脱贫活力，为脱贫工作持续输送“新鲜血液”，也让“访惠聚”工作队自身成为一支“永远不走的工作队”。

1. 知识助力：激活扶贫新思路

石河子大学作为新疆的一流高校，积极响应兵团党委的号召，分批次成立多批“访惠聚”工作组，深入51团多个连队，从“知识援疆”“智力援疆”的战略高度，对师市基层连队开展扶贫工作进行多方位援助和扶持。

其一，石河子大学“访惠聚”工作组聚焦于强化基层政府干部和群众的联结。一方面，石河子大学“访惠聚”工作组发挥自身的知识优势，在驻在连队开办了基层干部双语培训班，为基层干部提供“周末双语课堂”。与此同时，工作组内少数民族教师还为工作组内不懂维语的组员提供维语教学，双向打通沟通渠道，在学习语言文字的基础上提升汉族和维族干群之间的联系。另一方面，石河子大学“访惠聚”工作组时刻牢记工作组的使命，建立一支“永远不走”的工作队，在工作中开展党的群众路线教育，全面指导基层连队开展党的群众路线学习，帮助群众建章立制，以武装头脑的方式来武装连队党支部，通过工作队和连队干部之间的深切交流，推动党支部为群众服务的水平逐步提升。

其二，石河子大学“访惠聚”工作组在工作过程中不断深入群众，走进田间地头，深入每家每户，广泛收集民情，充分体察民意。通过设立群众意见箱，召开群众座谈会，举办干群联席会等多种方式征集民众诉求。通过一段时间的收集，石河子大学“访惠聚”工作组梳理出了几个方面的问题，例如，连队基础设施差，生活条件一般；基础教育水平低，师资力量亟待加强；文体活动氛围淡薄，几乎没有文体活动；农民家庭收入普遍偏低，贫困户多等。鉴于这些情况，石河子大学“访惠聚”工作组撰写了6篇专题报告，依托石河子大学的知识优势，联合专家组一起系统分析了驻在连队存在的问题及其原因，针对这些问题提出了解决方案。在收集民意的过程中，工作组也没有脱离实际空谈理论，而是抓住一切机会为民众排忧解难。石河子大学驻20连工作组在秋季拾棉花期间帮助困难群众拾棉花；在访谈过程中了解到连队有多名失学儿童，工作组马上深入失学儿童家中，做通了家长的工作，成功将孩子送回学校；在走访的过程中，工作组耐心地记录下连队的孤寡老人、老党员、贫困户，时常对这些群众进行走访，强化了干群联系；工作组还利用大学生暑期实践活动的便利条件，联系石河子大学的学生到团场进行实习活动，用所学知识解决团场职工群众生产生活中遇到的技术问题。

其三，石河子大学“访惠聚”工作组在工作过程中坚持“维护民族团结”宗旨不动摇。石河子大学“访惠聚”工作组时刻牢记维护民族团结的工作重点，全力促进少数民族群众和汉族群众互信，通过直接谈话、召开群众大会等多种方式，增强了群众对民族团结的认识，强化了干部、群众对“三个离不开”“四个认同”的理解。在工作中工作组一直在向少数民族群众宣传党的民族团结政策，和老党员、爱国宗教人士一道批判民族分裂主义和宗教极端主义。给少数民族群众做好思想上的预防和准备工作，也为民族团结、边疆稳定作出了重大贡献。

2. 打开渠道：电商平台领脱贫

石河子大学“访惠聚”工作组在51团8连工作期间，为了推动51团手工艺品、农产品的销售，工作组借国家对农村电商平台扶持政策的东风，注册成立了第三师图木舒克市包尔其易购百货零售电商服务社，创造性地将电商平台、服务社、农户连接在一起，由工作组指导，由服务社直接经营，由石河子大学派出电商专家提供技术和经验支持，多方联动共同帮助当地群众打开特色产品的销售渠道，成功将当地的农产品推销出去，助力团场群众脱贫增收。

在这方面，最为典型的例子就是51团8连“访惠聚”工作组结合工作实际，为更好地解决连队农产品销售问题而建立的电商平台——“包尔其易购”。“包尔其易购”线上商城试运行期间（7月4日—8月29日）平台累计关注人数近千人，达成94笔订单交易，成交商品267件，顾客好评率100%，成交金额2万余元，有望成为助力贫困户脱贫的重要力量。“包尔其易购”采用“互联网+高校直营店”的经营模式，力图推广南疆特产，打通原产地和市场的对接渠道，实现经济效益的稳定增长。“包尔其易购”未来将重视线下集中办公、线下仓库、线下农村电商服务点等基础设施建设；着力推广电商平台，扩大平台流量和知名度，激发带动农户用好当地特色资源参与电商。

“包尔其易购”正在逐渐成为师市“扶贫扶智扶志”的示范性窗口项目。51团8连“访惠聚”工作队将齐心协力，联合当地群众和政府，将“包尔其易购”建成第三师（图木舒克市）当地特产的网上展示平台，建成石河子大学科技向南落地的示范项目，建成石河子大学大学生实习实训基地，建成当地群众多元增收、自觉融入社会主义市场经济的主渠道。

可以看出，石河子大学“访惠聚”工作队驻8连工作组已经联合当地群众和连队基层党组织对线下储存农产品、手工艺品的仓库进行扩展和修缮。另一方面，工作组也将继续着力推广电商平台，通过让农户看到直观的收益，在农户群体当中形成良好的电商氛围，从而激活当地农户的工作活力，让当地农户用好电商资源参与脱贫。可以说，“访惠聚”工作队在拓展电商平台方面的努力已经成为其工作的一个亮点。

（三）转变招商引资理念，引导企业高效援疆

1. 产研一体：以“研发”带动“生产”优化扶贫结构

援疆企业对师市扶贫工作的帮助不仅体现在传统的资金支持上，还体现在对师市产业发展的支持上。师市原有产业由于发展时间晚，

发展速度慢，自身的发展动力不足，很难和现阶段师市的扶贫要求相对接。鉴于这样的情况，师市积极寻找符合要求的企业进驻师市，希望能从源头上帮助师市企业快速发展。作为国内生态景观龙头企业的岭南园林股份有限公司（以下简称“岭南股份”），响应国家和广东援疆政策的号召，和师市草湖镇联手，成立了绿美南疆林业产业园。（以下简称“绿美南疆”）①

绿美南疆项目占地约 2000 亩，整个项目包含农林生产、文化旅游、科技研发三大板块，以农林生产为基本点，以文化旅游为宣传点，以科技研发为创新点，三方合力共同促进草湖镇地区相关产业发展。农林生产方面，岭南股份协助向草湖镇引进新树种 200 余种，经过反复实验和试种，已经有 150 多种被推广到喀什地区。从 2019 年 6 月开始，绿美南疆开始推动文化旅游产业的发展，在试营业阶段就吸引了周边地区的群众前来参观。尽管在开始建设项目时遇到很多困难，但是绿美南疆还是借助团队内部和高校的合作，逐渐使得项目成型。在先前的农林生产项目稳定后，绿美南疆逐渐向文化旅游板块增加附加值，力求将文化旅游打造成绿美南疆的一张新名片。

更为突出的一点是，在绿美南疆项目推行的过程中，岭南股份发挥了自身的经验优势，为应对发展中的技术问题，借鉴了广东建立新型研发机构的经验，联合师市以绿美南疆为主阵地建立起第三师（东莞）产业发展研究院。研究院建立了生态科学、文化旅游、特色林果、盐碱地治理、基因技术和纺织服装 6 个研究所，联合清华大学、华大基因研究院、华南理工大学等研发机构的专业人员在多个重点领域展开技术攻关。这不仅是为了提升产业发展速度，更是培育师市产业热点，为师市产业健康、高速发展提供强大的智力支持，也帮助师市走出了一条农林产业专业化、科技化的新发展路线。

---

① 资料来源：《关于广东援疆前指驻兵团第三师图木舒克市工作队 2018 年工作总结和 2019 年工作计划的报告》

2. “造血式”援疆：以“管理”引领企业提升脱贫效能

除了生产研发链条的建立、产地市场对接的推动，师市还在产业发展过程中通过引入具有丰富管理经验的企业到师市，对当地产业进行资金扶持的同时，进行企业管理方面的培训和教学。以兵团草湖广东纺织服装产业园项目的推进为例，一期东纯兴 30 万锭项目于 2017 年 5 月全面达产。二期东恒兴 30 万锭项目从 2017 年 3 月动工到 9 月试产，只用了半年的时间，2018 年 1 月就实现全面达产。三期东湖兴 40 万锭项目已于 2019 年 2 月正式投产，预计年产值达 10 亿元。在师市选择援疆企业的过程中，在考虑资金基础的同时，更为关注企业自身的管理经验和发展动力。经过筛选，师市最终选择了以山东德州恒丰集团为首的一批有资金、有技术、有经验的企业来疆进行指导和援助。①

德州恒丰集团是一家现代化大型企业集团，成立于 2011 年 9 月，总部位于山东省陵城区恒丰工业园。集团主营业务有特种纤维纱线、色纺、涡流纺、卡摩纺面料研发、高档服装及床品、民族服饰、羊绒精纺纱线生产、纺织原料贸易、印染加工、仓储、物流。集团现有员工 18000 余人，总规模为 270 万纱锭 2000 台喷气织机、1030 万套针织服装和羊绒衫的生产能力，产品畅销长三角、珠三角等广大区域，并出口美国、德国、日本、韩国、香港等国家和地区。东莞援疆工作队积极引进德州恒丰集团参与兵团草湖广东纺织服装产业园的一、二、三期纺织项目建设，充分发挥德州恒丰集团“研发生产一体化”的经营思路优势，不仅投资买设备，还要投资搞研发，以技术上的研发能力提升带动生产动力。同时还借鉴德州恒丰集团独创的“理事会制度”，从企业管理方面给当地企业进行管理思路的再教育，激活了企业管理的新思维，从而更好地推动纺织厂的管理水平和经营效益

① 资料来源：《关于广东援疆前指驻兵团第三师图木舒克市工作队 2018 年工作总结和 2019 年工作计划的报告》。

向更高的阶段提升。

德州恒丰集团和师市企业的合作是众多援疆企业当中的一颗明珠，可以被视为援疆扶贫企业在援疆过程中的一次转型，从单纯援助资金、技术，推进到援助管理，从多方面共同促进师市企业高速高效发展，让师市企业从原来的“受助者”的身份中逐渐走出来，通过管理方面的学习和技术层面的进步，逐渐转变成了具有内生发展动力的师市脱贫助推器。这也体现了师市脱贫攻坚工作从“输血式”的救助向“造血式”的发展逐步推进的趋势，为师市的脱贫攻坚和日后的防止返贫工作打下了坚实基础。

（四）激活社会组织，多方参与扶贫

社会组织参与扶贫是党和政府在多年的扶贫工作中探索出的工作方法。20 世纪 80 年代以来，党和政府鼓励社会组织在有余力的情况下对欠发达地区进行帮扶，尤其是“组织了可利用的社会组织和民间机构针对妇女、儿童等贫困人口打造了一系列帮扶工程，社会力量正式加入到扶贫事业中”。① 党的十八大以来，社会组织力量参与扶贫被以政策形式确定下来。“广大民营企业、社会组织和个人是消费扶贫的重要支撑，对扩大消费扶贫规模、确保消费扶贫可持续具有重要作用。广大民营企业应切实履行社会责任，依托‘万企帮万村’精准扶贫行动，帮助贫困地区做大做强特色优势产业，持续扩大对贫困地区产品和服务的采购规模。社会组织应发挥在各自领域的影响力，组织动员各类力量参与消费扶贫，积极为贫困地区出谋划策。作为中华民族大家庭中的一员，每位公民都应大力传承发扬扶贫济困的传统美德，为购买来自贫困地区的农产品贡献一份力量，为帮助贫困

① 赵宁宁：《演进与经验：改革开放以来中国共产党扶贫方式研究》，硕士学位论文，曲阜师范大学，2019 年。

群众稳定脱贫奉献一片真情。”[①] 在兵团大扶贫格局的建设过程中，各个社会组织在不同的领域进行了多种多样的扶贫实践，为师市群众带来一项又一项丰硕的成果，为师市群众生活的改善提供了极大的帮助。

1. 广东省民政厅、省社会组织管理局和新疆维吾尔自治区共同推动的公益慈善援疆活动“珠水映天山·粤新一家亲·共筑中国梦”在新疆集中落地了一批民生项目，来自广东省的6家基金会和新疆慈善总会签约资金280万元，其中广东省绿瘦慈善基金会为师市一中的贫困学生设立助学金22万元，[②] 为师市的教育扶贫作出了贡献。

2. 中国心胸血管麻醉学会作为全国性医学学术团体，在做好学术工作的基础上，多次利用团体的专家优势，在全国范围内开展“心手相连·点亮生命”系列公益活动。2018年8月，学会的公益活动来到新疆，先后走过7个县市，为沿途县市的群众提供免费的诊疗活动，还和沿途县市的基层医院展开了合作和经验研讨。师市在这次公益活动中积极配合，为社会组织的医疗援疆铺平了道路，也为师市群众带来了生活上的便利。

3. 师市将党和国家在精准扶贫当中提出的“万企帮万村”的消费扶贫举措和师市的具体情况结合起来，提出了“百企帮百连”。实施帮扶的主体主要是民营企业、商会等，帮扶的对象是师市的贫困连队、贫困职工。三师50团8连的8名少数民族青年在天山电梯厂的帮扶下，成功实现了就业脱贫。兵团工商联组织了有意愿有能力的29家企业和师市进行了结对帮扶脱贫，指导企业因地制宜、因连因户因人施策，努力实现扶贫对象精准、项目安排精准、资金使用精

---

① 国家发展改革委 国务院扶贫办 中央和国家机关工委 教育部 财政部 农业农村部 商务部 文化和旅游部 国务院国资委 中央军委政治工作部 全国总工会 共青团中央 全国妇联 全国工商联 中华全国供销合作总社：《动员全社会力量共同参与消费扶贫的倡议》，2019年11月8日。

② 钟伟：《广东省民政厅、省社会组织管理局推动援疆项目》，2019年5月7日，见http://gongyi.people.com.cn/n1/2019/0507/c151132-31071753.html。

准、措施到户精准、脱贫成效精准。

从单纯的物资钱财捐赠，到教育、医疗、产业、就业等多方援助，从表达善心到共筑师市，从道路探索到资源整合，师市联合各类社会组织完善了师市的大扶贫格局，在兵团的大扶贫格局实践上锦上添花，画上了具有深远意义的一笔。

三、多点开花共繁荣：兵团大扶贫格局的主要成效

兵团大扶贫格局的建立离不开各主体的共同努力。在兵团扶贫的实践中，兵粤扶贫的贡献最为明显。兵粤联合进行扶贫攻坚工作自2010年开始以来，双方积极开展合作交流，在人才交流、社会治理、经济发展、文化建设等诸多方面进行了多主体合作的交流。在这样的合作之下，师市脱贫攻坚工作取得了多方面的成效，民族团结共同繁荣之风吹遍了师市各个角落，师市各部门之间紧密团结，通力协作，共同为师市群众谋发展，师市整体面貌焕然一新。

（一）民生为先，提升群众生活水平

脱贫攻坚是脱贫的工作重心，巩固脱贫成效同样也是脱贫工作的根本。要帮助群众脱贫致富，关键还是要保证好群众的农业收入，而师市所在地区自然条件恶劣，当地群众耕种技术水平低，种苗质量差，诸多原因导致农作物产量一直无法达到让群众满意的程度。为了解决这个问题，师市提出通过科技创新来改善产业发展的方法。在实践过程中，51团4连“访惠聚”工作队凭借组织优势，协同新疆生产建设兵团科技局工作人员，联络到了中国农科院棉花所、新疆农垦

科学院、塔里木大学等科研院校，在连队示范推广棉花新品种和新技术，同时还引进肉羊、肉鸡，在当地开展畜禽养殖业，力图打开多个增收渠道。经过一段时间的试种和试养，51 团 4 连的棉花产量获得了很大程度的提升，畜禽养殖的增收效果也十分明显。51 团 4 连自实行科技化种植、养殖后，群众增收明显，极大地发挥了科技助力精准扶贫精准脱贫的作用，落实了“五个一批”中“发展产业脱贫一批”的任务，实现了“做给农民看，领着农民学，激发农民干”的目标。

要改善贫困群众的生活状况，除了直接为群众提供经济和精神帮扶之外，还注重对贫困户就业问题的解决。习近平总书记指出，“一人就业，全家脱贫，增加就业是最有效最直接的脱贫方式。长期坚持还可以有效解决贫困代际传递问题。”① 在师市脱贫攻坚的过程中，师市党委总结出了一条以就业带动脱贫的工作经验，被总结为“一户一就业”。“访惠聚”工作队在工作过程中也在不断落实这项惠民工作。但是，大多数农民群众有一种“故土难离”的故乡情结，普遍不愿意离开自己的家园。“访惠聚”工作队没有因这项工作难做而放弃，相反的是，他们坚持做群众的工作，通过开会宣传、上门访谈等多种形式劝说，一直在向群众普及转移就业脱贫的好处。经过工作队持之以恒的努力，农民群众逐渐转变了陈旧的观念，开始迈出家门主动找工作。“访惠聚”工作队也没有止步于让群众“走出去”，而是继续以群众的需求为宗旨，多方面多渠道为群众寻找工作机会，将有余力的群众安排到北疆、广东对口支援地区的企业务工，对于无法远离师市的群众，工作队安排他们就近就业，通过护林员、保洁员、安保人员等岗位转移就业。通过“北上南下中发展”的方式转移就业，“访惠聚”工作队成功帮助贫困群众以就业带动脱贫。

---

① 习近平：《在东西部扶贫协作座谈会上的讲话》，《人民日报海外版》2016 年 9 月 1 日。

（二）干群一心，加强动员的整体性

对于基层连队来说，要想顺利开展扶贫工作，最根本的任务是凝聚民心，体察民情。“打铁还需自身硬”，要想得到群众的信任和支持，基层连队自身就必须有过硬的思想素质。然而师市部分基层连队党组织存在组织涣散的情况，无法很好地指导所在连队的脱贫任务。如果放任这种情况存在，毫无疑问会对师市扶贫攻坚工作产生负面影响。面对这样的情况，兵团大扶贫格局中的一个重要主体——“访惠聚”工作队积极地承担了锤炼基层党组织意志力的工作。在诸多基层“访惠聚”工作队中，51 团 4 连“访惠聚”工作队在强化干群关系、转变基层党组织作风方面做得尤为突出。2016 年底，51 团 4 连党支部被团党委确定为“软弱涣散基层党组织”，党组织无法完全取得当地群众的信任，工作很难顺利开展。在这样的紧张局势下，新疆生产建设兵团科技局办公室主任张永安主动请缨担任该连队的党支部第一书记。张永安自到任开始，将强化基层班子工作能力，增强基层班子的党性认识作为工作的第一要义。坚持抓班子治软、抓队伍治弱、抓阵地治散、抓制度治乱。从基层班子的工作实务、基层连队的党务宣传、基层支部的文化阵营、基层党组的党性修养等不同方面出发，一举改变了 4 连党支部的“软弱涣散”，通过改善党支部的运作，使得“访惠聚”工作队的工作能够顺利开展，让 4 连“访惠聚”工作队成为群众的知心人。①

强化了自身之后，基层连队就要想办法强化和群众的联系，以便更好地开展脱贫攻坚工作。在这个过程中，“访惠聚”工作队依然没有松懈，而是在工作过程中灵活机动地探索强化干群联结的好方法。

① 资料来源：《凝心聚力夯基础科技创新助脱贫——新疆生产建设兵团巡回报告候选人张永安事迹材料》。

51团9连、10连“访惠聚”工作队在这方面的工作成效颇为显著。为了强化民族团结，弘扬尊老爱幼的传统，9连“访惠聚”工作队从2019年开始为连队80岁以上的老人过生日。当地群众家里遭遇突发困难，正在上学的孩子突发疾病，急需医药费，工作队连夜召开会议，向医院方面提交申请，减免了部分费用，同时派工作队队员探望孩子，在给受难家庭解决实际困难的同时，精神方面也带来了慰藉。9连一户群众家里有5个上学的孩子，只靠在外打工的父亲一人支撑，9连“访惠聚”工作队在走访过程中发现孩子们可能面临因交不上学费而失学的困境，将这个情况及时反映给了赶来援疆的江门市检察院的同事，没过多久，江门市就发来了一笔专项资助困难家庭大学生的资金，不仅解决了这户人家的燃眉之急，同时还让连队其他4名大学生拿到了助学金。类似的事情还有很多，这一件件工作队为群众真心实意服务的小事，汇集成了当地干部和群众信任的海洋，成为当地党组织推动地方工作的坚实基础，用实际行动拉近了干部和群众的距离。

（三）民族团结，促进地区长治久安

民族团结是兵团大扶贫格局建立和发挥作用的重要保障，也是兵团扶贫格局和我国其他地区扶贫格局的最大不同点。习近平总书记多次强调，民族团结是各族人民的生命线，“各民族亲如一家，是中华民族伟大复兴必定要实现的根本保证”。[①] 兵团自成立以来就将民族团结放在重要位置上，邓小平说：“兵团是民族团结的重要力量”。江泽民提出，兵团是“民族团结的模范”。胡锦涛要求，兵团要“更好地发挥增进民族团结、确保社会稳定的中流砥柱作用”。习近平总书记提到，要将兵团地区建设成凝聚各族群众的大熔炉。

① 《习近平谈治国理政》第三卷，外文出版社2020年版，第299页。

这说明我们党和国家一直以来把民族团结当成开展工作的重要任务。

进入新时期，兵团党委提出，“将图木舒克市建成维稳戍边的战略支点和民族团结的示范区”。师市近年来启动建设“全国民族团结进步示范城市”的工作，经过几年的努力，师市干部群众上下一心，各民族群众越发重视民族团结，民族团结春风吹遍了师市的每个角落。

师市建立全国民族团结进步示范城市的过程是一个长期、系统的大工程。师市从一开始，就提高政治站位，坚定地履行党委的主体责任，将落实民族团结工作作为一项重要的政治任务。师市成立了以党委书记、政委为组长的创建工作领导小组，组建了6个工作组，从高位上推动师市民族团结工作稳步开展。与此同时，民族团结工作组从师市实际出发，编写了《图木舒克市创建“全国民族团结进步示范市”工作推进方案》，制定了相关的评测指标，让师市民族团结工作有章可循，有据可查。

除了从高位对民族团结工作进行推动之外，师市党委还号召师市各团、连队对民族团结工作先进个人进行表彰和嘉奖，近年来，师市已经举办了8届民族团结进步模范表彰大会，有6个民族团结进步模范集体和模范个人受到国务院的表彰，92个集体和个人受到自治区、兵团的表彰。真正做到了“人人身边有模范、各个团场有模范”，让这些模范发挥带头作用，从基层抓好民族团结工作。

除了师市自身的力量，各扶贫企业在扶贫过程中也时时刻刻心系民族团结，各个企业牢牢抓住“培训一人、就业一人、脱贫一户”的工作主轴，推动少数民族贫困家庭富余劳动力转移就业，从就业层面让民族团结、共同发展繁荣的大树结出累累果实。

师市在脱贫过程中，稳扎稳打，精准脱贫效果越发明显，向南发展成绩斐然，通过解决和少数民族群众生活关系最紧密的问题，破解了影响民族团结、社会稳定的一系列突出问题，在经济发展的路上携手民族团结齐头并进，使民族关系越发和睦。

（四）全面发展，保障各行业齐进步

师市在脱贫攻坚工作开展的过程中没有将视线仅仅局限于经济上的脱贫，而是从长远的角度看待师市脱贫，实现师市全方位、宽领域脱贫。第一，师市致力于以就业带动脱贫，助力脱贫的同时盘活地方产业，为地方产业发展注入原生的血液，激发地方脱贫的内生动力。坚持按照"一户一就业"政策进行落实，截至 2019 年 5 月底，完成长期稳定就业 525 人，带动了 2389 人稳定增收。第二，生态保护扶贫行动在师市有条不紊地推行。通过安置就业等政策，2019 年上半年共安置了国家公益林及生态护林员 185 人，带动了 882 人实现稳定增收。第三，在保障脱贫的过程中重心向教育方向倾斜，完善控辍保学工作机制卓有成效，2019 年上半年共完成教育领域帮扶达 1925 人次，在师市范围内实现了 100%的义务教育。第四，贯彻落实健康扶贫的路线，实施全民健康体检政策，牢牢把握"三个一批"工作的基本方向，基本医疗参保在实施范围内实现全覆盖。第五，落实深度贫困团场连队土地和居住区综合整治试点工作，在兵地粤三方的联合发力之下，一期 4 个试点贫困连队新建平房主体工程已全部完成，连队"五通七有"公共服务设施建设及基础设施配套工程建设完成 80%，计划 7 月中旬全面完工。二期 15 个贫困连队民房建设整体进度完成 50%，15 个连队"五通七有"公共配套和基础设施工程计划 8 月底完工、9 月底入住。已解决贫困户安全住房 319 户。第六，师市深入挖掘产业扶贫的潜力，多个企业在扶贫过程中发挥了引领性作用。天润乳业奶牛养殖、奶制品加工项目已完成现场选址。正大蛋鸡养殖，雷清龙养猪等合作项目正在推进。积极推广杏李、葡萄等特色作物种植，订单种植辣椒 5000 亩。高标准农田建设项目，44 团 2.1 万亩、51 团 2.5 万亩，积极争取兵团项目资金支持扶贫工作，支持产业扶持资金700万元用于44团嫁接苹果、冬枣，购买葡萄苗等；300万元特色林果业扶持资金用于樱桃种植。建成电商公共服务中心1个，电子商务服务站点60个，累计组织29期培训，共计培训电商人员5272人次。已建成以6家物流龙头企业为主的师级物流配送中心，基本完成以师团连三级为核心的师市物流体系网络。①

总的来说，师市在兵团大扶贫格局的指导下，有条不紊地开展全面脱贫工作，在经济上脱贫的同时兼顾了师市发展的其他方面，为师市日后巩固脱贫成果和实现继续发展提供了现实支撑。

四、民族团结与屯垦戍边并重：兵团大扶贫格局的经验

兵团的重要作用在于维护民族团结和屯垦戍边，要想起到良好的作用，就必须增强自身的实力。大扶贫格局的构建和实践就是兵团强化自身的过程。兵团作为大扶贫格局中的重要一环，对精准扶贫政策的理解和实践对我国扶贫格局的构建和补充作用是不言自明的。通过总结兵团扶贫对大扶贫格局的理解和消化结果，总结兵团扶贫的经验和启示，不仅对师市自身的扶贫和防返贫工作有重大意义，同时也可以为其他地区的扶贫工作开拓思路，提供可借鉴的经验，还能够为我国精准扶贫政策的补充和扶贫体系的构建提供助力。

（一）多元创新，创造脱贫模式

在兵团扶贫的过程中，兵团党委和广东援疆工作队基于兵团自

① 资料来源：《第三师图木舒克市2019年脱贫攻坚上半年工作总结》。

身社会治理功能不强，而广东对口援疆市镇的社会治理能力较强的事实，创新性地提出了“合作共建、双向挂职”的模式，由东莞市牵头，会同佛山市、中山市和广东省国资委，共派出20名援疆干部接手41团草湖镇的全盘工作。同时，41团草湖镇机关19名干部到东莞市挂职锻炼，这一安排既照顾到师市当地社会治理经验不足的缺陷，通过直接任命，“短平快”地提升草湖镇的社会治理成效，同时又体现了“授人以鱼不如授人以渔”的原理，通过批次轮转学习的方式，提升当地干部的能力。在实际工作过程中，广东派驻的援疆干部一手抓经济发展，一手抓民族团结，在城镇建设、经济管理、园区招商等方面做了大量工作，促进了草湖镇水电路暖等基础设施逐步完善，城镇化水平全面提升，成功成为产城融合的示范区、民族团结的示范区、社会治理的发展区。

兵团在向南发展的战略实施过程中，师市严格依照“一依托（以第三师图木舒克市为依托）、三支点（以41团、45团、54团为支点）”的战略部署稳步推进代管工作。从当前情况来看，41团的经验可以推广到另外两个支点团场。同时，师市还在逐步规范对于对口援疆模式的量化考核，师市和东莞都希望能通过合作共建或者直接的托管建设来统筹援疆省市和受援团场的关系。双方积极安排援疆省份的省级组织部门和援疆机构处级领导干部赶赴援疆支点团场进行挂职锻炼。通过他们的统筹协调进一步调动援疆省市后方力量推动南疆的发展，拓展合作共建的内涵，形成全国范围内对口援建的示范性力量。

（二）紧密团结，构建脱贫系统

脱贫攻坚工作是一个长期、系统的大工程。从扶贫格局的系统性来讲，兵团扶贫办坚持落实国家的设计思路和工作路线，“两不愁、三保障”“五通七有”“五个一批”“一户一就业”等扶贫政策在工作过程中不断深化，从多领域多角度确保精准扶贫覆盖范围，对脱贫攻坚工作的助力作用很大。可以说，兵团扶贫正在逐步形成一个完整的、多主体共同参与的良性系统，在这个系统中，兵团的扶贫工作从点到线，汇线成面，越来越全面地覆盖贫困团场和贫困群众。兵团对贫困群众的扶贫也从传统的单向扶持变成双向合作，使得系统中的主体在围绕“精准扶贫”这个轴心公转的同时，还能以激活了的自身动力进行自转，推动兵团扶贫系统的良性发展。

在广东东莞对口援助师市的过程中，结合师市和东莞的实际情况，提出了“师市所需，东莞所能”，积极推动对口援疆扶贫立体化发展，双方从基层干部、人才对口交流，基层连队代管，援疆企业“教学式”援助师市企业，文化卫生领域建立广口交流机制，教师、医生“组团式”援疆支援师市教育、医疗事业发展，社会组织直接交流等多个方面开拓渠道，力图形成“经政文卫科教”的大系统扶贫格局，同时兼顾了“两不愁、三保障”的基本扶贫政策，从教育、健康、精神文化等各方面建立了实体的扶贫网络，师市的脱贫动力在这样的立体式系统当中得以激活，自身的发展效能得到极大的提升。

（三）精准设计，完善脱贫政策

精准扶贫是党中央根据我国贫困发展阶段作出的一项重要的顶层制度设计，强调了扶贫过程中对受扶地区致贫原因的研究和分析。从国家层面上讲，精准扶贫坚持党中央对兵团扶贫政策的指导和约束，兵团扶贫要牢牢围绕在这个中心的周围。从兵团层面上讲，精准扶贫对兵团方面能否站在较高的政治站位上思考受助和自助的问题也有很高的要求。具体来说，师市不仅要能站在政策分析的角度准确地分析精准扶贫的设计意图和目标任务，更要站在受助一方的角度充分规划和统筹各项扶贫计划和项目。

广东对口援疆除了对 41 团直接代管之外，还在师市规划了“第三师图木舒克市人才交流培训”项目，通过让师市的基层干部前往广东东莞挂职锻炼的方式，持续进行着双向的干部交流，通过这样的方式不断强化对顶层设计的落实。两地间的党政主要领导也进行了互访交流，在此基础上，近年来双方还展开了团场镇街之间基层党组织干部的互访交流，说明各层次各领域的交流渠道已经充分打开。师市和东莞通过持续的互访逐渐深化对对方的认识，能够更好地推动符合实际情况的政策的制定和实施，实现对顶层设计的补充。

（四）激活内核，增添脱贫动力

兵团在扶贫的过程中不仅接受其他地区的帮助，还在发展过程中不断摸索，最终探索出了一条激发内生发展动力、以外力带动内力的扶贫路线。师市党委在脱贫攻坚的战斗过程中总结出，“扶贫先扶志，扶贫必扶智”，并将智志双扶作为激发贫困团场内生动力和助推师市脱贫攻坚的重要政策抓手和有力政策载体。师市通过党委、“访惠聚”工作队、基层连队等多主体共同施力，以政策宣传、技能培训、带头人激励、规则规范等多种方法和手段，引导贫困群众形成脱贫共识，提升贫困群众脱贫信心，拓宽贫困群众脱贫思路。

具体来讲，师市主要通过以下几个方面开展“智志双扶”的工作。第一，强化脱贫教育，补足贫困群众的精神短板。2019 年，师市举办各级各类脱贫宣讲活动 1500 余场，制作脱贫致富宣传标语、口号、墙报 1200 余幅，利用流动文化车周期性播讲脱贫讲座 500 余小时。第二，开展技能培训，提升贫困群众的就业能力。在扶贫过程中，师市坚持以“就业脱贫”为基本导向，对师市 2949 名有需求的贫困劳动力群众有针对性地开展实用技能培训，完成了电工电焊工等职业技能培训 54 人，完成种植技术、养殖技术、林果业管理技术、泥瓦工、食品加工、工艺品加工、服装裁缝等培训 386 人，开展培训期间还给予贫困户学员误工补贴。企业及卫星工厂用工培训 1000 余人次（其中纺织企业稳定用工培训 525 人次）。第三，强化典型引领示范，让贫困群众学有榜样。深入挖掘各单位脱贫攻坚经验做法和贫困群众脱贫致富典型，大力宣传其经验做法和先进事迹，激发贫困群众脱贫致富奔小康的干劲决心。转载、刊发各类新闻稿件 300 余篇（条），宣传培树脱贫攻坚先进典型 30 余个（人）。第四，强化移风易俗引导，大力提升乡风文明水平。通过开展“新时代新三师新生活”活动，投入 1686.4 万元实施“新生活新气象新秩序”工程，移风易俗，每户补助 8000 元，确保每户贫困户家中有电视看，坐有沙发、睡有床、吃（学）有桌，积极引导群众树立健康文明生活新风尚。

经过持续推进的“智志双扶”工程，师市贫困群众的生活面貌焕然一新，生产积极性得到较大的调动，真正实现了以扶志带动扶智，以扶智带动扶贫，打通了激活贫困群众内生发展动力的生命线，将贫困群众脱贫致富的主动权交到了群众手中，让群众自己亲身感受“自主脱贫”的成就感，也为防止返贫现象的发生做足了准备。

五、多管齐下谋发展：兵团大扶贫格局的启示

兵团作为我国特殊的脱贫主体，其脱贫政策和脱贫实践都具有地方特色和特殊性。尽管如此，我们仍然可以通过总结兵团大扶贫格局的启示来梳理兵团探索脱贫之路中的闪光点，促进我们对脱贫攻坚的进一步认识，为其他贫困地区提供更前沿、更具体的脱贫思路，提升其他贫困地区解决贫困问题的能力。同时也能更好地帮助贫困地区对地区内存在的问题进行更为深入的解读，有助于防止脱贫后返贫现象的发生，有助于脱贫攻坚工作的贯彻落实，更有助于全国脱贫工作的稳定开展。

（一）促进多方联动，提升脱贫效率

兵团脱贫不仅是一项经济任务，更是一项政治任务。师市在完成这项任务的过程中探索出了一条具有兵团特色的“兵、地、粤”三方联动的路线，三者互为支撑，共同发力，组成了脱贫攻坚的主力军。

首先，兵团在整个脱贫攻坚过程中居于受帮扶地位，但并不是没有主动性的参与者。实际上，兵团扶贫格局当中，兵团的地位随着扶贫政策的变迁和扶贫进程的深入在逐渐转型，除了为兵团扶贫提供稳定的环境之外，还作为脱贫攻坚的主要力量在整个工作过程中起到“主心骨”和“方向盘”的作用。通过对近年来广东援疆工作过程的观察和总结，可以看出，师市在基础设施建设、科技扶贫、教育扶贫、医疗扶贫等方面都越来越主动地承担着主体责任。

其次，师市和周边其他地区也有着紧密的联结，2015 年，师市和喀什地区开展了“四覆盖、四促进”活动。2016 年 5 月，师市、团场、连队、机关、企事业单位与喀什地区和相邻县、乡、村实现了结对全覆盖。师市充分发挥农业产业化优势，投资 500 多万元帮助地方建设高新节水示范基地 12673 亩，投资 140 多万元帮助地方打造标准（精品）果园 4687 亩。同时，充分发挥农业产业化龙头公司优势，叶河阳光农业股份有限公司帮助地方建立了蔬菜种植合作社，疆南牧业有限公司帮助地方建立了畜牧养殖专业合作社。师市还和巴楚县开展了民族团结进步联创工作，双方在文化、民族团结、教育等方面的合作日渐深入，“兵地一盘棋，兵地一家人”的思想逐渐树立，巴楚县和师市确定了双方兵地合作的大方向和大框架，双方全力支持兵团向南发展的战略，在民族团结工作上主动有作为，深入开展民族团结教育，共创民族团结进步联创示范点，共同推进民族团结进步事业。由此可见，周边地区对师市民族团结、脱贫攻坚的影响也十分深远，意义重大，在师市脱贫攻坚过程中也发挥着不可替代的作用。

最后，广东省在师市脱贫攻坚中所处的地位是不可或缺的，可以说，东莞援疆工作队是师市脱贫攻坚工作的催化剂，为师市脱贫攻坚工作吃下了一颗定心丸。广东省对口援疆近十年来，在师市扶贫的各个方面都起到带头和支撑作用。在援疆项目建设的实施上，东莞坚持“师市所需，东莞所能”。2013 年到 2018 年，广东省共投入援疆资金 34.27 亿元，实施援建项目 233 个，民生项目资金占年度资金 85%以上，覆盖图木舒克市和 12 个团场。以师市、45 团为区域中心，多个团场城镇组团式发展的格局初步形成，师市成为兵团城镇化的标兵。除了资金到位之外，援疆工作队还时刻将质量放在第一位，在援疆项目建设过程中坚持援受“双责任人”制，每个项目的责任人均由项目分管单位领导和援疆干部共同组成，实时跟进，加强监管，不断克服各种自然、社会困难，在 6 年间实现了援助资金 100%到位，项目 100%完成，质量 100%合格。2019 年，广东计划内安排对口支援兵团 61 个援疆项目。截至 2019 年 6 月底，广东援疆工作队认真贯彻落实省援疆前方指挥部关于加快援疆项目建设的部署要求，会同师市相关职能部门加大督导力度，基本能保证每月都有项目审查和核查。通过倒排工期、责任落实到人，加大推进力度，援疆项目的实施取得有效进展。截至 6 月底，援疆项目约完成年度投资计划的 58%，援疆资金拨付完成 40%。在其他方面，广东援疆工作队的成绩比比皆是，这些成绩都说明广东援疆工作队是师市脱贫攻坚中不可或缺的重要力量，也证明广东援疆工作队是师市脱贫攻坚工作中重要的推进力量。

总之，大扶贫格局通过将兵、地、粤三者联系在一起的方式进行脱贫攻坚，使各个主体在扶贫格局中各司其职，各展所能，各抒所长，将三方力量凝聚成一股更强大的合力，为师市脱贫攻坚工作提供了重要的力量支撑，也用实际行动让师市贫困群众在多方合作中顺利脱贫，向师市群众展现了一幅“合作共进、民族团结”的绚烂画卷。师市各项脱贫工作的开展在兵团、地方、广东援疆工作队的共同发力下有条不紊地开展，这种多主体宽领域的合作机制，对其他贫困地区梳理自身和援助省份及周边地区关系时提供了借鉴经验。

（二）“基层嵌入”式援疆，巩固脱贫和治理

兵团的社会治理功能相较于地方来讲比较薄弱，而如果要脱贫的话，必须要有一个过硬的地方领导班子来带领群众进行脱贫工作。兵团为了解决这一问题，和东莞援疆工作队一起创新性地提出“兵粤联动，基层嵌入”的解决方案。所谓“基层嵌入”具体来说就是将兵团的部分连队整体交付给援疆工作队派驻的援疆干部来管理，从体制上看，就是将援疆地区的基层组织“嵌入”到兵团的基层连队当中去。这绝不仅仅是基层代管，更重要的是为当地其他团镇做出社会治理方面的表率，起到模范带头作用。这样不仅能最快速度地为受援地建立起基层社会治理的基本框架，更能以建代援，以扶助周边其他基层团镇按照此模式建构适合自己团镇基本情况的社会治理架构，来代替只在原有的治理架构基础上进行援助的传统模式。这种嵌入性扶贫模式，证明东西部协作的扶贫可以超越经济上的扶持扶助，在基层管理领域内发挥更重要的作用，这对于我国其他贫困地区脱贫攻坚工作的开展很有借鉴意义。

（三）稳固人才培养，保证脱贫质量

兵团脱贫为其他地区脱贫带来的另外一个启示是，构筑多层次的脱贫攻坚人才队伍可以为脱贫攻坚事业提供极大的助力。“访惠聚”活动本身是新疆维吾尔自治区结合自身实际情况制定的一项为期三年的强化干群关系，促进政策推行的短期活动。由于效果显著，在三年期满后，新疆维吾尔自治区并没有叫停该项活动，而是从实际情况出发，不断壮大这支“行走的扶贫队伍”。

“访惠聚”工作队是兵团扶贫的一个重要人才来源，除了从一线领导班子里抽调人员之外，“访惠聚”工作队还不断吸纳基层有丰富经验的干部、党员作为反贫困工作的“智囊团”加入。在政策和经验的双重加持下，“访惠聚”工作队成为一支又一支走得下去、干得出彩、听得认真、帮得及时的脱贫攻坚战斗小分队。

随着实践的开展，“访惠聚”工作队中又加入了新的成员，以石河子大学为代表的疆内高校的加入从专业知识和技能上武装了这支工作队，也让工作队的工作能够更加高效的开展。

“访惠聚”工作队现在是一支懂政策、有经验、知技术的综合性脱贫队伍，在践行脱贫攻坚任务的时候也能够将这些优势彻底地发挥出来。44 团和 51 团的各连队“访惠聚”工作队都已经从提升连队居民生活水平、鼓励连队有能力居民外出就业、引进先进技术支援连队等诸多方面开展了工作。在兵团接下来一段时间的脱贫攻坚及巩固成果的工作中，“访惠聚”工作队一定还会继续发挥人才优势，为巩固师市脱贫成果做好人才队伍的保障。

第九章

总结与展望

第三师图木舒克市作为南疆四地州的重要棋眼，在新疆生产建设兵团的战略发展与深化改革中占据重要位置。基于历史原因和现实困境，师市存在“一高、两集中、三差”的深度贫困特征，使得师市成为兵团脱贫攻坚的硬骨头和主战场。脱贫攻坚是师市落实党中央治疆方略的重要举措、落实党中央关于兵团向南发展决策部署的重要任务、履行屯垦戍边使命的现实要求、促进师市发展振兴和惠及所有师市群众的民生工程。近年来，师市持续奋进、砥砺前行，将精准脱贫工作与兵团深化改革决策部署、向南发展优化兵团战略布局、实施乡村振兴战略有机衔接，同频共振，谱写出打赢脱贫攻坚战、助力全面建成小康社会的师市篇章，彰显出鲜亮的兵团底色。积极回应着党的十九届四中全会提出的“加强边疆治理，推进兴边富民”的战略要求。

本章拟对师市脱贫攻坚的亮点经验加以概括，并在脱贫攻坚统揽经济社会发展层面进行展望：一是根据师市脱贫攻坚的进程脉络和创新实践，提炼兵团体制下师市脱贫攻坚的独特模式，并对其加以理论反思，将其升华为脱贫攻坚的普适性命题；二是界定与分析带有兵团特征的脱贫攻坚系列经验的价值定位与意义旨归；三是发现师市现阶段脱贫攻坚存在的问题，提出建议和对策，并展望2020年后师市巩固脱贫成果，以及经济社会的发展升级之道。

一、第三师图木舒克市脱贫攻坚的总体经验

（一）以党中央治疆方略和兵团改革思想为遵循，引领脱贫攻坚实践

党的十八大以来，习近平总书记亲临新疆和兵团考察调研，主持召开第二次中央新疆工作座谈会，部署指导兵团深化改革工作；参加十二届全国人大五次会议新疆代表团审议，并发表系列重要讲话。习近平总书记要求兵团履行好“安边固疆的稳定器、凝聚各族群众的大熔炉、先进生产力和先进文化的示范区”① 三大功能，发挥好“调节社会结构、推动文化交流、促进区域协调、优化人口资源”② 四大作用，这是习近平总书记对新形势下兵团使命任务的新定位、新要求、新目标，是新疆社会稳定、民族团结、经济社会发展的现实需要，更是兵团承载使命、深化发展的战略价值。质言之，兵团打赢脱贫攻坚战，具有特殊的理论价值与实践意义，它是推进国家治理体系和治理能力现代化的关键工程，兵团深化改革和向南发展的重要结构要素，兵团履行发挥“三大功能”和“四大作用”的动力源泉，新时代实现“兴边富民”的基础保障。

师市深刻把握党中央关于兵团深化改革的系列重要部署，深入学习习近平总书记关于兵团深化改革的重要讲话精神，深刻贯彻落实以习近平同志为核心的党中央治疆方略和对兵团的定位要求，将上述方

---

① 中共中央文献研究室编：《十八大以来重要文献选编》中，中央文献出版社 2016 年版，第 705 页。

② 中共中央文献研究室、中共新疆生产建设兵团委员会编：《新疆生产建设兵团工作文献选编 1949—2014》，中央文献出版社 2014 年版，第 337 页。

针政策的科学内涵、精神实质、核心要义领会透，因地制宜结合自身特点，强化“党”的核心领导地位，健全和转变“政”的职能，彰显“军”的属性，确立“企”的市场主体地位，统筹兼顾、突出重点。以兵团深化改革切入脱贫攻坚的顶层设计，将脱贫攻坚作为边疆治理和兴边富民的基础性工作，以深度贫困团场脱贫攻坚为重点，着力开展脱贫攻坚工作。抓住兵团深化改革和向南发展的有利时机，实施乡村振兴战略，以解决突出制约问题为重点，以重大扶贫工程和到户到人帮扶措施为抓手，以抓党建促脱贫攻坚为组织保证，强化支撑保障体系，加大政策支持力度，集中力量攻坚，万众一心克难，攻克深度贫困堡垒，着力解决深度贫困问题。

概而言之，师市的系列脱贫攻坚实践，将党中央治疆方略和兵团改革指导思想作为行动指南，并结合师市实际，创造性地构建起以兵团深化改革切入脱贫攻坚的顶层设计和以脱贫攻坚统揽经济社会发展的部署安排。以此为基本遵循，师市在脱贫攻坚领域取得突出成效。

（二）产业就业扶贫结合互构，构建稳定脱贫长效机制

基于历史原因，兵团在发展中形成了“北重南轻”的格局，加之自然条件较差、生态环境脆弱，兵团南疆师团的基础设施条件薄弱，工业化水平低，群众的就业状况不甚理想。产业就业的双项不足，成为师市深度致贫的重要原因。近年来，师市以产业和就业“双业”为抓手，将“产业开发、带动就业”作为“精准扶贫”的核心议题与强化稳定脱贫的根本之策，持续发力，探索出独具“兵团特色”的产业就业扶贫模式，实现了强化优势产业、均衡产业结构、稳定就业增收、提升致富能力、激发地域活力的总体成效。

其一，开发禀赋资源与均衡产业结构，激活地域内生造血功能。师市位于南疆四地州深度贫困地区，在产业开发方面面临天然制约。师市党委、政府始终坚持以“优势视角”开展产业扶贫工作，立足

农业根本，适时提出了“稳粮、优棉、精果、强畜、增蔬、促加工”的农业结构战略性调整思路，深耕优势农业产业，通过加大科技投入、延伸产业链的方式，把农产品深加工落到实处，推动农业现代化水平加快发展。在深耕农业产业的基础上，师市着力推动农业“接二连三”，提升产业体系综合效应。师市牢牢抓住喀什经济开发区兵团分区、兵团草湖产业园和图木舒克市工业园，即“一区两园”的发展平台，大力调整产业结构，使工业经济呈现出多领域突破、多格局共存的多元发展格局，并在增强招商引资的磁场效应、推进电子商务发展、国有企业创新改革等方面持续发力，积极发展新技术、新业态、新模式、新产业，推动三次产业互促共进、融合发展，积蓄发展新动能，以此成为促进师市贫困人口真正脱贫、不反贫的重要依托。

其二，精准帮扶就业，提升内生性与可持续性脱贫致富能力。就脱贫攻坚的一般规律而言，促进贫困人口就业增收，是打赢脱贫攻坚战的重要内容，更是巩固脱贫成果的根本之计。师市在就业扶贫方面的经验做法极具针对性、实效性和创新性。第一，基于少数民族人口比例大、就业意愿不强、就业技能不高的现实困境，师市有针对性地启动了“语言+技能”培训的双项培训工程。一方面，各团场连队开展了形式多样的常态化、制度化国家通用语言培训，并将爱国主义教育整合进培训体系。鼓励企业公司采取汉族员工与少数民族务工人员混合搭班，促进员工相互交流学习，进一步提升少数民族职工的国家通用语言交流水平。另一方面，师市对少数民族贫困劳动力进行成体系的、系列性的就业技能培训，充分发挥了技能培训“促进就业和稳定就业”的积极作用。第二，在“语技双培”的工作中，师市将各政府部门、团场、连队、企业整合为一支协同配合的培训队伍，在多层面、多场域、多角度展开培训工作，提升了培训的广泛性、创新性、适用性。第三，针对一些身体生理条件存在制约、年龄偏大、学习能力较弱的贫困户，师市加大团场和连队公益性岗位开发力度，将这些劳动力安置在保安员、保洁员、生态林管护员等公益性岗位上解决就业问题，将“供养式托底安置”转换为“就业式托底安置”。

其三，产业就业扶贫的互通联动，积极回应兴边富民的时代使命。产业扶贫与就业扶贫是脱贫攻坚工作密切关联的方面，产业带动就业、就业支撑产业是构建稳定脱贫机制的根本之策。师市在此方面的经验做法极具创见性，具有极强的参考价值。一是打造“龙头企业+示范基地+专业合作社+职工”的运作模式。师市积极链接师市内外的典型龙头企业，并将其强劲实力、优势资本和先进技术作为重要依托，在建立起师市与龙头企业联系的基础上，为龙头企业深入师市团场连队打通道路，着力建立起龙头企业在地投资发展的示范基地，切实建立起龙头企业与职工群众之间的直接关联。依托示范基地，各团场连队的群众职工，特别是贫困户，组建起专业合作社，实现在购买生产资料、引进先进技术、收购销售、利润分红等方面的统一，农户利益共同体应运而生。二是依托散点式“卫星工厂”，辐射贫困户就地就业。师市持续加大招商引资力度，不断吸引内地纺织、服装、电子产品加工等劳动密集型产业在师市落户，鼓励企业按“总部+卫星工厂+农户”的模式逐步向各团场连队辐射，一方面实现了产业落地、集聚，带动了师市的产业发展；另一方面，以产业平台为载体，让建档立卡贫困户在家门口稳定就业，在摆脱团场空心化危机的同时，实现脱贫致富目标。

总体而言，师市在贯彻落实兵团向南发展决策部署和打赢脱贫攻坚战的过程中，开创“产业升级+贫困户就业”的共创共赢新模式，将“产业发展”与“人口集聚”作为战略核心，形成了产业就业的联动发展，对于新时代边疆治理、兴边富民具有非凡意义。

（三）推进土地和居住区综合整治，打造兵团式住房保障新模式

住房保障是“两不愁、三保障、一高于、一接近、两确保”的

“十三五”脱贫攻坚总体目标中的关键目标。兵团集体所有制职工所面临的“地少人多”的现实困境使其成为兵团脱贫攻坚的重点扶贫对象，因而通过土地整治增加耕地成为兵团住房保障的首要任务。作为兵团脱贫攻坚典型的师市，一开始就将住房保障工作定位为包含土地整治、居住区综合整治、发展庭院经济、社区建设等多方面内容的综合性工程，并探索形成了一套独具特色且行之有效的理论机制和实践做法，主要表现为拆迁与社区综合发展相结合，少数民族需求与就业相匹配，近期的群众安居与长期的城镇建设有机衔接。

其一，突出系统综合性居住扶贫保障思路，坚持“五个一”统一。兵团特色的住房保障不仅仅是简单的农村危房拆旧改造，以及水电煤气等公共设施改造，而是涉及土地整治、少数民族庭院经济、基层党组织阵地建设、便民服务中心、基层文化中心等社区建设的方方面面。运用整体性思维综合施策，解决兵团住房破败和社区衰败问题，是师市开展土地和居住区综合整治工作的基本原则。基于此，师市在此方面凝练出“五个一”统一扶贫思路，即明确“为民服务、以民为主”的工作宗旨，“民为主、连引导、团服务、师实施、兵团统筹”的工作机制，“先建机制、后建工程”的工作思路，“谋深、统筹、担当、依规、干净”的工作要求，“确保师市深度贫困团场连队土地和居住区综合整治工作经验在兵团可复制、可示范、可推广”的工作目标。“五个一”统一扶贫思路突出了土地和居住区综合整治工程的民主性、公开性、高效性、经济性、广泛性、透明性。在“五个一”统一扶贫思路的指导下，师市首先通过土地增减挂钩政策整治土地增加耕地和整治资金，夯实基础保障，然后全力投入修建新房和现代化庭院，在社区建设层面上开展“五通七有”工程，加强社区基础设施建设和文化社会建设，最后在社区周边修建卫星扶贫工厂，就近解决少数民族群众就业，这些都充分体现了兵团住房保障的综合性和系统性，增强了少数民族群众的获得感和幸福感。

其二，打造服务型政府，动员群众民主参与。在兵团针对深度贫困团场土地综合整治而制定的“兵团统筹、师实施、团服务、连引导、民为主”的工作机制框架下，师市所创新发展的“民为主”的工作机制极具借鉴和推广价值。师团连各级充分尊重群众意愿，选择热心群众、有管理经验人员、两委成员等组成“连队理事会”，由群众确定户型，谈判材料价格，选择监理单位，抽签确定房屋位置，全面落实群众对综合整治工作的知情权、参与权、监督权。基层连队通过开展瓦工、抹灰工、钢筋工培训，筛选出技能水平较高的农工组成农民施工队，采取正规施工企业和农民施工队共同参与建设的形式，在保证工程质量的同时，引导群众参与建房施工，促进连队富余劳动力就业再就业，增加经济收入。此举的最大启示在于积极将少数民族贫困群众组织起来，民主参与，集体决策，集体监督住房保障全过程，既借助自治力量推动了团场土地综合整治的高效进行，同时也为居住区建成后群众参与社会治理，奠定了重要的社会基础。此过程更体现出师市师团两级切实健全和转变“政”的职能，积极打造服务型政府，更加突出“服务群众”的工作导向，实现了从过去政府“大包大揽”向政府主导、社会力量广泛参与的社会治理创新转变。

综上所述，师市土地和居住区综合整治按照管理主体明确、科学管理、民主参与的科学形式有序推进，在充分发挥兵团“党政军企合一”体制优势的同时，动员起职工群众的自治力量，真正实现“共建共治共享”。土地和居住区综合整治不仅在外观上给予师市以翻天覆地的变化，更在促进脱贫攻坚、转变政府职能、促进居民自治、改善居民生活方式等诸多领域呈现出显著效果。

（四）加大教育健康的扶贫力度，创造新时代美好生活

教育与健康始终是人民群众追求美好生活的重要组成部分，特别

是对于贫困人口而言，教育是脱贫攻坚的治本之策，健康亦是脱贫致富的革命本钱。因而，针对文化教育基础薄弱、发展条件不力和生态环境恶劣、生活方式落后、居民健康难以保证的深度贫困地区，深化拓展教育卫生公共服务具有特殊重要的价值。师市在上述两个方面综合施策，为脱贫攻坚打下坚实基础。

其一，树立扶贫先扶智的思想理念，着力深化教育扶贫的治本之策。一是提升教育资源投入，完善教育体系，加大控辍保学力度。其主要经验体现在：（1）明确控辍保学责任体系、加强控辍保学制度保障、积极开展控辍保学工作，切实提升师市系列教育的覆盖面，为改善地区人口学历结构，提高贫困居民就业、创业能力提供必要的知识、技能保障。（2）锻炼教师队伍，筑牢教育扶贫基石，在扩大特岗教师队伍、构建教师能力提升体系、加大特岗教师保障力度方面持续发力。（3）软硬件“两手抓”、夯实教育扶贫基础、“开放式、体验式”教学改革与集中资金投入贫困团场教育设施建设形成合力。（4）链接对口援疆教育资源，优化职业教育设计，为地区发展持续“造血”。二是推进国语教育，促进民族团结，助推教育扶贫工作开展。针对维吾尔族群众国语（普通话）水平偏低、知识技能欠缺和思想观念落后等问题，一方面，师市在尊重和保障少数民族使用本民族语言权利同时，推进国语普及教育，以开展国语教育为教育扶贫核心抓手，提出国语教育要从娃娃抓起，以控辍保学工作为依托，加大学校国语教育力度，帮助学生熟练掌握国语。从学前教育到“两后生”教育实现国语教育全覆盖，从而为维吾尔族贫困生融入社会文化环境，提升社会适应能力打牢语言基础，为脱贫攻坚和兴边富民行动开展注入语言“活力”。另一方面，师市借助“民族团结一家亲”“小手拉大手”“维汉结对帮扶”等方式推动教育扶贫工作。一个个“干亲家庭”成为教育扶贫支点，一双双拉起大手的小手成为维吾尔族贫困群众立志脱贫的动力。师市的教育扶贫经验揭示了在长期存在贫困问题的老少边穷地区，民族团结可以推动教育扶贫工作取得良好效果。三是依托教育扶贫，阻断地区贫困的代际性传递。对贫困地区社会发展而言，教育扶贫不仅可以发挥教育资源输送、提供控辍保学保障等直接作用，还兼具教育扶贫家庭双向示范效应、邻里效应及社会回流效应。师市以贫困学生教育为基点，引导贫困户培养脱贫致富的家庭观念，通过代际间“文化反哺”，增强了贫困地区脱贫的内生动力，为贫困民众提供智力支持，凸显教育益贫性。师市教育扶贫经验表明，针对地区致贫原因设计精准的教育扶贫路径，可以有效阻断地区贫困的代际传递问题。

其二，医疗与防病并举，探索面向师市实际的健康扶贫实践模式。师市由于特殊的自然地理环境和历史社会经济条件，居民健康水平总体偏低，易遭受慢性病、传染病等地方病侵害，这是当地居民致贫的重要因素。师市在医疗卫生层面的系列扶贫模式，成为其打赢脱贫攻坚战的基础构成。一是精准施策，将结核病、高血压、碘缺乏病等地方病预防置于健康扶贫的首要位置，专项专治，精细化治理。通过加强健康教育宣传，培养居民现代化的卫生意识和健康观；协同其他部门共同努力，倡导“三新工程”，助推师市居民实现生活方式革新，降低居民的发病率，从源头上减少因病致贫、因病返贫。二是强化基层医疗体系建设，提升持续性托底的能力。通过推进医疗体制改革，不断提高师市医疗服务能力，完善医疗设备和提升医护人员的业务能力；推行团场连队卫生室标准化建设，完善基层卫生室功能布局，提高基层卫生服务能力；着力推进家庭医生签约服务，促进师市医疗卫生工作重心下移、资源下沉，增强师市群众，特别是贫困群众抵御健康风险的能力。三是积极开展跨区域合作，提升医疗服务水平。师市在深度挖掘地域潜力的基础上，注重推进跨区域合作，借助其他地区的先进经验和优势资源推动师市健康扶贫工程。通过从输血到造血的全方位医疗援疆健康帮扶，激发了师市卫生事业发展活力和动力，为助推师市健康扶贫工程奠定了坚实基础。

（五）内生外扶良性互动，构建“四位一体”的兵团大扶贫格局

“大扶贫格局”是党和国家在新时期脱贫攻坚过程中创造的理论精华。新疆生产建设兵团结合自身特点，在大扶贫格局“专项扶贫、行业扶贫、社会扶贫”的基础上，创造性地链接起“援疆扶贫”，构成了融合兵团特点的“四位一体大扶贫格局”。师市在兵团大扶贫格局框架下，整合链接多元主体，探索出内生动力与外扶助力良性互动的大扶贫格局运作模式。

其一，依托大扶贫格局，回应师市脱贫攻坚的全面需求。在大扶贫格局下，师市坚持从多领域、多角度延伸精准扶贫的覆盖范围，并且逐步形成了一个完整的、多主体共同施力的良性系统。依托此系统，师市的扶贫工作越发全面地覆盖贫困团场和贫困群众的多元脱贫需求。特别是在广东东莞对口援助师市的过程中，结合师市和东莞的实际情况，提出了“师市所需，东莞所能”的对接理念，积极推动对口援疆扶贫立体化铺展，主要包括基层干部、人才对口交流，基层连队代管，援疆企业“教学式”援助师市企业，文化卫生领域建立广口交流机制，教师、医生“组团式”支援师市教育、医疗事业发展，社会组织直接交流等，业已形成贯穿“经政文卫科教”的系统性扶贫结构。

其二，兵地粤多维联动，助力师市脱贫攻坚。在兵团脱贫攻坚的进程中，兵、地、粤多方联动构成脱贫攻坚的主力军。作为将三维扶贫格局向四维拉动的核心力量，援疆扶贫和兵粤联动成为兵团和师市扶贫的一大亮点。广东援疆扶贫工作采用了“组团援疆、合作共建”的模式，以“输血+造血”的方式对师市进行帮扶。针对兵团社会治理的薄弱环节，东莞援疆工作队和师市一道创新性地提出了“兵粤联动，地方嵌入”的解决方案，即将兵团的部分连队整体交付给援疆工作队派驻的援疆干部来管理，本地干部充分协助，此种治理模式

收到良好的效果，师市的社会治理能力和水平持续提升。这种嵌入性扶贫的模式，证明了东西部协作扶贫可以超越经济上的扶持扶助，进而在基层治理领域发挥重要作用，这对于我国其他贫困地区脱贫攻坚工作的开展具有重要的借鉴意义。

其三，依托大扶贫格局，凝聚师市脱贫攻坚的内外合力。习近平总书记在东西部扶贫协作座谈会上指出，“用好外力、激发内力是必须把握好的一对重要关系。对贫困地区来说，外力帮扶非常重要，但如果自身不努力、不作为，即使外力帮扶再大，也难以有效发挥作用。只有用好外力、激发内力，才能形成合力”。[①] 因而，四位一体大扶贫格局作用的发挥不仅限于借助外力实现脱贫致富的目标，其更深刻的意义在于借助外力帮扶，探索出一条以外力带动内力，内外力量协作互动的扶贫之道。师市充分利用援疆扶贫的资源，注重外力资源和内生力量的有效对接，着力建构起各级政府部门、基层连队、各行业部门、公司企业、社会组织、群众力量共同构成的脱贫攻坚内生动力。特别是以“访民情、惠民生、聚民心”为宗旨的“访惠聚”工作队业已成为融合外部力量和内生力量的一支懂政策、有经验、知技术的实践部队，深扎团场连队，在一线及时高效地回应需求，解决问题，成为师市打赢脱贫攻坚战的重要凭借。

二、兵团体制下脱贫攻坚经验的特殊价值

（一）理论价值

党的十八大以来，习近平总书记站在全面建成小康社会、实现中

① 中共中央党史和文献研究院编：《习近平扶贫论述摘编》，中央文献出版社 2018 年版，第 139 页。

华民族伟大复兴的战略高度，把脱贫攻坚摆到治国理政突出位置，提出一系列新思想新观点，作出一系列新决策新部署，实现了马克思主义反贫困理论的创新发展，走出了一条中国特色扶贫开发道路，脱贫攻坚战取得决定性进展。纵观师市脱贫攻坚战的系列举措、经验，其在直接形成令人瞩目的减贫成效、促进各民族群众脱贫增收的同时，也在思想理论层面回应了诸多问题。

其一，师市的脱贫攻坚实践经验是对“精准扶贫理论”的生动回应。2013 年 11 月，习近平总书记到湖南湘西考察时首次作出了“实事求是、因地制宜、分类指导、精准扶贫”的重要指示，由此诞生了“精准扶贫”的重要思想。2015 年 6 月 18 日，习近平总书记在贵州召开部分省区市党委主要负责同志座谈会，将“精准扶贫”做了进一步的理论深化，提出更具纵深度和广泛度的“六个精准”。

师市的系列脱贫攻坚经验做法均是对精准扶贫理论的积极回应，一方面，师市脱贫攻坚的政策体系紧密围绕“六个精准”的具体安排：精准识别与动态调整，着力解决“扶持谁”的问题；“访惠聚”与结对帮扶，着力解决“谁来持”的问题；“七个一批”与“五个加大力度”，着力解决“怎么扶”的问题；实施最严格的考核评估，着力解决“如何退”的问题。对上述脱贫攻坚核心问题的理清，正是师市落实精准扶贫理论走向实践的关键性政策设计。另一方面，在具体的经验做法中，师市的各项脱贫攻坚工作回应着多个层面的“精准”，如建档立卡做到“一户一本台账、一户一个脱贫计划、一户一名帮扶责任人、一户一套帮扶措施，脱贫攻坚不漏一户一人”；结合兵团向南发展的战略部署，针对师市产业特点和资源禀赋，开展以农业产业扶贫为根基的“接二连三”式产业开发模式；针对少数民族群众国语水平较低的实际开展“语技双培工程”，精准破解就业难题；针对地方病特点，在健康扶贫领域医疗与防病并举、分类施策等，上述经验做法真正对应着扶贫对象精准、项目安排精准、资金使用精准、措施到户精准、因村派人（第一书记）精准、脱贫成效精准的核心要求。师市在积极回应精准扶贫理论的基础上，不断积极探索与深化符合兵团实际、独具边疆特色的精准扶贫经验做法，成为精准扶贫理论不断充实丰富、推动脱贫攻坚愈精愈准的宝贵资源。

其二，创新延展"大扶贫格局理论"，建构脱贫攻坚共同体。习近平总书记在部分省区市党委主要负责同志座谈会上强调，"扶贫开发是全党全社会的共同责任，要动员和凝聚全社会力量广泛参与。要坚持专项扶贫、行业扶贫、社会扶贫等多方力量、多种举措有机结合和互为支撑的'三位一体'大扶贫格局，健全东西部协作、党政机关定点扶贫机制，广泛调动社会各界参与扶贫开发积极性。"[①] 由此建构起具有社会主义扶贫特色的"大扶贫格局理论"，成为我国脱贫攻坚的重要理论依托。党的十九届四中全会提出，"坚持和完善共建共治共享的社会治理制度"。共建共治共享是政府转变职能的重要方面，更是链接社会资源，构建以"社会治理共同体"为核心的治理体系的核心理论表达。

师市的脱贫攻坚实践既是对大扶贫格局理论的回应与创新，也是在脱贫攻坚领域打造社会治理共同体的开创性实践。第一，借助援疆扶贫的特色优势资源，师市将"三位一体"格局升级为四维格局，使援疆扶贫、专项扶贫、行业扶贫、社会扶贫有机统一，立体发展，形成了兵、地、粤三者紧密联系脱贫攻坚格局。真正使包括贫困群众在内的多元脱贫攻坚力量共同建设、共同治理、共同享受脱贫致富的硕果。第二，在"党政军企"合一的兵团体制下，师市着力激发社会活力，在转变政府职能的背景下，以多元社会力量对脱贫攻坚事业予以承接。师市、团场、连队、机关、企事业单位与喀什地区和相邻县、乡、村之间"兵地一盘棋，兵地一家人"的思想逐渐树立。第三，习近平总书记多次强调，"民族团结是各族人民的生命线"[②]，

① 丁建定：《中国社会保障与社会服务研究》，华中科技大学出版社2017年版，第12页。
② 中共中央统战部：《中国共产党统一战线史》，华文出版社2017年版，第587页。

"各民族亲如一家，是中华民族伟大复兴必定要实现的根本保证"①。师市的脱贫攻坚实践链接起各民族职工群众协同脱贫的主体力量，促进兵地融合，民族互嵌。师市贫困群众在多方合作当中顺利脱贫，展现出一幅"合作共进、民族团结"的绚烂画卷。

（二）实践价值

其一，脱贫攻坚与新时代党的治疆方略和兵团改革紧密结合。在新疆组建担负屯垦戍边使命的新疆生产建设兵团，是党中央治国安邦的战略布局，是强化边疆治理的重要方略。习近平总书记在兵团考察时强调："兵团的存在和发展绝非权宜之举，而是长远大计。"② 在兵团进行扶贫开发、全力脱贫攻坚，具有不同于地方的特殊实践价值，针对兵团体制而言，全面打赢脱贫攻坚战不仅是一项经济社会任务，更是一项政治任务，事关兵团"稳定器""大熔炉""示范区"作用的有效发挥，事关新疆社会稳定、长治久安、兴边富民总目标的实现，事关兵地融合、民族融合和协调"党政军企"全面发展的核心要务。

鉴于此，师市深刻认识到脱贫攻坚与全面贯彻落实新时代党的治疆方略和兵团改革要求是师市同一时期同时面临的两大战略任务，将脱贫攻坚作为"十三五"的"头等大事和第一民生工程"以及经济社会发展的历史性机遇，同时将兵团深化改革作为实现全面脱贫、促进经济社会发展的契机和切入点，推动两者在"理念—理论—实践"层面有机统一。师市取得的一系列扶贫成果不仅体现在帮助贫困人口稳定脱贫致富方面，更成为兵团深化改革的重要条件和支撑。实现全面脱贫的师市愈发成为兵团向南发展、发挥特殊作用的重要战略支点

① 中共中央统战部：《中国共产党统一战线史》，华文出版社 2017 年版，第 587 页。

② 中共中央党史研究室科研管理部组织编写：《改革开放实录》第 1 辑 4，中共党史出版社 2016 年版，第 2609 页。

和平台。

其二，以脱贫攻坚统揽师市经济社会全面发展。师市的系列脱贫攻坚举措不仅在帮助贫困人口实现脱贫方面取得重大成效，更覆盖师市经济社会发展全局，成为师市综合性跨越式发展的不竭动力。师市以脱贫攻坚统揽经济社会全面发展，打出政策组合拳、行动组合拳。一是开发在地性产业，均衡产业结构，带动就业，实现从“屯垦成边”向“产业就业成边”的发展升级，此成为贫困人口稳定可持续脱贫和师市履行兵团使命的关键环节和根本之策。二是在土地与居住区综合整治方面，以居住保障促团结、修建抗震房促安全、庭院经济促增收、连队自治促社会治理创新，彰显此工程的综合益贫性和地域发展的总体推动性。三是在卫生教育等公共服务领域形成合力，依托教育扶贫阻断贫困代际传递，拔掉穷根，营造良好的脱贫致富整体环境，依托健康扶贫，医疗与防病并举，从根本上阻断“贫困—疾病”恶性循环链，为地域发展注入鲜活力量。四是在建构“四位一体”大扶贫格局的过程中，实现内生动力与外扶助力良性互动，强化以脱贫攻坚为核心的社会治理共同体的联结，助力师市打造服务型政府、推进兵地、民族团结互助。

可见，师市始终坚持把脱贫攻坚作为头等大事和第一民生工程，坚持以脱贫攻坚统揽经济社会发展全局，使其与兵团深化改革紧密结合，与乡村振兴战略深度融合，与城镇化建设发展高度契合，与生态建设和环境保护有机结合，与公共服务体系建设有效衔接，与打造多元协同的社会治理共同体密切关联。把脱贫攻坚变成补短板、夯基础的过程，兴产业、增后劲的过程，惠民生、谋福祉的过程，抓党建、强保障的过程。

其三，师市脱贫攻坚的系列经验具有重要的借鉴价值。地处南疆四地州集中连片特困地区的师市有 2 个深度贫困团场，贫困人口占兵团全部贫困人口的三分之二以上，是打赢脱贫攻坚战必须要啃下的“硬骨头”。以师市为代表的深度贫困地区成功脱贫，一方面将极大地坚定全国各族人民打赢脱贫攻坚战的信心，更得以兑现中国共产党对于2020年我国现行标准下农村贫困人口实现全部脱贫的庄严承诺，为我国实现全面建成小康社会奠定坚实基础，并成为人民群众追求新时代美好生活的坚实底气；另一方面，师市在脱贫攻坚战中破解诸多突出的限制条件，实现全面脱贫，其所创造的系列扶贫经验是中国特色、兵团特色扶贫实践中浓墨重彩的一笔，而且这些经验必然是更加具有益贫效力的、其他地区可以充分借鉴的。

三、巩固提升脱贫攻坚成果的思考与展望

党的十八大以来，师市紧密结合实际，发展壮大特色产业，促进产镇合一发展，营造拴心留人环境，壮大人口规模，坚决打赢脱贫攻坚战，全力走出一条城镇化、新型工业化、农业现代化同步高质量发展道路。经过以扶贫开发为抓手的发展，师市经济社会发展取得巨大成就，综合实力显著增强，经济结构不断优化，职工生活水平不断提高，经济建设成就斐然，在科学发展的道路上迈出坚实步伐。2019年底，师市1011户4334名贫困人口实现全部脱贫、27个贫困连队如期退出，44团和51团两个深度贫困团场全部摘帽，这意味着师市提前兑现了全面完成脱贫攻坚任务的庄严承诺。

习近平总书记在十九大报告中提到，“行百里者半九十。中华民族伟大复兴，绝不是轻轻松松、敲锣打鼓就能实现的。全党必须准备付出更为艰巨、更为艰苦的努力。”这深刻提示我们，脱贫不是终点，脱贫更要小康，在实现中华民族伟大复兴中国梦的征途中不容懈怠。伴随脱贫攻坚工作进入巩固提升阶段，师市仍需在理论、政策、实践三个层面持续深化、拓展、升级。基于上述思考，在这里对兼具边疆特征和兵团特征的师市后续脱贫致富工作和经济社会综合发展做

出初步展望。

（一）牢抓历史机遇，将巩固提升脱贫攻坚成果与兵团深化改革紧密结合

展望2020后，师市在以脱贫攻坚统揽经济社会发展全局工作上，拥有诸多机遇和有利因素：一是国家对包含师市在内的“三区三州”深度贫困地区所打出的政策组合拳将持续发挥重要作用，政策倾斜将为师市巩固脱贫成果、实现社会经济全面发展提供坚实基础。二是党中央、自治区和兵团党委高度重视南疆师团工作，党中央高瞻远瞩地提出加强南疆兵团建设的重大战略任务，并采取特殊措施支持南疆发展，兵团党委动员上下举全力集全智谋南疆发展，加强兵团在南疆发展，并将师市确定为南疆工业发展的重点城市之一，师市面临重大发展良机。三是兵团党委高度重视脱贫攻坚工作，全力落实推进脱贫攻坚部署要求，并把南疆贫困团场脱贫工作作为重中之重、难中之难，在资金、项目等方面给予倾斜。四是在“一带一路”的倡议下，丝绸之路经济带核心区建设为师市全方位对外开放提供了难得的历史性机遇，进一步深度拓展国内外发展空间；援疆省（市）的持续重点投入，为师市打赢脱贫攻坚战提供了有力支撑。五是兵团内部垦区间相互扶持、优势互补，全社会高度关注扶贫、参与扶贫济困、助推扶贫攻坚的氛围日益浓厚。基于上述历史机遇和有利条件，师市的未来发展前景广阔，遂要充分利用政策利好，牢抓历史机遇，推进实现跨越式发展。

（二）聚焦自身特征，在巩固提升脱贫攻坚成果方面有所侧重

脱贫攻坚战役中，每个地域的自然与社会环境、致贫原因都有其

特殊性，扶贫开发重点亦有所侧重。针对师市的基本情况，展望2020年后脱贫时代，仍需在以下方面持续加大力度。

其一，尊重少数民族文化传统，加大国语教育力度。相比其他深度贫困地区，师市的贫困人口主要集中在少数民族，他们由于受到国家通用语言能力的限制，导致其脱贫能力较弱。更为重要的是，少数民族群众国语普及率低、掌握运用能力不足容易形成代际传递，可能直接导致贫困的代际蔓延。因而，为巩固提升脱贫攻坚成果，进一步加大国语教育力度当属重中之重。一方面，需树立“扶贫先扶智，扶智先通语”的理念，健全完善十五年义务教育体系、贫困群众就业培训体系、“两后生”教育体系，使其共同构成提升国语普及率、带动脱贫致富的合力；另一方面，需在师市营造起普遍使用国语的大环境和整体氛围，培养少数民族在日常生活中使用国语的习惯。上述努力将成为拔掉穷根、增强群众脱贫能力的重要支撑。值得注意的是，在普及国语的同时，需要尊重和保障少数民族使用本民族语言文字的权利，使国语教育成为民族间理解、融合、互动的黏合剂。

其二，以我为主善借外力，加大产业升级力度。当前师市在产业开发的过程中，立足根本，深耕优势农业产业，着力强抓农业产业结构调整，加大科技投入，延伸产业链，推动农业现代化加快发展。依托“一区两园”平台建设和系列招商引资优惠政策，师市在二三产业开发方面亦成果显著。但我们需要注意，师市欲真正实现地域性产业结构均衡和产业升级，在招商引资、引进外部企业入驻师市的同时，不应满足于将自身作为单纯的劳动力工厂，更要重点关注师市内生的二三产业发展，打造品牌化、规模化、高端化的师市产业。促进师市在二三产业发展格局中，从“师市制造”到“师市创造”和“师市智造”。依托产业升级，更大力度更大效度地带动就业，全面落实支持创业就业的优惠政策，加强精准性就业培训，并积极探索就地就业新途径，推动“卫星工厂”“扶贫车间”建设，以产业建设同构发展，推动师市脱贫攻坚和经济社会全面发展。

其三，将“四位一体”大扶贫格局升级为社会治理共同体。“四位一体”大扶贫格局是兵团基于其现实特征建构起的极具链接性的扶贫结构，具有重要的理论价值和实际意义。依托此大扶贫格局，师市的脱贫攻坚工作真正凝聚起东西合力、兵地粤合力，多方力量、多种举措有机结合和互为支撑。党的十九届四中全会提出，“社会治理是国家治理的重要方面。必须加强和创新社会治理，完善党委领导、政府负责、民主协商、社会协同、公众参与、法治保障、科技支撑的社会治理体系，建设人人有责、人人尽责、人人享有的社会治理共同体。”这是对党的十九大提出的“打造共建共治共享的社会治理格局”的进一步创新和丰富，为我国社会治理现代化建设指明了方向。“四位一体”大扶贫格局所蕴含的理念与实践恰好契合了建构社会治理共同体的时代要求，在后脱贫时代，“四位一体”大扶贫格局不应急于退场，而需加以转换升级，超越扶贫的目标指向，进而覆盖师市和兵团治理的各个方面，以“四位一体”作为打造社会治理共同体的核心力量。

（三）从脱贫到振兴，将巩固提升脱贫攻坚成果与乡村振兴战略有机衔接

“党的十九大提出实施乡村振兴战略，是以习近平同志为核心的党中央着眼党和国家事业全局，深刻把握现代化建设规律和城乡关系变化特征，顺应亿万农民对美好生活的向往，对‘三农’工作作出的重大决策部署，是决胜全面建成小康社会、全面建设社会主义现代化国家的重大历史任务，是新时代做好‘三农’工作的总抓手。”[1] 立足师市的市情、农情，展望2020年后师市的持续发展，“三农”当属师市振兴发展的重要支撑和根本保障。因而，实施

① 参见中共中央国务院印发《乡村振兴战略规划（2018—2022年）》。

“乡村振兴战略”，在新时代“三农”工作的历史方位把握发展机遇，成为师市巩固脱贫攻坚成果、实现跨越式发展的强有力支撑。

“脱贫攻坚和乡村振兴都是为实现‘两个一百年’奋斗目标而作出的重要战略部署，具有基本目标的统一性和战略举措的互补性。脱贫攻坚重点解决贫困群体的温饱问题，但脱贫后的持续发展，需要外部机会和内生动力的双重支撑；乡村振兴通过外部支持和激活内生动力，能够为贫困群体提供更稳定的发展基础和发展机会，进一步有效巩固脱贫攻坚的政策成果。”① 在师市实现两项时代性战略有机衔接，我们需要在下列方面做足工夫。

其一，以体制机制的转换升级，作为推动师市从脱贫到振兴的不竭动力。实践证明，师市在脱贫攻坚方面所创设的系列机制体制为脱贫攻坚在保障上作出了巨大贡献，将这些在脱贫攻坚过程中所积累的体制机制和工作方式加以转换升级，应用到乡村振兴战略实施当中，将为乡村振兴的实现提供有力支撑。② 在政策方面，可尝试将指向全面脱贫目标的系列“福利型政策”和“托底型政策”转换为全面促进乡村振兴的“发展型政策”。实现政策对象的针对性向整体性转换，将对贫困户的“特殊性扶持政策”，拓展为师市群众能够同等享受的“普惠性政策”。并在宏观层面着力对脱贫攻坚和乡村振兴做好规划编制、决策部署和政策安排等方面的衔接。在组织保障方面，相对于脱贫攻坚而言，乡村振兴战略的实施涉及面更广，对强有力的组织体系需求更大。因而，师市应当不急于解散脱贫攻坚领导小组，并以此为班底，成立以师市主要负责人为组长，囊括更多元部门的乡村振兴领导小组，统筹推进脱贫攻坚成果巩固和乡村振兴工作。在项目统筹方面，将脱贫攻坚的各类项目升级并纳入乡村振兴规划和实施方

---

① 郭晓鸣、高杰：《脱贫攻坚与乡村振兴政策实施如何有效衔接》，《光明日报》2019 年 9 月 16 日。

② 庄天慧、孙锦杨、杨浩：《精准脱贫与乡村振兴的内在逻辑及有机衔接路径研究》，《西南民族大学学报》2018 年第 12 期。

案，使其在乡村振兴的层面持续发挥作用，并加大力度扶持乡村振兴创新项目，以项目的落实和升级带动脱贫攻坚与乡村振兴的有机衔接。

其二，以乡村振兴实践巩固脱贫成果，推进经济社会全面发展。就乡村振兴和脱贫攻坚的互构关系而言，“一方面体现为脱贫攻坚为乡村振兴奠定了坚实的物质基础和组织前提；脱贫成效的显著极大地减轻了乡村振兴的压力，而脱贫攻坚所形塑的组织载体和运作经验可为乡村振兴提供借鉴。另一方面体现为乡村振兴为脱贫攻坚提供了动力和保障。乡村振兴所规定的标准、目标、思想与原则可以优化充实到脱贫攻坚的行动中，而乡村振兴所匹配的政策、资源和项目均可为决胜脱贫攻坚提供物质保障，从而有利于将乡村振兴与脱贫攻坚有机结合起来。”① 因而，师市在实现全面脱贫的基础上，需继续发挥脱贫攻坚统揽师市经济社会全面发展的综合性作用，将乡村振兴战略的实施作为师市巩固和提升脱贫攻坚成果的有力保障。以“产业兴旺、生态宜居、乡风文明、治理有效、生活富裕”为实践目标，将提升和巩固脱贫攻坚成果与蕴含“产业振兴、人才振兴、文化振兴、生态振兴、组织振兴”的乡村振兴体系有机衔接。

其三，坚持精准思维，打造师市乡村振兴的独特模式。师市打赢脱贫攻坚战的一项重要原则便是坚持精准扶贫思路，以精准的设计、方案、办法应对多元复杂的扶贫任务。在乡村振兴的具体实践中，我们需要将“精准”的思维迁移过来，努力实现对象精准、方法精准，探寻一条符合师市基本特点的乡村振兴之路。一是充分发挥兵团“党政军企”合一的体制优势，形成多维立体、协同发力的乡村振兴合力。二是将产业发展作为师市乡村振兴的基础保障，深耕红枣、棉花等农业资源禀赋，以延长农业产业链为核心，“接二连三”促进产

---

① 豆书龙、叶敬忠：《乡村振兴与脱贫攻坚的有机衔接及其机制构建》，《改革》2019 年第 1 期。

业发展升级。三是充分利用援疆资源，积极动员内生资源，形成乡村振兴领域的内外力量良性互动。四是充分观照少数民族职工的民族特点和集体所有制职工人多地少的特点，针对性地设计乡村振兴方案，探索符合师市经济社会实际的精准振兴之路。

其四，积极培育和动员乡村振兴的内生主体力量。脱贫攻坚工作不是简单的资金输入或物质帮扶，其核心是对贫困人口脱贫致富能力的提升，因而贫困人口主体力量的发挥对于打赢脱贫攻坚战至关重要。同样，在乡村振兴的实践中，师市需处理好政府主导与农民主体之间的关系，并将精准扶贫主体和乡村振兴主体有效衔接。在观念上，引导师市人民群众树立脱贫更要小康，全面实现乡村振兴追求美好生活的意识，激发他们参与乡村振兴实践的主动性和积极性。在实践中，以深化兵团改革和农村改革为基础，转变政府职能，搭建人民群众广泛参与的平台，广泛统合与动员各类社会力量共同参与乡村振兴实践，真正实现乡村振兴领域的“共建共治共享”，打造师市乡村振兴新模式。

后　记

脱贫攻坚是实现我们党第一个百年奋斗目标的标志性指标，是全面建成小康社会必须完成的硬任务。党的十八大以来，以习近平同志为核心的党中央把脱贫攻坚纳入“五位一体”总体布局和“四个全面”战略布局，摆到治国理政的突出位置，采取一系列具有原创性、独特性的重大举措，组织实施了人类历史上规模空前、力度最大、惠及人口最多的脱贫攻坚战。经过8年持续奋斗，现行标准下9899万农村贫困人口全部脱贫，832个贫困县全部摘帽，12.8万个贫困村全部出列，区域性整体贫困得到解决，完成了消除绝对贫困的艰巨任务，脱贫攻坚目标任务如期完成，困扰中华民族几千年的绝对贫困问题得到历史性解决，取得了令全世界刮目相看的重大胜利。

根据国务院扶贫办的安排，全国扶贫宣传教育中心从中西部22个省（区、市）和新疆生产建设兵团中选择河北省魏县、山西省岢岚县、内蒙古自治区科尔沁左翼后旗、吉林省镇赉县、黑龙江省望奎县、安徽省泗县、江西省石城县、河南省光山县、湖北省丹江口市、湖南省宜章县、广西壮族自治区百色市田阳区、海南省保亭县、重庆市石柱县、四川省仪陇县、四川省丹巴县、贵州省赤水市、贵州省黔西县、云南省西盟佤族自治县、云南省双江拉祜族佤族布朗族傣族自治县、西藏自治区朗县、陕西省镇安县、甘肃省成县、甘肃省平凉市崆峒区、青海省西宁市湟中区、青海省互助土族自治县、宁夏回族自治区隆德县、新疆维吾尔自治区尼勒克县、新疆维吾尔自治区泽普县、新疆生产建设兵团图木舒克市等 29 个县（市、区、旗），组织中国农业大学、华中科技大学、华中师范大学等高校开展贫困县脱贫摘帽研究，旨在深入总结习近平总书记关于扶贫工作的重要论述在贫困县的实践创新，全面评估脱贫攻坚对县域发展与县域治理产生的综合效应，为巩固拓展脱贫攻坚成果同乡村振兴有效衔接提供决策参考，具有重大的理论和实践意义。

脱贫摘帽不是终点，而是新生活、新奋斗的起点。脱贫攻坚目标任务完成后，“三农”工作重心实现向全面推进乡村振兴的历史性转移。我们要高举习近平新时代中国特色社会主义思想伟大旗帜，紧密团结在以习近平同志为核心的党中央周围，开拓创新，奋发进取，真抓实干，巩固拓展脱贫攻坚成果，全面推进乡村振兴，以优异成绩迎接党的二十大胜利召开。

由于时间仓促，加之编写水平有限，本书难免有不少疏漏之处，敬请广大读者批评指正！

本书编写组

责任编辑：孔　欢
封面设计：姚　菲
版式设计：王欢欢
责任校对：梅记周

图书在版编目（CIP）数据

图木舒克：兴边富民的兵团扶贫模式/全国扶贫宣传教育中心 组织编写. —
北京：人民出版社，2022.10
（新时代中国县域脱贫攻坚案例研究丛书）
ISBN 978－7－01－025228－5

Ⅰ.①图…　Ⅱ.①全…　Ⅲ.①扶贫-案例-图木舒克　Ⅳ.①F127.454

中国版本图书馆 CIP 数据核字（2022）第 197695 号

图木舒克：兴边富民的兵团扶贫模式
TUMUSHUKE XINGBIAN FUMIN DE BINGTUAN FUPIN MOSHI

全国扶贫宣传教育中心　组织编写

人民出版社 出版发行
（100706　北京市东城区隆福寺街 99 号）

北京盛通印刷股份有限公司印刷　新华书店经销

2022 年 10 月第 1 版　2022 年 10 月北京第 1 次印刷
开本：787 毫米×1092 毫米 1/16　印张：25.75
字数：352 千字

ISBN 978－7－01－025228－5　定价：76.00 元

邮购地址 100706　北京市东城区隆福寺街 99 号
人民东方图书销售中心　电话（010）65250042　65289539